프란치스칸 사상 연구소

학술 발표 모음 4

모든 그리스도인의 보편 성소인 관상
성녀 클라라 수도회 탄생 800주년을 맞이하여

고계영 바오로 엮음

제14차 프란치스칸 영성 학술 발표회

2012년 6월 25일 ~ 27일

서울 정동 프란치스코 교육회관

주최: 작은 형제회 한국 관구 프란치스칸 사상 연구소

『학술 발표 모음 4』를 발행하면서

  2012년은 성녀 클라라 수도회 탄생 800주년이 되는 해입니다. 이 뜻깊은 해를 맞이하여 <프란치스칸 사상 연구소>에서는 "모든 그리스도인의 보편 성소인 관상"을 주제로 제14차 프란치스칸 영성 학술 발표회를 개최하였으며, 이 학술 발표회의 원고들을 『프란치스칸 사상 연구소. 학술 발표 모음 4』로 출판하게 되었습니다.
  지난 학술 발표회를 통하여 많은 분들이 관상에 커다란 관심을 갖고 있음을 알게 되었고, 이는 현대인들이 절박하고 애타게 찾고 있는 갈증 가운데 하나가 곧 관상임을 확인해주는 이 시대의 징표 아닐까 싶습니다.
  지난 20세기에는 관상이 크리스천 모두에게 주어진 보편 성소인지 아니면 크리스천 일부에게 주어진 특별 성소인지를 놓고 대단히 격렬한 논쟁이 일었고, 이 논쟁에는 내로라 하는 신학자들이 대거 참여하였으며, 논쟁의 소중한 결실로 관상이 크리스천 모두의 보편 성소임이 신학적으로 밝혀졌습니다. 제2차 바티칸 공의회는 「교회 헌장」에서 이를 간접적으로 지지하며 그 보편성을 선언하고 있습니다.
  지난 100년 간의 논쟁으로 관상과 신비 체험이 크리스천 모두의 보편적 성소라는 큰 줄기는 밝혀졌으나, 좀더 구체적으로 들어가서 관상이 무엇이냐를 놓고는 아직까지도 논쟁이 끝나지 않은 상태에 있습니다. 이번 『학술 발표 모음 4』를 통해서도 아시겠지만, 다양한 영성의 전통 안에서 관상은 다양한 개념으로 발전해 왔고, 지금 우리가 몸담고 있는 21세기에도 다양한 의미로 사용되고 있습니다. 그러나 이러한 학술 토론을 통하여 관상의 핵심적 본질에 좀더 가까이 다가갈 수 있지 않을까 희망해 봅니다.

삼위일체이신 하느님은 본질적으로 "데우스 콘템플라티부스"(Deus contemplativus), 즉 "관상의 하느님"입니다. 여기에서 관상이란, 삼위 하느님께서 세 위격들 간의 절대적이고, 완전하고, 영원하며, 무한하고, 형용할 수 없는 신비를 서로 바라본다는 것으로, 이 신비의 본질은 완전하고 절대적인 사랑입니다. 이 사랑 안에서 그리고 이 사랑을 통해서 성자 하느님은 성자를 완전하게 사랑하는 사랑 자체이신 성부를 영원히 관상하고, 성부 또한 똑같은 방법으로 사랑 자체이신 성자를 영원히 관상하며, 바로 이러한 성부와 성자 사이의 영원한 사랑이 사랑 자체요 신비 자체로서의 성령이십니다. 20세기 스위스 신비가인 아드리엔 폰 스파이어(Adrienne von Speyr)에 의하면, 영원한 관상의 심연에서 세 위격들 상호간의 사랑을 관상하는 삼위일체 하느님은 관상의 주체이면서 동시에 대상이며, 한스 우르스 폰 발타사르(Hans Urs von Balthasar)에 의하면, 우리는 하느님의 삼위일체 생명을 그 자체로 관상할 수 없을 뿐만 아니라, 삼위일체를 그 자체로 우리 사상의 대상으로 삼을 수도 없습니다. 발타사르의 관점에서 바라보면, 하느님 홀로 절대적이고 완전하게 삼위일체의 신비를 관상할 수 있으며, 인간 존재는 삼위일체 하느님의 관상을 바라보면서 이 절대적 관상에 참여할 따름입니다.

모든 그리스도인들은, 익명적이든 명시적이든, 삼위일체 하느님의 이 영원한 관상에로 불리어졌으며, 초자연적 은총, 즉 성령을 통하여 이 관상에 참여합니다. 그리고 삼위일체의 관상에로의 완전한 참여를 "비시오 베아티피카"(visio beatifica), 지복직관이라 부릅니다. 성 보나벤투라와 성 토마스 아퀴나스에 의하면, 이 지복직관은 신앙의 궁극적인 목적입니다. 따라서 모든 그리스도인은 지복직관에로 불리움을 받았다고 말할 수 있습니다.

그런데 이 지복직관은 하느님을 직접 바라보는 것으로서, 천국에서 이루어지는 관상 이외에 다른 것이 아닙니다. 따라서 모든 그리스도인이 지복직관에로 불리었다는 사실은 곧 모든 그리스도인이 관상에로 불렸다는 것을 의미하기도 합니다. 사실 모든 그리스도인은 관상에로 불렸을 뿐만 아니라, 관상을 하도록 존재론적으로 창조되었습니다. 모든 인간은 관상을 하지 않을 수 없는 존재이고, 관상을 하지 않으면 결코 행복해질 수 없는 존재입니다. 그런 의미에서 인간은 본질적으로 "호모 콘템플라티부스"(homo contemplativus), "관상하는 인간"이라 말할 수 있습니다.

이번 『학술 발표 모음 4』를 통하여 관상인으로서의 우리의 정체성이 보다 분명하게 드러나, 이를 계기로 이 지상에서부터 관상의 삶을 통해 지복직관을 누리는 복된 신앙의 삶이 되기를 간절히 바라는 마음입니다.

이번 학술 발표 모음을 위해 여러분들이 귀한 원고를 보내주셨습니다. 지금까지 쌓아오신 노력의 결실을 보석 같은 글로 아름답게 엮어주심에 대해 깊은 감사와 존경을 올립니다. 그리고 특별히 기조 강연 원고를 작성해주신 박재만 신부님과 개신교 신학자이신 김형근 목사님께 특별한 감사를 드립니다.

그리고 이 학술 발표회가 개최되기까지 수고해주신 모든 분들, 특별히 프란치스코 교육회관 책임자와 직원들, 프란치스칸 사상 연구소의 이숙영 아녜스 자매님, 뒤바라지를 해주는 우리 형제님들, 학술 발표회 진행으로 수고하시는 정장표 레오 형제님께 감사를 드립니다.

2013년 4월 1일
프란치스칸 사상 연구소
고계영 바오로 형제

차 례

『학술 발표 모음 4』를 발행하면서　　　　　　　　　　　3

기조 강연　21세기 지평에서 바라본 관상(觀想)　　　　8
　　　　　박재만 신부, 가톨릭대학교 대전성모병원장

제1주제　베네딕토회의 관상: 렉시오 디비나에 대한 이해　　46
　　　　　허성석 신부, 성베네딕토회 화순수도원장

제2주제　도미니코회의 관상:
　　　　　마이스터 에크하르트(Meister Eckhart)의 관상과 실천　　81
　　　　　김형근 목사, 대전신학대학교

제3주제　예수회의 관상:
　　　　　『영신수련』에 기초한 이냐시오식 관상의 이해와 실천　　119
　　　　　심종혁 신부, 예수회(서강대학교 신학대학원 교수)

제4주제　카르멜회의 관상 1: 아빌라의 성녀 테레사　　163
　　　　　박현찬 신부, 카르멜 수도회

제5주제　카르멜회의 관상 2: 십자가의 성 요한의 관상　　198
　　　　　박현찬 신부, 카르멜 수도회

| 제6주제 | 향심기도(Centering Prayer) | 222 |

김경순 수녀, 사랑의 씨튼 수녀회

| 제7주제 | 프란치스칸 관상 1:
아씨시의 성 프란치스코의 관상 | 261 |

고계영 형제, 작은 형제회(프란치스코회)

| 제8주제 | 프란치스칸 관상 2:
아씨시의 성녀 클라라의 관상 | 312 |

이재성 형제, 작은 형제회(프란치스코회)

기조 강연

21세기 지평에서 바라본 관상(觀想)

박재만 신부, 가톨릭대학교 대전성모병원장

시작하는 말
Ⅰ. 그리스도인의 보편적 성소인 성성과 관상
　1. 성성(聖性)에의 보편적 성소
　2. 관상에의 보편적 성소
Ⅱ. 관상 기도의 모범이시며 스승이신 예수 그리스도
　1. 그리스도의 활동과 성부와의 관계
　2. 그리스도의 활동과 성령
Ⅲ. 역사 안에서 영성의 대가들의 관상
　1. 고대 그리스도교의 교부들
　2. 성 아우구스티노
　3. 성 베네딕도
　4. 성 프란치스코
　5. 로욜라의 성 이냐시오
　6. 아빌라의 성 데레사
　7. 십자가의 성 요한
　8. 리지외의 성 데레사
　9. 마더 데레사
Ⅳ. 오늘의 그리스도인 생활에서 배워 실천해야 할 관상 기도
　1. 전례와 공동기도에 적극적이고 능동적인 참여토록 독려
　2. 개인 기도에 대한 교육과 심화 훈련
　3. 기도와 생활의 일치
Ⅴ. 관상 기도에서 유의해야 할 사항들

시작하는 말

성녀 클라라 수도회 탄생 800주년을 맞이하여 프란치스칸 사상 연구소에서 영성 학술 발표회를 위해 선정한 주제「모든 그리스도인의 보편 성소인 관상」은 매우 고무적인 것이며 큰 의미와 가치를 지닌다. 그것은 다음과 같은 기대를 걸고 한국 교회의 발전적 기도 생활을 전망하도록 하기 때문이다.

무엇보다 관상이 모든 그리스도인들에게 보편적 성소라는 것을 교회 구성원들에게 인식 내지 재인식시킬 수 있는 계기를 마련할 것이라는 기대이다. 관상 기도가 수도자의 특권이나 전유물이 아니라 모든 그리스도인들의 본분이라는 사실 확인은 신선한 충격을 줄 것이다.

둘째로 이런 학술 발표회를 통해 여러 수도 공동체들이 전통적으로 보유하고 있는 고유한 영성과 기도의 방법을 서로 나누며 영적으로 더욱 풍요로워질 수 있을 것이다.

셋째로 교구 사제들과 신자들에게 관상 기도 방법을 전해주며 영적으로 더욱 적극적 지원을 하는 것이 수도회의 주요 사명이라는 공감대를 형성하며 재확인할 수 있는 자리가 될 것이다.

넷째, 기도와 활동의 일치, 기도와 이웃 사랑, 기도와 사도직의 연계성에 대한 성찰의 기회가 될 수 있을 것이다.

다섯째, 각 수도 공동체의 영성, 카리스마 그리고 전통적 기도의 토착화 상황을 반성해 보고 발전을 전망할 수 있는 장이 될 수 있기 때문이다.

실로 관상의 보편성은 성성의 보편성처럼 모든 그리스도인들의 본분이고 수행해야 할 과제임에도 불구하고 우리 교회 안에 잘 인식되어 있지 않다. 관상은 소수의 사람들에게 주어진 특전처럼 이해되면서 특히 평신도들에게 관상이란 올라가지 못할 만큼 높아 쳐다보기조차 포기할 수밖에 없는 큰 나무처럼 여겨져 왔다.

완덕의 견지에서 수도자의 삶을 모든 그리스도인의 삶의 이상(理想)

으로 보면서, '영성'이란 용어가 오랫동안 수도자적 삶과 동일시되어 왔고 또한 전통적 묵상, 관상 기도에 관한 이론과 실천 방법도 수도 생활 중심이었다.

오늘 수도자, 사제, 평신도 등 각 생활 상태에 따라 적절한 기도, 묵상 기도 그리고 관상 기도에 대한 적극적 가르침과 활발한 훈련이 요청된다. 특히 가정을 영위하며 사회 생활을 하고 있는 평신도들에게 이해하고 실천하기 쉬운 기도에 대한 가르침과 실천 지침을 마련해야 할 것이다. 또한 다각적인 기도 교육과 적절한 수련 방법을 계발하여 그들이 실행할 수 있도록 배려해야 할 것이다. 그렇지 못할 때 평신도들이 일상 생활에서 기도를 유리시키는 이원론적 삶을 살게 되든지 아니면 기도를 포기하는 삶을 살게 될 것이다.

기도의 사람이란 타고나는 것이 아니라 기도를 배우면서 되어 가는 것이다. 사도들이 주님께 기도하는 법을 가르쳐 주시길 요청했듯이 (루카 11,1) 그리스도인은 배우려는 자세를 가져야 한다. 그리스도인이 된다는 것은 그 자체가 기도를 배워 나가는 사람이 된다는 뜻이다.

그러므로 교회 안에서 수도자들과 사제들뿐 아니라 신자들 또한 기도 생활을 위하여 어떻게 준비하며 실행해야 하는지 배우고 실천할 효율적인 교육의 자리와 기회들을 마련하고 단계적 방법들을 계발하여 도와야 할 것이다.

이번 영성 학술 발표회의 기조 연설에서 함께 생각해 보고자 하는 것은 우리 교회와 수도회들이 기도 생활에 대해 지속적으로 고찰하고 반성하며 쇄신 발전을 위해 노력하고 기여해야 할 과제들이다. 몇 가지 과제를 열거하면서 그 내용을 조금씩 언급해 보겠다.

우선 모든 그리스도인들의 본분인 관상 기도의 보편성에 대하여 살펴본다. 수도자뿐 아니라 교구사제 평신도까지 관상 기도에 불렸다는 것을 재확인하는 것이다.

이어서 기도와 활동의 일치성에 대하여 고찰해 본다. 관상 기도를 포함한 모든 기도는 이웃 사랑, 사도직 및 일상 생활과 연결되어야 한다. 그것은 기도의 생활화, 생활의 기도화이다. 예수님이 모범을 보이셨고 기도의 대가들 역시 한 결 같이 그에 대해 강조하며 실천하였다.

셋째 부분에서는 관상 생활의 대가들 중 모델 몇 분을 살펴본다.

넷째로 오늘의 그리스도인들이 기도를 생활화하는 데 도움이 될 수 있는 방법들을 모색해 본다.

마지막으로 그리스도인들이 타 종교의 명상법에 접근하고 적용하면서 유의해야 할 사항에 대한 교회의 식별지침을 소개한다.

I. 그리스도인의 보편적 성소인 성성과 관상

1. 성성(聖性)에의 보편적 성소

우리 모든 그리스도인은 성인(聖人)의 지위에 불렸다. 이것은 제2차 바티칸 공의회가 성경 말씀에 근거해서 신학적으로 정리하여 발표한, 참으로 중요한 선언이다. 성인으로 불린 이는 일부 소수의 사람이 아니고 한 사람도 빠짐없는 모든 그리스도인이라는 것이다. 뿐만 아니라 모든 그리스도인은 세례 성사를 받는 순간부터 이미 실제 성인(聖人)으로 살고 있다는 것이다[1].

그리스도인 생활에 근본적이며 참으로 중요한 이 진리가 교회 역사 안에서 늘 보편적으로 인식되거나 가르쳐진 것이 아니었다. 이 진리가 때때로 일부 신학자들이나 사목자들에 의해 강조되었고 가르쳐지긴 했지만, 교회 안에 분위기가 이루어지기 시작한 때는 20세기 전반부 교황 비오 11세부터였으며 공적으로 선언된 것은 그 후 반세기 지난 1960년대 제2차 바티칸 공의회를 통해서였다.

그리스도인은 세례 성사를 통해 하느님의 거룩함에 참여할 수 있는 특은을 받는다. 이로써 원죄뿐 아니라 일상에 범한 모든 죄를 용서받고 하느님의 아들딸이 되며, 성령의 집이 되고 그리스도와 함께 하느

---

[1] 참조:「교회 헌장」, 39항.

님 나라를 차지할 수 있는 공동 상속자가 된다(로마 8,15-17; 에페 1,5; 갈라 3,26-27; 히브 3,14 등). 그러므로 바오로 사도는 그의 서간에서 자주 신자들을 '성인들' 혹은 '성도들'(히브 3,1; 필레 1,5; 필립 1,1)이라 불렀던 것이다.

우리 그리스도인들은 세례 성사를 통해 거룩하신 그리스도와 일치함으로서 거룩한 사람들이 되었다. 그러므로 우리는 이미 성인의 삶을 시작한지 오래된 사람들이다. 그러나 아직 더욱 거룩한 삶을 향해 끊임없이 전진해야 한다. 그리스도와 더 가까워지고 더욱 닮아 가는 삶을 살아야 하는 것이다. 세례 성사 때 받은 거룩함을 존재론적 성성(存在論的 聖性)이라고 부르며 끊임없이 성장해 나가야 할 삶의 목표는 완성적 성성(完成的 聖性)이라고 한다.

제2차 바티칸 공의회는 모든 그리스도인이 각기 자신의 성소와 생활 상태에 따라 고유한 방법으로 은총과 협조하며 성인의 삶을 살아 나가야 한다고 가르친다. 거룩하신 하느님께 나아가는 삶의 목표는 하나이고 모두에게 공통적이지만, 그에 나아가는 삶의 방식은 다양한 것이다. 하느님께서 마련하신 성소에 따라 생활의 모습이 다양함으로 하느님의 거룩함에 참여하는 표현도 다양할 수밖에 없을 것이기 때문이다.

성소에 따라 그리스도인의 삶의 모습을 크게 세 부류로 나눌 수 있다. 그것은 수도자의 삶, 평신도의 삶, 사제의 삶이다. 이 세 부류의 그리스도인들이 세례 성사를 생활화하는 데 있어서 공통적 요소를 지니지만, 신분상 생활의 양태가 다르므로 각 부류에 따라 거룩함에 나아가는 방법에 있어 고유성을 지니게 된다.

2. 관상에의 보편적 성소

제2차 바티칸 공의회는 모든 그리스도인은 성성에 뿐 아니라 관상에 불림도 보편적임을 깨우쳐 주었다. 즉, 수도자뿐 아니라 사제와 평신도 또한 관상에 불렸음을 일깨워준 것이다.

제2차 바티칸 공의회는 교회의 구성원으로서 그리스도인이 다음의 사명을 수행하며 정체성을 드러내게 되고 성숙하도록 요구한다.

하나는 그리스도의 신비를 더욱 깊이 이해하기 위하여 끊임없이 노력하는 것이다[2]. 하느님의 말씀과 교회의 가르침을 끊임없이 배우고 공부해야 하는 것이다.

둘째 사명은 성령 안에서 성부께 대한 그리스도의 경배에의 참여이다[3]. 그리스도께서 함께 하시는 공동체(마태 18,20)의 형성, 전례 특히 성찬의 전례, 성사 생활, 일치, 친교, 봉사 활동, 애덕의 생활 등이 이 사명에 속한다.

셋째는 복음의 선포 및 세상의 복음화 사명이다[4]. 이것은 봉사 및 선교 활동, 세계 질서와 제도의 복음화 그리고 사회 정의 실현 등이다.

교회 사명의 넷째 측면은 종말적 성격을 띠는 요소로서[5] 관상적이며 초월적이다. 교회의 정체성과 그 근원을 드러내는 것이다. 하느님의 나라는 저 세상에서 완성될 것이지만, 이 세상에서 이미 시작되었고 또한 지상 여정의 교회는 천상 교회와 일치하면서 이 세상을 초월하는 진리와 법칙을 지니고 있고 또한 그것을 증거 한다.

카를로 마르티니(C. Martini) 추기경은 그리스도인 성숙의 네 가지 요소를 네 복음서의 특성과 비교하며 설명을 시도한다. 마르티니 추기경이 분류하는 네 복음서의 성숙 요소들은 위에서 언급한 교회의 사명의 측면들과 내용에 있어 일치한다[6].

그리스도인 성숙의 첫 요소는 예수 그리스도께 대한 이해, 믿음, 회

---

[2] 참조:「교회 헌장」, 7,8항.
[3] 참조:「전례 헌장」, 6,7항;「교회 헌장」, 9,10,11항.
[4] 참조:「교회 헌장」, 12,17항.
[5] 참조:「교회 헌장」, 48항;「전례 헌장」, 12항.
[6] 참조: C. MARTINI,「The stages of the formation of the christian in the primitive community in the light of the four Gospels」(unedited); C. MARTINI,『L'itinerario spirituale dei Dodici』, Roma, Centrum Ignatianum Spiritualitatis.

심 그리고 사랑이다. 또한 그리스도를 통해 그분을 보내신 하느님을 알고 믿고 사랑하는 것이다. 회심과 믿음은 하느님께 대한 비 그리스도교적인 관념에서 새로운 관념 즉 그리스도교적 관념으로 전환되는 것이다. 이 요소는 세례 성사를 준비하게 하고 또한 세례 성사를 생활화 하도록 한다. 이에 대해 마르코 복음이 많이 강조하고 있다.

둘째 요소는 공동체적 친교 생활이다.

이것은 교회 공동체 안에 그리고 형제들 안에서 그리스도께서 현존해 계심(마태 18,20; 25,40; 28,20)을 의식하면서 전례와 친교의 삶을 사는 것이다. 그리스도인의 삶은 끊임없이 이기적, 자기중심적 생활에서 점차 이타적, 보편적, 공동체적 사랑의 자세로 전환되어야 한다. 그리하여 그리스도인은 활기찬 공동 전례 거행, 기쁨, 이해, 용서, 화해, 봉사의 삶 그리고 영적·물적 나눔의 삶을 살아야 한다. 이것은 세례 성사 및 고해 성사의 생활화이다. 교회 공동체 생활에 대하여 마태오 복음이 어느 복음보다 강조하고 있다.

셋째 요소는 세상에 복음을 증거하고 선포하는 생활이다.

이것은 역사와 구체적 상황 속에 사는 그리스도인의 삶의 자세이며 사명이다. "너희는 온 세상을 두루 다니며 이 복음을 선포하여라"(마르 16,15)하신 주님의 말씀에 따라 구원의 신비에 대한 폭넓은 전망 중에 이해가 요청된다. 이것은 견진 성사의 생활화와 연관된다. 그리스도인은 가정과 사회 어디서나 복음을 살고 선포해야 한다. 루카 복음과 사도 행전에서 그 특성이 잘 나타난다.

그리스도인 성숙의 넷째 요소는 기도 및 관상 측면이다.

하느님을 사랑하고 그분의 뜻을 찾는 성숙한 그리스도인의 자세이다. 관상은 위에 언급한 요소들 및 사명 수행의 측면들을 하나의 중심으로 모으며 또한 그것들을 풍요롭게 한다. 일치와 사랑의 성사인 성체성사가 이 측면의 중심이며 핵심이다. 요한 복음이 그 성격을 잘 드러낸다.

십자기의 성 요한을 비롯하여 기도의 대가들은 그리스도인 중 어느 누구도 예수님 안에서 하느님을 관상하는 것에서 제외되지 않는다는 것을 강조한다. 인간이 완덕에 이른다는 것은 성령의 은총 안에서 세례 성사의 은총을 꽃피우고 열매 맺게 하는 것이며, 관상하는 것은 아버지의 뜻과 일치하시던 그리스도의 기도 자세를 본받음으로 가능하기 때문이다.

또한 모든 그리스도인이 성성(완성)에 불렸으면 성성의 방편이며 길인 관상에도 불린 것은 당연한 논리적 귀결이다.

이와 같이 모든 그리스도인은 각자의 성소나 생활 상태에 관계없이 성성에 불렸듯이 관상에도 보편적으로 불린 것이다.

II. 관상 기도의 모범이시며 스승이신 예수 그리스도[7]

그리스도인의 기도의 전형은 바로 우리 주님이신 예수 그리스도이시다. 예수님은 지상에 계신 동안 늘 아버지와 일치해 계셨다.

일상에서뿐 아니라 모든 활동 전후에 아버지와 대화하며 그분의 뜻을 찾으셨고 활동 중에는 성령의 인도하심에 따라 그 뜻을 수행하셨다. 예수님의 인격과 생활 안에 하느님 체험과 세상 체험, 기도와 활동이 절대적으로 조화를 이루고 결합되어 있었다.

1. 그리스도의 활동과 성부와의 관계

복음사가들이 예수님의 생애에서 중요한 것으로 간주하는 것 중 하나는 그분이 공생활 전체를 통해 수행하신 활동, 즉 복음 선포로부터 기도를 분리시키지 않으셨다는 점이다. 그것은 '기도의 연속' 혹은 '연속적 기도'이다.

루카 복음 사가는 특별히 예수님의 활동 중에 기도의 중요성을

---

[7] 박재만, 「사제들의 모범이신 예수 그리스도」, 『신학과 사상』 1(1989. 6), 가톨릭출판사.

관찰하는데 매우 주력한다. 그의 복음에선 예수님의 기도와 사건 사이에 긴밀한 유대가 있었음을 명확히 나타낸다[8].

예수님은 세례를 받으시기 전후에 기도하셨다(루카 3,21-22). 많은 병자들을 고쳐 주신 다음 날 전도 여행에 앞서 주님께서 어떤 일을 제일 먼저 하셨는지 마르코는 이렇게 알려주고 있다. "다음 날 새벽 예수께서는 먼동이 트기 전에 일어나 외딴 곳으로 가시어 기도하고 계셨다"(마르 2,35).

루카는 예수님이 열두 사도를 뽑으시기에 앞서 산에 들어가셔서 온 밤을 새우며 기도하셨음을 전해준다(루카 6,12). 또한 그분이 시몬 베드로에게 수위권을 위탁하시기 전 기도하고 계셨음을 알 수 있다(루카 9,8; 마태 16,13-20). 그리고 그분은 중책을 맡은 시몬을 위해 기도하셨음을 알려주신다(루카 22,31-32). 또한 그분은 그분 안에 하느님의 영광이 드러나던 영광스런 변모 시에도 기도하고 계셨다(루카 9,28-29).

올리브 산에서 예수님의 깊은 고뇌 순간은 기도의 절정을 이루었다(루카 22,42).

그분이 십자가 위에서 고통 중에 성부의 용서를 빌어주시고자 하던 대상은 자신을 십자가에 못 박은 이들이었다. 그들도 그분이 구원하여야 할 대상이기 때문이었다(루카 23,46). 그리고 십자가에서 그분의 마지막 기도는 온전한 자기위탁이었다. "아버지, 제 영혼을 아버지 손에 맡깁니다"(루카 23,46).

이같이 그리스도는 수행해야 할 모든 사명과 활동으로부터 결코 기도를 분리시키지 않으셨다. 복음의 여러 곳에서 그분의 천주성의 본질적 부분인 기적들도 기도의 동반으로 이루어지고 있음을 증거하고 있다(마르 7,34; 마태 14,23; 마르 6,46 등).

---

[8] 참조: J. GUILLET, 『Jesus Christ yesterday and today』, Goffrey Chapman, London, 110-111.

2. 그리스도의 활동과 성령

복음서들에서 볼 때, 성령은 성부와 언제나 일치해 계시는 예수 그리스도의 모든 사명 수행의 인도자로 소개되고 있다.

마태오와 마르코가 예수님의 가르침과 활동에 연관시켜 성령께 대해 소박하게 언급하는데 비해, 루카 사가는 요한 사가와 함께 그의 기록 안에서 성령의 활동을 크게 부각시킨다[9]. 루카는 마리아에게 전달된 예수님의 탄생 예고를 설명하면서 성령의 예외적 활동과 역할을 강조한다. "성령이 너에게 내려오시고 지극히 높으신 분의 힘이 감싸 주실 것이다. 그러므로 태어나실 그 거룩한 아기를 하느님의 아들이라 부르게 될 것이다"(루카 1,35).

'성령을 가득히 받은' 즈카리아는 태어난 세례자 요한의 사명을 하느님께서 예언자들을 통해 다윗의 가문에서 일으키실 전능하신 분이신 구세주와 관련하여 선언한다(루카 1,67-71). 같은 성령께서는 이스라엘의 구원을 기다리며 예루살렘에 머물러 있던 노인 시메온으로 하여금 성전에서 마리아의 아들이 곧 주님의 메시아임을 알아보도록 하셨고 그 아기가 이방인들을 위해선 '빛'이 되고 이스라엘에게는 '영광'이 됨을 찬양하도록 하셨다(루카 2,25-32).

다른 공관 복음 사가들과 함께 루카는 예수님의 메시아적 권위를 계시하고 입증해 주는 하나의 표지로 세례의 장면을 묘사하는데. 그때에 성령이 공적이고 가시적인 형태로 예수님 위에 내려오셨고 하늘에서 이러한 소리가 들려왔다. "너는 내 사랑하는 아들, 내 마음에 드는 아들이다"(루카 3,22).

예수 그리스도는 세례 때 그분 위에 내려오신 성령으로부터 인도되어 복음적 사명 수행을 시작하셨다. 사명 수행 초기 갈릴레아에서 그분은 자신을 구약의 예언을 완성하시는 분으로 소개하신다. 즉, 성령

---

[9] 참조: R. Fabris, 「Lo Spirito Santo sul Messia」, AA. VV., 『Lo Spirito del Signore』, EDB, 99.

으로부터 기름 발리시고 파견된 분으로 나자렛 성전에서 선언하신다(참조: 루카 4,18-21; 이사 61,1-2).

예수님 안에 성령의 충만함은 그분의 전 존재, 온 생활, 그리고 모든 사도직 활동을 내포한다. 즉, 육화, 세례, 광야에서의 은수 생활(마르 1,12; 루카 4,1-12), 성령의 능력으로 충만한 설교(루카 4,14-22), 성령 안에서의 기쁨(루카 10,21), 성령의 활동으로서의 사명을 제자들에게 위탁하심(요한 20,21-23) 등이다.

III. 역사 안에서 영성의 대가들의 관상[10]

1. 고대 그리스도교의 교부들

교회의 역사 시초부터 외딴 곳에 머물면서 오로지 기도와 관상 생활에 전념하던 은수자들과 사막의 교부들이 있었다. 초세기 교회에서 순교에 버금가는 완덕의 길은 '매일의 순교'라고 여겨지던 동정과 함께 복음적 권고에 따르던 철저한 수덕 생활이었다. 그러한 삶을 살던 이들이 처음엔 대부분 세속을 떠나지 않고 평범하게 가정에 기거하며 살았으나 차차 박해와 여러 가지 장애를 피하기 위해 광야나 적막한 곳으로 가서 고행하며 기도에 전념하게 되었다.

또한 신앙의 자유가 주어지면서 세속을 떠나 광야에 은거하며 수덕하려던 이들이 늘어났다. 그리스도인들을 분리시키고 추방하며 적대시하던 세상이 오히려 그들을 영예롭게 하며 호의를 베풀게 될 때, 이젠 그리스도인들 편에서 적지 않은 이들이 아직도 이교사상으로 가득

---

[10] 이 장을 위해 참고한 문헌들은 이러하다. T. ALVAREZ – E. ANCILLI, 「Contemplazione」, 『Dizionario enciclopedico di Spiritualita I』, Citta Nuova, 617-625; J. AUMANN, 『Christian spirituality in the catholic tradition』, Sheed & Ward, London; E. ANCILLI, 「Spiritualita Cristiana」, 『Dizionario di Spiritualita』, Studium; 박재만, 『영성의 대가들』. 상. 하, 가톨릭신문사.

찬 그 세상으로부터 스스로 격리되는 생활을 선택하게 된 것이다. 그들은 그러한 방어 자세를 갖추지 않고서는 세속에 물들기 쉽고 그 노예가 되지 않을까 염려하며 새로운 형태의 순교자적 삶을 선택했던 것이다[11].

그들에게 광야는 하느님의 음성을 들을 수 있는 곳, 악마와의 투쟁에서 승리하는 곳, 하느님을 만나는 곳, 그래서 성령으로 충만해지는 곳이었다. 그러므로 그들이 세속을 떠나 그 곳으로 간 이유는 기도에 전념하면서 하느님의 은총 중에 그리스도와 가장 긴밀한 일치를 이루는 데 있었다.

이러한 은수자들이 처음엔 여기저기 흩어져 각자 수덕 생활을 하였으나, 차차 그들의 생활이 세상에 알려지자 뜻을 함께 하던 이들이 그들로부터 지도를 받기 위해 몰려오게 되면서 공주(共住) 생활이 불가피해졌는데, 나중에 이런 생활 형태가 발전하여 수도원을 형성하게 된 것이다[12].

그 당시 다른 수덕자들과 달리 성 바실리오(+339-379)는 엄격한 독수 생활이나 인간 사회로부터 단절된 수덕 생활에 대해 호의적 견해를 갖지 않았다. 공동체 생활에서 양성된 수도자가 사막에서 은수 할 수 있는지 질문 받고서 그는 이렇게 대답했다. "그것은 자신의 의지를 나타내는 표지일 뿐이며 하느님께 영광을 드리는 이들로부터 소외된 채 머물게 할 것이다"[13].

성 안토니오, 성 베네딕토도 어느 기간 동안 독수 생활을 한 후 수도 공동체를 형성하여 공동 생활을 하였다.

수도 공동체 생활을 옹호하는데 있어 그들의 논증의 바탕은 그리스도께서 주신 사랑의 계명, 즉 하느님 사랑과 이웃 사랑의 통합이었다(요한 13,34-35; 15,12; 마태 25,40). 수도 공동체의 일과는 무엇보다 공동

---

[11] 참조: J. AUMANN, 『Christian spirituality in the catholic tradition』, Sheed & Ward, London, 1985, 33-37.
[12] 참조: E. ANCILLI, 「Spiritualita Cristiana」, 『Dizionario di Spiritualita』, Studium, 1782-1783.
[13] 참조: 「Regule brevis tractate」: PG 31, 441.

기도, 성서와 교의 연구, 노동, 완화된 수덕 행위, 그리고 수도 생활과 병행할 수 있는 사도적 활동 등이었다. 뒷날 베네딕토 시대에 가서 더 발전하게 되지만 이미 수도자는 기도뿐 아니라 노동, 학문, 애덕 및 사도적 봉사 등을 통해서 하느님께 대한 사랑을 함께 표현하며 실천하는 것이라는 영성의 기반을 이루기 시작한 것이다.

한편 동시대의 나지안조의 성 그레고리오(+389)는 고독과 학문, 그리고 수덕 생활에 몰입하면서 그리스도인 생활의 완성이 관상 안에서 절정을 이루게 된다고 강조한다[14]. 사막의 교부들 중 수덕 생활에 있어 가장 체계적이던 카시아노(+435)는 기도를 길고 오래하기 보다 간단하면서도 자주 하길 권장하였다. 활동 중에도 종일 끊임없이 기도를 하는 방법으로 계속 기억하고 반성할 수 있는 짧은 성서 구절을 취할 것을 권했다[15]. 또한 루치오도 형식적 기도를 길게 하기를 좋아하면서 일하기를 게을리 하는 이들을 질책하였고 일상 중 끊임없는 기도를 강조하였다. 그에 의하면, 하느님께 향한 일상 생활은 그 자체가 기도라는 것이다[16].

2. 성 아우구스티노

활동 생활과 관상 생활 양쪽을 다 체험한 성 아우구스티노는 삶에 다양한 길이 있음을 깨달았고 그에 대해 큰 관심을 기울였다. 그는 그리스도인이 살아가는 세 형태의 생활에 대해 말했다. 하나는 관상 생활 혹은 진리탐구의 생활이고, 다른 하나는 인간사에 이바지하는 생활이며, 셋째는 위의 두 생활을 조화시킨 형태라는 것이다. 그는 세 형태 중 어느 것이 인간의 최종 목적을 달성시키기에 용이한 것인지 그 척도에 따라 선택이 이루어져야 한다고 강조했다.

---

[14] 참조: J. AUMANN, 『Chtistian spirituality in catholic tradition』, 44-46.
[15] 참조: G. CASSIANO, 『Conferenze Spirituali』, 10,10.
[16] 참조: 『The Sayings of the Father』, tans. Benedicta Ward, London, 1981, 121.

아우구스티노는 또한 평신도의 일상 생활의 기도에 관한 논술에서 평신도가 시간 여유 있을 때 오래 기도할 수 있겠으나 일반적으로는 짧은 기도와 화살 기도를 자주 바치도록 권장하였다.

아우구스티노의 교구사제 공동체에서 실천된 사항들은 전통적인 수도 생활의 그것과 유사하나 한편으로 언제나 형제적 사랑이 강조되었다. 동방의 수도 생활이 일반적으로 영적 지도자의 도움을 받으며 성숙시켜야 할 하느님과의 개인적 관계, 즉 수직적 관계를 매우 강조했었던 데 비해, 아우구스티노의 공동체 생활은 형제들이나 이웃과의 관계에도 높은 가치를 두며 수평적 관계 또한 크게 중요시했던 것이다[17].

3. 성 베네딕토

성 베네딕토는 동방의 수덕 생활에서 소중히 여기던 엄격성에서 과도함을 조절하여 인간적인 것을 그리스도인적인 것으로 완성시키는 생활 방법을 지혜롭게 성문화하였다. 즉 노동을 기도에 일치시킨 것이다. 이것은 베네딕토 수도회의 새로운 변모로서 영성적, 인문주의적 문화의 측면에서뿐 아니라 경제적 및 시민 교육적 견지에서 역사적 중요성을 지닌다. 물론 동방의 수도자들도 사막에서 또는 수도원에서 노동을 하였다. 그러나 그들의 노동은 오로지 전념하던 기도로부터 자유로워지는 시간들의 메꿈 내지 의식주 해결 방법 정도로 이해되었다. 그러나 베네딕토는 기도에 노동을 또 하나의 의무로 부과하면서 기도처럼 노동도 매일 시간표에 의해 정기적으로 실행하도록 하였다. "Ora et labora"란 베네딕토회 표어는 하느님의 것과 인간적인 것의 일치의 상징이며, 관상과 활동의 일치의 상징이다[18].

---

[17] 참조: J. AUMANN, 『Christian spirituality in the catholic tradition』, 61-18; E. ANCILLI, 「Spiritualità Cristiana」, 1783.
[18] 참조: G. RUOTOLO, 『Il monachesimo dalle origini a s. Bernardo』, Tipograpia dell'Abbazia di Cosamari, 1969, 23-26; E. ANCILLI, 『Spiritualità Cristiana』, 1782-1783.

베네딕토의 영성의 또 하나의 주요 방편은 "렉시오 디비나"(Lectio divina)이다. 이것은 하느님과 함께 하는 독서로서 인간이 하느님과 함께 하는 합동 작업이다. 하느님의 말씀을 단지 눈으로 읽기만 하는 것이 아니라 오히려 마음의 귀로 듣는 것이다. 이러한 독서의 중요한 결실을 이루도록 하는 것은 성령의 은총이며 이에 응답하는 인간의 자세는 무엇보다 마음의 순결이다.

베네딕토회 수도자들은 렉시오 디비나를 통하여 성경 말씀을 온 마음으로 읽고, 그것을 기억 속에 간직하여 하루의 다른 시간들에 끊임없이 되뇌임으로써 한순간도 하느님의 말씀으로부터 멀어지지 않고자 노력했다. 이것은 수도 생활에 있어 어떤 부차적인 수행이 아니라, 수도자들을 궁극 목표에로 직접 인도하는 수행이었기에 수도 전통 안에서 언제나 특별한 위치를 차지해 왔다. 이것은 수도 생활의 활력의 중요한 원천이었고, 또한 그들을 하느님께로 직접 인도하는 훌륭한 안내자의 역할을 하였다.

4. 성 프란치스코

성 프란치스코는 일상 기도, 성체 조배, 묵상뿐 아니라 대자연 안에서 관상하며 주님을 만나는 시간들을 자주 가졌다. 그가 베르나 산에서 그리스도의 수난을 묵상하고 관상하던 중 받게 된 오상(五傷)의 은총은 그리스도교 영성사에서 한 개인이 그리스도의 수난의 성흔(聖痕)을 볼 수 있도록 뚜렷이 받은 최초의 경우이다.

프란치스코의 영성의 특성 중 하나가 '형제애'인데, 이것은 인간들과는 물론이며 자연과 사물과의 관계에서 이루어지는 사랑이다. 그는 영혼이 없는 창조물과도 대화하며 화해를 이루고자 하였다. 그는 사물들 안에서 단순히 하느님의 흔적뿐 아니라 그분의 모상을 보면서 모든 사물을 사랑하시는 하느님의 실재를 느낄 만큼 수평적 관상을 하는 특별한 카리스마를 받았다.

프란치스코의 형제애는 우선 그의 작은 형제회 안에서 뚜렷이 나타난다. 모든 이들을 위한 형제들이 되기 위해서는 공동체 안에서 상호간의 사랑의 관계가 형성되어야 한다. 그에게 형제들은 다른 형제들을 위한 하느님의 선물이다. 그들의 형제애는 세상을 향한 형제적 관계로 이어진다. 프란치스코는 가난한 이들과 직접 함께 생활하는 형제애를 추구했다. 그것은 가난한 나그네이셨던 그리스도의 겸손과 가난을 따르는 것이며 그들 안에서 그리스도를 발견하는 것이었다. 그의 형제애는 적대적 관계에 있는 이방인들과 이단자들도 포함했다. 그는 하느님 안에서 그들을 바라보고 하느님의 모상으로서 그들을 대하며 관계를 맺고자 했다.

자연과 형제적 친교를 이루고자 했던 프란치스코의 시 「태양의 노래」는 환경 보호자나 단순히 자연 사랑에 빠진 시인이 읊은 자연에 대한 예찬의 차원에서가 아니고 우주에 깃들여 있는 신비로움과 거룩함에 대한 심오한 직관에서 우러나온 노래였다. 많은 것들이 하느님을 더욱 가까이 알고 만나게 해주며 그리스도를 상기시켜 주기 때문에 그것들을 사랑했던 것이다.

신앙에서 우러나올 수 있는 그러한 사랑의 차원에서 바라보는 그에게 모든 것은 형제자매와 같았다. 그는 그가 호칭하고자 하는 사물이 이탈리아어 낱말의 성(性)에 따라, 즉 남성이냐 여성이냐에 따라 형제 혹은 자매라고 하였다. 예를 들어 남성 단어인 해를 '형제'라 불렀고, 달과 별은 여성이므로 '자매'라 불렀다. 불과 바람을 형제로, 물과 죽음을 자매라고 불렀다.

프란치스코는 삶의 기쁨에 넓게 개방되어 있는 성인들 중에서도 특출한 인물이다. 그는 하느님과 인간 그리고 자연과 화해를 통한 우주적 형제애를 이루면서 진정으로 자유인이 되었다. 흔히 포기 또는 빼앗김이라는 부정적 소극적 색채를 띠었던 수덕주의도 프란치스코에 의하여, 포기한 것에 대한 '기쁜 극복'이란 적극적 측면으로 바뀌었다. 그의 생활은 뭔가 빼앗긴 삶이 아닌 기쁜 봉헌이었다. 이로 인해 그는 사물들(우주, 대자연, 의식주 등)로부터 소유됨이 없이 그리고 소유함 없이 그것들을 직관할 수 있었다.

그의 생애는 실로 하느님의 숨결과 손길을 생생히 느낄 수 있는 그분의 창조물을 단순성과 사랑의 눈으로 바라보면서 온통 주님을 찬미하는 삶이었다. 그리고 하느님의 창조물 안에서 누리는 그의 기쁨은 참신한 것이었으며 그리스도의 복음과 그 삶이 참 기쁨이라는 사실을 새삼 드러낸 것이었다.

5. 로욜라의 성 이냐시오

성 이냐시오(1492-1556)의 영성의 특징 중 하나는 기도와 활동을 하나의 차원으로 통합하려는 삶으로서 활동 중의 관상이다.

그는 고유한 카리스마로 예수회를 설립하여 기존 수도회들과 다른 생활의 모습과 사도직 수행 자세를 제시하였다. 그는 자신을 포함한 예수회원들이 세상 속에 적극 투신하여 그리스도의 모범을 따르는 활동을 수행해야 할 것을 강조하였다. 그는 인간사가 펼쳐지는 세상으로부터 도피하기보다 오히려 그 안에서 그리스도를 머리로 모시고 어두움에 맞서 승리해야 한다고 보았다. 그래서 그는 회원들에게 세상 안에서 이웃 사람들과 함께 생활하도록 했으며 눈높이를 맞추어 대중이 쓰는 말로 이야기하고 그 지역의 풍습을 따르도록 했다. 또한 그들이 사회의 지성인들 못지 않게 인문 과학과 자연 과학 교육 과정을 이수하기를 바랐다.

그는 가톨릭 사상의 주류와 대립되는 르네상스와 과학의 새로운 발견 등으로 인해 변화되어 가는 사회 상황에 대응해야 할 교회의 적극적 자세와 역동적 영성이 요청된다고 생각하였다. 시대의 문제와 요청에 적절히 대처할 수 있는 그리스도교 생활 양식으로 새로운 영성을 시급히 형성해야 한다고 여긴 것이다. 그것은 현존하는 가톨릭 교회에 헌신을 재 다짐하면서 모든 인문 과학과 자연 과학을 장려하며 하느님의 인류 구원 계획 안에 보다 깊고 넓은 인문주의를 정립하고자 하는 영성인 것이다.

그러므로 그는 그러한 새 영성의 형성을 염두에 두고 그리스도인 생활의 두 본질적 차원인 기도와 활동을 이상적으로 통합시키고자 했다. 그는 세상에 대한 새로운 견해와 전망 중에 사도직을 수행하고자 했던 것이다. 그는 그리스도인이 적대해야 할 대상은 세상이 아니라 세상에 현존하는 악의 세력과 세속주의라고 보았다. 수도적 봉헌 생활과 세상에 대한 봉사를 분리시키고자 했던 당시의 일반적 사고 및 행동의 문제점을 간파했던 것이다. 그는 기도와 일이 별개의 것이 아니고 하느님에 대한 보다 큰 봉사를 위한 상호 보완적 수단으로 여겼다. 활동을 통해 하느님을 섬기는 자세로 사람들에게 봉사하면서 관상적 기도 속에서 하느님을 만나고 그분의 뜻을 찾았던 것이다. 그는 '활동 중의 관상가'[19]이고자 했다.

6. 아빌라의 성 테레사

아빌라의 테레사는 하느님과 합일을 이루는 심오한 기도 체험과 인식 그리고 그에 대한 완벽한 묘사 등으로 학계뿐 아니라 교도권으로부터 기도 신학의 탁월한 권위자로 인정되었고 '교회의 박사'로 선언된 분이다. 시대를 초월하여 테레사는 언제나 우리에게 기도 생활의 큰 귀감이며 출중한 스승이다.

테레사에 의하면, 묵상 기도는 '하느님과의 친밀한 우정의 나눔'이다. 그의 저서들은 모두 묵상 기도에 관해 말하고 있다. 『자서전』은 그가 묵상 기도를 통해 하느님을 향해 나아간 발자취라고 할 수 있다. 『완덕의 길』은 묵상 기도의 훌륭한 교본이다. 『영혼의 성』은 하느님과의 일치를 향한 진보의 단계에 대응시켜 묵상 기도의 심도를 묘사한 체험기이다.

그의 묵상 기도는 크게 나누어 세 가지의 본질적인 요소로 구성된

---

[19] 참조: P. SCHELDRAKE, 『Image of Holiness』, Darton, Longman and Todd, 80-83.

다. 마음을 모으기, 그리스도와의 만남, 하느님과 사랑의 이야기를 나누기이다. 그는 묵상 기도를 '많이 생각하는 일이 아니고 많이 사랑하는 일'이라고 하였다.

테레사에게 묵상 기도란 완전함에로 점차 인도해 가는 길이며 특별한 은총을 받은 이들에게는 신비적 일치로 가는 길이기도 하다.

『영혼의 성』에서 테레사는 발전 단계를 일곱 개의 방으로 구분하고 있다. 앞 단계의 궁방들에서 초심자들은 단순한 묵상, 잠심의 기도 상태에서 '고요함'이라는 묵상의 단계로 넘어가며 초자연적 관상에 들어선다. 초자연적 관상이란 자신의 여러 능력을 사용해서 영혼 안에 실제적으로 현존하시는 하느님께 영혼이 합일하는 체험을 뜻한다. 먼저 하느님과 영혼의 단순한 만남에서부터 시작하여 제4, 5궁방, 다음에 제6궁방의 '혼약' 그리고 드디어 완전한 신비적 합일인 '영적 결혼'의 단계에 이르게 된다.

테레사는 그러한 신비적 은혜가 완전함에 도달하기 위해 필요 불가결한 조건이 아니라는 것과 그것을 잘못 이해해선 안 된다는 것을 강조한다. 그러나 이 신묘한 은혜는 사랑의 성장과 덕 실천에, 교회를 위한 봉사에 그리고 예측할 수 없는 곤경, 고통과의 대결에 영적으로 힘 있는 도움이 된다는 것을 깊이 인식하고 있다.

그는 신비적 관상의 은혜를 바라는 것은 옳고 좋은 일이나 이상한 은혜를 열망하지 말고 하느님이 원하시는 것만을 원하도록 권한다.

7. 십자가의 성 요한

십자가의 요한은 저서들을 통해 영적으로 진보하고자 하는 이들에게 자신이 체험하며 걷고 있는 완덕의 길을 안내하고자 온 힘을 기울인다. 그 완덕의 길은 오직 하나뿐인 하느님과의 일치로 향하는 길이다. 이 길에서 인간적 및 영적 기쁨이나 만족들은 배제되어있다.

그는 이 영적 여정에 나아가는 데 도움이 되도록 '완덕의 산'을 그려 설명했는데 그 그림은 그의 영성을 집약하여 잘 표현하고 있다. 완덕을 향한 여정의 출발은 비록 소박하고 단순하지만 내적인 자세가 결정적으로 중요하다. 완덕의 산은 카르멜의 산길인 좁은 길(무의 길)을 걸어가야 한다. 그렇지 않고 지상적 불완전한 길(지상의 것에 대한 만족)이나 천상적인 불완전한 길(영적 만족)을 통해서 정상에 도달할 수 없다. 좁은 길은 하느님의 사랑과 영광만이 주재하는 산의 정상을 향하는 유일한 길이다.

그의 영적 가르침은 본질적으로 복음적이며 성 삼위의 신비에 입각한 것이다. 그는 완덕에 나아가는 길에 대하여 매우 낙관적인 자세를 가지고 있다. 그가 저서들을 통해 가르치는 완덕에의 길은 관상 생활에 불린 이들에게 적합한 것이다. 그러나 어느 누구도 그리스도 안에서 하느님을 관상하는 것에서 제외되지 않는다. 그에 의하면 완덕의 절정에 이른다는 것은 세례 성사의 은총을 꽃피우고 열매 맺게 하는 것이기 때문이다. 인간은 능력의 한계 속에서 죄를 짓는 불완전함에도 불구하고 성령을 통하여 변화될 수 있으며 아버지의 뜻과 일치하시던 그리스도의 기도 자세를 본받을 수 있다. 그러나 하느님과의 일치를 위해서는 하느님의 은총을 수용할 있도록 인간편의 준비와 협력 그리고 철저한 비움의 노력이 전제된다는 것을 그는 거듭 강조한다. 그는 밤의 상징과 불로 인하여 변화된 나무의 상징들로 그 모습을 표현한다.

십자가의 요한은 완덕으로 나아가고자 하는 이들에게 영성의 근본적인 전망을 제시 할 뿐 아니라 체험을 통해 그 곳으로 이끌어 주는 모범적 스승 역할을 한다.

8. 리지외의 성 테레사

소화 테레사는 '작은 길'을 통해 신비주의의 일상성을 실증하였다. 예를 들면 그는 묵상 시간에 곁에서 작은 소리를 내는 자매 때문에 무척 방해를 받으면서도 그것을 천상 음악으로 여기며 기쁘게 참았고 공동 빨래터에서 부주의한 자매가 튀기는 더러운 물로 얼굴을 흠뻑 적시면서도 그것을 보배로운 비처럼 바꾸어 생각할 수 있었는데 그것은 작은 일상 사건을 십자가와 부활이라는 큰 신비의 현실로 바꾸어 갈 정도로 불태운 그리스도께 대한 사랑에서 온 것이었다.

테레사의 작은 길은 단순성과 긴밀히 연관된다. 어린이가 부모 앞에서 단순한 생각과 감정을 표현하며 단순하게 행동하듯이 테레사도 하느님 앞에서 그러하고자 했다. 단순성은 조금도 기교를 부리지 않는 하느님께 대한 사랑, 즉 모든 것이 하느님을 기쁘게 해 드리려는 마음의 모습이다.

그의 삶은 하느님 아버지의 사랑에 대한 자녀다운 신뢰로 충만해 있었다. 하느님이 자신을 사랑해 주심을 믿었을 뿐 아니라 체험으로 깊이 깨달았다. 그에게 성성이란 하느님의 자비를 신뢰함으로써 얻는 은총이다. 그에게 신뢰심은 자신의 약함을 절실히 느낄수록 오히려 더 굳어졌다. 자신의 허물이나 불충실을 볼 때 그것이 신뢰의 동기가 되었으며 가장 당황하게 하는 신앙의 시련, 마음의 메마름, 권태, 유혹 등 모두가 하느님을 신뢰할 수 있는 동기가 되었다.

그는 바오로 사도의 편지들을 읽고 묵상하면서 봉쇄 수도원 안에서도 사도적 기도로 선교에 기여할 수 있음을 깨닫고 실천하였다. 그는 하느님과 그분의 교회에 대한 극진한 사랑 때문에 늘 선교 열정을 지니고 있었고 강력한 기도의 지원자가 되었던 것이다. 그는 교회의 선교 사명 수행에 활동적 측면뿐 아니라 기도의 지원이 필수적인 것임을 재확인해 준 것이다.

테레사는 사제들의 성화와 그들을 통한 죄인들의 회개를 위해 자신을 봉헌하고 싶은 열망이 그의 성소와 생활의 원동력이었음을 표현했다. 실로 그는 자신의 생애가 주님의 사제들의 성화를 위한 봉헌이 되기를 원했으며 또한 일생동안 죄인들을 위한 기도뿐 아니라 자신을 위해 바치는 기도와 희생까지 예수 그리스도의 신비체의 무한한 공로에 합하여 그들을 위해 봉헌했다.

9. 마더 테레사

마더 테레사는 자매들이 가장 가난하고 고통 받는 이들 안에서 예수님을 보고 만나며 사랑을 실천하는 일상의 관상가들이 되도록 가르쳤다. 실로 그들은 길거리에 버려진 사람들, 나병 환자, 에이즈 환자 등 죽어가는 이들 안에서 그리스도의 모습을 찾으며 사랑으로 봉사한다.

그에게 관상은 기도뿐 아니라, 그리스도를 사랑하며 그분과 일치하여 가난한 이들에게 봉사하는 삶까지 포함한다.

> "사람들의 눈에는 우리가 단순한 사회 사업가로 비칠 지도 모릅니다. 그러나 실제로 우리는 세상의 중심에서 살고 있는 관상가들입니다. 우리는 매일 24시간 동안 그리스도의 몸을 만지고 있기 때문입니다".

버려진 사람들에 대한 사랑의 활동을 기꺼이 실천할 수 있는 비결을 물었을 때 마더 테레사는 이렇게 대답했다.

> "제 비결은 단순합니다. 기도합니다. 기도로써 그리스도의 사랑에 저를 일치시킵니다. 그분께 기도하는 것이 그분을 사랑하는 것이며 또한 그분의 계명을 수행한다는 것임을 저는 깨닫게 됩니다. … 저에게 기도는 예수님을 위하여 예수님 안에서 예수님과 함께 살도록 그분의 뜻에 일치하며 매일 24시간 동안 살도록 하는 것입니다".

마더 테레사는 하느님의 유용한 도구가 되기 위해서 그리고 하느님의 일을 잘 수행하기 위해서 하느님의 현존 앞에 서 있음을 늘 의식해야 한다고 말했다. 만나는 모든 이들 안에서 주님을 보고 만날 수 있기 위해서는 하루 종일 살아 있는 기도를 필요로 한다는 것이다.

그는 예수께서 지상에 계신 동안 언제나 기도와 활동을 일치시키셨듯이 자신들도 노동에 기도를 일치시켜야함을 강조했다.

마더 테레사는 그리스도와의 일치의 삶은 무엇보다 성체 성사의 삶에서 가능하다는 것을 잘 알고 있었기에 사랑의 선교사들이 성체 성사로 양육되도록 배려하였다.

"우리는 성체로 살아야 하고 마음과 삶이 성체로 짜져야 합니다. 사랑의 선교사가 마음속에 그리스도를 모시고 있지 않다면 그리스도를 줄 수 없습니다. 우리의 삶은 성체에 연결되어 있습니다. … 우리는 성체와 가난한 이, 또 가난한 이와 성체를 따로 생각하면 안 됩니다. 그분께서 그분에 대한 저의 배고픔을 채워주셨으므로 이제 저도 영혼들에 대한 그분의 배고픔을, 사랑을 채워주러 갑니다".

사랑의 선교회 자매들은 그들의 사도직을 수행하기 위하여 성체와 일치의 삶을 산다. 그들은 하루의 일과를 미사, 영성체 및 묵상으로 시작하고 일과 후 한 시간의 성체 조배로 끝을 맺는다. 이러한 성체와의 일치에서 그들은 힘, 사랑 그리고 기쁨을 얻는 것이다. 일상적 관상은 정해진 시간의 관상 기도를 통해서 이어지며 가능해 진다. 수평적 관상은 수직적 관상을 하면서 가능해 지는 것이다.

IV. 오늘의 그리스도인 생활에서 배워 실천해야 할 관상 기도

「평신도 그리스도인」은 그리스인 생활에서 영성 교육이 특권적 자리를 차지해야 함을 강조한다[20]. 한편 영성 교육의 우선적 과제는 기도 훈련이다. 예비 신자 교리 과정뿐 아니라 지속적인 신자 재교육 및 연수회를 통하여 기본적 기도부터 로사리오 기도, 말씀의 묵상, 성체 조배, 자유 기도, 관상 기도 등 단계적인 가르침과 지도가 필요하다. 기초적인 기도의 정신 및 자세는 신자 생활 초기부터 잘 형성되어야 하며 계속 성장하도록 배려해야 하는 것이다.

실로 그리스도인은 기도하는 법을 차근차근 배우면서 기도를 잘 하기 위해 지속적으로 노력해야 한다. 그것은 마치 어린이가 글쓰기를 배우는 것과 같다. 처음엔 연필 쥐는 법부터 배워야 하고 글씨를 그리기부터 시작하여 예쁘고 정확하게 쓰기를 단계적으로 습득할 수 있는

---

[20] 참조:「평신도 그리스도인」, 60항.

것이다.

기도는 또한 테니스나 수영을 배우는 것과도 비슷한 단계를 거쳐 습득하는 것이다. 우리가 기도하는 방법을 배우고 깨달으며 열심히 노력하면 우리의 기도는 서서히 조화롭게 발전하고 향상될 것이다. 그러나 기도에 대한 구체적인 방법도 모르고 공부도, 노력도 하지 않으면 기도를 잘 할 수 없게 될 뿐 아니라 하고 싶은 마음도 사라지고 따라서 기도가 성장하거나 향상될 수 없다.

수도회들은 설립자의 카리스마와 영성 그리고 전통적 관상 기도를 시대에 맞게 쇄신하며 발전시켜나가야 한다. 그리하여 회원들로 하여금 기도와 공동 생활 그리고 사도직을 훌륭히 수행하도록 교육하고 지속적으로 양성하여 성숙하도록 보살펴야 한다.

수도회들은 또한 교구 사제들과 평신도들을 위해 그들의 영적 유산을 끊임없이 계발하고 나누어 주어 영적 삶을 풍요롭게 해 주어야 한다. 여러 수도회에서 이미 기도 학교를 운영하면서 학생, 젊은이들을 교육하고 있고, 또한 기도를 위한 단계적 연수, 영성 수련 등 교육 및 영성 계발 프로그램을 통해 사제, 평신도들에게 기여하고 있는 것은 고무적이다. 앞으로도 한국 교회의 복음화, 성화를 위해 더욱 적극적으로 교육 프로그램을 계발하고 설립자의 영성 그리고 기도 방법을 교회 구성원들의 생활 상태와 수준에 맞게 적용하여 나누어 주어야 할 것이다. 그리하여 그들도 그들의 생활 상태에서 관상 기도 하는 방법을 배우며 세상에서의 관상가로 살도록 도울 수 있을 것이다.

본당의 사목자들은 수도회의 교육 담당자들의 협조를 얻어 신자들의 영성 생활의 발전을 위해 다양한 기도의 방법을 배우고 체험하며 자신들에게 잘 맞는 방법의 기도를 생활화 하도록 배려해야 한다. 오늘 우리 교회는 점차 신앙 생활을 쉬는 이들과 기도, 전례에 흥미를 잃어가는 신자들이 늘어나고 있다. 세례 성사 후 적지 않은 이들이 조그마한 시련이나 곤경에 처하면 쉽게 교회를 떠난다. 성서 공부와 묵상, 신앙의 체험, 하느님과의 내적인 만남, 기도 안에서 기쁨, 평화, 감사로움의 체험이 결여되어 신앙이 계속 성숙하지 못하기 때문이다. 또한 다른 종교들의 가르침과 명상법에 현혹되며 개종하는 이들이 늘어나고 있다. 우리 교회의 소중한 유산인 성사들에 대해 잘 몰라 성사의 생활화가 안 되어 있고, 우리의 소중한 전통적 기도와 관상에 대해 배우거나 훈련을 받아 본 적이 없기 때문이다.

신자들의 기도 교육에 있어, 우선적인 것은 공동 기도와 전례에 신자들이 적극적이고 능동적으로 참여하면서 공동체적 흠숭과 찬양, 봉헌을 하도록 독려하고 교육하는 것이다. 그리고 기도 교육의 다른 중요한 측면은 하느님과의 관계를 돈독히 하는 개인 기도 역량을 키우도록 돕는 것이다. 하느님의 말씀을 경청하고 묵상하도록 도우면서 관상 기도에 이를 수 있도록 안내해 주어야 한다. 또 한 가지 중요한 교육은 기도와 생활의 일치, 기도와 사도직의 통합, 기도의 생활화, 생활의 기도화, 사도직에 연관된 기도 생활이다.

1. 전례와 공동 기도에 적극적이고 능동적인 참여토록 독려

신자들이 전례, 특히 미사 성제의 본뜻을 충분히 이해하지 못한 채 형식적, 습관적으로 참여한다면, 그것을 지루하고 무의미한 것으로 여기게 되어 점차 참석을 꺼리게 된다.

"전례는 교회 활동이 지향하는 정점이며 모든 힘이 흘러나오는 원천"[21]이라는 교회의 정신을 체험을 통해 배우도록 교육시켜야 한다. 주일 미사나 성사에 대한 신자들 다수의 관념은 단순히 그들에게 부과된 의무라고 여기고 있으며 그에 불참할 경우 의무 불이행이라는 죄책감을 갖게 되므로 마지못해 수동적으로 이행할 수 있다. 이러할 경우 미사는 본 의미인 공동체적, 사회적 흠숭과 봉헌 그리고 사랑의 나눔이라기보다 개인 신심 행위나 개인의 과제로 축소 인식된다.

---

[21] 참조: 「전례 헌장」, 10항.

실로 미사 안에서 신자들이 만남, 친교, 나눔의 장이 이루어져야 하며 하느님께 공동으로 기도하고 또한 공동으로 구원하시고자 하는 하느님의 뜻을 이해하고 받아들여야 한다. 그러므로 신자들로 하여금 주일 미사를 공동체나 이웃과 단절된 채, 하느님과 개인적 관계로만 여겨선 안 된다는 것을 인식시켜야 한다.

전례 및 공동 기도를 하느님께서 더욱 기꺼이 들어주신다는 사실도 일깨워 줘야 한다. 그것은 사람들의 목소리가 많이 모아진다거나 청원의 함성이 높아지기 때문이 아니다. 그것은 그리스도의 몸인 교회가 가시적으로 구성되어 있기 때문이고 성령의 현존을 더욱 확실히 보증하기 때문이며 구성원들의 다양한 카리스마들이 상호 보완하여 통합되기 때문이고 그리스도 안에서 형제적 애덕을 구체적으로 실천할 수 있기 때문이다[22]. 실상 주님께서는 이미 그에 대해 보증해 주셨던 것이다. "너희 중의 두 사람이 이 세상에서 마음을 모아 구하면 하늘에 계신 내 아버지께서는 무슨 일이든 다 들어주실 것이다"(마태 18,19).

그러므로 교회는 신자들에게 기도의 학교로서 일치와 친교를 배우며 애덕을 키우고 나누는 자리인 공동전례에 능동적이고 적극적으로 임하여 기도의 맛을 들이고 그것이 각자의 기도를 서로 풍요롭게 하는 것임을 체험하도록 도와주어야 한다.

그리고 세례, 견진, 고해, 성체, 혼인 성사를 생활 안에 구현하도록 가르치고 일깨워 줘야 한다. 전례와 성사의 생활화는 복음의 증거이고 선포이며 또한 선교의 생활화이다.

2. 개인 기도에 대한 교육과 심화 훈련

사목자들은 기도의 전문가들인 수도자들의 협력을 얻어 신자들로 하여금 스스로 하느님의 말씀을 경청하고 묵상하면서 관상의 단계에 이르기까지 기도 생활에 있어 성장하도록 계획하고 여건을 마련해야

---

[22] 참조: T. GOFFI, 『Ascesi come educazione alla preghiera. La preghiera II』, Citta Nuova, 36-37.

한다.

　세례 성사 후 신자들은 지속적인 재교육을 통하여 기본적 기도부터 로사리오기도, 말씀의 묵상, 성체 조배, 자유 기도 등 단계적인 가르침과 지도가 필요하다. 기초적인 기도의 정신 및 자세는 신자 생활 초기부터 잘 형성되어야 하며 계속 성장하도록 노력해야 하는 것이다.

　또한 기도회, 영성 운동 단체, 신심 단체의 중심은 기도이어야 하며, 그러한 모임은 기도를 체계적으로 배우고 실천하며 체험하는 수련장이어야 할 것이다. 또한 기도 훈련을 위한 특별 피정이나 교육 프로그램도 필요하다. 친교와 성령께 대한 개방적 자세 그리고 자유 기도에 있어 참신한 발전을 이루도록 해야 한다.

　하느님과의 일치를 이루는 기도를 위해 선행되거나 수반되어야 할 것은 수덕적 자세로서 회심, 절제, 극기 등을 통한 내적 정화이다[23]. "마음이 깨끗한 사람이 하느님을 뵙게 될 것"(마태 5,8)이기 때문이다.

　기도하는 이를 위해 일차적으로 필요한 요소는 하느님 대전에 가난한 사람으로서 다가가는 것이다. 예수님은 기적을 요구하는 이들에게 믿음과 전적인 신뢰를 촉구하셨다. 은총을 청하는 이들이 얼마만큼 필요 절감한 상황인지 보다 어떠한 자세를 지녔는지 즉, 그들이 그분께 겸손한 자세와 굳센 믿음을 가졌는지를 중요시 하셨다. 가나안 여인(마태 15,21-28)과 백인 대장(마태 8,5-13)의 믿음의 자세는 그 좋은 예이다.

　기도를 준비하기 위한 내적 침묵과 기본 자세의 훈련, 분심 잡념으로부터 벗어나 마음을 집중하는 훈련도 좋은 기도 생활을 위해 유익하다.

　기도를 잘하기 위해서 꼭 필요한 것은 묵상 수련이다. 영성의 대가들은 각기 자신들에게 맞는 묵상 방법을 계발했고 그것을 다른 이들에도 도움이 되도록 소개하였다. 그러므로 각자는 다양한 묵상 방법

---

[23] 참조: 신앙 교리성,「그리스도교적 명상의 일부 측면에 관하여 가톨릭 교회의 주교들에게 보내는 서한」, 18항.

들[24] 중 자신에게 적합한 것을 선택하여 배우고 잘 활용하며 발전시켜야 한다. 모든 운동 종목에서 그렇듯이 묵상도 기초부터 잘 배워야 진보할 수 있는 것이다.

위에서 살펴본 바와 같이, 모든 그리스도인이 또한 관상 생활에 불리었고, 관상은 그리스도인 생활의 본질적 요소이므로 평신도를 포함한 모든 생활 상태의 사람들이 적절한 때와 시간을 조절하여 실천할 수 있는 것이다. 그러나 이것은 생활의 상태와 여건에 따라 지혜롭게 잘 적용되어야 할 것이다.

기도의 대가 아빌라의 성 테레사에 의하면, 관상이란 우리를 사랑하시는 하느님과 단 둘이서 자주 나누는 대화를 통해 친밀한 우정의 관계를 맺는 것이다[25].

관상 기도는 기도의 신비를 가장 단순하게 표현하는 것이다. 관상 기도는 선물이며 은총이다. 이 은총은 겸손하고 순결하며 비어있는 마음을 가져야 받아들일 수 있는 것이다. 관상 기도를 통해서 하느님과 인간이 일치되어 성삼위께서 하느님의 모상인 인간으로 하여금 그분을 닮게 하신다.

신자들을 관상 기도에 안내하고 이해하도록 돕는 방법의 하나는 기도의 대가들 중에서 비교적 접근 가능한 몇 분을 선택하여 그 모범과 가르침을 소개하는 것일 듯싶다.

물론 영성의 대가들의 『완덕의 길』이나 관상 기도의 체험과 가르침을 잘 이해하기 어렵고 본받기란 더욱 어렵다. 특히 아빌라의 테레사와 십자가의 요한이 체험한 『완덕의 길』이나 신비의 기도는 보통 사람들이 쉽게 접근하기 어려운 산의 정상과 같아 요원하게까지 느껴진다. 그에 비해 리지외의 테레사나 마더 테레사, 아르스의 비안네 신부가 수행한 완덕의 길이나 기도 생활은 단순한 일상에서 어느 정도 본

---

[24] 이냐시오 로욜라의 방법, 프란치스코 살레시오의 방법, 술피시오의 방법, 카르멜의 방법 등이 많이 활용되고 있다.
[25] 참조: 아빌라의 테레사, 『완덕의 길』, 8.

받을 수 있을 듯싶어 비교적 편안한 마음으로 접근을 시도할 수 있게 한다. 또한 렉시오 디비나는 성경 말씀을 통하여 묵상하며 관상에 나아가는 데 큰 도움을 받을 수 있다고 여겨진다.

리지외의 성 테레사

교황 비오 10세가 '현대의 가장 위대한 성인'이라고 일컬었던 리지외의 테레사의 영성의 핵심은 어린이의 '작은 길'에 있다. 그 길을 발견한 성녀는 일생동안 그 길을 걷는 데 온 힘을 기울이면서 다른 이들에게 알려 주고 안내하고자 했으며 풍성한 결실을 이루었다. 그녀에게 작은 길의 목표는 하느님과의 일치인 성성(완덕)이었으며 그 성성에 나아가는 방법은 사랑이었다. 그리고 그 기본적 자세는 겸손, 단순성 그리고 신뢰심이다.

테레사는 성인의 길은 반드시 위대한 일을 하는 것이 아니라 평범하고 작은 일에 충실하는 것이라는 단순하고 확실한 진리를 삶으로 보여 주었다.

테레사는 기도와 생활 전체를 사랑으로 단순화시켰다. 사랑은 그녀의 생애의 목적이었으며 모든 행위의 동기였고 원동력이었다. 그리고 사랑은 완덕 혹은 성성의 절정이었다. 그는 하느님 안에서 이웃을 사랑했고 또한 이웃을 통해 하느님께 사랑을 드렸다. "저는 하느님을 사랑하는 데서 이웃에 대한 애덕의 의무의 전모를 깨달았습니다", "저는 예수님께 일치하면 할수록 자매들을 더욱 사랑하게 되었습니다".

제2차 바티칸 공의회 교부들은 테레사의 이름을 구체적으로 언급하진 않았지만 그의 예언적 가르침을 많이 참고했다. 예를 들면 하느님의 말씀 성경을 중시하는 것, 일상 생활에서 향주삼덕을 우선적으로 소중히 여기는 것, 그리스도의 신비체로서의 교회, 성성에의 보편적 성소, 복음 선교에 대한 그리스도인의 사명, 타 종교인들이나 무신론자들에 대한 형제적 이해와 배려, 하느님 나라에 대한 역동적 사고방식 등이다.

아르스의 성 비안네

아르스의 비안네 신부는 신자들에게 성체 조배 하기를 권장하면서 마을의 농부 샤팡의 모범을 소개하곤 했다. 비안네 신부는 샤팡이란 농부가 밭으로 일하러 가기 전후에 성당에 들려 성체 조배 하는 것을 자주 목격하였는데 하루는 그에게 감실 앞에서 예수님께 무슨 말씀드리는지 물었다. 그 농부의 대답은 지극히 단순했다. "아무 말씀도 안 드려요. 저는 그분을 보고 그분도 저를 보고 계십니다".

성체의 성인인 비안네 신부는 성체 조배하기를 불편해 하고 어려워 하는 신자들에게 성체 조배를 단순한 사랑의 기도로 이해하도록 가르치며 쉽게 접근하여 실행하게 하였던 것이다. 비안네 신부는 매일 긴 시간 동안 성체 조배를 하였는데 그것은 그에게 관상 기도로서 편안한 마음으로 예수님께 다가가 사랑의 눈길로 예수님을 바라보고 그분의 사랑을 체험하며 사도적 열정의 은총을 받도록 하는 소중한 방편이었다.

"렉시오 디비나"(Lectio divina)

카르투시오 수도회 원장 기고 2세(+1188)는 『수도승의 사다리』라는 책에서 수도자들이 하느님과의 높은 일치를 향해 올라가야 할 영적 네 단계를 체계적으로 설명하였다. 그것은 독서, 묵상, 기도, 관상이다.

베네딕토 영성가들은 그 네 단계의 근거를 아래 성경 구절에서 찾았다. "찾으라. 얻을 것이다. 문을 두드리라. 열릴 것이다"(마태 7,7).

그리고 성경 말씀에 기도 발전의 네 단계를 연계시켰다. "읽으면서 찾아라. 그러면 묵상하면서 발견할 것이다. 기도하면서 두드리라. 그러면 관상을 통해서 그분 계신 곳으로 들어갈 것이다"[26].

---

[26] GUIGO, 『Il Certisino. Scala Claustralium』, PL 184, 476 C.

기도의 심화 과정을 묘사한 것이다. 기도하기 위해서 요청되는 첫 단계가 하느님 말씀을 읽는 것이다. 하느님 말씀을 읽음으로써 묵상이 가능하고, 묵상을 함으로써 진정으로 기도할 수 있다는 것이다. 그리고 하느님과 대화의 기도를 하면서 관상에 들어갈 수 있다는 것이다. 그들은 성경 말씀을 기도의 발전 단계에 적용시키며 하느님의 말씀이 기도 생활의 바탕이며 그 원천임을 강조한 것이다.

한 영성가는 위의 성경 말씀을 기도의 단계에 적용시키며 구체적으로 이렇게 풀이하였다. "독서는 성경에 정신을 적응시키는 것이고 묵상은 이성(理性)의 도움으로 숨겨진 진리를 자세히 탐구하는 것이며 기도는 악을 피하고 선을 행하기 위하여 하느님께 마음을 향하는 것이고 관상은 하느님께 마음을 들어 높이는 것이다. 이때에 천상적 기쁨에 접근할 수 있다"[27].

다른 영성가는 이렇게 비유적으로 표현한다. "독서는 복된 생활의 형언할 수 없는 단맛을 찾는 것이며, 묵상은 그 맛을 발견하는 것이고 기도는 그 맛을 청하는 것이며 관상은 그것을 맛보는 것이다"[28].

그러므로 하느님 말씀의 경청과 그에 대한 묵상 없이는 진정한 기도의 단계로 들어가기 어려운 것이다.

유감스럽게도 12~13세기부터 스콜라 신학의 영향과 다른 요인들로 인해 렉시오 디비나는 위기를 맞게 되어 점차 사람들의 관심으로부터 멀어지게 되었다. 스콜라 학문의 영향으로 수도자들이 성경 말씀을 읽고 되새기며 기도하기보다 말씀에 대한 질의와 논증을 추구하는 학문으로 더 기울었기 때문이다. 또한 16세기 인문주의 학자들은 말씀에 대한 자구적, 역사적 의미를 탐구하는 비판적, 조직적 독서 방법을 소개하면서 성서학의 발전에 기여하였으나 성경을 마음으로 읽고 되새기며 기도하는 렉시오 디비나 수행에서 점차 멀어지도록 하였다.

다행스럽게 제2차 바티칸 공의회를 계기로 교회 전통 안에 있었던

---

[27] 참조: Ch. A. BERNARD, 「Meditazione」, 『Nuovo dizionario di Spiritualità』, Roma, Paoline, 949.
[28] 참조: Ch. A. BERNARD, 「Meditazione」, 949.

렉시오 디비나의 소중한 가치가 재발견되었고, 오늘날 이에 대한 많은 글과 책들이 소개되고 교육을 받으며 점차 실행이 확산되고 있으며 우리 나라에서도 수도자들과 사제들뿐 아니라 평신도들도 배워 실천하는 이들이 점차 늘어나고 있다[29].

렉시오 디비나는 성경을 읽고 맛을 들이며 묵상하면서 관상 기도에 나아가는데 체계화 되어 있고 비교적 수월한 방편이다. 우리 교회의 수도자들과 교구 사제들, 평신도들이 성경 말씀을 자주 읽고 맛을 들이며 묵상뿐 아니라 관상 기도를 하면서 영적으로 더욱 성장해야 할 것이다.

3. 기도와 생활의 일치

제2차 바티칸 공의회를 계기로 육화의 영성, 수평적 개방, 토착화 영성에 대해 많은 이들이 매력을 느꼈다. 수도자 및 사제의 영성뿐 아니라, 무엇보다 먼저 평신도의 영성에 밝은 빛을 제공할 수 있었기 때문이다. 흔히 기도와 생활의 별리 현상에 문제점을 느껴왔고 많은 일에 쫓기는 분주한 생활 속에서 짧은 기도 시간을 보충할 수 있는 방법으로서 일 속에서의 기도의 연장이 가능함을 보았고 실제로 체험할 수 있었기 때문이다.

한편 공의회 후 반세기를 지내면서 새로운 문제점이 나타났다. 공의회의 근본 정신을 이해하지 못 하면서 수평적 관계에 있어 보상 작용이 일어나 '생활이 곧 기도' 또는 '활동이 곧 기도'라는 정당화가 실제적 기도를 약화 내지 무력화시키곤 한 것이다. 이것은 새로운 형태의 기도와 활동의 분리 현상이다.

이로 인해 다시 하느님과의 수직적 관계로서 기도를 좀더 강조할 필요성이 생겼다. 이는 일그러져 가는 조화와 균형을 바로잡기 위해

---

[29] 참조: 허성준, 『수도전통에 따른 렉시오 디비나』, 분도출판사, 55-56.

서이다. 실로 활동과 분리된 기도 시간과 의식적 기도의 표현이 있고 그것이 생활과 활동에 연결될 때 비로소 생활과 활동을 기도화 할 수 있는 것이다. 그러할 때 그리스도교의 전통적 영성의 이상, 즉 활동 속의 관상 또는 관상 속의 활동이 실현될 수 있는 것이다.

실상 제2차 바티칸 공의회는 신앙과 생활의 분리, 복음과 문화의 유리로 인해 빚어지는 심각한 결과들을 깊이 우려하면서 그리스도인들에게 그에 대한 조화와 통합 및 일치를 여러 차례 촉구하였다[30].

「평신도 그리스도인」에서는 세상을 살아가는 평신도들의 길에 그와 같은 어려움이 있음을 직시하면서 두 가지 유혹을 극복하도록 호소한다. 하나는 교회의 봉사 임무에 지나치게 몰두함으로써 사회 생활의 과제와 책임을 회피하거나 소홀히 하는 경향이고, 다른 하나는 신앙과 생활의 분리를 정당화하면서 일상에서 비신앙인처럼 살고 활동하고자 하는 자세이다[31].

위의 두 경우 모두 그리스도인의 생활을, 이 세상의 현실로부터 분리되어 있는 분으로 잘못 이해된 하느님과의 관계로 축소시키며 사회 생활로부터 유리된 개인 혹은 본당 중심적 신앙 생활을 실천하고자 한다. 육화하신 그리스도의 삶과 그분의 구원 활동을 잘 이해하지 못하는 것이다. 그런데 전자는 초자연주의 현상을 들어내며 수직주의 영성에 빠지기 쉽고 후자는 개인과 본당에서 의무이행을 하는 것이 신앙 생활이며 가정 및 사회 생활은 신앙과 무관한 것으로 잘못 생각하며 사는 자세이다. 이러한 문제점들을 극복하기 위해선 신앙과 생활의 통합을 위한 교육이 필요하다. 무엇보다도 기도의 생활화 교육이 요청된다.

위에서 살펴본 바와 같이, 예수께서는 지상 생활에서 수행하신 모든 사명 및 활동으로부터 기도를 분리하지 않으셨다. 그리스도인에게도 기도와 활동은 하나의 실재, 하나의 체험이 되면서 두 행위 사이에

---

[30] 참조: 「사목 헌장」, 43항; 「선교 교령」, 21항; 「현대의 복음 선교」, 20항.
[31] 참조: 「평신도 그리스도인」, 2항.

균형이 유지되고 조화가 이루어져 그 인격 안에 통합되어야 한다.

기도와 활동의 일치는 곧 신앙과 생활의 일치이며 하느님 체험과 세상 체험의 일치이다. 세상과 인간은 하느님으로부터 창조되었고 그분의 섭리로 살아가며 그분께 돌아가 일치하도록 방향 지어져 있다. 또한 하느님이 인간이 되시어 세상에 오신 육화의 신비는 하느님이 그분과 세상 사이에 보다 긴밀한 일치를 원하셨고 실현하셨으며 체험하신 사실을 알려준다. 따라서 인간은 하느님과 세상을 자신 안에 일치시키고 신앙과 인간성을 통합시키며 기도와 활동을 조화롭게 해야 한다.

기도는 하느님의 뜻을 찾고 깨달으며 성령의 이끄심에 따르도록 한다. 즉, 복음을 생활화하도록 우리에게 알맞은 감수성과 순응 자세를 준비시켜주어 우리 자신과 주변의 상황은 무엇이며 그리고 어떻게 처신해야 하는지 알도록 해 준다.

그러므로 참된 그리스도인의 활동은 기도를 통해 이루어지는 성령의 작용이고 그 결실인 것이다.

V. 관상 기도에서 유의해야 할 사항들

제2차 바티칸 공의회 후 반세기 동안 세계의 지역 교회들에서 다양한 쇄신 운동과 신학, 전례, 성가 등에서 다양한 토착화가 시도되어 왔고 또한 적지 않은 그리스도인들이 더욱 깊고 참신한 기도 생활을 체험할 수 있는 방법을 터득하려는 욕구 중에 침묵과 정신 집중, 명상법들을 추구하고자 하였다.

특히 일부 동양 종교들의 특수한 기도 방식들과 관련된 명상 방법들에 깊은 관심을 표명하였다. 이 현상은 그리스도인들이 영적인 정신 집중 그리고 신비 체험에 대한 욕구를 표출하는 뜻있는 표지였지만, 적용에 있어 여러 문제점들도 도출되었다.

이러한 현상에 직면하여 사목자들은 교회의 참된 전승이 제시해 온 방법들을 통하여 신자들을 기도와 영성 생활 전반에 있어서 지도하며 동시에 빗나가지 않도록 돕는 식별 기준들을 필요로 하였다. 이를 감지한 신앙 교리성은 전 세계 주교들에게 유익한 식별 지침을 담은 서한을 보냈다[32].

그 후속으로 한국 천주 교회 신앙 교리 위원회에서도 신자들의 건전한 신앙 생활을 돕기 위한 지침서들을 발간하였다[33]. 우리 사회에서도 기공이나 단전 호흡, 초월 명상, 선 등 수련 방법을 가르치는 도장들이 급속히 늘어나고 있고 적지 않은 신자들이 그에 관심을 기울이며 참여하고 있기에 문제점을 알려주고 건전한 신앙 생활을 유지하도록 돕기 위해서였다. 이러한 신 영성 운동들은 정신적 육체적 건강을 보장하는 여러 형태의 비술이나 영술을 가르치지만 수련의 단계가 깊어질수록 그리스도교 교의 및 신앙 생활을 손상시키는 그들 종교 집단의 본색을 드러내는 것이다.

신앙 교리성의 문헌 중심으로 그리스도인들이 주의를 기울여야 할 주요한 내용을 요약하면 이러하다.

그리스도교 관상에 도움을 주는 타종교의 명상 방법들

근 반세기 동안 적지 않은 신자들은 비 그리스도교적 명상 방법들이 그리스도인들을 위하여 어떠한 가치를 지니고 있다고 믿으며 적용하고자 시도하여 왔다. 특히 선, 초월적 명상, 요가 등 동양의 명상 방법에 매력을 느낀 것이다.

오늘날 어떤 사람들은 치료의 목적으로 그 같은 방법들에 관심을 쏟는다. 또한 과학 기술에 힘입어 발전된 사회의 복잡한 생활로부터 발생하는 영적 방황 때문에 일부 그리스도인들은 그러한 기도 방법들 안

---

[32] 신앙교리 성성, 「그리스도교적 명상의 일부 측면에 관하여 가톨릭 교회의 주교들에게 보내는 서간」.

[33] 한국 천주교 주교회의 신앙 교리 위원회에서는 세 권의 책자를 발간했다. 『건전한 신앙생활을 해치는 운동과 흐름』, 『한국천주교중앙협의회』, 1997; 『건전한 신앙생활을 해치는 운동과 흐름 II』, 2003; 『건전한 신앙생활을 돕는 길』, 2005.

에서 내적 평화와 심리적 균형을 이루는 방도를 추구하고 있다. 또 다른 일부 그리스도인들은 다양한 종교들과 문화들 사이의 개방성과 교류를 향한 운동에 몰두하면서 자신들의 기도가 그러한 방법들로부터 많은 도움을 받을 수 있다고 생각한다. 그들은 그리스도교 유산에 새로운 방법을 도입함으로써 그것을 풍요롭게 할 수 있을 것으로 생각하고 있기 때문이다.

우리는 그러한 기도 방법들을 무조건 무시하거나 배척해서는 안 되며 오히려 긍정적이고 유익한 요소들을 참고하여 배우며 도움을 받을 수 있음을 긍정해야 한다.

우리의 생활 경험에 의하면 신체의 자세와 태도는 정신 집중에 영향력을 미친다. 이것은 일부 동양 및 서양의 그리스도교 영성 작가들이 관심을 쏟아 온 사항이기도 하다. 그들은 기도 중에 주의력 집중을 더욱 용이하게 해 주는 그 같은 요소들을 채택하면서도 아울러 그것들의 상대적 가치를 인식해 왔다. 그것들은 그리스도교적 기도의 목표와 일치하여 재조정된다면 유용한 것일 수 있기 때문이다.

기도 중에 하느님과의 관계는 전인(全人)적이고 따라서 인간의 몸도 역시 정신 집중에 가장 적합한 자세를 취할 때 유익하다. 그리스도인들이 기도에 도움을 주는 신체적 자세에 대하여 알고 실천하면 도움을 받을 수 있는 것이다. 동양의 그리스도교적 명상법은 가끔 서양의 기도 방식들 안에 결여되어 있는 정신 생리학적인 상징주의의 가치를 인정해 왔다. 그것의 영역은 특별한 신체적 자세로부터 호흡이나 심장의 박동과 같은 기본적 생명 기능에 이르기까지 확장될 수 있다. 예를 들면 '예수 기도'의 실천은 호흡의 자연적 리듬에 적응된 것으로서 적어도 일정 시간 동안 많은 사람들에게 실질적 도움을 줄 수 있다.

적용에 있어 유의해야 할 사항

타종교의 명상 방법에 접근하고 그것을 적용하는 데 있어 유의해야 할 것이 많다.

오늘날 그리스도교 세계와 교회 공동체들 안에 그러한 동양의 명상법들이 확산되면서 일부 그리스도인들이 여러 위험과 오류에 빠져 있기 때문이다. 무엇보다 그리스도교적 관상을 비 그리스도교적 명상과 혼동하는 상태에서 기도를 시도하는 것이다.

어떤 사람들은 동양의 방법들을 오로지 그리스도교적인 묵상을 위한 심리적 준비 단계로 활용한다. 또 어떤 사람들은 한걸음 더 나아가 여러 가지 기술들을 사용함으로써 특정 가톨릭 신비가들의 저서들 안에 묘사되어 있는 경험들과 유사한 영적 체험들을 겪으려고 애쓴다. 또 다른 부류의 사람들은 불교의 표상이나 개념을 그리스도 안에 계시된 하느님의 위엄과 같은 수준 위에 서슴없이 올려 놓으려 한다. 이 같은 목적을 달성하기 위하여 그들은 '부정 신학'을 활용한다.

하느님과 일치를 이루는 그리스도교적 방법

그리스도교 관상을 동양의 명상법과 조화시키려는 방법들이 혼합주의의 위험에 빠져들기 쉬우므로 사목자들은 지속적으로 검증하고 식별해 나가야 한다.

그리스도교 기도에 대해 교회가 제시하는 다양하고 풍성한 측면들에서 각 그리스도인은 각자 자신의 기도 방식을 추구하고 발견할 수 있다. 그러나 이 같은 모든 개인적 기도 방식은 결국 그리스도께서 몸소 가르치고 실천하신 것처럼 하느님 아버지에게로 나아가는 길을 지향하는 것이어야 한다. 그리스도인은 자기 자신의 길을 추구함에 있어서 자기의 개인적 취향에 이끌리는 대로가 아니라 그리스도를 통하여 성부에게로 인도하시는 성령에 이끌려 나아가도록 자신을 내맡겨야 하는 것이다.

그리스도교적 관상의 유일한 대상인 하느님의 사랑은 어떤 유형에 상관없는 방법이나 기교에 의해 얻어질 수 있는 것이 아니다. 기술에 의존하기보다는 오히려 우리는 항상 예수 그리스도에게로 우리의 시선을 고정시켜야 한다.

기도의 올바른 '길'을 발견하려면 그리스도인은 예수님의 모범을 따라야 한다. 그분의 '양식'은 그분을 이 세상에 "보내신 분의 뜻을 이루고 그분의 일을 완성하는 것"(요한 4,34)이었으며, 아버지와의 심오하고 친숙한 일치를 이루신 가장 완전한 방법은 아버지의 뜻을 실현하는 것으로서 이것은 그분에게 있어서 끊임없이 심오한 기도로 표현되었다.

기도에 몰두하기 위하여 분심 잡념에 사로잡히지 않기 위하여 몸의 자세를 가다듬고 마음을 모으는 것이 필요하다. 그러나 기도를 준비하기 위한 평상시 마음 지킴도 필요하다. 하느님과 일치를 이루는 기도를 위해서는 일상에서 절제, 극기, 회심 등을 통한 내적 정화가 요청된다. "마음이 깨끗한 사람이 하느님을 뵙게 될 것"(마태 5,8)이기 때문이다.

기도는 하느님의 행위이며 인간의 행위이다. 기도할 줄 안다는 것은 하느님의 선물인 동시에 인간의 협력의 결실이다[34]. 그러므로 성경 말씀들은 기도가 인간의 노력을 통해서가 아니라 주님의 은총을 통해서 배울 수 있는 것임을 상기시키며(로마 9,16) 동시에 우리들에게 기도를 위한 자신의 본분을 성실히 수행하도록 가르친다(마태 6,6; 콜로 1,9 등). 우리는 자신의 연약함을 인정하고 성령께 자신을 맡기며 열어드림으로써 성령과 함께 참다운 기도를 할 수 있다. "성령께서 연약한 우리를 도와주십니다. 어떻게 기도해야할지 모르는 우리를 대신해서 말로 다 할 수 없을 만큼 깊이 탄식하시며 하느님께 간구하십니다"(로마 8,26).

그리스도교적 관상 기도는 언제나 이웃에 대한 사랑, 사도직, 자기십자가의 수락에로 인도하며 또한 그것은 우리를 하느님과 더욱 가까이 일치하도록 이끌어 준다. 이것이 기도의 생활화, 생활의 기도화이다.

---

[34] 참조: T. GOFFI, 『Ascesi come educazione alla preghiera. La preghiera II』, Citta Nuova, 27-28.

제1주제: 베네딕토회의 관상

렉시오 디비나에 대한 이해

허성석 신부, 성베네딕토회 화순수도원장

머리말
1. 용어 문제
   1.1. 관상
   1.2. 렉시오 디비나
2. 렉시오 디비나의 정의
3. 렉시오 디비나의 특성
   3.1. 단순성
   3.2. 전인성
4. 렉시오 디비나의 중요성
   4.1. 그리스도교의 전통적 수행
   4.2. 하느님 말씀과의 직접적 만남
   4.3. 개인 기도의 효과적 수단
5. 렉시오 디비나의 역사
   5.1. 유대교 안에서
   5.2. 초기 교회의 체험 안에서 렉시오 디비나
   5.3. 수도 전통 안에서 발전된 렉시오 디비나
   5.4. 근대 렉시오 디비나의 위기와 재발견
6. 렉시오 디비나의 단계
   6.1. 독서
   6.2. 묵상
   6.3. 기도
   6.4. 관상
   6.5. 상호 관계

7. 렉시오 디비나의 요령
　7.1. 독서
　7.2. 묵상
　7.3. 기도
　7.4. 관상
8. 기도로서의 렉시오 디비나
　8.1. 기도의 본질
　8.2. 렉시오 디비나의 구성
9. 렉시오 디비나 실습
　9.1. 개인 렉시오 디비나
　9.2. 공동 렉시오 디비나
맺음말
참고 문헌

머리말

　몇 개월 전 프란치스칸 사상 연구소 측에서 이번 학술 발표회에 렉시오 디비나를 소개해 달라는 부탁을 받았다. 처음에는 주저했지만 베네딕토회 고유의 유산인 것처럼 알려져 있고, 그래서 베네딕토 회원인 본인에게 부탁을 한 것이라 차마 거절할 수가 없어 수락을 하게 되었다. 하지만 렉시오 디비나는 지난 십여 년 전부터 한국 교회 안에서 주목을 받아 왔고 점차 대중에게도 많이 알려져 있기에 이 자리에서 다시 반복할 필요가 있겠는가 하는 의문이 들기도 한다. 그래도 우리가 이미 아는 내용을 나름대로 엮어 소개하고자 한다.

　본인에게 주어진 주제는 "베네딕토회의 관상: 렉시오 디비나"였다. 이 주제에는 두 가지가 전제되어 있다. 즉, 렉시오 디비나가 베네딕토회 고유의 유산이라는 점과 그것이 관상이라는 점이다. 결론부터 말하자면 첫 번째 전제는 맞지 않다. 렉시오 디비나는 베네딕토회 고유의 유산이라기보다는 수도승 전통, 더 멀리는 초기 그리스도교의 유산이기 때문이다. 물론 중세기 베네딕토 수도원들 안에서 수행되고 발전되어 왔다는 점에서 베네딕토회 유산처럼 말할 수도 있겠지만, 그것은 무리이다. 두 번째 전제 역시 좀더 신중한 접근이 필요하다. 우리가 관상을 어떻게 정의하고 이해하고 있느냐에 따라 달라질 수 있기 때문이다. 관상이란 무엇인가? 렉시오 디비나를 과연 관상이라 할 수 있는가?

렉시오 디비나를 소개하는데 있어 또 다른 현실적 문제가 있다. 현재 한국 교회에서 '거룩한 독서'란 이름으로 널리 알려져 있는 렉시오 디비나는 그리스도교 전통, 특별히 수도 전통에서 말하는 것과 방법적인 면에서 다소 차이가 있기 때문이다. 그래서 본인이 소개하는 렉시오 디비나가 어떤 분들에게는 생소하게 다가올 수도 있고 혼돈을 야기할지도 모르겠다. 이런 여러 문제로 인해 본인은 발표 주제를 "렉시오 디비나에 대한 이해"로 바꾸었고, 그 내용도 수도 전통에서 말하는 것으로 한정짓고자 한다.

이를 위해 먼저 관상과 렉시오 디비나의 용어 문제를 살펴보고, 렉시오 디비나의 정의와 특성, 중요성, 역사, 단계와 요령, 기도로서의 렉시오 디비나, 그리고 렉시오 디비나 실습 순으로 살펴 보고자 한다.

1. 용어 문제

1.1. 관상

우리말로 관상(觀想)이라 번역되는 라틴어 콘템플라시오(contemplatio)는 라틴어 템플룸(templum)에서 유래한다. 로마인들에게 있어 템플룸(성전)은 점쟁이들이 하늘과 땅의 징조를 파악하기 위해서 구별된 별도의 공간이었다. 따라서 다른 공간에서 구분되어 점쟁이들이 새들의 내장을 조사하는 축성된 공간을 언급하게 되었다. 결국 템플룸은 어떤 축성된 사람들이 신의 뜻과 의도를 알기 위해 사물(동물)의 내부를 보았던 장소였다.

관상은 실재(實在)의 내면을 '바라봄' 외에 그다지 장소를 나타내지는 않는다. 만일 우리가 실재의 내면을 바라보면서 깊이 나아간다면 실재 자체는 아무것도 아님을 발견하게 된다. 실재의 허무를 발견함과 동시에 그 원천을 보게 되는데, 원천은 실재의 기원이자 실재가 거기서 자기 신원을 발견하는 토대이다. 우리는 그 원천을 바라보면서 하느님을 바라보게 된다.

콘템플라시오에 부합하는 그리스어는 테오리아(theōria)이다. 이는 '어떤 목적으로 무언가를 유심히 바라보는 것'을 뜻하는 그리스어 동사 테오레인(theōrein)에서 나왔다. 어떤 그리스 교부들은 후에 테오리아(theōria) 혹은 그노시스 퓌시케(gnosis phusikè)란 말을 '자연에 대한 관상'으로 사용한다. 그리고 가장 높은 형태의 관상, 하느님에 대한 직접적이고 완전한 인식을 나타내기 위하여 테올로지아(theologia)란 말을 사용한다.

그리스 교부들에 의하면 관상이란 '영적 인식'(영지)을 뜻하며, 이것은 결국 '삼위일체 하느님에 대한 앎'(인식)을 지향한다. 특히 에바그리우스 폰티쿠스(345-399)는 영적 인식의 단계를 '자연학'과 '신학'으로 구분하였다. 자연학이란 말 그대로 창조된 실재(피조물)에 대한 인식을 뜻하고, 이 인식에서 더 높은 단계의 인식, 곧 창조되지 않은 영원한 실재(삼위일체 하느님)에 대한 인식에로 나아간다고 보았다[1].

오늘날 사람들이 흔히 말하는 관상은 어떤 현시나 신비체험 등을 뜻하는 경향이 많이 있다. 하지만 그것은 바로 하느님이 어떤 분인가를 파악하는 것이고 그분을 더 잘 알아가는 것이다.

1.2. 렉시오 디비나

라틴어 렉시오 디비나(lectio divina)란 단어는 렉시오 사크라(lectio sacra)와 더불어 이미 4-5세기부터 여러 교부 문헌 및 수도승 문헌에서

---

[1] 참조: Garcìa M. COLOMBÀS, 『Il Monachesimo delle Origini. tomo 2. La spiritualità』, Jaca Book SpA, Milano, 1972, 351-353.

자주 나타나는 표현이다[2]. 이 단어는 우리말로 거룩한 독서, 신적 독서, 영적 독서, 성독(聖讀) 등으로 번역되어 사용되고 있다. 하지만 그 어떤 번역어도 렉시오 디비나가 지닌 고유하고 풍부한 의미를 드러내는 데는 한계가 있다. 그래도 성독이란 말마디가 이 용어의 본래 의미를 드러내주는 가장 적합한 번역이 아닌가 한다. 성독(聖讀)이란 한자어는 '거룩한 독서'라는 의미도 지니며, 동시에 성경 독서(聖書讀書)의 줄임말도 되고, 더 나아가 '성령에 의한 독서'라는 의미도 함축하기 때문이다. 여기서 본인은 그냥 원어의 우리말 발음, '렉시오 디비나'로 사용하고자 한다.

명사 렉시오(lectio)는 '읽는 행위'를 언급하지만, 언어학적으로는 '이해하다', '수집하다'란 의미 역시 담고 있는 라틴어 동사 레제레(legere)에서 유래한다. 이 두 번째 의미로서의 렉시오는 성경 본문에 대한 지적, 분석적 독서와는 거리가 멀다. 이것은 본문에서 표현되는 메시지를 '알아내는 것'을 목표로 한다. 따라서 12세기에 잉뉘의 궤리코(Guerrico d'Igny)는 다음과 같이 권고하였다. "성경의 정원을 통과하는 여러분은 온갖 꽃들로부터 꿀을 모으는 부지런한 꿀벌을 본받으십시오". 렉시오는 학문적 차원에서 이루어지는 연구가 아니다. 그렇다 하더라도 주석학은 성경 해석에 있어 왜곡된 성경주의로 떨어지게 할 수 있는 어림짐작이나 미숙함, 적당주의를 피하도록 도와준다.

형용사 디비나(divina)의 성격은 무엇보다도 렉시오 디비나 안에서 잘 드러난다. 디비나는 성경을 매개로 하여 성령을 통한 하느님과의 만남을 추구하는 것을 뜻한다. 사실 "성령 없이 성경의 비밀들을 드러낼 수 있다고 생각하는 사람은 누구나 모르는 담을 만지면서 어둠 속에서 하나의 목표물을 찾는 사람처럼 당황해 한다"[11세기의 귀베르토(Guiberto)].

이처럼 렉시오와 디비나는 함께 연결된 두 개의 용어이며, 이것들은 하느님께서 성경을 통하여 성령의 빛 안에서 말씀하신다는 것을 나타낸다[3].

---

[2] 참조: 엔조 비앙키, 『말씀에서 샘솟는 기도: 거룩한 lectio divina로 들어가기』, 이연학 옮김, 분도출판사, 2001, 34.

[3] 참조: Mario MASINI, 『Lectio divina: preghiera antica e nuova』, Edizioni San Paolo, 1997, 7-9.

2. 렉시오 디비나의 정의

렉시오 디비나는 성경 독서와 묵상에서 출발하는 기도의 한 방법이다. 즉 그리스도교 전통 안에서, 특별히 수도 생활 안에서 전수된 전통적 그리스도교 기도 방법으로서 하느님과의 통교를 위한 일반적 방법이었다. 렉시오 디비나는 순수한 열정과 전 존재로 하느님 말씀을 마음으로 읽고 들으며 음미함으로써 그분 현존 안에 깊이 머무는 것이다. 한마디로 우리가 늘 하느님 현존 안에 살기 위하여 하느님 말씀 안에서 영적 자양분을 얻는 방법이라 하겠다.

렉시오(lectio)를 그냥 '독서'라고 말하는 것으로는 충분치 않다. '독서'라는 말은 너무 피상적인 어떤 것을 가리킨다. 그렇다고 '공부'란 말이 더 나은 것도 아니다. 렉시오란 말은 라틴어 메디타씨오(meditatio)란 말에 더 가깝다. 그러나 메디타씨오란 용어를 사용하는 오늘날의 기도 방법들은 고대인들이 전혀 알지 못했던 새로운 심리학적 의미들을 이 용어에 부여하였다. 과연 어떻게 이 단어가 지닌 의미를 하나의 문구로써 표현할 수 있겠는가?

영적인 실재들은 풍부하고 복합적이다. 그래서 그것들은 어떤 문구들로 축소되기는 어렵다. 그렇다 하더라도 렉시오 디비나를 정의하고자 시도한 사람들은 늘 있어 왔다. 12세기 카르투시오회 제9대 원장이었던 귀고 2세(Guigo II)는 렉시오 디비나를 '영혼의 깊은 주의로 성경을 주의 깊게 탐구하는 것'이라고 정의하였다. 지난 세기 베네딕토회의 위대한 학자였던 장 레클레르(Jean Leclercq)는 '렉시오 디비나는 기도된 하나의 독서'라고 하였다. 이 정의는 우리에게 이 독서의 핵심을 잘 드러내주고 있는 듯이 보인다. 죠르죠 제비니(Giorgio Zevini)에 의하면, '렉시오 디비나'는 성령의 빛 안에서 행해진 성경의 본문에 대한 독서이다. 이는 말씀이 기도가 되고 삶을 변화시키도록 하기 위함이다.

3. 렉시오 디비나의 특성

3.1. 단순성

렉시오 디비나의 일차적 특성은 그 단순성에 있다. 렉시오 디비나는 매우 단순하고 평범하다. 그래서 누구나 쉽게 수행할 수 있다. 특히 단순하고 평범한 사람들 역시 쉽게 배워 실천할 수 있다. 이는 그리스도교 초기에 일반 신자들이 사용했던 그리스도교의 전통적 기도 방법이었다.

3.2. 전인성

렉시오 디비나는 촉각, 눈, 입, 귀, 기억, 마음 모두를 동원한 인간 전 존재로 행하는 수행법이다. 즉, 손으로 하느님 말씀을 펼쳐 들고, 눈으로 성경 본문을 보고, 본 것을 입으로 선포하고, 선포된 말씀을 귀로 경청하며, 경청한 하느님 말씀을 기억에 저장한다. 그리고 지성은 말씀 의미를 헤아리고 말씀이 주는 메시지를 파악하며, 말씀은 우리 마음으로 내려와 우리 의지를 자극하고, 의지는 하느님 말씀이 실천에 옮겨지도록 돕게 되는 독특한 수행법이다. 그러다 16세기 이후 예수회의 성 이냐시오의 영향으로 추리와 상상에 의존한 새로운 묵상법이 등장하여 전통적 묵상법의 변화를 초래하였다. 그 결과 오늘날 우리에게 소개된 묵상법 중 대부분이 주로 이성(머리)의 활동에 치우쳐 있다. 렉시오 디비나 역시 우리의 이성 사용을 배제하지 않는다 하더라도 그것은 무엇보다도 몸과 마음으로 하는 전인적 방법이다.

4. 렉시오 디비나의 중요성

4.1. 그리스도교의 전통적 수행

렉시오 디비나는 오늘날 갑자기 등장한 어떤 새로운 것이 아니라 오랜 전통을 가지고 있다. 그것은 그리스도교 초기부터 수행되었던 전통적 수행법이었다. 그러다 시간이 지나면서 점차 감추어져 오다가 제2차 바티칸 공의회에 의해서 재발견된 수행법이라 할 수 있다. 역사적으로 볼 때 전체 교회의 공동 유산인 렉시오 디비나는 교회 안에서는 점차 잊혀져 왔던 반면, 수도 전통 안에서는 꾸준히 발전되어 이어져 내려왔다. 이처럼 렉시오 디비나는 거의 수도원들 안에서만 보존되고 발전되어 왔던 것이다. 수도 전통 안에서 렉시오 디비나는 어떤 부수적 수행이 아니라 우리를 궁극 목표로 직접 인도하는 수행이었다. 따라서 언제나 특별한 위치를 차지해 왔다.

4.2. 하느님 말씀과의 직접적 만남

렉시오 디비나는 우리로 하여금 하느님 말씀과 직접적으로 대면하게 한다. 여기에 바로 렉시오 디비나의 중요성이 있다. 렉시오 디비나는 분명 오늘날 우리가 이해하고 있는 단순한 영적 독서, 또는 지식 축적이나 학문 연구를 위한 독서와는 근본적으로 다르다. 그것은 우리가 하느님을 만나는 하나의 중요한 방법이다. 렉시오 디비나 안에서 우리는 하느님 말씀을 듣게 되고 그 말씀들을 통하여 하느님 자신을 만나게 된다.

4.3. 개인 기도의 효과적 수단

기도를 하느님과의 만남 또는 대화라고 정의할 때, 이러한 만남은 전례 안에서 공동으로 이루어지는 공동 전례 기도(시간 전례)와 개인적 차원에서 이루어지는 개인 기도를 통해서 실현된다. 렉시오 디비나는 바로 개인 기도를 위한 하나의 효과적 방법이라 할 수 있다. 대화에 있어 먼저 상대의 말을 듣는 자세가 필요하다. 먼저 듣지 않고 일방적으로 자기 말만 늘어놓는 것은 참된 대화가 아니기 때문이다. 이처럼 하느님과의 대화에 있어서도 먼저 그분의 말씀에 대한 경청이 전제된다. 이것을 독서와 묵상이라 할 수 있는데, 이 단계들 안에서 하느님께서 우리에게 말씀을 건네신다. 그리고 그분의 말씀을 듣고 우리가 하느님께 응답하는 것이 바로 기도이다.

5. 렉시오 디비나의 역사

렉시오 디비나에 대한 이해는 그 역사적 과정을 살펴봄으로써 그것이 이제까지 어떻게 발전과 쇠퇴의 과정을 거쳤는지 아는 것을 의미한다. 이를 위해 역사 안에서 렉시오 디비나의 여정을 특징지었던 네 시기에 대해 간략히 살펴보고자 한다[4].

5.1. 유대교 안에서

고대 이스라엘 백성의 구원 역사 안에서 하느님 말씀과 기도는 서로 깊이 연결되어 있었다. 유대교에서 독서, 해설, 기도는 하느님과의 관계를 위한 자연스런 방법이었다. "주님께서 이스라엘 백성에게 주신 모세 율법서"(느헤 8,1), 즉, 선택된 백성, 계약의 백성에게 하신 하느님의 말씀은 실제로 살아계신 하느님의 현존이었다. 히브리인들의 삶과 예배의 중심에는 언제나 장엄하고 긴 독서와 그에 대한 해설로 이어지는 말씀에 대한 경청이 있었다. 사실 율법 선언은 하느님 백성을 소집하게 하고, 시나이에서 그 백성을 모이게 한다. 그것은 여호수아 시대에 하느님과의 계약을 갱신하게 한다. 또한 에즈라 시대에 하느님과의 계약에 충실하도록 이스라엘 백성을 떠밀게 된다(참조: 느헤 8,1-12; 10,1-40).

종교적으로 경청되고, 실재적으로 선언된 말씀은 모세 율법이 읽혀지는 장엄한 전례들을 통하여 구약 성경의 여러 본문 안에 현존한다. 하느님 백성은 천상적 양식인 율법으로 생활한다. 율법은 신자들을 양육하고 보호한다. 따라서 히브리적 삶과 예배의 중심에는 장엄하고

---

[4] 역사 부분은 주로 Giorgio ZEVINI, 『La lectio divina nella comunità cristiana』, Queriniana, Brescia, 1999, 117-125쪽을 참조하였다.

긴 독서와 그에 대한 해설로 이어지는 말씀에 대한 경청이 있다. 공동 전례 안에서 행해진 이러한 경청은 이스라엘 백성 안에서 언제나 지속되어 왔다. 또한 여러 독서를 포함하는 회당의 봉사 역시 하느님 백성의 삶을 성경 안에서 약속되고 실현된 계약의 맥락 안에 계속 뿌리 내리는 것을 보증하는 목적을 가지고 있다.

랍비들의 가르침 역시 이런 방향으로 지속되어 나갔으며, 이러한 히브리 전통은 회당에서의 성경 독서로 발전되어 나갔다. 또한 성경 본문과 모든 신자의 지속적 관계 역시 강조되었다. 따라서 말씀을 관찰하는 것으로 충분하지 않고, 내적 겸손과 세속적인 것에서의 이탈, 그리고 항구함으로 말씀을 읽고 연구하는데 전념할 필요가 있다고 생각하였다. 그러한 노력은 쿰란 공동체 안에서 가장 충실히 실현되었다. 쿰란에서는 각 구성원에게 꾸준히 율법을 읽고 묵상하도록 요구했다. 심지어 각 사람에게 스스로를 위해 토라를 필사하게까지 하였다. 게다가 계약의 내용과 정신에 따라 충실히 살 수 있도록 밤낮 성경이 읽혀지고 묵상된다.

결론적으로 유대교는 역사의 과정 안에서 언제나 성경 독서를 최초 계약의 백성이 가졌던 신앙을 상기시키고 강화시키기 위한 것으로 이해하였다.

5.2. 초기 교회의 체험 안에서 렉시오 디비나

독서, 묵상, 말씀의 기도로 이루어진 유대교의 전통적 방법은 그리스도교에 의해 받아들여 졌다. 초기 교회는 예수 자신의 모범에 따라 말씀의 기도를 계속해 나갔다. 초기 제자들은 복음 안에서 그리스도 자신의 인격을 보면서 복음의 의미와 효력을 확산시켰다.

사도행전은 우리에게 다음 말로 초기 예루살렘 공동체의 삶을 묘사해주고 있다. "그들은 사도들의 가르침을 받고 친교를 이루며 빵을 떼어 나누고 기도하는 일에 전념하였다"(사도 2,42). 사도들은 예수께 배운 바를 초기 그리스도인들에게 전달하였다. 예수께서는 구약의 전 가르침을 성취하시면서 가르치셨다. "내가 율법이나 예언서들을 폐지하러 온 줄로 생각하지 마라. 폐지하러 온 것이 아니라 오히려 완성하러 왔다"(마태 5,17).

그리스도는 하느님 말씀을 온전히 이해하도록 우리를 안내한다. 사도들은 동일한 말씀, 동일한 그리스도의 가르침을 전달한다. 이 가르침의 중요성은 부제들을 선정하는 데서 분명해 진다(참조: 사도 6,1-6). 사도들은 보다 중요한 임무들을 소홀히 할 위험과 더불어 자신들이 신자들의 모든 필요를 충족시켜줄 수 없음을 설명한다. 부제 선별 의도는 이것이다. 즉 "우리는 기도와 말씀 봉사에만 전념하겠습니다"(사도 6,4). 예수께서 승천하시기 전에 제자들에게 다음과 같은 직무를 맡기셨다. "너희는 온 세상에 가서 모든 피조물에게 복음을 선포하여라"(마르 16,15). 기도와 복음의 가르침 간에 연결이 주목할 만하다. 기도는 하느님 말씀과 사도들의 개인적 접촉이었고, 가르침은 그들이 기도 안에서 획득한 것의 전달이었다.

사도들의 이러한 자세는 초기 그리스도교 공동체에 의해서 받아 들여 졌다. 초기 그리스도인들은 하느님 말씀과의 관계를 즉시 생생한 요구로 느꼈고, "사도들의 가르침을 받는데 전념하였다".

그렇다 하더라도 성경 독서에 대한 분명한 제시로서의 렉시오 디비나를 이야기하기 위해서는 오리게네스와 '황금기'의 교부들을 언급할 필요가 있다. 그들에 의해서 랍비적이지만, 그리스도교적 계시에 의해 심화된 방법과의 연결이 회복되었다. 동서방의 모든 교부는 렉시오의 방법을 실천하였는데, 특히 성경 각 권에 대한 그들의 훌륭한 주해 안에서 그러하였다. 이것은 기도와 하느님 체험을 위한 탁월한 길로서 그리스도교 백성 가운데 급속히 확산되었다.

초기 교회에서 한 가지 흥미로운 사실은 전례 안에서 하느님 말씀이 언제나 가장 중요한 위치를 차지하였다는 점이다. 전례 안에서 성경이 먼저 읽혀진 다음 영적 주해(우의적 해석)를 통해 성경 본문의 깊은 의미가 파악되고, 마침내 그리스도론적인 요소로 현실화되었다. 게다가 렉시오 디비나의 이 본질적 요소들은 말씀을 이해하기 위하여 신자 쪽에서 필요한 자세가 무엇인지 충분히 밝혀 주었는데, 곧 성령의 선물에 자신을 개방하는 자세이다.

5.3. 수도 전통 안에서 발전된 렉시오 디비나

앞에서 우리는 렉시오 디비나에 대한 교회 교부들의 공헌을 언급하였다. 그들의 신앙 증거 때문에, 또 하느님 말씀을 그리스도교 사상 심화의 핵심에 두었고, 집회에서 성경을 읽었다는 점 때문에 그들은 중요한 한 시대를 대표한다. 그들은 '말씀의 해석가들', '성경 주석가들'이다.

교회 교부들에게 있어 성경은 단순히 일개 참고서가 아니라 '생명의 책' 자체였다. 교부들의 가르침은 모두 성경에서 출발했고 그 안에서 전개되었다. 이것이 바로 렉시오 디비나였다. 성경 말씀을 신자들의 정신과 마음속에 고취시키기 위하여 그들은 하느님 말씀을 읽고 깊이 묵상했다. 교부들은 그들에게 양식이 되고, 매일의 되새김질을 위한 자양분이 되는 성경을 들이 마셨다. 그들은 성경을 그리스도교 공동체를 위한 구원 사건의 재해석서로 제시하면서 교리 교육과 설교 때 성경을 주해하였다. 교부들에게 있어 성경, 신학, 영성, 사목은 분명 서로 일치되어 있었으며, 성경의 보다 참되고 깊은 의미는 그 본문의 정신을 이해하는 것이었다. 그들은 이런 생각을 가지고 있었다. 즉, 신·구약 성경 전체는 우리에게 그리스도에 대해서 이야기하며, 모든 사람을 인격적으로 고려하고 있다는 것이다. 신약과 구약 성경에 대한 이 단일한 전망에 성경의 4가지 의미(문자적 의미, 우의적 의미, 윤리적 의미, 신비적 의미)에 대한 가르침이 결부되었다. 이 가르침 안에 주석, 신학, 영성 생활, 공동체의 임무가 서로 일치하였다.

렉시오를 확산시킨 위대한 인물 가운데 하나는 그레고리우스 1세 교황이었다. 그는 렉시오 디비나를 하느님 안에 쉼(Quies in Deo)이라고 하였다. 그는 말씀과 성령 간에 존재하는 관계를 강조하면서 중세 전체에 영향을 미쳤다.

교부 시대 이후, 렉시오 디비나의 역사적 과정 안에서 이중 현상이 나타났다. 예컨대, 그리스도교 백성은 렉시오의 실천에서 점차 멀어져 단지 벽화와 성당의 유리창을 통해서만 성경 이야기를 접하게 되었다. 16세기부터 렉시오 디비나는 가톨릭 교회에서는 더 이상 실천되지 않았지만 형태를 달리 해서 개신교에서는 살아남게 된다.

반면, 렉시오는 수도 전통 안에 받아들여지고 심화되어 나갔다. 이처럼 많은 복음적 이상이 그러했던 것처럼 렉시오 역시 초기 수도승들과 더불어 사막으로 물러나게 되었다. 사막의 수도승들, 특히 동방 수도승들은 렉시오를 성경 독서와 묵상과 기도에 적용하였다. 렉시오는 단지 성경을 연구할 때만이 아니라, 관상과 하느님 말씀에 대한 되새김 중에도 이루어졌다. 더 나아가 손노동 중에도 역시 이루어졌다. 초기 수도승 생활 안에서 하느님 말씀을 계속해서 숙고하는 이러한 수행은 본질적인 것이었다. 그것은 영적 자양분을 얻는 기도였다. 고대에는 대부분의 수도승들이 읽거나 쓸 줄을 몰랐다. 따라서 구두 전승을 통해 성경 내용이 전달되었다.

기억으로 배우는 것은 고대의 방법이었고, 수도승들은 그들이 들은 바를 인격화하면서 거듭 반복하는 것 외에 다른 무엇을 하지 않았다. 그들은 바구니를 짜거나 돗자리를 만들거나 혹은 다른 일을 할 때 역시 그들이 들은 말씀을 되새김질 하였다. 그들은 경청한 말씀을 반복하고 숙고했는데, 이것은 그들의 영혼 안에 하느님을 향한 감정과 열망을 불러 일으켰다. 이것이 사막 교부들에게 있어 렉시오였다. 이것은 그들로 하여금 모든 어려움을 극복하게 했던 원천이었다.

이후, 렉시오는 세기를 통해 수도승 생활 안에서 중요한 위치를 차지해 왔다. 렉시오 디비나의 규정화는 수도승 수도회들의 업적이 될 것이다. 수도승들은 렉시오 디비나를 보다 체계적으로 규정하였다. 그들은 렉시오 디비나를 위한 시간과 자료, 독서와 그에 대한 깊은 연구 방법 등을 확정했다(참조: 『코이노니아』 30집, 22-39). 성경 독서에 교부들과 영성 생활 스승들의 작품들 역시 부가된다. 특별히 12세기에 카르투시오회 수도승 귀고 2세는 『관상 생활에 관한 서한』에서 렉시오 디비나에 관해 체계적이고 효과적인 방법을 제시하였다.

13세기 시토회 안에서 특별한 전성기를 맞이하는데, 특히 시토회에서 렉시오 디비나, 전례, 손노동 간에 건전한 조화를 이루어 낸다. 이러한 조화는 클레르보의 베르나르도와 같은 관상가와 성인들을 배출하게 되고, 그 시대에 번성하게 될 많은 영성적, 종교적 체험들을 위한 삶의 강한 모범이 된다.

5.4. 근대 렉시오 디비나의 위기와 재발견

교회 안에서 성경 독서의 위기 혹은 쇠퇴는 12~13세기에 시작되었다. 이때는 렉시오 디비나로부터 '질문'과 '논증'의 도입으로, 그리고 즉시 근대의 특징적 형태인 영적 독서로의 전이가 일어나는 때이다. 하느님 말씀의 우선권은 근대 신심(devotio moderna)의 전형인 '영적 주관주의'로 대체되었다. 중세 말기 수도승들은 정규 참사회원들과 도미니코회원들을 비판하게 되는데, 이는 바로 그들의 스콜라식 성경 독서가 독서와 기도라는 최고 가치가 아니라 '질문'과 '논증'을 지향하기 때문이었다. 그들은 또한 뒤이어 심리적, 내향적 이냐시오식 묵상방법에 대해서도 마찬가지로 비판적 입장을 취했다. 특히 12세기에는 중단 없이 이어지는 전례 기도만을 지나치게 강조한 결과 렉시오 디비나는 거의 소멸될 지경에 이르렀고, 마침내 렉시오 디비나는 시간 전례로 대체되고 말았다.

영적인 의미를 찾는 중세의 우의적 성경 해석 역시 근대와 더불어 역사 비평적 방법론으로 대체되었다. 문예 부흥과 더불어 시작된 이 방법론은 오로지 본문의 자구적, 역사적 의미만을 탐구하는 것에 한정되었다. 그리스도인 삶의 다양한 측면에 대한 이러한 점진적 분리는 교부시대와 중세 초기에 전형적이었던 '아는 것'(이해)과 '삶'의 조화를 대체하게 되었다. 주석, 신학, 영성, 사목이 혼합된 고대의 유산은 스콜라 신학의 출현과 독자적 주석의 허용과 더불어 이렇게 붕괴되었다. 이런 방식에 기초한 말씀에 대한 독서와 묵상은 자주 순수한 추리와 감상적인 공상에 떨어지게 하였다.

그런 다음, 신자들에게서 일어났던 이러한 분리가 수도승들에게 역시 일어났다. 즉, 하느님 말씀과의 관계에 대한 열성은 트리엔트 공의회 시대 무렵까지, 그리고 성경에 대한 자유로운 해석을 주장한 프로테스탄트 개혁에 대한 반응으로 렉시오가 경건한 서적들과 성인들의 생애로 대체될 때까지 나아갔다. 그 시대에는 성경과의 접촉이 합당치 않은 것이 되어 버렸다.

이제 영적 독서와 묵상이 렉시오 디비나의 자리를 차지하게 되었다. 그것들 역시 경건하고 훌륭한 수행들임이 분명하지만, 하느님 말씀과의 살아 있고 효과적인 관계를 대체한 것들이다. 수도원들 안에서조차도 묵상이 렉시오의 위치를 차지하였다. 하지만 성 베네딕토는 자신의 규칙에서 수도승의 일상 활동을 하느님의 일(공동 전례 기도), 노동, 렉시오, 세 순간으로 나누면서 렉시오를 위해 전적으로 고유한 위치를 부여하였다.

렉시오는 '하느님의 일' 거행을 위한 준비와 이에 대한 연속과도 같아야 한다. 명상과 침묵의 분위기는 수도승의 삶 안에서 지속되었고, 일하는 중에도 그러하였다. 이는 그리스도 신비의 거행이 첫 자리를 차지하기 위해서이다. 규칙에서 "아무것도 하느님의 일 앞에 두지 말라"(베네딕토의 「수도규칙」, 43,3)고 언급되는 바와 같다.

결국 렉시오 디비나를 되찾게 된 전기가 된 것은 제2차 바티칸 공의회이다. 오늘날 성경, 영성, 삶 사이에 새로운 조화를 이루는 일은 보다 강하고 현실적 요구들 중 하나이다. 렉시오 디비나에 대한 새로운 관심과 주의는 바람직한 징조임이 확실하다. 오늘날의 성경 주석은 교회 전통 안에서 이룬 모든 발전과 더불어 거룩한 본문을 읽는 그 성경 독서법에 호소하면서 본문에 대한 하나의 해석 -신학적이든 영적이든- 을 제공해야 할 것이다.

6. 렉시오 디비나의 단계

렉시오 디비나는 크게 하느님 말씀을 '들음'과 들은 말씀에 대한 '응답'이라는 이중요소로 되어 있다. 그 단계는 보통 독서(lectio)→묵상(meditatio)→기도(oratio)→관상(contemplatio) 네 단계로 구분된다. 귀고 2세(+1188)는 동료 수도승 제르바제에게 보낸 서한 『수도승들의 사다리』(The Ladder of Monks)[5]에서 이 네 단계와 그 상호 관계에 대해서 자세히 설명하고 있다[6].

6.1. 독서

첫째 단계인 독서는 하느님 말씀을 진지하게 듣는 단계이다. 다시 말해서 자신의 온 힘을 집중하여 성경을 주의 깊게 읽음으로써 묵상에 사용할 자료를 발견하는 단계이다. 이는 마치 포도알(하느님 말씀: 영적 양식)을 입에 넣는 것과 같다[7]. 알퀴노에 의하면, 빛이 시력을 즐겁게 하는 것과 같이 독서는 마음을 기쁘게 한다. 독서는 마치 기도의 샘과도 같다. 그것은 야곱의 우물로서 여기서 기도에 부어지는 물이 길러진다.

---

[5] 이 서한은 허성준, 『수도 전통에 따른 렉시오 디비나』, 분도출판사, 2003, 193-218에 번역 소개되어 있다.

[6] 귀고 2세의 이 작품은 중세에서 렉시오 디비나에 대해서 다룬 최초의 작품도 유일한 작품도 아니다. 독서(lectio)-묵상(meditatio)-기도(oratio)라는 3단계 공식은 중세기 시토회원들이 주로 이용하였다. 그러나 이 단계들은 서로 분리된 것이 아니라 하나의 여정에 속한다(참조: 엔조 비앙키, 『말씀에서 샘솟는 기도: 거룩한 lectio divina로 들어가기』, 97).

[7] 전통적으로 수도승들은 성경을 단순히 눈과 머리만을 이용해서 읽지 않았다. 그들은 천천히 눈으로 본 내용을 입술로 작게 소리 내어 직접 귀로 듣고 또 그것을 기억과 마음에 간직하였다. 고대에는 의사들이 환자들에게 하나의 운동으로 독서를 권장하기도 했는데, 그것은 독서가 인간의 다양한 기능을 사용하는 전인적인 운동이었기 때문이었다. 독서는 먼저 손으로 성경을 펼쳐서 성경을 눈으로 보고, 본 내용을 천천히 입으로 작게 소리 내고, 그리고 소리 낸 내용을 다시 자신의 귀로 귀 기울여 듣는 독특한 전인적인 수행이었다(참조: 허성준, 『수도 전통에 따른 렉시오 디비나』, 79-80).

6.2. 묵상

둘째 단계인 묵상은 말씀 안에 숨겨진 진리를 깨닫는 단계를 말한다. 즉, 말씀을 듣고 마음에 와 닿는 구절이나 단어를 반추하여 그것을 마음속 깊이 되새기는 것이다. 이는 입에 넣은 포도알을 씹는 것과 같다.

6.3. 기도

셋째 단계인 기도는 온 힘을 다해서 자신의 마음을 하느님께로 들어 올리고 관상의 감미로움을 청하는 것을 의미한다. 즉, 하느님 현존 안에 고요히 머물며 그분께 응답하는 것이다. 이는 포도알을 삼켜 맛보기 시작하는 것과 같다.

6.4. 관상

넷째 단계인 관상은 감미로움을 즐기는 단계로서 이로 인해 영혼은 힘을 얻고 활기를 띠게 된다. 곧 우리의 마음이 하느님께 들어올려져 그분 안에 머무는 단계를 의미한다.

6.5. 상호 관계

렉시오 디비나의 이 네 단계들은 우리를 지상에서 천국으로 오르게 하는 하나의 사다리를 만들어 준다. 그러나 이 단계들의 경계를 구분하기는 쉽지 않다. 밤에서 낮이 되는 과정처럼 그 경계가 명확하지 않기 때문이다. 날이 밝아 오는 동안 어떤 사람들은 '아직 밤이다'라고 말하고, 다른 사람들은 '이미 날이 밝았다'고 말하는 것과 같다. 이 방법의 가치는 언제나 말씀의 객관적, 구원적 의미를 수집할 수 있고, 그것을 개인적으로 내면화할 수 있다는 데 있다. 이처럼 각 단계들은 따로 분리되어 있지 않고 상호 긴밀히 연결되어 있다. 이에 대해 귀고는 다음과 같이 말한다.

"묵상 없는 독서는 메마르며, 독서 없는 묵상은 오류에 빠지기 쉽습니다. 묵상 없는 기도는 냉담하고, 기도 없는 묵상은 열매를 맺지 못합니다. 기도가 열정적일 때 관상에 이르는 것이지, 기도 없이 관상에 이르는 경우는 거의 없으니, 그것은 기적에 가깝습니다"[8].

결국 독서는 묵상을, 묵상은 기도를, 기도는 관상을 향해 있다. 이런 의미에서 수도승들의 성경 독서는 단순히 독서 그 자체가 아니라, 언제나 묵상과 기도와 관상을 지향하고 있으며 또한 그러한 일련의 과정을 함축하고 있는 것이다.

하지만 이 단계들은 절대적인 것은 아니다. 반드시 이 단계들에 따라 이루어지지는 않는다. 하느님의 은총이 작용할 경우, 첫 단계에서 곧바로 마지막 단계로 나아갈 수도 있다. 그러나 이것은 특별한 경우이다. 일반적으로는 대개 이 과정을 따르게 된다. 스마락두스(Smaragdus, 8세기 말 – 9세기 초)[9]는 다음과 같이 독서, 묵상, 기도의 관계를 설명하고 있다.

"렉시오 사크라(lectio sacra)는 언제나 기도가 수반되어야 하고, 거기에 밀접히 결합되어야 한다. 왜냐하면 우리는 기도로부터 정화되고 독서로부터 교육되기 때문이다. 그렇듯 늘 하느님과 함께 있기를 원하는 사람은 자주 기도해야 하고 자주 독서해야 한다. 사실 우리가 기도할 때, 그분과 함께 이야기하는 것은 우리이고, 우리가 독서할 때 우리와 함께 이야기하는 분은 바로 그분이시다. 완전을 추구하는 사람은 누구나 독서와 기도와 묵상에 나아가야 한다. 독서하면서 모르는 바를 배우게 되며, 묵상하면서 우리가 배운 바를 기억하게 되며, 기도로써 우리가 기억한 바를 살게 된다. 성경 독서는 우리

---

[8] 허성준, 『수도 전통에 따른 렉시오 디비나』, 213.
[9] 카롤링거 왕조 시대의 개혁가이자 수도승 작가. 오랫동안 그에 대해서 잊혀져오다 우리 시대에 그의 중요성이 밝혀졌다. 스마락두스는 800년에 카스텔리온(Castellion: 오늘날의 Lorena)의 아빠스가 되었고, 샤를마뉴 대제와 그의 아들 루도비코 황제 치하에서 여러 수도원들을 개혁하는데 기여했다. 816년, 최초로 베네딕토 규칙서(Regula Benedicti)에 대한 방대한 주석서를 출판하였다.

에게 이중의 선물을 제공한다. 즉 영혼의 이해력을 보다 더 예민하게 해주고, 인간을 세상의 헛된 것들로부터 떼어 낸 후, 그를 하느님께 대한 사랑으로 인도한다"[10].

7. 렉시오 디비나의 요령

7.1. 독서

장 레클레르(J. Leclercq) 신부는 다음 두 가지 성경 독서법을 제시하고 있다.

7.1.1. 스콜라적 독서(the scholastic lectio)

이것은 하느님의 말씀에 대한 지적 접근법으로서 분석적, 논쟁적 측면을 지닌다. 이러한 방법은 오늘날 특히 성경학적 측면에서 많은 공헌을 하고 있다. 그러나 성경을 단순히 지적 호기심 충족을 위한 학문적 측면에서만 접근한다면 말씀이 지닌 본래 의미와 영적 측면을 소홀히 할 위험이 있다. 토마스 머튼은 이에 대해서 이미 지적한 바 있다. 즉, 비록 현대의 학문적 성경 연구가 성경 이해에 도움을 주었지만, 반면 그러한 시도들은 자칫 잘못하면 성경의 참된 의미에서 우리 정신을 혼란시킬 수 있고, 또 전문 영역의 건조함으로 인해 성경에 대한 관심을 사라지게 할 수도 있다는 것이다. 그는 이러한 학문적 연구의 단계가 보다 더 깊은 하느님 말씀과의 인격적 단계에 이르기 위한 하나의 준비 단계에 불과하다고 보았다.

---

[10] SMAGAGDO, 『Commentaria in Reg. S. Benedicti』, ad cap.4, n. 56; PL 102, 784; Mariano MAGRASSI, 『Bibbia e Preghiera: Lectio divina』, op. cit., 40, 재인용.

7.1.2. 수도승적 독서(the monastic lectio)

렉시오란 성경을 머리가 아닌, 순수한 마음으로 읽는 수행이다. 이러한 독서는 자연스럽게 묵상과 기도를 향하며 최종적으로 하느님과의 일치로 나아가게 한다. 중세를 거치면서 수도 전통 안에서 행해졌던 이러한 독서는 차츰 전문적인 연구로 대체되어 갔다. 우리가 단순히 학문적 측면에서만 성경을 읽을 때 말씀 안에 현존하시는 하느님을 제대로 느낄 수가 없다. 라르킨(E. Larkin)은 성경을 머리가 아닌 전(全) 존재로 읽어야 한다고 강조하고 있다. 토마스 머튼 역시 이런 깊은 단계, 즉 말씀 안에서 하느님과의 인격적 만남을 통해서만 비로소 성경을 올바로 알게 된다고 말하고 있다.

7.1.3. 두 독서의 차이점

이 두 독서는 그 방향과 적용 방법에서 차이가 난다. 스콜라적 독서는 질문(quaestio)과 논증(disputatio)을 향하고, 수도승적 독서는 묵상(meditatio)과 기도(oratio)를 향한다. 전자는 '학문'과 '앎'을 향해 방향이 놓이며, 후자는 '지혜'와 '맛'을 향해 방향이 놓여 진다. 이 둘 가운데 후자만을 디비나(divina)라고 일컫는다. 더 정확히 말해서, 스콜라적 독서는 여백과 행간 주석의 형태나 혹은 질문과 논박의 대화적 형태로 하나의 본문에 대한 해석을 허용하는 가르침의 한 방법이다. 반면 수도승적 독서는 기도의 기능 안에 모든 것이 있다. 즉, 렉시오 디비나는 기도와 관상으로 인도한다[11].

렉시오 디비나에서 렉시오(lectio)는 통상적 의미의 개인적인 성경 독서도 아니고 학문적 연구도 아니다. 그것은 성령의 빛으로 행해지는 성경 본문에 대한 독서이다. 이는 그 말씀이 기도가 되고 삶을 변화시키도록 하기 위함이다. 사막 교부들은 성경을 읽음으로써 이해하지 않고 삶(생활함)으로써 이해하였다.

---

[11] 참조: Giorgio GIURISTATO, 『Lectio divina oggi. Scriti Monastici 8』, Abbazia di Praglia, 1996, 19-20.

7.1.4. 독서의 위험

독서에 있어서 다음 두 가지 위험에 빠지기 쉬운데, 곧 자기 입맛에 맞는 부분만을 채집하여 독서하는 채집식의 독서법과 사변적 묵상에 토대를 둔 독서법이다. 15세기까지 교회의 기도 생활을 아름답게 수놓았던 풍요로운 전통인 렉시오 디비나는 이냐시오식 묵상법으로 왜곡되었고, 지성주의와 심리주의에 지나치게 의존하게 되었다. 이러한 묵상법은 강한 의지적 노력을 강조한다. 이제 묵상은 감정 위주의 성찰과 감성을 자극하는 생각의 훈련, 즉 정신적 훈련으로 간주된다.

근대 신심(devotio moderna) 특유의 이 묵상은 더 이상 하느님 중심, 그리스도 중심이 아닌 인간 중심, 자아 중심이라 할 수 있다. 따라서 이런 유의 묵상을 피해야 한다. "성경을 끊임없이 자기 중심이자 기준으로 삼고자 노력하지 않는 곳에는, 또 렉시오 디비나를 제대로 실천하지 않는 곳에는 감상적인 신심 형태와 지적 사변에 머무는 건조한 신학적 사색만 남게 된다"[12].

엔조 비앙키(Enzo Bianchi)는 "새로운 발상을 얻고자 또는 지식 축적을 위해서 성경에 다가가서는 안 된다. 우리가 성경을 펼친다는 것은 말씀하시는 하느님 앞에 듣는 이로 서 있다는 의미다"[13]. 교부들은 "성경을 사변의 대상으로 삼거나 지식을 위한 지식의 대상으로 삼음으로서 속화시키지 말라"[14]고 권고한다.

---

[12] 엔조 비앙키, 『말씀에서 샘솟는 기도: 거룩한 lectio divina로 들어가기』, 29.
[13] 앞의 책, 35.
[14] 앞의 책, 57.

7.2. 묵상[15]

렉시오 디비나 안에서 묵상은 반복과 적용(현재화)이라는 두 가지 의미를 갖는다.

7.2.1. 반복(repetitio)

하나의 단어나 문장을 맛보고 그것을 기억하기 위하여 반복하는 것이다. 여기서 묵상은 입과 마음으로 행하는 씹고 되새김질하는 것과 비슷하다. 이것이 소위 마음의 기도의 기초이다. 고대에는 메디타리(meditari)-메디타씨오(meditatio)란 용어들은 어떤 말마디들이나 문장들을 큰소리로 반복하는 행위와 같은 육체적 작용에 연결되어 있었다.

*반복(repetitio)의 두 측면

(1) 방식

장 레클레르(J. Leclercq)에 의하면 고대인들에게 있어 메디타리(meditari)는 하나의 본문을 읽고, 자신의 전 존재로 암기하는 것이다.

---

[15] 우리말 묵상(默想)이라는 말은 라틴어 메디타씨오(meditatio)의 본 의미를 가리는 부적절한 번역어이다. 묵상이란 한자어는 '침묵 중에 생각함'이란 뜻을 지니고 있기 때문이다. 그 결과 오늘날 대부분의 사람들이 메디타씨오를 주로 추리와 상상력을 동원하는 이성의 활동으로 이해하고 있다. 그러나 이것은 역사의 과정 안에서 메디타씨오의 본 의미가 왜곡된 결과이다. 메디따씨오는 메디타리(meditari)란 라틴어 탈형 동사에서 유래하였고, 이는 다시 그리스어 동사 멜레탄(meletân)에서 유래했다. 멜레탄은 '성경의 한 단어나 구절을 소리 내어 반복해서 읽는 것'을 뜻한다. 이는 초기 사막 교부들의 주된 묵상 수행법(meletē)이었고, 특별히 4세기 이집트 남부의 파코미우스 공동체 안에서 널리 수행되었다. 이처럼 메디타씨오란 오늘날 우리가 이해하는 바의 묵상과는 거리가 멀다. 그것은 원래 성경의 한 단어나 구절을 소리를 내어 반복해서 되씹음으로써 하느님 말씀을 이해하고 맛보는 것이라 할 수 있다(참조: 허성석, 「베네딕도회 영성에 대한 고찰」, 『신학과 사상』 43(2003), 32-33).

(2) 기능

이러한 반복은 기억의 기능을 지니고 있다. 하지만 반복은 단순히 하나의 기계적인 암기로 그치는 것이 아니라, 또한 그것을 이해하게 (객관적인 주석의 차원에서 뿐만 아니라, 개인적인 숙고의 차원에서도 역시)하여 맛보게 하려는 것이다. 메디타리(meditari)는 반복되는 문장에 굳게 달라붙는 것을 의미하며, 그 의미를 충분히 파악하기 위하여 모든 말씀을 생각하는 것을 뜻한다. 귀고 2세에게 있어 묵상의 역할은 '씹고 되새김하는 행위'를 통하여 성경 본문을 '이해하는 것'이다.

씹음(저작, masticatio←masticare)은 전통 안에서 보다 자주 사용된 용어들 가운데 하나로 되새김(ruminatio←ruminare)이라는 용어로 부른다. 실제로 고대나 중세까지만 해도 메디타씨오(meditatio)와 루미나씨오(ruminatio)는 별 차이 없이 사용되어 왔다.

그러나 12-13세기에 스콜라 신학의 발전과 더불어 반복-씹음(저작)-되새김으로서의 메디타씨오 개념은 보다 지성적인 측면을 띠게 된다. 이제 생각(cogitatio), 숙고(consideratio), 연구(studium)와 같은 지성적인 의미들을 내포하게 되었고, 점차 이러한 의미들로 대체되어 갔다.

그러다가 근대 이후 메디타씨오에 합리적이고 추리적인 요소들이 많이 부가됨으로써 점차 메디타씨오와 루미나씨오가 분리되어 버렸고, 더욱이 후자는 거의 잊혀지게 되었다. 이로써 수도 전통 안에서 단순하게 그리고 독특하게 행해져 오던 구체적 성경 묵상법인 되새김(ruminatio) 수행이 잊혀지게 되었던 것이다.

하지만 현대의 묵상과는 달리 수도 전통 안에서의 묵상은 결코 하느님에 관한 우리의 이성적 담화가 아니라, 성경 안에서 하느님이 우리에게 건네시는 말씀을 이해하고 맛보기 위해 우리의 모든 능력을 활용하는 것이다.

결국 고대 수도규칙들 안에서 묵상은 이중 역할을 지니고 있었다고 볼 수 있다.

(1) 독서(lectio)와 연결된 역할: 읽혀진 본문을 기억하고, 이해하고, 음미하는 것이다.
(2) 독서(lectio)와 분리된 역할: 이미 암기한 것을 암송하는 것(되새김)이다. 이 역할은 노동이나 다른 활동 중에 암송하며 기도를 쉽게 한다.

7.2.2. 적용(현재화)

이는 묵상의 또 다른 본질적 측면으로서 읽혀지고 해석되고 음미되고 동화된 성경 본문을 우리에게 적용하는 것이다. 여러 세기 전에 쓰인 한 본문을 오늘 우리에게 적용하는 것이다. 고대인들은 이것을 우의(tripologia)라고 불렀다[16].

7.2.3. 묵상을 위한 지침

1) 본문을 되새김질 하며 오랫동안 숙고한다.
2) 본문의 의미를 헤아린다.
3) 본문을 통해 하느님께서 나에게 말씀하시고자 하는 바를 찾는다.
4) 주님께서 내게 말씀하시는 바를 제대로 살고 있는지 반성한다.
5) 자신이 변화되어야 할 부분들이 어떤 것인지를 찾는다.

7.2.4. 끊임없는 기도를 위한 묵상 수행

예수님은 당신 제자들에게 항구하고 끈기 있게 기도하라고 권고하셨다(참조: 마태 26,41; 마르 14,38; 루카 21,36). 이 이상은 초기 그리스도교 공동체의 이상이 되었고, 성 바오로가 자주 상기시키게 된다. "끊임없이 기도하십시오"(1테살 5,17). 라는 사도 바오로의 권고는 언제나 수도자들에게 도전이 되어 온 말씀이다. 수도자들은 이 이상을 실현하고

---

[16] 참조: Giorgio GIURISTATO, 『Lectio divina oggi』, 23-27.

자 노력하였다. 그들은 경험상 기도가 결코 쉽지 않다는 것을 알았기에 기도에 전력투구했다. 4세기 이집트 수도자들 사이에서 끊임없는 기도를 위해 고안된 고유한 방법이 바로 멜레테(meletē) 수행이었다[17].

"라틴어로는 메디타씨오(meditatio)로 번역되는 그리스어 멜레테란 명사는 '묵상' 이상의 뜻을 가지고 있다. 이 단어에는 '수행'이란 뜻도 담겨 있다. 멜레테에서 묵상은 영혼이 기도할 준비를 하도록 큰 소리를 내며 이루어진다. 이것은 기도를 위한 일종의 준비 운동인 셈이다. 짧은 성구가 반복되면서 영혼 속으로 스며들어 가게 되고 이어서 자연스럽게 기도가 우러나온다. 고대인들에게는 서로 대화할 때 크게 소리를 내거나 작게 속삭이는 습관이 있었다. 우리가 앞서 본 대로 파코미우스 수도승들은 일터나 성당 혹은 식당 어디서나 성경 구절을 되뇌었다"[18].

이처럼 그 고유 의미로서의 묵상, 즉 멜레테 수행은 끊임없는 기도를 위한 좋은 수행법이 될 수 있다. 이것은 정해진 기도 시간 외에도 일상 안에서 수행이 가능하여 하느님과의 대화인 기도가 일상 안으로 연장되게 하는 단순하고 효과적인 수행법이다.

7.3. 기도

모든 신자를 렉시오 디비나로 초대하고 있는 공의회 본문은 다음과 같이 말하면서 결론짓는다. "성경을 읽을 때에는 하느님과 인간의 대화가 이루어지도록 기도가 따라야 함을 명심해야 한다. 왜냐하면 '우리가 기도할 때에는 하느님께 말씀을 드리는 것이고, 우리가 하느님 말씀을 읽을 때에는 그분의 말씀을 듣는 것'이기 때문이다"[19].

---

[17] 참조: 허성석 편저, 『수도승 영성사: 영성의 뿌리를 찾아서』, 들숨날숨, 2011, 123.
[18] 앞의 책, 122.
[19] 「계시 헌장」, 25장.

7.3.1. 하느님의 주도권

하느님은 당신의 넘치는 사랑으로 마치 친구를 대하듯이 인간에게 말씀하신다. 하늘에 계신 아버지께서 성경 안에서 사랑으로 당신 자녀들과 만나시며 그들과 함께 말씀을 나누신다. 우리는 무엇보다도 하느님 말씀의 청취자들이다. 독서와 묵상은 결국 하느님 말씀에 대한 수용이라는 유일한 태도를 형성한다.

7.3.2. 인간의 응답

말씀을 청취한 다음 응답하는 것은 의무적이다. 인간의 응답은 기도, 사랑, 순명이다. 기도는 하느님 말씀에 따라 나에게 행해진 판단을 따르고 실행하는 하나의 적절한 응답이다. 그것을 현실에 옮긴 후, 결과적으로 흠숭, 찬양, 탄원, 감사 등 여러 형태의 기도가 나온다. 우리의 구체적인 상황에서 시작하여, 그 상황 속에서 기도하는 법을 배울 필요가 있다[20].

7.4. 관상

렉시오 디비나의 문맥 안에서 관상은 다음 세 가지 특성을 지닌다.

7.4.1. 관상의 원천

관상의 원천은 성경이다. 성경은 거울과 같아서 하느님을 참모습 그대로 얼굴을 맞대고 뵈올 수 있을 때까지(참조: 1요한 3,2) 지상에서 순례하는 교회는 그 안에서 하느님을 관상하며 그분에게서 모든 것을 받고 있다. 따라서 관상은 우리의 상상력으로 하느님을 생각하는 철

---

[20] 참조: Giorgio GIURISTATO, 『Lectio divina oggi』, 31-33.

학적 혹은 자연적 사변이 아니라, 하느님께서 친히 우리에게 행하신 계시와 성경 안에 담겨져 있는 계시를 받아들이는 것이다.

7.4.2. 관상의 목표

관상의 목표는 하느님이다. 그분은 구원 역사 안에서 계시되었고, 때가 차자 우리 육신을 가지신 당신 성자를 보내시어 새롭고 결정적인 방법으로 인간 역사에 개입하시기로 결정하셨던 아버지이시다. 성자는 교회 관상의 핵심 내용으로서 보이지 않는 하느님의 표상이다. 관상은 또한 하느님의 빛으로 자연과 역사를 보는 것이며, 하느님께서 각 개인들과 교회와 세상의 역사 안에서 계속해서 실현하시는 구원 계획을 이해하는 것이다. 관상은 하느님께서 인간들과 더불어 행동하시는 그 기준들과 방식들을 드러내는 것이며, 하느님에 따라서 생각하는 것이며, 모든 것을 그리스도의 생각에 따라 해석하는 것이다.

7.4.3. 관상의 절정

관상의 절정은 지혜이다('지혜'란 말은 라틴어 sapere에서 유래함). 즉, 다양한 형태의 신적 지혜를 음미하는 것이며, 신적 계획의 신비를 맛보는 것이다. 관상은 지성과 사랑이 결합된 활동이며, 또한 마음을 움직이시고 하느님께 회개시키시고 마음의 눈을 여시며 진리에 동의하고 믿는 데에서 오는 즐거움을 모든 이에게 베푸시는 성령의 선물이다. 그리고 정신과 마음을 하느님께 일치시키는 것이고, 우리가 관상이라고 말하는 것은 시선과 마음을 하느님께 고정하는 그 노력이다[21].

---

[21] 참조: Giorgio GIURISTATO, 『Lectio divina oggi』, 33-37.

8. 기도로서의 렉시오 디비나

8.1. 기도의 본질

　기도란 무엇인가? 이 질문은 그리스도교 초기부터 오늘 날까지 그리스도인 삶의 중심에 자리 잡고 있는 화두와도 같다. 4세기에 교부들은 기도를 '하느님께 마음과 정신을 들어 올림', '하느님과의 대화' 등으로 정의했다. 기도에 대한 다양한 정의 중 점차 부각을 드러내고 선호된 정의는 '하느님과의 대화'라는 정의였다. 오늘날 우리에게 너무 친숙하여 다소 식상하게 들릴지도 모르는 이 정의는 아주 중요한 내용을 함축하고 있고 기도의 본질을 잘 드러내 준다.

　대화는 인격과 인격 간에 이루어지는 통교 방식이다. 따라서 기도를 하느님과의 대화라고 할 때, 여기에는 초월적인 하느님과 우리 인간과의 인격적 관계가 전제되고 있다. 우리 그리스도교의 하느님은 인격신이기에 이러한 대화가 가능한 것이다.

　그러면 대화는 무엇인가? 대화의 본질을 정확히 이해할 때 기도의 본질에 더 깊이 다가가게 될 것이다. 우리는 흔히 대화를 '서로 말을 주고 받는 것'이라고 말한다. 여기에 문제가 있다. 먼저 말을 주는 데에 우리 관심과 초점이 놓여있기 때문이다. 그러다 보니 자기 의견이나 생각을 상대방에게 관철시키는데 관심이 있고 상대방의 말을 듣는 데는 별 관심이 없다. 그 결과 대화는 제대로 되지 않고 늘 동문서답, 선문답을 반복하며 언쟁으로 끝나는 경우가 자주 있다. 참된 대화는 말을 '주고 받는 것'이 아니라 '받고 주는 것'이다. 먼저 상대방의 말을 경청하고 거기에 응답하는 것이다.

　하느님과의 대화인 기도에 있어서도 우리는 늘 우리 말을 먼저 하느님께 드리는 데만 관심이 있고 그분의 말씀을 경청하는 데는 별로 관심이 없다. 그러다 보니 하느님과의 참된 대화가 이루어지지 않고 늘 엇박자가 나곤 한다. 대화로서의 기도란 먼저 하느님 말씀을 듣는 것이다. 그리고 거기에 응답하는 것이다. 이런 의미에서 기도는 하느님 말씀에 대한 들음과 응답으로 되어 있다. 하느님 말씀을 듣고 하느님의 뜻을 파악하고 일상에서 그 뜻을 실행에 옮김으로써 우리의 응답은 완성된다.

8.2. 렉시오 디비나의 구성

렉시오 디비나 역시 들음과 응답으로 되어 있다. 렉시오 디비나의 네 단계에서 독서와 묵상은 바로 '들음'이라 할 수 있고 기도는 '응답', 그리고 관상은 '열매'라 할 수 있다. 관상은 성령의 열매이기에 우리 쪽에서 쟁취할 수 있는 것이 아니다. 따라서 우리가 할 수 있는 것은 독서, 묵상, 기도이다. 들음과 응답으로 되어 있는 렉시오 디비나 역시 하느님과의 대화인 기도 자체라 할 수 있다.

9. 렉시오 디비나 실습

9.1. 개인 렉시오 디비나

1) 외적·내적 준비
   (1) 긴장을 풀고 편안히 앉아 몸을 바르게 하고(調身) 호흡을 조절하고(調息) 마음을 고요히 한다(調心).
   (2) 하느님 현존 의식: 하느님께서 지금 이곳에 나와 함께 현존하심을 의식한다.
   (3) 성령께 도움을 청함: '성경을 읽기 전에 드리는 기도문'이나 다음 기도를 바칠 수 있다. "성령이여, 이 시간 저와 함께 하시어 당신 말씀의 신비를 깊이 이해하고, 그 말씀을 맛들이고, 그 말씀이 제 삶을 이끌도록 도와주소서".

2) 렉시오 디비나

들음	- 성경을 들고(촉각) 눈으로 보는(시각) 성경 본문을 소리 내어 또는 마음속으로 천천히 읽고(입) 듣는다(청각).　　-독서(lectio) - 마음에 와 닿는 구절이나 단어가 있으면 독서를 멈추고, 그것을 반복해서 되새김하면서 그 의미와 하느님께서 그 구절을 통해 나에게 말씀하시는 바를 알아낸다(이성의 작용). 　　-묵상(meditatio)
응답	하느님 말씀 안에 단순히 머물며 응답(기도)한다. 자연적으로 내면에서 솟아나는 기도(감사, 통회, 중재, 탄원, 찬양, 청원)를 바친다. 　　-기도(oratio)
머묾	하느님 현존 안에 고요히 머물며 기쁨, 평화, 만족을 누린다. 　　-관상(contemplatio)

3) 마침기도

하느님께 감사와 찬미기도로 마친다.

4) 실천

렉시오 디비나의 목적은 결국 하느님 현존 안에 살기 위함이다. 렉시오 디비나를 통해 우리는 하느님 말씀 안에서 영적 자양분을 얻어 그분의 뜻에 따라 생활할 힘과 용기를 얻는다. 따라서 렉시오 디비나의 결실은 삶 안에서 구체적으로 실천되어야 한다. 삶과 연결되지 않으면 렉시오 디비나는 무의미하고 공허할 뿐이다.

특별히 렉시오 디비나 중에 마음에 와 닿았던 구절이나 단어를 기억 속에 간직하여 오늘 하루 되뇌며 하느님 현존 안에 머물 수 있을 것이다. 이것은 오늘 하루를 하느님 현존 안에 살아가게 하는 영적인 양식이 될 것이다.

9.2. 공동 렉시오 디비나

개인 렉시오 디비나 옆에 또한 공동 렉시오 디비나가 있다. 하느님 말씀에 대한 경청은 단지 개인적 행위만이 아니라, 그것은 공동체적 파급효과를 지닌다. 독서, 묵상, 기도는 개인적 행위임과 동시에 공동체적 행위이다. 말씀이 각자에게 이야기하고 있는 바에 대한 나눔은 낭비하는 부가 아니라 선물하는 부이다. 왜냐하면 그것은 성경의 교회적 차원을 분명하게 해주고, 자신과 타인들에 대한 인식과 수용 안에 공동체 전체가 함께 성장하도록 하며 신앙과 영성 생활에 나아가도록 이끌어주기 때문이다. 그러면 공동 렉시오 디비나란 무엇인가?

1) 정의
주님의 말씀을 함께 경청하는 것이다. 공동 '렉시오 디비나' 중에 각 사람은 먼저 개인적으로 경청하고 내면화하고 기도한 말씀 앞에서 각자의 반응을 진리와 마음의 단순성으로 드러내면서 자기 공동체를 감화시키고자 노력한다.

2) 전제
하나의 토론 그룹이 아닌 하나의 성찰 그룹. 각 그룹을 7-8명으로 나눈다.

3) 요구 조건들
 (1) 타인으로부터 배우려는 자세.
 (2) 타인의 관점에 대해 어떠한 판단과 비판도 피하면서 마음을 열고 수용하는 자세.
 (3) 모두가 성령을 소유하고 있기에 그들 역시 나를 조명할 수 있다는 확신.
이러한 자세들은 말씀에 관한 참된 숙고의 정점과 공동 렉시오 디비나의 참된 목적(신앙)안에서 공동의 감화, 형제적 사랑 안에서의 성장, 그리고 희망 안에서의 위로에 보다 쉽게 도달하기 위해서 필요한 조건을 구성한다.

4) 구체적 방법
  * (2), (3)을 제외한 나머지는 개인 렉시오 디비나와 동일함.
(1) 외적·내적 준비
(2) 독서와 묵상
  - 한 사람이 선택된 성경 말씀을 천천히 낭독한다(첫 번째 독서).
  - 잠시 침묵 중에 봉독된 성경 말씀을 전체적으로 되새겨 본다.
  - 다른 사람이 같은 성경 말씀을 천천히 다시 낭독한다(두 번째 독서).
  - 잠시 침묵 중에 마음에 와 닿은 어떤 말씀을 선택하여 기억해 둔다.
  - 또 다른 사람이 같은 성경 말씀을 또다시 천천히 낭독한다(세 번째 독서).
  - 각자 자신이 선택한 말씀을 천천히 반복·되새김하면서 그 말씀의 의미를 파악하고 하느님께서 그 말씀을 통해 나에게 주시는 메시지를 알아낸다.
(3) 나눔
  - 각자 자기에게 의미 있게 다가온 성경 말씀은 무엇이고 또 그것이 나에게 말하는 바가 무엇인지 서로 자유롭게 나눈다.
  - 나눔은 모두가 의무로 해야 하는 것은 아니다. 원하지 않으면 하지 않을 수도 있다.
(4) 마침기도
(5) 실천

맺음말

지금까지 수도 전통에 따른 렉시오 디비나에 대해서 살펴 보았다. 렉시오 디비나는 단지 이성의 작용에 국한된 방법이라기보다는 무엇보다도 몸과 마음으로 하는 단순하고 전인적 수행법이다. 여기에는 우리의 감각과 기억, 이성과 의지, 마음과 신앙이 모두 동원된다. 렉시오 디비나는 하느님과의 일치에로 나아가기 위한 가장 오랜 전통을 자랑하는 안전하고 확실한 방법이다. 그것은 우리를 하느님 말씀에 더욱 쉽게 다가가게 하여 말씀 안에 현존하시는 하느님과 더욱 친밀한 관계를 맺게 하며, 또한 우리가 늘 그분의 현존 안에서 살아가도록 도와주는 훌륭한 전통적 수행법임이 분명하다.

또한 근대 이후 그리스도교 신앙과 기도에 있어 어떤 변화가 나타났다. 즉, 하느님 중심에서 점차 인간 중심으로 바뀌어 간 것이다. 그러다 보니 현대의 묵상이나 기도는 지극히 인간 중심, 자아 중심이 되어 있다. 하느님 말씀도 나의 관점에서 바라보고 해석하게 되고, 하느님 뜻을 찾고 그분의 뜻이 나를 통하여 이루어지기를 바라기 보다는 오히려 내 뜻이 이루어지기를 바라게 된다. 그리스도교 전통적 수행법인 렉시오 디비나는 다분히 하느님 중심이다. 단순히 하느님 말씀을 경청하고 그분 뜻을 찾고 그 뜻을 실천함으로써 응답하는 것이기 때문이다. 이런 의미에서도 렉시오 디비나는 우리를 다시 인간 중심에서 하느님 중심, 그리스도 중심으로 되돌아가게 해주는 좋은 방법이라 생각한다.

그러나 하늘 아래 절대적인 것이 없듯이 렉시오 디비나 역시 하느님과의 내적 일치라는 궁극 목표로 나아가기 위한 일개 수단에 불과하다. 이것은 결코 그 자체에 목적을 가지고 있지 않다. 따라서 그 구체적 적용에 있어서도 상황과 대상에 따라 언제나 다양한 가능성에 개방되어 있어야 하리라 본다. 렉시오 디비나뿐 아니라 그 어떠한 기도법이나 묵상법도 결국 달을 가리키는 손가락이나 강을 건너기 위한 뗏목에 불과할 뿐이기 때문이다. 손가락이나 뗏목은 달을 보게 하고 강을 건너는 일개 수단들임으로 목적을 달성한 후에는 집착없이 과감히 던져버릴 수 있는 자유로움이 필요하다.

우리는 종종 기교나 방법에 너무 집착하는 경향이 있다. 그래서 부평초(浮萍草)처럼 좋다고 하는 기도법이나 묵상법들을 찾아 여기 저기 쫓아다닐 수 있다. 그 결과 자기 중심을 못 잡고 깊이 뿌리내리지도 못하게 된다. 어느 방법이든 각자 자기에게 가장 적합한 것을 하나 선택하여 꾸준히 실천하는 것이 바람직하다. 중요한 것은 기교나 방법이 아니라, 말씀을 통해 하느님 현존 안에서 사는 것이기 때문이다. 우리가 만일 렉시오 디비나 수행을 통하여 우리 각자의 구체적 삶 속에서 하느님 말씀을 실천하고 또 그분의 현존 안에 살게 된다면, 이로써 렉시오 디비나는 그 역할을 다하는 것이리라!

> "사람은 풀과 같고 그 영광은 들꽃 같도다.
> 풀은 마르고 꽃도 지지만
> 주님의 말씀은 영원히 머무는 도다".
> (1베드 1,24-25)

[참고 문헌]

- E. BIANCHI - B. CALATI - aa.vv., 『La lectio divina nella vita religiosa』, Edizioni Qiqajon, 1994.

- Giorgio ZEVINI, 『La lectio divina nella comunità cristiana』, Queriniana, Brescia, 1999.

- Giorgio GIURISTATO, 『Appunti per una scuola di preghiera. Scriti Monastici 7』, Abbazia di Praglia, 1989.

- Giorgio GIURISTATO, 『Lectio divina oggi. Scriti Monastici 8』, Abbazia di Praglia, 1996.

- Ludovico INTINI, 『Lectio divina』, Orantes - Lecce, 1996.

- Mario MASINI, 『Iniziazione alla <lectio divina>』, Padova, 1988.

- Mario MASINI, 『Lectio divina: preghiera antica e nuova』, Edizioni San Paolo, 1997.

- Mariano MAGRASSI, 『Bibbia e Preghiera: La cectio divina』, ANCORA, 1998.

- P. Delatte, 『Commentaire sur la Règle de Saint Benoit』, Paris, 1948.

- Salvatore A. Panimolle, 『Ascolto della Parola e Preghiera. La <Lectio divina>』, Città del Vaticano, 1987.

- 엔조 비앙키, 『말씀에서 샘솟는 기도: 거룩한 lectio divina로 들어가기』, 이연학 옮김, 분도출판사, 2001.

- 허성석, 「베네딕토회 영성에 대한 고찰」, 『신학과 사상』 43(2003), 31-34.

- 허성석, 『수도승 영성사: 영성의 뿌리를 찾아서』, 들숨날숨, 2011.

- 허성준, 『수도 전통에 따른 렉시오 디비나』, 분도출판사, 2003.

- 허성준, 『수도 전통에 따른 렉시오 디비나 II』, 분도출판사, 2012.

- 허성준, 「수도전통 안에서의 성독(聖讀: Lectio divina)」, 『코이노니아』 20(1995 겨울), 38-67.

- 허성준, 「반추기도」, 『신학전망』 115(1996), 131-157.

- 허성준, 「수도전통에 따른 성경 독서법 I」, 『신학전망』 134(2001), 107-130.

- 허성준, 「수도전통에 따른 성경 독서법 II」, 『신학전망』 135(2001), 96-114.

제2주제: 도미니코회의 관상

마이스터 에크하르트(Meister Eckhart)의 관상과 실천
- 영혼의 초연(Gelassenheit)과 초탈(Abgeschiedenheit)을 통한 삶을 중심으로[1] -

김형근 목사, 대전신학대학교

1. 들어가는 말: 마이스터 에크하르트: 학문의 스승의 삶의 스승
2. 영혼의 초연과 초탈
   2.1. 영혼의 초연
   2.2. 영혼의 초탈
3. 가난의 영혼의 신성에로의 돌파
4. 하나를 향한 하나 안에 있는 하나님의 아들의 삶
   4.1. 하나에 정초된 삶
   4.2. 하나님의 아들인 의인의 삶
   4.3. 방식과 이유가 없는 근저로부터의 삶
   4.4. 관상과 실천이 일치된 삶
   4.5. 하나님의 사랑에 사로잡힌 삶
5. 나가는 말

---

[1] 내용은 다르지만 이와 유사한 주제를 취급한 소논문으로 부산가톨릭대학교 철학과 교수 이부현의 다음과 같은 글이 있으니 참고하시기 바랍니다. 이부현, 「마이스터 에크하르트의 독일어 설교들에 나타난 주요 주제 "버리고 떠나 있음"(Abgeschiedenheit)을 중심으로」, 한국중세철학연구소 편, 『중세철학』 5 (1999), 163-209.

1. 들어가는 말:
마이스터 에크하르트, 학문의 스승과 삶의 스승(Lesemeister and Lebemeister)[2]

"마이스터 에크하르트는 이렇게 말했다. 수천의 학문의 스승보다 한 명의 삶의 스승이 더 낫습니다. 그러나 하나님이 행하시기 전에 배우거나 살아가는 사람은 아무도 없습니다".

아마도 그리스도교의 역사에서 도미니크회 수도사였던 마이스터 에크하르트 보다 더 후세에 영향을 미치고 논란의 여지를 남긴 신비주의자는 없었을 것이다. 비록 있다손 치더라도 극소수의 신비주의자들만이 현대의 독자들에게 도전하고 의견을 같이 하는 해석에 대해 저항해 왔다. 에크하르트는 자신의 시대에 유명한 파리 대학에서 취득한 마기스터(magister: Lesemeister: Master of scholarship: 신학교수의 자격) 학위로, 자신이 속한 도미니크회 내에서 높은 공식적인 업무를 수행한 행정가로 그리고 대중적 인기를 누린 설교자와 영적인 지도자(Lebemeister)로 존경을 받았다. 그러나 에크하르트를 이단으로 몰고 간 공판의 충격(에크하르트는 중세 신학자로는 유일하게 이단으로 심문받기 전에 재판 받았다)과 그 후에 교황 요한 22세에 의하여 내려진 에크하르트의 작품들로부터 발췌된 목록들에 대한 이단 선고는 우리 시대까지 지속되어 온 그의 명성에 그림자를 드리운다. 그러한 교황의 정죄에도 불구하고, 적어도 자국어(중세 고지 독일어)로 기록된 에크하르트의 작품들은 중세 후기에 폭넓게 읽혀 졌다. 하지만 16세기 동안에 있었던 그리스도교계의 분열과 정통에 대한 싸움은 에크하르트를 역사의 무대로부터 점차적으로 퇴색케 하였다. 비록 안겔루스 질레지우스(Angelus Silesius, 1627-1677)와 같은 그러한 성향의 신비주의

---

[2] Bernard MCGINN, 『The Mystical Thought of Meister Eckhart: The Man from Whom God Hid Nothing』, New York, The Crossroad Publishing Company, 2001, 1-2. 1장의 내용은 본인이 번역 중에 있는 버나드 맥긴의 『마이스터 에크하르트의 신비주의 사상』으로부터 일부를 인용한 것임을 밝혀 둡니다. 더 자세한 내용은 원서를 참고하시기 바랍니다.

자들이 여전히 에크하르트의 사상으로부터 영향 받았음을 보여주었다 할지라도 말이다. 19세기에 이르러 에크하르트에 대한 관심은 독일의 낭만주의자들과 관념론을 추종하는 철학자들에 의하여 되살아났다. 1857년에 이르러 에크하르트의 설교들과 소논문들에 대한 프란츠 파이퍼(Franz Pfeiffer)의 편집본의 출현은 에크하르트에 대한 현대적인 연구의 시작을 알리는 것이었다. 그 후로 한 세기 반 동안 에크하르트에 대한 연구의 광범위한 흐름은 줄지 않고 계속 확산되었다. 에크하르트의 라틴어와 독일어 작품들에 대하여 도미니크회가 실시한 위대한 비평판본 작업은 1936년에 시작되어 현재 완성을 향해 근접하고 있다. 물론 그 비평판본은 다양한 해석들의 충돌을 제거함이 없이 학문을 위한 건전한 텍스트의 기초를 제공한다. 에크하르트를 둘러싼 모든 논쟁들과 에크하르트의 강력한 메시지를 이해하는데 따르는 난해함 때문에, 지난 20여년에 걸쳐 에크하르트에 대한 새로운 번역들과 연구들을 시도한 학자의 무리들이 점증하였다. 그 학자군은 중세의 도미니크회 수도사(마이스터 에크하르트)가 하나님의 현존을 보다 더 깊이 의식하기를 추구한 모든 사람들에게 지속적으로 영적인 자원을 제공해 왔다고 지적한다.

2. 영혼의 초연과 초탈[3]

에크하르트는 자신이 설교할 때마다 강조한 주제는 바로 영혼의 초탈이라고 말한다. 다시 말하면 에크하르트는 사람이 만물과 자신을 비워야 하며, 그것을 통하여 영혼이 자유롭게 변화되어, 고귀한 영혼 안에 하나님의 탄생이 일어나는 것과, 신적 본성의 순수함을 가르치

---

[3] 김형근, 『에크하르트의 하나님과 불교의 공』, 서울: 누멘, 2010, 105-131.154-163. 2-5장까지의 내용은 본인의 박사 학위 논문을 번역한 책으로부터 일부를 편집한 것임을 밝혀 둡니다. 또한 쉽게 해달라는 프란치스칸 사상 연구소 측의 부탁으로 복잡한 독일어 원문 각주는 생략하였습니다. 더 자세한 내용은 졸고를 참고하시기 바랍니다.

려는 것이었다. 에크하르트는 영혼의 초탈을 통하여 하나님과의 신비적인 일치(unio mystica)를 추구하였다. 에크하르트는 신성과 영혼의 존재론적이고도 인식론적인 일치를 위한 조건으로 신성의 근저(Grund)에로 영혼의 돌파(Durchbruch)와 영혼 안에 하나님의 탄생(Gottesgeburt)을 요청한다. 그러한 하나님의 탄생과 돌파는 하나님의 은혜를 힘입은 영혼의 초탈을 통하여 가능하게 된다는 것이다. 왜냐하면 영혼은 시간과 공간 안에서 모든 피조물들의 형상에 사로잡혀 있기 때문이다. 그리고 신성으로부터 세상 안으로 흘러나온 영혼은 차별성과 복수성 안에서 살아간다. 하지만 영혼은 자신의 근저 안에 생동하는 샘을 가지고 있다. 이처럼 하나님의 형상인 영혼은 시간과 영원 사이에서 두 얼굴을 지니고 있다. 지상에서 삶을 살아가는 영혼의 샘은 세속적인 집착에 의하여 막혀 있고 방해를 받는다. 그 때문에 불결한 영혼은 단순한 하나님을 인식하지 못하고 순수한 신성과 하나가 되지 못한다. 사람이 하나님의 아들이 되고 하나님과 하나가 되려면, 영혼의 가난을 통하여 영혼과 하나님의 사이에서 일치를 방해하는 모든 이질적인 매개물들과 방해물들이 제거되어야 한다. 영혼이 하나님이 안식하시는 성전이 되고 하나님과 같은 형상으로 돌아가기 위하여, 영혼은 초탈을 통하여 하나님을 받아들일 수 있는 준비성(Bereitschaft)과 수용성(Empfänglichkeit)을 갖추어야만 한다. 이에 대하여 에크하르트는 초탈된 마음 안에만 유일하게 완전한 안식이 있다고 한다. 그 때문에 하나님은 다른 덕들(사랑이나 겸손과 자비)의 내부에서와 그 밖의 다른 어떤 사물들 안에 보다 초탈된 마음 안을 더 선호하신다. 사람이 신적인 영향(유입)에 대하여 수용적이 되는 것에 더 많이 힘쓸수록, 그는 더욱더 복되게 된다. 즉 자신을 가장 높은 준비성 안에 둘 수 있는 사람은 가장 높은 축복 안에 거하는 것이다. 사람은 하나님과 동형을 이루는 것을 통해서만 신적인 영향에 대하여 자신을 수용적이 되게 할 수 있다. 영혼 안에 하나님의 탄생이 일어나려면 하나님이 초탈한 것 같이 그렇게 영혼도 초탈되어야만 한다는 것이다. 하나님과 동형을 이루기 위하여 영혼은 순수한 무가 되어야 하고 만물에 대하여 가난해져야만 한다. 이러한 영혼의 초탈의 준비성과 수용성에 대하여 에크하르트는 다음과 같이 말한다.

> "만물을 수용하려는 사람은, 만물을 단념해야만 한다. … 하나님이 자기 자신과 만물을 우리에게 자유롭게 주려고 하시기 때문에, 하나님은 우리에게서 모든 소유물이 전적으로 제거되기를 원하신다".

에크하르트는 동일한 의미를 지닌 다양한 표현들을 통하여 영혼의 초연과 초탈을 설명한다. 초연과 초탈을 이민재 목사는 무심(無心: disinterest) 혹은 초탈(detachment)로 번역하고, 이부현 교수는 버리고 떠나 있기로 해석하고, 길희성 교수는 초연(超然)과 초탈(超脫)로 용어를 선정한다. 초탈(압게쉬덴하이트: Abgeschiedenheit)은 분리한다는 의미를 지닌 "압쇠이덴"(abscheiden)의 과거 분사형 명사이다. 초탈에 해당되는 표현들은 놓아버린다는 뜻을 가진 "라센"(lassen)의 과거 분사형 명사인 초연(겔라센하이트: Gelassenheit), 모든 집착을 버린 영혼의 가난(Armut), 피조물들 위로 솟아오르는 영혼의 상승(Hinaufklimmen), 하나님의 본질인 단순한 하나인 신성과 같은 영혼의 벌거벗음(단순함: Bloßheit), 영혼의 순수함(Lauterkeit), 영혼의 자유함(Ledigkeit)과 영혼의 비움(Leere) 등이 있다. 에크하르트에 의하면 초탈은 영혼과 하나님의 존재론적이고도 인식론적인 일치(영혼 안에 하나님의 탄생)를 위한 영적인 방법이다. 에크하르트는 텅 빈 존재와 단순한 존재에 대하여 말한다. 영혼이 점점 더 순수해지고 단순해지며 가난해질수록 그리고 피조물을 점점 더 적게 소유하고 하나님이 아닌 모든 사물들을 텅 비울수록, 영혼은 더욱 더 순수한 하나님이 되고 더 많이 하나님 안에서 인식하며 하나님과 하나가 된다. 피조물의 형상을 초월하여 얼굴과 얼굴을 마주 대하는 것같이 하나님 안에서 자신을 보고 자신 안에 있는 하나님을 본다. 가난한 영혼의 궁극적인 초탈은 하나님을 위하여 하나님을 놓아버리는 것(Gott um Gottes willen zu lassen)을 원한다. 이것과 상응하는 에크하르트의 기도는 그가 하나님이라는 인간적 개념의 진술에서 자유롭게 해달라는 것이었다. 영혼은 초탈을 통하여 모든 피조물들과 삼위일체 하나님의 인격적 신의 개념들을 초월한 신성과의 일치에로 돌파해 들어간다. 에크하르트는 초탈을 통하여 일어나는 돌파를 본래적인 자기 자신에로 돌아가는 것으로 이해한다.

> "나는 나 자신의 의지와 하나님의 의지로부터, 모든 하나님의 활동과 하나님 자신으로부터도 자유로운 상태에 있는 돌파 안에서, 나는 모든 피조물들 위에 있고, 나는 하나님도 피조물도 아니며, 오히려 나는 나였던 나로 존재하며, 현재에도 그리고 항상 나는 나로 머물러 있을 것이다".

2.1. 영혼의 초연

에릭 알렉산더 판찍(Erik Alexander Panzig)은 중세 독일어로 표현된 "겔라쩬"(gelâzen)이라는 단어와 "겔라쩬하이트"(gelâzenheit)라는 추상명사를 에크하르트의 창의적인 조어로 간주한다. 이러한 단어 만들기는 예수님의 말씀을 직접적으로 인용한 것이다. 예를 들면, 누가 복음 9장 23절에서 예수님은 자신의 제자들이 되기를 바라는 사람들에게 말씀하시기를 자기를 부인하고 자기 십자가를 지고 자신을 따를 것을 명하였다. 이러한 성서 구절의 부정적 진술(abneget semetipsum)을 에크하르트는 자기 자신을 놓아버리는 것(sich selben lâzen)으로 혹은 자기 자신을 포기하는 것(sich sîn selbes verzîhen)으로 해석한다. 단어 라쩬(lâzen)은 눅 1, 23과 마 16, 24에서 부정하는 것(abnegare: verleugnen)과 연결되어 있고, 마 19, 29의 버리다(relinquere: verlassen)와 눅 14, 26절의 미워하다(odire: hassen)와 관련되어 있다. 그 때문에 초연(Gelassenheit)의 개념은 예수 그리스도의 뒤를 따라오라는 요청과 직접적으로 관련을 맺고 있다. 에크하르트는 자신의 독일어 설교 28번에서 하나인 신성을 향하여 정향된 초연에 대하여 말한다. 여기서 에크하르트는 마태 복음 19장 29절(하나님의 나라와 예수의 이름을 위하여 어떤 것을 버린 사람은 하나님으로부터 백배로 되돌려 받을 뿐만이 아니라 영원한 생명도 얻는다)을 주석하면서 우리에게 설교하기를, 우리가 어떤 보상 받기를 바라지 말라고 한다. 만일 우리가 바르게 초연하려면, 즉 하나님으로부터 어떤 것을 받기 위해서는, 우리는 우리 자신을 놓아 버려야만 한다. 초연을 통하여 영혼은 자기 자신을 사랑하는 것이 아니고, 오히려 하나님 자기 자신 안에 머물러 있는 하나님을 사랑한다. 자기 자신에 대하여 초연한 사람은 점점 더 순수해지고, 그 때문에 세상은 그를 괴롭히지 않는다. 그리고 에크하르트는 의인의 개념을 설명하기 위하여 초연을 사용한다. 초연을 통하여 의인은 하나님과 모든 피조물로부터 자유롭게 되고 구속되지 아니한다. 그러므로 의인인 하나님의 아들은 자유로운 영혼 안에 태어난다. 하나님은 하나님의 아들의 영혼을 하나님과의 일치에로 인도하신다. 마찬가지로 에크하르트는 자신의 교훈 담화(Reden der Unterweisung)에서, 자신들의 의지로 가득 차서 초연하지 못한 사람들에게 그들의 의지를 부정할 것을 요청한다. 왜냐하면 내적인 자유는 외면적인 장애 앞에서 도피하는 것으로부터 우리에게 오는 것이 아니라, 자아에 대한 집착을 놓아버리는 초연으로부터 온다. 그리고 초연하지 못한 사람은 영혼의 가난을 통하여 자유롭게 되고 복되며, 화평케 하는 예수 그리스도의 제자가 된다. 에크하르트는 자기 부정과 함께 초연이 가져오는 존재론적인 측면을 설명한다. 사람은 자기 부정을 통하여 하나님이 원하시는 존재가 된다. 이런 측면에서 에크하르트가 강조하는 윤리는 사람의 행위보다는 사람의 존재됨이다. 왜냐하면 사람의 행위가 그 사람의 존재를 거룩하게 할 수 있는 것이 아니라, 오히려 사람의 존재가 그 사람의 행위를 거룩하게 만들기 때문이다.

초연은 사람을 하나님이 원하시는 존재가 되게 할 뿐만 아니라, 하나님에 대한 인간의 자기 중심성으로부터 비롯된 인식론적인 모든 구조물들을 치워버리게 한다. 그러한 하나님에 대한 인식의 관념들은 사람들에 의하여 잘못된 방식과 방법으로 만들어지고, 여전히 자기 자신들의 의지를 가득 채워 넣은 것이기 때문이다. 만일 사람이 자기 자신의 의지를 놓아버리면, 그는 참된 하나님을 발견할 수가 있고, 최고로 선한 하나님의 의지를 따를 수 있으며, 하나님의 말씀을 듣고 받아들이며 낳을 수 있다. 하나님 안에서 우리의 의지와 우리의 모든 것을 포기하는 것은 우리가 참된 인간이 되고 모든 것을 행하는 사람이 될 수 있다는 것을 의미한다. 육체성(Körperlichkeit)과 다수성(Vielheit) 그리고 시간성(Zeitlichkeit)이 우리의 영혼을 방해하기 때문에, 우리는 하나님의 영원한 말씀을 듣지 못하는 것이다. 그 때문에 우리는 그러한 것들에 얽매이고 세상성에 사로잡힌 우리 자신을 놓아버려야 하는 것이다. 피조물들의 특성이 지닌 모든 방해로부터의 초연을 통하여, 우리는 하나님의 말씀을 들을 수 있고 하나님의 아들이 되고, 그것을 통하여 신성과의 일치 안에 머무를 수 있다. 에크하르트는 우리에게 자아 부정과 아울러 하나님을 위하여 하나님을 놓아버릴 것을 요청한다. 그것이 바로 초연의 최고봉이고 궁극점이다. 만일 사람이 모든 피조물들과 하나님을 위하여 하나님에 대하여 초연할 수 있다면, 이것은 바로 영혼과 신성의 본질적이고도 순수한 일치를 완성하는 것이다. 마치 사도 바울이 자신의 동족 이스라엘의 구원을 위하여 하나님에게서 끊어지기를 기도한 것처럼, 그렇게 초연한 영혼과 하나님은 하나가 되어 일치를 이루는 것이다. 초탈한 영혼은 자기 자신 안에 존재하는 하나님을 받는 것이기에, 이질적인 다른 것의 연합이 아니라, 오히려 하나님과 하나인 것이다. 이러한 진술들을 통하여 우리는 에크하르트의 초연과 초탈의 궁극을 인식할 수 있다. 하나님은 모든 피조물로부터 초연한 영혼 안으로 흘러 들어 가고, 그리하여 자유로운 영혼과의 일치 안에서 영혼과 하나의 인식과 존재를 가진다. 영혼과 하나님은 자신들의 초연을 통하여 존재론적이고도 인식론적인 일치에 도달한다. 신성과 영혼의 일치를 위한 에크하르트의 초연은 모든 피조물과 하나님, 자기 자신과 그 밖의 모든 것을 놓아버리는 것으로 구성되어 있다. 그러한 초연을 통하여 사람은 진실로 하나님과 자기 자신을 동등함 안에서 사랑할 수 있고, 또한 하나님과 일치 안에서 자신의 본질적이고도 영원한 존재를 발견한다. 모든 것으로부터 초연한 하나님의 아들은 자기 자신 안에 있는 영원하신 하나님과 함께 살아간다.

파이퍼(Franz Pfeiffer)가 편집한 독일어 설교 76번에서, 에크하르트는 하나님과 영혼의 일치를 제시하기 위하여 예수님의 말씀인 요한 복음 12장 25절을 인용한다. 이 구절은 자신의 생명을 사랑하는 자는 그것을 잃어버릴 것이며, 이 세상에서 자신의 생명을 미워하는 자는 영생하도록 보존할 것을 말한다. 여기서 자신의 생명을 미워한다는 것은 하나님과의 일치를 위해 자기 자신을 놓아 버리는 초연을 의미하는 것이다. 또한 에크하르트는 어거스틴을 인용하여 모든 피조물로부터의 초연을 설명한다. 영혼은 피조물들의 형상 없이 하나님에게 나아간다. 그리고 영혼은 만물에 대하여 독립적이고 바라는 것이 결코 없다. 에크하르트에 의하면 영혼은 하나님과 자기 자신 사이에 있는 모든 장애들을 던져버려야만 한다. 초연을 통하여 영혼은 삼위일체 하나님과 하나가 되고, 거기서 더 나아가 신성의 사막 안으로 돌파해 들어가며, 신성의 고요함과 모든 완전함의 원형상 안으로 침잠한다. 그런 후에 영혼은 단지 신성 안에만 머무른다. 이러한 영혼과 신성의 일치를 위하여 영혼이 성령의 능력을 힘입는 것은 필수적이다. 성령 하나님의 도움으로 영혼은 자신의 죄와 자기 자신과 모든 사물을 털어버릴 수가 있으며, 그리하여 진리에 도달할 수 있다. 영혼이 무거운 죄의 짐을 벗고 온갖 속박에서 벗어나는 초연을 통하여 하나님과 하나가 되는 것은 바로 하나님의 사랑과 은총인 성령의 역사를 필요로 한다는 것을 간과하지 말아야 할 것이다.

영혼이 하나님과 하나가 되기 위하여 모든 것으로부터 초연해야 하는 이유는, 지성인 하나님이 모든 것을 놓아 버리고 자기 자신 안에 홀로 머물러 있기 때문이다. 그러므로 영혼은 당연히 속박에 매이지 말고 자유로워야 한다. 마치 자유로운 처녀 마리아가 다른 어떤 형상들에도 방해받지 않고 예수 그리스도를 잉태한 것처럼 말이다. 왜냐하면 자유롭고 처녀인 마리아의 영혼 안에 하나님은 자신의 아들을 낳으시기 때문이다. 그러기에 하나님은 모든 것에 초연한 텅 빈 영혼 안으로 자기 자신을 쏟아 부으신다. 에크하르트는 자기 자신과 하나님 안에서 그리고 모든 피조물들 안에서 자기 자신을 무로 만드는 사람에 대하여 말한다. 그러한 사람은 가장 낮은 곳으로 옮겨간 것이다. 이러한 사람 안에 하나님은 자신을 전적으로 쏟아 부어야만 한다. 그렇지 않으면 그분은 하나님이 아니다. 자신의 근저에까지 이르도록 자신에 대하여 초연한 모든 사람 안에 하나님은 자신의 전 능력을 충만하게 들어 부으셔야만 한다는 것은 선하고 영원한 진리이다. 그렇게 하나님은 자신을 겸손한 영혼 안에 전적으로 쏟아 부으시기에, 하나님은 자기 자신을 자신의 전 생명 안에, 자신의 전 존재 안에, 자신의 본성 안에, 자신의 전 신성 안에 붙잡아 두지 않는다. 하나님은 하나님에 대하여 초연하고 가장 낮은 곳으로 옮겨간 사람들 안에 결과를 가져오는 방식으로 모든 것을 쏟아 부어야만 하는 것은 아니다. 하나님이 모든 것에 초연하여 낮고 겸손한 영혼 안에 자신의 모든 것을 부으시는 것은 하나님의 본성에 따른 어쩔 수 없는 것이다.

그러므로 사람이 하나님으로부터 보다 더 고귀하고 본질적인 존재와 하나님과의 일치 안에서 모든 것을 받으려면, 그는 자기 자신과 모든 것을 놓아 버려야만 한다. 이러한 초연한 삶에 대하여 에크하르트는 다음과 같이 말한다.

> "내가 나를 위하여 아무것도 원하지 않는 곳에, 거기에서 하나님이 나를 위하여 원하신다. 주의하라! 내가 나를 위하여 원하는 것이 없다면, 하나님이 도대체 나를 위해 무엇을 원하시는가? 내가 나의 것으로 여기는 나를 놓아버린 곳에, 바로 거기에서 하나님은 나를 위하여 반드시 모든 것을 원하셔야만 한다. 그것은 하나님이 자기 자신을 위하여 원하시는 것이기도 하며, 그 이상도 그 이하도 아니다".

내가 나라고 생각하는 그것을 놓아버릴 때, 하나님은 나 자신과 하나님 자신을 위하여 하나님이 원하시는 것을 하셔야만 한다. 만일 사람이 다수성 안에 있는 자기 자신에 대하여 초연할 수 있다면, 하나님의 단순성 안으로 들어갈 수 있고, 하나님과의 일치 안에 있는 자신을 발견할 것이며, 하나님과 함께 자유 안에서 살아갈 것이다. 에크하르트는 하나님 안에서 추구하는 것이 없는 사람이 하나님과 하나님 안에 있는 만물을 발견한다고(얻는다고) 말한다. 하나님 안에서 그 어떤 무엇이라도 추구하는 것은 앎과 인식이나 혹은 경건과 같은 것일 수 있다. 사람이 앎과 인식과 내면성을 발견한다 할지라도, 그럼에도 불구하고 그 사람은 하나님을 발견하지 못한다. 그가 발견한 앎과 인식과 내면성은 그에게 머무르지 않는다. 사람이 아무것도 추구하지 않음으로 인하여 하나님과 하나님 안에 있는 만물을 발견한다. 그리고 그것들은 그에게 머무른다. 시간과 공간과 자기 자신에 대하여 초연한 영혼은 자신과 하나님이 하나임을 인식하고, 하나님 안에 있는 자기 자신을 발견한다. 만일 사람이 하나님 보기를 원한다면, 자기 자신에 대하여 세상에 대하여 전적으로 죽어야 한다. 이렇게 모든 것에 대하여 초연한 영혼은 하나님의 근저에로 돌파해 들어가며, 자신 안에 하나님의 탄생을 경험한다. 그래서 영혼은 하나님과 하나가 되고, 하나님 안에서 자신의 본질적인 자아를 발견한다.

2.2. 영혼의 초탈

에크하르트에게 초탈(Abgeschiedenheit)과 초연(Gelassenheit)은 거의 동일한 의미를 지니고 있다. 그러한 의미를 에크하르트는 남편으로부터 자유로운 과부의 상태를 초연과 초탈에 비유하면서 밝힌다. 과부를 다른 방식으로 말하면, 어떤 것에 대하여 초연한 상태와 어떤 것을 초연한 것으로 표현되며, 즉 영혼이 모든 피조물들을 놓아버려야(lassen)만 하는 것인 초연과 모든 피조물로부터 자신을 분리해야(abscheiden)만 하는 것인 초탈을 가리킨다. 초탈한 사람은 모세가 그러했던 것처럼 하나님의 마음에 들고 하나님의 가장 가까운 친구이다. 에크하르트에 의하면, "모든 무상한 것들로부터 분리되고(abgeschieden) 떨어져 나온(weggenommen) 사람만이 하나님의 마음에 든다. 가장 많이 초탈하고 모든 무상한 것들을 가장 많이 잊어버린 사람은 가장 하나님의 마음에 들고, 초탈한 사람 안에 하나님은 가장 가까이 계신다". 그 때문에 초연과 초탈은 하나님과 일치를 이루기 위한 즉 영원한 현재 안에서 항상 영혼 안에 하나님의 아들의 탄생을 위한 준비성과 수용성인 것이다. 니클라우스 라기어르(Niklaus Largier)는 초탈(중세 고지독일어, abgescheidenheit)이라는 용어가 에크하르트에 의해서 잘 만들어진 독일어의 신조어라고 한다. 그것에 대한 라틴어의 동의어는 분리(separatio)의 개념 안에서 찾아질 수 있다. 가브리엘 테리(Gabriel Théry)의 작품(Processus Coloniensis II) 안에 있는 초록은 논란의 여지가 있을 수 있다. 거기서 독일어의 "초탈된"(abgescheiden)이라는 용어는 라틴어의 "억제된"(제한된: abstractus)이라는 단어를 통하여 번역되기 때문이다. 에크하르트는 자신의 소논문인「초탈에 관하여」(Von Abgeschiedenheit)에서 가장 높고 가장 훌륭한 덕으로 순수한 초탈을 내세운다. 에크하르트에 의하면, 모든 피조물로부터 자유로운 영혼의 초탈의 도움을 통하여 사람은 하나님과 가장 많이 가장 가깝게 결합될 수 있다. 하나님의 본성상 초탈의 도움으로 사람은 은혜의 사람이 될 수 있다. 초탈을 통하여 사람은 그가 하나님 안에 있었던, 피조물이 창조되기 전 하나님과 그 사이에 차이가 없었던 형상과 가장 위대한 일치 안에 서 있을 수 있다. 누가 복음 10장 42절에서, 예수님이 모든 것을 초탈하여 이미 말씀을 실천하는 봉사의 삶의 단계로 나아간 마르타에게 "필요한 것은 하나다"(Unum est necessarium)라고 말씀하실 때, 에크하르트는 여기서 하나가 의미하는 것은 바로 초탈이라고 말한다. 에크하르트의 독일어 설교 86번에서는 하나는 하나인 하나님(나와 너의 일치됨)을 가리키는데, 마르타는 하나님의 형상에 집착하는 것과 말씀을 듣는 단계를 넘어서서, 이미 삶 속에서 하나님과 일치된 하나 안에서의 삶을 구현하고 있다. 하나인 하나님의 본성은 초탈이기 때문에 초탈한 영혼만이 자신 안에 하나님의 탄생을 경험하고, 하나님과 하나가 되며 그러한 하나님과의 일치 안에서 삶을 살아간다.

에크하르트는 가장 훌륭한 덕인 초탈을 모든 사랑과 겸손과 자비보다도 더 찬양한다. 초탈이 자비보다 앞서는 이유는 다음과 같다. 즉 사랑은 영혼을 하나님에게 다가가게 만들고 영혼이 하나님을 위하여 모든 것을 견디게 한다. 그와 반대로 초탈은 하나님을 영혼에게 다가가게 만들고, 초탈은 모든 피조물로부터 독립적이고 단순하며, 하나님에 대하여 민감하고 무이다. 하나님의 본성은 순수하고 모든 피조물로부터 초탈되어 있다. 그 때문에 하나님은 자기 자신을 초탈한 영혼에게 주신다. 초탈이 겸손보다 더 찬양받는 이유는 겸손은 초탈 없이 있을 수 있지만 초탈은 겸손 없이 있을 수 없다. 또한 온전한 겸손은 자기 부정을 의미하는 반면에, 초탈은 신성의 무와 같은 영혼의 무일 수 있기 때문이다. 게다가 겸손은 자기 자신을 외적인 피조물들에게 향하게 하는 경향이 있다. 반면에 초탈은 자기 자신 안에 그리고 모든 피조물들의 형상으로부터 벗어난 영혼의 가난에 머물러 있다. 마찬가지로 초탈이 자비보다 앞서는 이유는 다음과 같다. 자비는 밖에 있는 타자의 필요를 위하여 일한다. 그 때문에 영혼이 탄식할 수 있다. 그러나 초탈은 전적으로 내면의 자아에 집중하고 자기 자신 안에 조용히 머무르기 때문에, 하나님이 초탈된 영 안으로 자신의 존재를 부어 넣는다. 그러한 영혼의 초탈과 초탈된 영 안으로 하나님의 유입을 통하여 영혼은 하나님 안에서 하나님과 하나다.

에크하르트는 초탈의 개념을 외부의 사물들에 의하여 움직여지지 않는 것으로 정의한다. 마치 하나님이 항상 초탈 안에 계시고 거대한 산이 항상 동일한 장소에 머물러 있는 것처럼 말이다. 하나님의 은혜의 도움으로 형성된 이러한 영혼의 초탈을 통하여 하나님과 사람은 동일하게 되고 하나가 된다. 그리고 하나님이 부동의 초탈을 통하여 텅 빈 영혼 안에 전적으로 충만하게 되는 것이다. 그 때문에 순수한 초탈이 목적으로 하는 것은 하나님과 영혼의 존재론적이고도 인식론적인 일치를 위한 영혼의 근저의 준비성과 수용성으로 하나의 순수한 무가 되는 것이다. 에크하르트에 의하면 신성은 인식론적으로 무어라 말할 수 없는 순수한 무(ein lauteres Nichts)이다. 그리고 하나님이 존재 자체라면, 모든 피조물들은 존재론적으로 하나의 순수한 무이다. 그러므로 만일 영혼이 자신의 초연과 초탈을 통하여 영혼의 본질적인 실존으로 순수하고 존재론적이며 인식론적인 무에 도달한다면, 피조물인 영혼은 존재 자체인 하나님 안에서 자신의 본질적인 존재를 획득하는 것이다. 초탈한 영혼은 가난하기 때문에, 내적으로 가난한 영혼은 어떤 것에 집착하여 그것을 원하거나 알거나 소유하지도 않는다. 만일 초탈한 영혼이 어떤 것을 원한다면 그것은 하나님과 영혼의 일치뿐인 것이다. 영혼의 초탈을 통한 하나님과 영혼의 일치는 하나님의 비피조성에로 영혼의 돌이킴을 의미한다. 가난한 영혼은 자기 자신과 모든 피조물들을 놓아버리기에, 하나님 안에서 영혼 자기 자신은 무가되며 하나님과 하나가 된다. 마치 아침 노을이 태양빛 안에서 흡수되어 자기 자신을 무가 되게 하듯이 말이다.

 에크하르트에 의하면, "초탈은 가장 선한 것이다. 왜냐하면 초탈이 영혼을 깨끗하게 하고, 양심을 순수하게 만들며, 마음을 불타오르게 하고, 영을 깨우며, 열망을 촉진시키고, 하나님을 인식하게 하며, 피조물과 분리하게 하고, 하나님과 하나가 되게 하기 때문이다" 우리가 이러한 초탈에 도달하고, 항상 초탈 안에 머무를 수 있으려면, 부지런한 노력과 훈련을 해야 한다. 에크하르트는 "교훈 담화"에서 자신의 제자들에게 초탈을 얻기 위한 두 가지의 영적 훈련에 대하여 설교한다. 즉 하나님이 사람에게 영원히 현존하기 위해서, 사람은 모든 외적이고도 내적인 형상들 없이 하나님을 인식하고 발견해야만 한다. 외부의 모든 피조물들의 형상에 의하여 마음이 흐트러지거나, 내면에서 떠오르는 잡념들에 의하여 영혼이 산만해지지 않도록 해야 한다. 영혼은 자신의 해방과 동시에 하나님과의 일치를 얻기 위하여 모든 피조물로부터 자신을 분리시켜야 한다. 이것에 대하여 에크하르트는 말하기를,

우선 사람은 모든 습관 자체(만물 자체)를 버리고, 그 습관들로부터 멀어져야만 한다. 그러면 그 사람은 이제부터 자신의 모든 일을 현명하게 처리할 것이고, 자신의 모든 습관들에 무관심하게 되고 그것들을 포기할 것이며, 그러한 습관들 없이 지내도 모든 방해물들로부터 자유롭다. 그리고 사람이 하나님과 하나가 되려고 하기 때문에 사람의 마음이 바로 현재의 순간에 초탈된 것으로 충분하지 않다. 오히려 사람은 하나님과의 일치의 순간 이후에 후속하는 초탈과 같이, 그러한 일치에 선행하는 잘 훈련된 초탈을 가져야만 한다. 단지 그럴 때만 인간은 하나님으로부터 위대한 것들과 그것들 안에 있는 하나님을 받아들일 수 있다. 우리의 영혼이 텅 비고 자유롭게 되어 하나님이 자기 자신을 영혼 안에 가득 채울 때까지, 우리는 영혼의 초연과 초탈을 지속적으로 훈련해야 할 것이다. 에크하르트에 의하면 하나님은 자신의 의지를 발견하는 곳에 바로 거기에다 자신을 주시고, 그 안으로 하나님은 자신이 가진 모든 것과 함께 들어가신다. 그리고 우리가 우리의 의지를 버리면 버릴수록 우리는 하나님의 의지 안에서 점점 더 진실하게 된다. 그 때문에 우리가 우리 자신과 우리가 가진 것과 할 수 있는 모든 것을 일회적으로 포기하는 것으로 충분하지 않다. 오히려 우리는 초탈을 종종 되풀이하여야만 하고, 그래서 우리 자신을 만물 안에서 단순하고 자유롭게 만들어야 한다. 최종적으로 에크하르트는 초탈의 훈련에 대하여 다음과 같이 말한다.

"사람이 자기 자신의 것이라고는 아무것도 소유하지 않을 때까지 자기 자신을 놓아버리는 것을 배워야 한다".

에크하르트는 이처럼 항상 잘 훈련된 초탈을 통한 영혼 안에 하나님의 탄생을 위하여 인간의 내면성의 보존에 집중한다. 사람이 초탈한 내면을 유지하려면 내적인 사람이 되어야만 하고 자신의 영혼의 근저와 하나님의 근저에로 향해야 한다. 에크하르트에 의하면 영혼 안에 하나님의 탄생이 생겨나려면 영혼은 전적으로 순수함을 유지해야 하고 아주 고귀하게 살아야 하며 전적으로 집중되어 아주 내적으로 되어야 한다. 즉, 영혼이 다섯 감각 기관을 통하여 피조물의 다수성 안에로 흩어져져서는 아니 되고, 오히려 전적으로 내적으로 모아져야만 하며 가장 순수한 상태에 머물러 있어야 한다. 왜냐하면 영혼의 가장 순수한 상태가 바로 하나님의 거처이며, 하나님은 그것보다 순수하지 못한 모든 것을 싫어하시기 때문이다. 모든 피조물들의 형상이 없고 육체에 대한 앎이 없는 영혼의 침묵 속에 하나님은 자신의 말씀을 전달한다. 즉 이것은 영혼의 초탈한 침묵 안에 하나님이 자신의 아들을 낳으신다는 것을 의미한다. 그 때문에 우리의 영혼 안에 하나님의 아들이 탄생하기 위하여, 우리는 차별적인 인식 행위와 모든 피조물들과 우리 자신을 놓아 버려야만 한다. 하나님은 영혼의 근저에서 자신의 말씀을 이야기하고 자신의 아들을 낳으며, 그 안에서 하나님은 모든 피조물들의 형상없이 활동하시고 영혼과 하나가 된다. 그래서 사람은 모든 형상들을 떠난 영혼의 근저 안에 머물러 있어야만 한다. 진리와 하나님의 탄생은 영혼의 근저 안에 있기 때문에 사람은 그것들을 자신의 가장 깊은 내면에서 추구해야만 하며 자신의 가장 깊은 내면에로 돌아가야만 한다. 그리고 진리는 영혼의 근저 안에 있고 거기서 하나님이 활동하시기 때문에 영혼의 능력들은 내면으로 모아져야만 한다. 그러므로 영혼은 자신의 근저에서 일어나는 하나님의 탄생에 초점을 맞추어야 하고 자신의 가장 깊은 내면인 근저에로 정향되어져야 한다. 하나님은 영혼의 근저 안에 하나님의 탄생을 위하여 영혼의 능력들이 하나님 자기 자신을 향하도록 하시기 때문이다. 영혼이 자신의 모든 감각들을 통하여 분산되지 않기 위해서, 영혼은 일종의 잊어 버림(Vergessen)과 무인식(Nichtwissen)에 또한 무지(Unwissen)에 도달하여야만 한다. 이러한 영혼의 무지는 영혼이 모든 피조물들과 영혼 자신의 형상들과 형태들을 갖지 않음을 의미한다. 에크하르트에 의하면, "만일 사람이 내면의 일을 마땅히 해야 한다면, 그는 모든 자신의 능력들을 영혼의 깊숙한 곳 안으로 끌어들여야만 하고, 모든 형상들과 형태들을 피하여 숨어야만 하며, 그리고 거기서 내면의 일을 할 수 있다. 동시에 그는 잊어버림과 무인식 안에 이르러야만 한다. 이러한 말씀이 마땅히 들려지려면, 그것은 고요함과 침묵 안에서 생겨나야만 한다. 이러한 말씀을 듣는 것에 고요함과 침묵보다 더 유용한 것은 없다. 그러한 무지 안에서 사람은 말씀을 듣고 이해한다. 만일 사람이 아무것도 알지 않는다면, 그때 말씀은 자신을 지시하고 나타낸다".

에크하르트는 모든 우리의 구원을 무지(Unwissen) 안에 위치시킨다. 여기서 에크하르트가 말하는 무지는 배우지 못한 무식함이 아니라, 오히려 신적인 앎에로 변형된 인식이다. 에크하르트에 의하면 사람은 변형된 인식 안에 이르러야만 한다. 그리고 이러한 무지는 무지로부터 나오도록 하는 것이 아니라, 오히려 앎으로부터 무지 안으로 가야만 한다. 그러면 우리는 신적인 앎과 함께 인식하게 될 것이고, 우리의 무지는 초자연적인 인식과 함께 고귀하게 장식되어질 것이다. 그리고 우리는 활동적이던 때보다 고통을 견디는 것 안에서 더 온전해진다. 모든 피조물들로부터 초탈되고 근저에 도달할 수 있는 무지는, 바로 영혼의 초탈을 의미한다. 이러한 영혼의 무지의 특성은 활동적(wirkend)이라기보다는 견디어 내는(erleidend) 것이다. 왜냐하면 영혼은 하나님에 의하여 무지하게(초탈) 되기 때문이다. 그리고 영혼은 하나님의 은혜를 통하여 하나님의 축복과 완전함을 받는다. 영혼이 하나님을 신적으로 인식하기 위해서, 영혼은 한 능력 있는 수용성이라 표현되는 망각과 어두움에로 인도되어져야 한다. 하나님은 영혼을 모든 것이 사라져 버린 신성의 사막 안으로 인도하신다. 그 안에서 영혼은 하나님과의 일치 안에 머물러 있다.

초탈과 초연에 관련된 에크하르트의 이러한 인식론은 그의 신론으로부터 얻어지는 결과다. 앎으로부터 인식론적으로 해방된 존재는 하나님이 단순한 것과 같이 그러한 단순함으로부터 기인한다. 만일 영혼이 초탈을 통하여 자기 자신과 모든 피조물들의 형상들로부터 전적으로 자유롭게 되면, 영혼은 순수한 하나님을 인식한다. 왜 이렇게 우리는 영혼의 초탈과 초연을 통하여 하나님과의 일치를 이루기 위하여 모든 형상들이 없는 인식에 도달해야 하는가? 그것은 지성인 하나님과 영혼이 본질적으로 초탈과 초연에 그리고 동일한 근저 위에 기초하여 있기 때문이다. 에크하르트에 의하면 하나님과 하나님으로부터 흘러나온 영혼은 지성이다. 그 때문에 지성인 하나님은 모든 피조물로부터 자유롭고 얽매임이 없고 자기 자신 안에서 자기 자신을 인식한다. 그러나 영혼은 그러한 하나님 자신이 아니다. 그럼에도 불구하고 영혼은 하나님과 함께 자신의 초탈함과 초연함을 유지한다. 왜냐하면 영혼은 하나님의 지성으로부터 뻗어 나온 가지이기 때문이다. 그러기에 지성인 영혼은 지성인 하나님이 가지는 특징들을 지니고 있다. 이러한 이유로 하나님과 영혼은 전적으로 동일하고 하나이며 차별이 없다. 에크하르트에 의하면 "영혼 안에 한 능력이 있는데, 그것은 바로 지성이다. 영혼 안에 있는 한 능력인 지성이 하나님을 알고 하나님과 같은 맛을 내자마자, 지성은 처음부터 다섯 가지 특징들 그 자체를 가진다. 첫째로, 지성은 여기(장소)와 지금(시간)으로부터 떨어져 분리한다. 둘째로, 지성은 어떤 것과도 같지 않다. 셋째로, 지성은 순수하고 섞이지 않는다. 넷째로, 지성은 자기 자신 안에서 활동하고 추구한다. 다섯째로, 지성은 하나의 형상이다". 영혼 안에 있는 지성은 이러한 특성들을 지니고 있기 때문에 신성의 근저에로 돌파해 들어간다. 즉 지성의 개념을 통하여 영혼의 근저와 하나님의 근저가 일치할 수 있는 것이다. 영혼은 하나님의 근저와 영혼의 근저의 일치 안에서 숨어 계신 하나님인 신성을 인식한다. 에크하르트는 이사야 45장 15절의 "참으로 당신은 숨어 계신 하나님이시다"를 인용하여 하나님과 영혼의 근저의 일치를 말한다. 여기서 숨어 계신 하나님은 하나님의 근저와 영혼의 근저가 하나의 근저가 된 영혼의 근저 안에 계신다. 이처럼 순수한 지성의 개념을 통하여 영혼은 하나님과 존재론적으로 인식론적으로 하나가 된다. 에크하르트에 의하면 지성은 여기와 지금에 관심을 두지 않는다. 그리고 지성은 그 어떤 것과도 공통되는 것을 가지지 않는다. 아리스토텔레스의 『영혼론』 3권에서 밝히는 바와 같이, 지성은 섞이지 않고 물질들로부터 분리되어 있다. 영혼이 물질과 공간과 시간의 형태와 보다 많이 분리될수록, 영혼은 보다 더 고귀하고 훨씬 더 신적이다. 만일 사람이 겸손하게 되어 하나님의 지배하에 있고, 시간과 공간으로부터 분리되며, 섞이지 않고 어떤 것과도 공통된 것을 가지지 않는다면, 그때 바로 그는 하나님이 되고 하나님은 그가 된다. 모든 것으로부터 초탈한 지성인 하나님은 지성을 부여받은 영적인 존재인 영혼을 자기 자신의 초탈함에로 인도하신다. 그러한 초탈을 통하여 영혼은 자신의 참 자아와 자신 안에 있는 참 하나님에게 도달한다.

3. 가난한 영혼의 신성에로의 돌파

에크하르트에 의하면 만일 사람이 모든 피조물로부터 초탈되어 오직 하나님만을 인식하면, 그는 하나님 안에서 자유롭고 하나님 자신이 된다. 그렇게 되기 위하여 사람은 마땅히 자기 자신과 모든 피조물들의 형상으로부터 벗어나(entbilde)서 하나님만을 아버지로 인식하는데 부지런히 힘써야 한다. 그러면 하나님과 피조물들도, 창조된 것과 창조되지 아니한 것도 그 사람을 고통스럽게 하거나 슬프게 할 수 없다. 그리고 그의 전 존재와 생명, 인식과 앎, 그리고 사랑은 하나님으로부터 하나님 안에 있고 하나님 자신이다. 에크하르트에 의하면 영혼의 초탈은 자기 자신을 놓아 버리는 것이며 모든 피조물들로부터 자신을 분리시키는 것이다. 이러한 초탈의 개념에서 한걸음 더 나아가, 에크하르트는 바울의 고백을 인용하여 하나님을 위하여 하나님을 놓아 버리는 초탈의 정상에 대하여 말한다. 바울은 로마서 9장 3절에서 "나는 나의 친구들과 하나님을 위하여 하나님으로부터 영원히 끊어지기를 원합니다"라고 말하는데 에크하르트는 이것을 초탈의 극치로 주석한다. 초탈을 통하여 사람은 오직 하나님만을 인식하고 자신과 하나님과의 인식론적인 일치 안에 거한다. 초탈된 가난한 영혼에게 하나님은 최선의 축복을 주시어 사람을 온전하게 만든다. 그러한 온전함은 하나님이 사람을 인식하는 것과 같이 사람이 참된 하나님을 인식하는 것으로부터 주어진다. 이에 대하여 에크하르트는 다음과 같이 말한다.

> "그 때문에 성 바울은 하나님을 위하여, 하나님의 뜻을 위하여, 하나님의 명예를 위하여 하나님으로부터 분리되어지기를 원했다. 왜냐하면 진정으로 온전한 사람은 마땅히 길들여져야만 하고, 자기 자신에 대하여 죽어야 하며(abgestorben), 하나님 안에서 피조물의 형상을 벗어 탈형되고(entbildet), 하나님의 뜻 안에서 변형되어야만(überbildet) 한다. 그 결과 온전한 사람의 전적인 축복은 바로 하나님과의 일치 안에 있다. 이렇게 온전한 사람은 자기 자신에 대해서 그리고 그 밖의 모든 것에 대해서 아무것도 아는 것이 없고 오히려 하나님 한 분만을 안다. 그리고 그는 아무것도 원하는 것이 없지만 하나님의 뜻만은 알기 원하고, (바울의 말처럼) 하나님이 나를 인식하시는 것처럼 그렇게 하나님을 인식하기를 원한다".

영혼은 하나님을 위하여 하나님을 떠나는 초탈을 통하여 자신의 단순한 근저 안에서 하나님과의 이러한 인식론적인 일치에 도달한다. 마찬가지로 하나님도 영혼과의 일치를 위하여 자신의 삼위의 인격들을 놓아 버려야 한다. 만일 하나님이 영혼 안에 있는 단순한 작은 성(영혼의 근저)을 들여다보려면, 하나님은 자신의 인격적 특성들로부터 분리되어야(초탈되어야) 한다. 에크하르트에 의하면 하나님이 영혼 안에 있는 작은 성을 들여다보려면, 하나님은 자신의 모든 신적인 이름들과 인격적인 특징들을 지불해야만 한다. 하나님은 한꺼번에 그것을 밖에 두어야만 영혼의 작은 성 안을 들여다본다. 하나님은 단순한 하나이기 때문에 모든 방식과 특성이 없다. 그러한 의미에서 하나님은 아버지도 아들도 성령도 아니고, 이것도 저것도 아닌 단지 어떤 것이다. 마찬가지로 사람도 자기 자신 안에 있는 하나님의 존재하심 안에 그리고 신성과의 순수한 일치 안에 머무르기 위하여, 하나님을 위하여 하나님을 놓아 버려야만 한다. 에크하르트에 의하면 사람이 하나님에게 드릴 것과 하나님으로부터 받을 것 모두를 놓아버릴 때, 바로 그러한 초탈이 하나님을 위하여 하나님을 놓아버리는 것이다. 그리고 하나님이 자기 자신 안에 존재하는 것과 같이 그렇게, 즉 그의 받고 얻어지게 됨의 방식이 아니라 오히려 자기 자신 안에 있는 존재하심 안에서, 초탈한 그 사람에게 머물러 계신다. 초탈한 사람은 하나님에게 드릴 것과 하나님으로부터 받을 어떤 것이 없다. 초탈한 사람과 모든 것인 하나님은 하나이고 순수한 일치를 이루기 때문이다.

　에크하르트가 말하는 초탈의 최고 정상은 하나님을 위하여 하나님을 떠나는 것이다. 이것은 에크하르트의 영의 가난에 대한 독일어 설교 52번을 통하여 상세하게 설명된다. 그 설교의 본문은 마태 복음 5장 3절로 "심령이 가난한 자는 복이 있나니 천국이 저희 것임이라"는 내용인데, 에크하르트는 이것을 초탈과 관련시켜서 주석한다. 모든 피조물들로부터 초탈된 가난한 영혼은 신성의 근저에로 돌파해 들어간다. 이러한 영혼의 초탈과 돌파를 통하여 하나님은 하나님과 영혼의 근저의 일치 안에 자신의 아들을 낳으신다. 그 때문에 영혼의 초탈은 신성에로의 영혼의 돌파와 영혼 안에 하나님의 탄생을 통하여 완성된다. 그러한 돌파와 탄생을 통하여 영혼은 자신과 하나님과의 존재론적이고도 인식론적이며 형이상학적인 일치에 안으로 인도된다. 에크하르트에 의하면 두 종류의 가난이 있다. 에크하르트는 예수님의 말씀인 "가난한 자는 복이 있다"를 외적 가난(eine äußere Armut)으로 이해하지 않고 내적 가난(eine innere Armut)으로 이해한다. 여기서 내적 가난은 아무것도 원하지 않고(nichts will), 아무것도 아는 것이 없으며(nichts weiß), 아무것도 가진 것이 없는(nichts hat) 가난한 영혼을 의미한다.

　첫째로, 아무것도 원하는 것이 없는 가난한 사람은 누구인가? 만일 사람이 하나님을 위하여 자신의 의지를 가지고 있다면, 그는 가난한 영혼을 가진 것이 아니다. 자신의 창조된 의지로부터 초탈된 사람은 하나님을 위한 자신의 의지를 갖지 않고, 모든 피조물들의 형상들로부터 형성된 하나님에 대한 자신의 개념들을 소유하지 않는다. 하나님을 위하여 자신의 의지와 하나님을 놓아버리는 사람은 자신과 하나님과의 일치 안에서 자기 자신과 하나님 자신을 발견한다. 가난한 영혼을 통한 이러한 영혼과 하나님의 일치 안에서, 즉 모든 피조물들이 하나님으로부터 흘러나오기 전에, 사람은 얽매임이 없는 존재였고, 제일원인이었으며, 자신 안에서 자기 자신을 인식하는 자였다.

둘째로, 어떻게 우리는 아무것도 아는 것이 없는 가난한 사람이 될 수 있는가? 만일 사람이 하나님께서 자신 안에 살아 계심을 인식한다면, 그의 영혼은 아직 가난한 것이 아니다. 사람은 자기 자신과 진리와 하나님에 대한 자신의 인식 없이 살아야만 한다. 아무것도 아는 것이 없는 인식론적으로 가난한 사람 안에 하나님은 자기 스스로 활동하고 머무르신다. 그 때문에 축복은 사람의 인식과 사랑 안에 있는 것이 아니고, 오히려 얽매임이 없는 영혼의 근저 안에(무어라 말할 수 없는 영혼 안에 있는 어떤 것 안에) 놓여 있다. 하나님은 자기 자신의 근저에서 자기 스스로 머물러 계신 것처럼, 자유로운 영혼의 근저 안에서 하나님은 자기 스스로 활동하시기 때문이다. 거기서 한걸음 더 나아가 에크하르트가 말하는 아무것도 알지 못하는 가난한 사람이란, 자기 자신 안에 하나님이 활동하신다는 것조차도 모르는 가난한 사람이다. 하나님은 한 존재도 아니고 어떤 지성적인 존재도 아닐 뿐더러 모든 피조물들로부터 자유하시기 때문에, 그분의 형상을 덧입은 영혼의 근저 역시 모든 것으로부터 자유롭다. 그 때문에 사람은 하나님과 함께 영혼의 근저 안에서 하나가 되기 위하여 자기 자신의 앎에 대하여 가난해야만 한다. 이것에 대하여 에크하르트는 말하기를, "하나님은 존재도 아니고, 지성적이지도 않으며, 이것도 저것도 인식하지 않는다. 그러기에 하나님은 만물들로부터 자유롭고, 그 때문에 마찬가지로 하나님은 만물이다. 영 안에서 마땅히 가난한 사람은 자기 자신의 앎에 대하여 가난해야만 한다. 그래서 그는 아무것도 알지 못하고, 즉 하나님과 피조물과 자기 자신도 알지 못한다. 그 때문에 사람은 하나님의 활동들에 대하여 아무것도 알거나 인식할 수 없기를 바라는 것이 필요하다".

셋째로, 에크하르트는 마침내 아무것도 가지지 않은 가난한 사람에 대하여 설교한다. 만일 사람이 자신 안에 하나님이 활동하시는 한 장소를 가지고 있다면, 그의 영은 아직 가난하지 않다. 사람은 하나님과 하나님의 모든 활동에도 얽매이지 말아야만 한다. 그러고 나서야 사람은 가난한 영혼을 가진다. 아무것도 가지지 않은 가난한 사람은 자기 자신 안에 하나님이 활동하실 수 있는 장소를 가지지 않는다. 왜냐하면 사람이 진실로 모든 자기 자신의 소유에 대하여 마땅히 가난해질 때만, 하나님 자기 자신이 바로 영혼 안에서 활동하고 영혼은 하나님의 활동을 위한 하나님만의 장소가 되기 때문이다. 이처럼 초탈을 통한 가난한 영혼 안에 하나님의 탄생은 하나님 편에서 활동적인 반면에 인간 편에서는 수동적이다. 그 때문에 인간은 단지 하나님의 은혜를 통하여 모든 것을 초탈할 수 있고 하나님 자신을 감내할 수 있다. 만일 사람의 영혼이 가난하게 되어 하나님과 함께 하나님 안에서 하나가 된다면, 그리하여 본래적인 자기 자신으로 돌아간다면, 하나님의 은총은 자신의 역할을 마친다. 에크하르트는 "내가 나인 모든 것은 하나님의 은혜를 통해서 있다"는 고린도 전서 15장 10절에 있는 바울의 말을 인용하여 은총의 역할에 대하여 다음과 같이 말한다. "하나님의 은혜가 바울 안에 있었다는 것은 필수적인 것이었다. 왜냐하면 하나님의 은혜는 우연적인 것들이 본질적인 것들에로 완성되도록 바울 안에서 활동했기 때문이다. 은혜가 자신의 사역을 완성하고 그쳤을 때, 바로 그때 바울을 자기 자신으로 머물러 있었다".

그로부터 한걸음 더 나아가 에크하르트는 하나님으로부터 자유로운 영혼의 가난을, 영혼과 하나님이 하나가 되는 영혼의 신성에로의 돌파와 영혼 안에 하나님의 탄생과 연결시킨다. 가난한 영혼의 초탈을 통하여 영혼은 하나님 안에 있는 하나님과의 본질적인 일치에로 돌아가고, 모든 피조물들이 흘러나오기 전에 있었던 하나님과의 차별이 없는 신비적인 일치에 도달한다. 하나님으로부터 자유로운 영혼은 차별이 없는 하나님의 존재 안에서 자기 자신이 된다. 가난한 영혼이 본질적인 "나"로 돌아가는 하나님과의 일치 안에, 하나님 안에서 영혼의 영원한 탄생이 있고 영혼 안에 하나님의 탄생이 있다. 그러한 탄생 안에서 하나님과 영혼과 만물은 전적으로 하나다. 여기서 우리는 초월적인 하나님 안에서 영혼의 영원한 탄생과 영혼 안에 하나님이 탄생하는 하나님의 내재적인 측면을 통하여 에크하르트의 범재신론(만유내재신론: Panentheismus)을 엿볼 수 있다. 하나님은 단순한 하나로 만물을 초월하여 만물 위에 계시고 동시에 만물 안에 내재하시는 존재의 충만으로 머물러 계신다. 동시에 만물은 하나님을 통하여 하나님과 함께 하나님 안에 있다. 이것은 하나님과 영혼의 관계에서도 마찬가지로 적용된다.

　영혼은 극도의 내적 가난을 통하여 삼위일체 하나님을 넘어 신성의 깊이를 알 수 없는 무저(Abgrund) 안으로 돌파해 들어간다. 그것을 통하여 영혼은 본질적인 자기 자신에게로 돌아가고, 그 안에서 영혼은 움직이지 아니하는 원인으로 자신의 비피조성을 획득한다. 만일 가난한 영혼이 초탈의 최고봉인 신성의 근저 안으로의 돌파에 도달하면, 영혼은 신성과의 일치를 완성한다. 가난한 영혼이 돌파해 들어가는 하나님의 신성과 영혼의 일치 안에서, 영혼과 하나님은 피조물도 하나님도 아니고, 오히려 영혼 자기 자신으로 하나님은 신성으로 머물러 있다. 이러한 영혼과 하나님의 자기 부정을 통한 자기긍정에 대하여 에크하르트는 말하기를, "만일 내가 하나님 안으로 돌아가면, 나는 하나님에게 머물러 있지 않기에, 나의 돌파는 나의 유출보다 더 고귀하다. 나는 홀로 모든 피조물들이 내 안에서 하나이도록, 그들의 영적인 존재로부터 그들을 나의 지성 안으로 데려온다. 만일 내가 신성의 근저 안으로, 신성의 대지 안으로, 신성의 대하 안으로, 신성의 원천

안으로 가면, 아무도 내가 어디에서 오는지 혹은 내가 어디에 있었는지 나에게 질문하지 않을 것이다. 거기서는 아무도 내가 없음을 한탄하지 않았을 것이고, 거기서 하나님은 해체되었다". 신성의 근저로 영혼의 돌파를 통한 영혼의 회귀 안에서 대상으로서 하나님과 영혼의 피조성은 사라진다. 그러므로 신성 안에는 단지 영혼과 하나님의 일치인 하나만이 존재한다. 왜냐하면 영혼 안에 있는 하나의 능력으로서 모든 것을 초탈한 지성은 삼위일체 하나님을 넘어 만물과 모든 차별적인 것들이 흘러나온 신성의 근원에로 돌파해 들어간다. 지성인 영혼은 항상 하나님의 이름들이 없는 신성의 무에로 돌파해 들어간다.

영혼이 하나님을 돌파하여 신성의 근저로 돌아가듯이, 하나님도 영혼과의 일치를 위하여 자신의 인격적인 특징들을 제거하고 영혼의 근저에로 돌파해 들어간다. 왜냐하면 영혼 안에 있는 작은 성과 하나님은 단순한 하나이기 때문이다. 그러므로 에크하르트는 하나님이 영혼의 근저를 들여다보시려면, 자신의 인격적인 특징들을 자신에게서 떼어 내어야만 그것이 가능하다고 말한다. 하나님은 단순한 하나이시고 하나님에게는 어떤 정해진 방식과 특성이 어울리지 않는다. 그러기에 아버지와 아들과 성령인 삼위일체 하나님의 인격적 특징들도 부정되고, 하나님에 대하여 사람이 무어라 진술하는 이것도 저것도 아닌 하나님으로 영혼의 근저를 들여다보신다. 영혼은 모든 숫자와 모든 복수성을 돌파하고 삼위일체 하나님을 초월한 순수한 무인 신성의 근저에로 돌파해 들어간다. 영원 속에서 자기 자신을 놓아버린 하나님은 시간 안에 있는 영혼에게로 가고 육체성 안으로 들어가신다. 빌립보서 2장 5절 이하와 같이 자기 자신을 포기한(텅 비운) 예수 그리스도는 하나님의 은혜를 통하여 단순해지고 자유로워진 영혼의 근저에로 돌파해 들어가신다. 그리고 주님은 영혼을 하나님과의 일치와 자유 안으로 인도하여 들인다. 하나님은 영혼의 근저 안으로 돌파해 들어가시고, 영혼은 하나님의 근저 안으로 돌파해 들어간다. 만일 영혼이 하나님의 근저에로 돌파해 들어가려면, 영혼은 우선 자기 자신의 근저에 도달해야만 한다. 그러므로 에크하르트는 말하기를, "우리가 마땅히 하나님의 근저 안에 그리고 하나님의 가장 깊은 곳 안으로 들어가려면, 우리는 먼저 우리 자신의 근저에 있는 순수한 겸손 안으로 그리고 우리 자신의 가장 깊은 내면 안으로 들어가야만 한다".

4. 하나를 향한 하나 안에 있는 하나님의 아들의 삶

4.1. 하나에 정초된 삶

하나님은 고귀한 영혼을 신성의 황야 안으로 인도하신다. 그리고 하나님은 자신의 아들을 자신의 본성의 가장 깊은 내면의 근저와 같은 영혼의 근저 안에 자신의 아들을 낳으신다. 이러한 하나님의 아들은 영원 속에서 하나이신 하나님과 하나였다. 또한 영원한 현재 안에 하나님의 아들의 탄생을 통하여 영혼은 하나인 하나님과의 일치 안에 있다. 나아가 하나님의 아들은 하나인 하나님과 영원히 함께 살아갈 것이다. 케른(Udo Kern)에 의하면 생명의 근저인 하나이신 하나님에 집중하는 것은 하나님을 추구하는 자로서 인간의 삶 안에서 결정적인 것이다. 에크하르트는 모든 피조물들과 모든 시간들 안에서 하나님을 추구하는 하나님의 아들의 삶에 대하여 말한다.

> "사람은 마땅히 만물 안에서 하나님을 파악해야 하고, 하나님을 항상 현재적으로 마음과 애씀과 사랑 안에서 소유하는 것에 자신의 마음을 길들여야만 한다".

왜냐하면 사람은 하나인 하나님으로부터 창조되었기에, 하나님의 아들로 태어나야만 하기 때문이다. 그러므로 하나님의 아들의 삶은 하나로부터 하나에로 인도된다. 하나님의 은혜를 통하여 초탈된 영혼 안에 하나님의 아들의 탄생은 영혼이 간직한 하나님의 형상의 완성과 완전함을 말한다. 이것은 바로 영혼이 하나이신 하나님 안에(im Einen)

하나님과 함께(mit dem Einen) 하나님을 통하여(durch den Einen) 존재하고, 하나님과의 일치를 향하여(zum Einen) 정향되어 있다는 것을 의미한다.

에크하르트는 하나인 하나님을 향한 고귀한 영혼의 삶의 신비적 과정을 자신의 독일어 소논문「고귀한 사람에 관하여」에서 여섯 단계로 이해한다. 영혼 안에 있는 신적 본성의 씨앗은 항상 하나님을 향하여 움직이고 하나님을 추구한다. 내적이고도 새로운 사람의 첫 번째 단계는, 훌륭하고 거룩한 사람들의 모범을 따라 살아가는 것이다. 그러나 그는 아직도 어머니의 젖을 필요로 한다. 두 번째 단계는, 명예를 위하여 그리고 하나님과 신적인 지혜의 충고를 위하여 급히 서둘러 달려간다. 즉, 어머니의 품으로부터 벗어나 인간적인 것으로부터 등을 돌리고 하나님에게 얼굴을 돌린다. 세 번째 단계는, 어머니의 품으로부터 더욱더 멀리 떠나고 근심과 두려움을 떨쳐버린다. 왜냐하면 내적인 사람은 하나님의 사랑 안에서 하나님과 함께 결합되기 때문이다. 네 번째 단계는, 하나님의 사랑 안에서 점점 더 진보하고 뿌리를 내린다. 또한 모든 시련과 유혹과 거리낌을 기쁘게 견딜 수 있다. 다섯 번째 단계는, 자기 자신과 모든 것을 놓아버리고 자기 자신 안에서 자유롭게 살아간다. 지극히 높고 말할 수 없는 지혜의 풍성함과 흘러넘침 안에서 조용히 안식한다. 여섯 번째 단계의 내적인 사람은 영원한 하나님에 의하여 자신의 형상으로부터 벗어나 하나님의 형상으로 전적으로 변형된다. 고귀한 영혼 안에 하나님은 자신의 아들을 낳으신다. 그것을 통하여 내적인 사람은 하나님의 자녀가 된다. 영혼 안에서 일어나는 하나님의 탄생 가운데 내적인 사람의 최종 목적지인 영원한 안식과 하나님의 축복과 생명이 있다. 내적인 사람은 하나와 함께, 하나 안에, 하나를 통하여 하나가 된다. 내적인 사람은 하나와의 일치를 위해 노력하고, 그 결과 그는 하나님의 아들이 된다. 하나이신 하나님의 아들은 하나 안에서 하나와 함께 하나를 통하여 살아간다. 하나이신 하나님 안에 있는 하나님의 아들의 삶은 의인으로 살고, 특정한 방식과 이유에 얽매이지 않는 방법과 이유 없는 삶이며(ohne Weise und ohne Warum), 자신과 하나님 사이에 차별이 없는 인식 가운데 살며, 관상적인 삶과 실천적인 삶(vita contemplativa und vita activa)이 하나로 일치된 삶이다. 자신의 영혼 안에 하나님의 탄생을 경험한 하나님의 아들은 자기 자신의 존재의 근저와 본질로부터, 자기 자신 안에서, 자기 자신으로 자유롭게 산다. 마치 하나님께서 자기 자신 안에서 자기 자신으로 머물러 계시고 활동하시는 것처럼 말이다.

4.2. 하나님의 아들인 의인의 삶

하나님과 자신 안에 하나님의 탄생을 경험한 영혼이 존재론적이고도 인식론적인 일치를 이루는 것처럼, 에크하르트는 하나님과 하나님의 아들의 윤리적인 일치를 설명하기 위하여 의와 의인의 개념을 사용한다. 에크하르트에 의하면 의로운 사람은 자기 자신의 의지와 자기 자신을 놓아 버리고(초연하고) 의를 사랑하는 사람이다. 의인은 모든 피조물로부터 분리되어(초탈되어) 의로우신 하나님을 추구한다. 에크하르트에게 의는 하나님이기에, 의로움 안에 있는 의인은 하나님 안에 있는 것이다. 나아가 의인은 하나님이고 하나님의 아들이기에, 의인은 하나님과 전적으로 결합되어 있다. 마치 하나님의 말씀이 하나님과 함께 계셨던 것처럼 말이다. 의인은 의로움 자체이신 하나님과 하나이기 때문에, 하나님은 사랑의 의로움 안에 있는 자기 자신과 같이 의로운 사람을 동일하게 사랑하신다. 의인은 의로움의 자녀이며 하나님의 아들이다. 하나님이 자신의 아들을 신성의 근저와 영혼의 근저 안에서 낳으시는 것처럼, 의 자체이신 하나님은 자기 자신(의로움)을 의인 안에 낳으시고, 의인은 의의 아버지인 하나님으로부터 태어난다. 의인은 하나님의 의로움 안에서 하나님의 의로움을 덧입고 의인으로 변형된다. 하나님은 의인 안에 태어나고 동시에 의인은 하나님 안에 태어나기 때문에, 의인은 하나님 안에서 살고 하나님은 의인 안에 산다. 이런 점에서 의인 안에 의로움의 탄생은 영혼 안에 하나님의 탄생과 일치한다. 존재 자체이신 하나님 이전에 그리고 하나님 밖에서 모든 피조물들이 무인 것처럼, 에크하르트는 의인에 앞서 계신 의로움 자체이신 하나님을 말한다. 의로움이 의인 안에 있는 것이 아니라, 오히려 의인이 의로움 안에 있는 것처럼 의로움은 의인보다 선행한다. 의인은 자신의 전 존재를 하나님으로부터 받는다. 그 때문에 "하나님은 의인에게 자신의 존재를 주시고, 자신의 존재를 소유한 의인을 동일한 이름으로 부른다". 이것은 사람이 존재 자체이신 하나님으로부터 자신의 존재를 받고, 창조된 존재를 초월한 존재 자체가 자기 자신 안에서 자신의 아들과 하나인 것과 같은 이치이다. 의로움을 사랑하는 사람은 그 의로움으로부터 의로움과의 존재론적이고도 인식론적이며 윤리적인 일치에로 인도된다. 즉 의로움은 의인이고, 의인은 의로움이다. 의인은 이러한 자신과 하나님의 비창조성과 일치 안에서 하나님과 모든 피조물들로부터 자유롭다. 왜냐하면 의인은 외부로부터의 강제없이 자기 자신으로 살아가기 때문이다. 하나님의 의로움으로부터 의를 덧입은 의인은 의롭게 변형되고 의로움 안에서 살고 목적을 향하여 이유 없이 인격적인 삼위일체 하나님의 상들에 얽매임 없이 활동한다. 만일 우리 자신과 우리의 활동들이 살아 있는 것이 되기를 원한다면, 우리는 만물에 대하여 죽어야 하고 무가 되어야 (für alle Dinge tot und zunichte geworden sein: 초연하고 초탈해야)만 한다. 왜냐하면 피조물들은 피조물로부터 어떤 것을 만들지만 하나님은 순수한 무로부터 어떤 것을 만들기 때문이다. 만일 그러한 하나님이 우리 안에서 활동하시려면, 우리는 먼저 모든 피조물들로부터 초탈되어 얽매이지 말아야 하고 텅 빈 초연한 존재가 되어야만 한다. 그 때문에 우리는 초탈을 통하여 우리의 영혼의 근저 안으로 돌파해 들어가고, 그 안에서 활동해야만 한다. 그 안에서 우리의 활동들은 생동하는 것이 된다. 하나님의 아들로서 의인은 의로움 안에 뿌리를 내리고 자신의 근저 안에서 살아간다. 그리고 하나님의 아들인 의인은 하나님이 자기 자신으로 홀로 머물러 있고 자신의 아들을 낳는 신성의 근저 안에서 자기 자신과 하나님을 인식한다. 하나님께서 이유 없이 활동하고 이유를 모르시는 것처럼, 의인은 하나님과의 일치 안에서 하나님 자신만을 사랑하고 이유 없이 살고 이유를 모른다. 그러므로 의인의 영혼은 하나님처럼 모든 것에 대하여 가난하고 초탈되어 있다. 의인의 이러한 삶에 대하여 에크하르트는 구약 외경 솔로몬의 지혜서 5장 16절을 인용한다.

"의인들은 영원히 살고, 그들의 상급은 하나님 곁에 있는 것이다 (하나님이다)".

4.3. 방식과 이유가 없는 근저로부터의 삶

하나님이 자기 자신의 것으로부터 사시는 것처럼, 사람도 영혼의 근저와 하나님의 근저의 일치 안에 일어나는 하나님의 탄생 속에서 자기 자신의 것으로부터 살아야 한다. 하나님께서 자신의 단순한 본성 속에서 자신의 아들을 영혼의 근저 안에 당연히 낳으시는 것처럼, 사람도 모든 자신의 일들을 밖으로부터가 아니라 자신의 가장 깊은 내면으로부터 이유 없이 해야 한다. 그 때문에 사람은 특정한 방식 없이 하나님을 추구해야만 한다. 그 결과 사람은 자기 자신 안에 즉, 자기 자신의 가장 깊은 내면 안에 있는 하나님을 인식한다. 사람이 내면에 계신 하나님을 인식한다는 것은 생명 그 자체인 하나님의 독생자와 함께 산다는 것을 의미한다. 하나님의 아들의 삶은 자신의 근저로부터 즉 자기 자신의 것으로부터 솟아나오기 때문에, 생명은 생명 그 자체를 위하여 살기 때문에, 하나님의 아들은 자신의 영혼의 근저 안에 하나님의 탄생을 통하여 이유 없이 살아가고 활동한다. 우리는 우리의 영혼 안에 하나님의 탄생을 통하여 하나님의 자녀들이 되고 하나님과 하나가 된다. 그러므로 우리는 하나님의 종이 아니라 하나님의 친구들이 된다. 하나님은 우리 안에 머물러 계시고, 우리는 영원한 생명을 소유한다. 우리는 우리 안에 있는 생명과 존재를 위하여 "왜"

라는 이유 없이, 하나님의 인격적인 형상들에 얽매임 없이, 우리의 명예에 집착함이 없이 활동해야만 한다. 우리와 하나님은 우리의 영혼 안에 일어나는 하나님의 탄생 안에서 하나이기 때문에, 우리가 우리의 밖으로부터 아무것도 받지 않는 것이 당연한 것이다. 하나님과 예수 그리스도와 영혼 안에 탄생하는 하나님의 아들은 그들의 존재와 본성상 하나이다. 하나님은 하나님의 자녀인 우리의 것이고, 우리는 하나님의 것이다. 그러기에 우리는 하나님의 아들로 하나님 아버지가 자기 자신 안에 가진 모든 것을 소유한다. 결과적으로 우리는 우리 자신의 것 안에서(우리 안에 계시 하나님 안에서) 모든 것을 받아야만 한다. 즉, 하나님의 아들인 우리는 낯선 것이나 외부의 것으로부터 어떤 것을 받아 사는 것이 아니라, 오히려 우리 안에 계신 우리의 하나님으로부터 모든 것을 받고 활동하며 살아야만 한다는 것이다. 우리의 모든 활동들은 하나님 안에서, 하나님 앞에서, 하나님과 함께, 하나님을 통하여 죽지 않고 생동하는 것이 될 수 있기 때문이다. 하나님의 존재와 생명과 사역들이 나의 존재와 생명과 사역들이 되려면, 영혼은 근저에 이르기까지 혹은 근저 안으로까지(bis auf den Grund: bis in den Grund) 철저히 죽어야(모든 것에 초연하고 모든 것을 초탈해야) 한다. 그리고 나서야 영혼은 영혼의 근저 안에 하나님의 탄생을 통하여 영원한 하나님의 생명 안에 있는 자신의 존재를 받는다. 자신 안에 하나님의 아들의 탄생을 경험한 영혼은 자기 자신으로부터, 자기 자신 안에서, 하나님의 근저로부터 자유롭게 영원히 산다. 만일 사람이 존재 자체이신 하나님 안에 있는 한 존재가 되면, 그 사람은 만물을 하나님 안에서 모든 피조물들을 차별이 없이 인식하는 아침의 빛 안에(im Morgenlicht) 있는 한 존재로 고귀하고도 새롭게 인식한다. 이러한 하나님 안에 있는 자신과 만물에 대한 영혼의 인식에 대하여 에크하르트는 다음과 같이 말한다.

> "누군가가 천사를 인식할 때보다, 가장 작은 것일지라도 그것이 하나님 안에 있는 한 존재라는 것을 인식하는 것은 더 훌륭하다".

이처럼 사람은 하나님 안에 있는 만물을 인식함과 동시에 사람은 만물 안에서도 하나님을 인식한다. 하나님이 모든 피조물들 안에서 동일하게 충만하시고 만물이 하나님 안에 있다는 점에서, 모든 피조물들은 영혼에게 하나님을 드러내는 하나님의 책(ein Buch Gottes)으로 다가온다. 왜냐하면 하나님의 은혜를 힘입어 초탈된 영혼 안에 일어나는 하나님의 탄생 안에서 하나님의 존재는 나의 존재가 되고, 하나님의 인식은 나의 인식이 되기 때문이다.

4.4. 관상과 실천이 일치된 삶

영혼의 근저 안에 하나님의 탄생을 통하여 사람은 하나님 안에서 하나님과 하나가 된다. 즉 하나님의 아들인 우리와 하나님의 일치는 하나의 존재(ein Sein), 하나의 인식(ein Erkennen), 하나의 생명(ein Leben), 하나의 사랑(eine Liebe), 하나의 생각(ein Denken), 하나의 활동(ein Wirken) 으로 묘사된다. 이러한 근거로부터 에크하르트는 파이퍼(F. Pfeiffer)가 편집한 설교 3번에서 마리아의 명상적 삶과 마르타의 실천의 삶에 대하여 말한다. 영혼의 초탈을 의미하는 관상과 영혼의 초탈과 돌파를 통한 하나님의 탄생 안에 있는 하나님의 아들의 삶을 말하는 실천은 동일한 것이다. 관상과 실천의 삶은 최종 목적지인 하나님을 향한 하나의 과정이기에, 그 둘의 관계는 상호 의존적이다. 우리는 우리의 내면성이 하나님과 함께, 하나님 안에서, 하나님으로부터 동역하는 것을 배워야만 한다. 그 결과 우리의 활동이 우리의 내면성으로부터 솟아 나와야 하고, 우리의 활동은 우리의 내면에 정향되어야 한다. 하나 안에 있는 내면성과 활동은 최고로 훌륭한 것이다. 내면성 없는 활동은 속이 빈 것이고, 활동 없는 내면성은 열매가 없는 불만족스러운 것이다. 이와는 달리 에크하르트는 자신의 독일어 설교 86번에서 마리아의 관상적인 삶에 앞서는 마르타의 실천적인 삶의 우위성에 대하여 설교한다. 에크하르트에 의하면 예수 그리스도의 발 앞에 앉아 있는 마리아의 영혼은 하나님의 자비에 둘러싸여 있다. 마리아는 말로는 표현할 수 없는 요구를 가지고 있다. 그러나 마리아는 자신이 동경하고 원하는 것이 무엇인지를 모른다. 마리아는 그리스도의 말씀으로부터 달콤한 위로와 행복감을 얻기를 원한다. 반면에 분주하게 이리저리 걸어 다니며 자신이 사랑하는 그리스도를 섬기는 마르타는 마리아에 비하여 성숙한 연배이다. 마르타는 최고도로 훈련된 존재의 근저로부터(alleräußersten durchgeübten Seinsgrund) 활동한다. 마르타는 자신의 외면적인 활동을 예수님에게 사랑을 제공하는 최고의 일로 올바르게 순서지우는 것을 알고 있는 현명한 신중함을 지니고 있다. 마르타는 마리아가 자신을 도와주어야만 한다고 그리스도에게 말한다. 마르타의 이러한 표현은 그녀의 불만으로부터 기인한 것이 아니고, 오히려 그것을 통하여 마리아를 재촉하려는 의도를 가진 사랑하는 호의로부터 말해진 것이다. 마르타의 요구에 대하여 그리스도는 다음과 같이 대답하신다.

"마르타야, 마르타야, 너는 많은 걱정과 수고를 하는구나. 그러나 필요한 것은 하나다. 마리아는 좋은 편을 택하였고, 그녀는 당연히 그것을 빼앗기지 않을 것이다"(눅 10,41-42).

에크하르트는 그리스도의 이 말씀을 그리스도가 마르타를 꾸짖는 방식으로 말씀하신 것이 아니라, 오히려 그리스도가 그녀에게 친절한 대답과 위로를 주시는 것으로 이해한다. 즉, 마리아는 마르타가 원하는 바와 같이 그렇게 될 것이라는 것이다. 그리고 그리스도가 마르타를 두 번이나 부른다. 그 이유는 마르타가 시간적이고도 영원한 선함에 존재하는 모든 것과 하나의 피조물이 마땅히 소유해야 하는 모든 것을 완전히 소유하고 있음을 암시하기 위해서이다. 그리스도께서 마르타에게 "너는 주의 깊다(사려 깊게 행동한다)"라고 말씀하신다. 이것은 사물들이 마르타 안에 있지 않고, 오히려 마르타가 사물들 곁에 서 있음을 의미한다. 즉 모든 마르타의 행위 안에서 방해되지 않는 상태에 있는 사물들은 올바른 근심 안에 서 있다. 왜냐하면 시간 안에서 행하는 마르타의 모든 활동들은 영원한 빛의 모범으로부터 영향을 받고 사물들로부터 초탈하여 사려 깊게 활동하기 때문에 사물들의 방해를 받지 않는다. 마르타는 매개물들 없이 내면으로부터 그리고 빛이신 하나님 안에서 활동한다. 마르타는 충만한 빛 가운데서 활동하고 하나님을 향하여 솟구쳐 오른다. 마르타는 모든 매개물들로부터 자유롭고 단순하다. 즉, 하나님의 빛이 마르타의 활동이고 그녀의 활동은 하나님의 빛이다. 그 때문에 그리스도는 말씀하시기를 "필요한 것은 하나이지 둘이 아니다"라고 한다. 마르타는 매개물들 없이 하나님을 인식하고, 하나이신 하나님의 영원한 빛이 그녀를 둘러 비추는 가운데서 하나님과 하나다. 즉, 마르타의 존재가 하나님의 존재이고 그녀의 인식이 하나님의 인식이다. 그러나 마리아는 아직도 둘 가운데에 즉, 관상과 실천의 삶의 대립 가운데에 머물러 있다. 그에 반해서 마르타는 하나 안에서 즉 관상과 실천의 삶의 일치 안에서 활동한다. 에크하르트는 누가 복음 10장 38-42절에 대한 이러한 주석을 통하여 마르타와 하나님의 일치를 강조한다. 마르타는 하나님 안에서 하나님과 함께 활동하고, 존재의 근저로부터 살아가고, 형상들 없이 하나님을 인식한다. 이미 자신의 영혼의 근저 안에 하나님의 아들의 탄생을 경험하고, 하나이신 하나님과 하나가 되어, 즉 자기를 부정하는 것을 통하여 다시 자기긍정의 현실적인 삶을 사는 초탈한 마르타를 통하여, 에크하르트는 황홀경에 빠진 자아도취적인 자기 사랑보다 타자를 위한 사랑의 실천이 더 중요함을 말한다. 이것에 대하여 에크하르트는 다음과 같이 말한다.

> "만일 사람이 성 바울이 경험한 것과 같은 그러한 황홀경에 있는데, 그에게 한 접시의 수프를 요구하는 한 병든 사람을 알고 있다고 하자. 그럴 때 나는 당신이 사랑으로 황홀경을 중지하고, 보다 더 큰 사랑 안에서 곤궁한 사람에게 봉사하는 것을 보다 더 훌륭한 것으로 간주한다".

4.5. 하나님의 사랑에 사로잡힌 삶

하나님의 사랑의 고삐에 사로잡힌 사람이 바로 하나님의 아들이다. 하나님의 사랑의 고삐는 하나님의 아들을 하나님과의 일치 안으로 인도하고, 모든 것으로부터 하나님의 아들을 자유롭게 만든다. 나아가 이러한 하나님의 사랑의 고삐는 하나님의 아들을 하나님의 것이 되게 하고, 하나님을 하나님의 아들의 것이 되게 한다. 그럼에도 불구하고 많은 사람들이 자기 사랑의 고삐에 사로잡혀 있다. 하나님을 파는 자아에 대한 사랑은 하나님 자신을 원하는 것이 아니라, 오히려 항상 하나님의 외부에 있는 어떤 것에 집착한다. 이러한 상업적인 사랑 안에서 자기 자신 안에서 자기 자신으로 가득 차 있는 사람은 자기 자신의 유익을 구하고, 하나님을 사랑하지 않고 자기 자신을 사랑한다. 사람은 누구나 말하기를 나는 하나님을 사랑한다고 말할 수 있다. 그럼에도 불구하고 만일 그가 하나님 자신 외에 다른 하나의 소원을 가지고 있다면, 그는 하나님을 올바로 사랑하는 것이 아니다. 만일 사람이 하나님을 올바로 사랑하고 싶다면, 그는 하나님을 위하여 자기 사랑과 자기 자신 안에 하나님이 아닌 어떤 것에 대한 종교적 추구를 그만두어야(초탈해야) 한다. 그리고 그는 하나님 없이, 방식 없이 그리고 이유 없이 하나님을 사랑해야 한다. 왜냐하면 하나님은 하나의 순수한 무이시고, 존재 없는 존재이며, 말로 다 표현할 수 없기 때문이다. 이것에 대하여 에크하르트는 다음과 같이 말한다.

> "하나님은 자신의 것을 추구하지 않으신다. 그러기에 하나님은 모든 자신의 활동들 안에서 얽매임이 없고, 자유로우며, 진정한 사랑으로부터 활동하신다. 하나님과 하나인 사람도 하나님이 그러하신 것처럼 전적으로 그렇다. 하나님과의 일치 안에 있는 사람은 모든 자신의 활동들 안에서 얽매임이 없고 자유롭다. 그리고 그는 오직 하나님의 명예를 위해서 모든 자신의 활동들을 하고 자신의 것을 추구하지 않으며, 하나님은 그 안에서 그를 위한 것을 행하신다".

말씀인 하나님은 이유를 알지 못하시고, 오히려 하나님은 모든 것의 이유이고 모든 것에 대한 이유이시다. 그러므로 하나님은 처음과 나중이시다. 그러한 하나님은 우리에게 최상의 것을 방식 없이 주신다. 그리고 "하나님은 방식 없음 안에서 이것도 저것도 아니다". 그 때문에 하나님 안에 있는 사람은 자기 자신의 이윤만을 추구하는 그릇된 기업가적인 정신을 위해서가 아니라, 오히려 하나님의 영광을 위하여 이유 없이 활동해야만 한다. 하나님의 아들은 연인들의 사이처럼 고통 가운데서나 어디서든지 이유 없이 하나님을 따른다. 결국 하나님의 아들은 하나님을 당연히 비신, 비영, 비인격, 비형상으로, 방식과 이유 없이 사랑하고 인식해야 한다. 왜냐하면 하나님이 모든 것에 얽매임이 없이 순수하고 깨끗하고 밝은 하나이시기 때문이다.

하나님은 하나님의 자녀들인 우리를 자신의 독생자와 같이 사랑하신다. 그 때문에 우리는 동일한 하나님의 아들이어야만 하고, 하나님의 아들로 살아간다. 사람은 자신의 존재의 근저인 신성의 무에로의 돌아감을 힘써야만 한다. 그러기 위해서 사람은 하나인 하나님으로부터 태어나야만 하고, 하나 안에서 하나와 함께 하나님의 아들로 살아야만 한다. 즉 하나님은 자신의 신성의 무 안에서 자신의 아들과 하나였고, 하나이고, 하나가 될 것이다. 하나님으로부터 태어난 하나님의 아들은 평화를 추구하고 하나님 안에 있는 평화 안으로 달려간다. 하나님 안에 거하는 하나님의 아들의 삶은 하나님의 평화 안에 있는 삶과 일치한다. 평화를 추구하는 하나님의 아들은 세상을 극복하고 하늘에 속하여 있다. 그것에 대립하는 것으로 하나님 밖에는 불화가 존재한다. 에크하르트에 의하면 하나님의 기쁨은 하나님 자신이다. 왜냐하면 하나님은 자기 자신 안에서 자기 자신을 인식하는 지성이시고, 자기 자신 안에서 자기 자신으로 머물러 있으며, 방식 없는 방식으로 존재하고 살아 계시기 때문이다. 만일 사람이 자신의 영혼 안에 하나님의 탄생을 통하여 하나님의 아들이 되고 하나님과 하나가 된다면, 하나님과 마찬가지로 그의 기쁨은 자기 자신 즉, 하나님 자신이 되어야만 한다. 또한 하나님의 아들의 인식은 자기 자신 즉, 하나님 자신을 인식하는 것이 되어야만 한다. 나아가 하나님의 아들의 삶은 방식 없는 방식으로 하나님이 살아 계신 것처럼 그렇게 되어야만 한다. 하나님의 아들은 하나로부터 하나 안에서 하나를 향하여 하나와 하나이기 때문이다.

5. 나가는 말

결론적으로, 에크하르트가 말하듯이 하나님의 근저는 나의 근저이고 나의 근저는 하나님의 근저이다. 사람이 하나님을 인식하는 것은 바로 자기 자신을 인식하는 것이다. 만일 사람이 영혼의 돌파를 통하여 신성과 하나가 된다면, 그는 자기 자신 안에 있는 하나님(진리)을 발견할 것이다. 그 결과 사람은 자기 자신 안에서 진실하게 살 것이고, 자기 자신의 존재와 생명을 위하여 하나님과의 일치 안에서 활동할 것이다. 왜냐하면 "하나님과 나는 하나이기 때문이다". 이러한 하나님과 나의 일치 안에서 나와 너의 주객도식의 구분은 사라진다. 영혼이 신성의 근저에로 돌파해 들어가면 영혼의 근저와 하나님의 근저가 하나가 되기 때문이다. 그러한 하나 안에서 영혼은 비창조성을 획득하고 신성은 인격적인 특징들을 상실하고 본질적인 자기 자신에로 돌아가고, 양자의 단순하고 본질적인 일치만이 존재한다. 영혼의 돌파를 통한 근저의 일치 안에서 하나님은 자신의 독생자를 낳으신다. 신성과의 일치로 영혼의 상승은 가난한 영혼의 초탈과 돌파를 통하여 완성된다. 영혼은 하나 혹은 둘로서가 아니라, 오히려 하나인 동시에 둘로서(하나인 둘로서) 이중성을 가진다. 그래서 영혼은 영원과 시간 사이에 서 있고, 하나님과 육체성 사이에 위치하여 있다. 시간성과 육체성과 다수성 안에 있는 영혼은 하나님의 은혜의 도움으로 자신의 초탈과 돌파를 통하여 자신의 피조성을 넘어 하나님과의 일치에 도달한다. 만일 신성의 근저에서 하나님의 영원한 아들이 태어나는 것처럼 하나님의 은혜를 통하여 사람의 초탈된 영혼의 근저 안에 하나님의 아들이 태어나면, 사람은 하나님의 아들이 된다. 하나님의 아들은 하나님과의 관계에서 의인이고 하나님과의 일치를 향하여 보다 내적이고도 고귀하게, 이유없이, 가난하고도 자유로운 영혼으로 살아 간다. 나아가 하나님의 아들은 자신의 영혼과 하나님과의 형이상학적인, 존재론적인, 인식론적인 그리고 윤리적인 일치(Einheit) 안에서, 명상적 삶(vita contemplativa)과 실천적 삶(vita activa)의 일치 안에서, 하나 안에 있는 영원한 현재에서 살아 간다. 그렇지 않으면 창조된 영혼은 피조물들 안에서 자신의 본질적인 존재를 상실하고 하나님 밖에 있는 자신의 비본질적인 순수한 무에로 전락한다. 즉, 하나님을 떠난 인간은 살아 있으나 죽은 것이다.

제3주제: 예수회의 관상

『영신수련』에 기초한 이냐시오식 관상의 이해와 실천

심종혁 신부, 예수회(서강대학교 신학대학원 교수)

I. 들어가는 말
II. 『영신수련』의 내적 기원으로서의 이냐시오의 하느님 체험
   시대적 상황
   로욜라성(城)에서의 체험
   만레사에서의 체험
III. <영신수련>의 목적과 내적 역동성
   <영신수련>의 목적
   <영신수련>의 역동적 구조
    1. 일러두기
    2. <원리와 기초>
    3. 첫째 주간
    4. 둘째 주간
      1) <왕이신 그리스도의 부르심> 묵상
      2) 강생의 신비와 탄생, 그리고 예수님의 숨은 삶 관상
      3) 이냐시오의 고유 묵상들
      4) 그리스도의 공생애 관상
      5) <선택을 위한 길잡이>
    5. 셋째 주간
    6. 넷째 주간과 '하느님의 사랑을 얻기 위한 관상'
   『영신수련』의 내적 역동성
    1. 객관의 지평과 주관의 지평
    2. 지성과 의지
    3. 인간의 노력과 은총

> IV. 『영신수련』에 제시된 관상의 기본 골격
>   <강생 관상>
>   <오관을 활용하는 기도>
> V. 이냐시오식 관상의 주요 개념들
>   내적 인식
>   그리스도를 본받음
>   신비 사적
>   신비 사적의 관상
> VI. 나가는 말: 이냐시오식 관상이 기대하는 열매로서의 영적 세계관

I. 들어가는 말

　예수회가 창립되기 훨씬 이전인 1527년경부터 이냐시오는 그가 지닌 영적 지식을 어디에서 얻은 것인가라는 질문을 받았다. 물론 그는 이러한 질문들에 직접적인 대답을 회피했다. 하지만 그의 생애 말년에 구술되어 기록된 『자서전』에서 "하느님께서는 학교 선생님이 학생을 다루듯이 그를 다루셨다"[1]라고 언급한 것을 본다면, 그가 영적 체험을 통해 기도하는 방법 등을 포함하여 하나하나 구체적으로 배워나간 것이 『영신수련』[2]에 방법적으로 표현되었음을 쉽게 짐작할 수 있다. 실제로 이냐시오는 성령의 인도하심과 은혜에 의해 자신에게 베풀어진 특수한 영적 체험을 성찰하며 다른 영혼들에게도 도움이 될 것이라고 여겨지는 것들을 틈틈이 적어 두었고, 결국 이것이 『영신수련』이라는 책자의 골격이 되었다. 이 책에는 피정이 진행되는 동안 기

---

[1] 이냐시오 로욜라, 『자서전』, 한국 예수회 옮김, 이냐시오영성연구소, 1997, [27]. [ ]는 『자서전』의 고유 문단 번호를 표시한다.
[2] 이냐시오 로욜라, 『영신수련』, 정제천 옮김, 이냐시오영성연구소, 2005. 정확하게 구분될 수 없는 경우도 있겠으나, 이 글에서 책을 의미할 때는 『영신수련』, 이에 따른 피정을 의미할 때는 <영신수련>으로 표기하겠다.

도할 주제에 따라 혹은 기도하는 시간이나 장소에 따라 '고찰', '묵상', '관상', 혹은 '오관 적용' 등의 다양한 용어로 표현된 기도 방법이 제시되어 있다. 복음서를 중심으로 예수 그리스도의 생애 신비 사적을 한 장면 한 장면 마음 속에서 상상해가며 하는 기도를 의미하지만, 대체로는 『영신수련』에 소개된 이런 다양한 기도 방법을 모두 통틀어 '이냐시오식 관상'이라 부른다. 그러므로 이냐시오식 관상을 제대로 이해하고 실천하기 위하여는 <영신수련> 피정이라는 맥락에서 살펴보아야 한다. 그리고 이 『영신수련』은 이냐시오 성인이 하느님을 만나 회심하고 성장하고 교회와 세상을 위하여 투신한 여정에서 형성된 것이기에, 『영신수련』을 이해하기 위해서는 반드시 성인의 하느님 체험이 어떤 역동성을 바탕으로 하나의 방법적 모습을 지니게 되었는지를 살펴보아야만 한다. 따라서 이 글에서는 이냐시오 성인의 하느님 체험을 살펴보면서 어떻게 이 체험이 <영신수련>이라는 구조로 흘러 들어가 방법의 언어로 표현되었는지, 그리고 이냐시오식 관상은 어떤 성격과 특질을 지녔는지 살펴보겠다.

II. 『영신수련』의 내적 기원으로서의 이냐시오의 하느님 체험

이냐시오의 생애 전반에 대한 언급을 피하고, 단지 그가 활동하던 시대의 특징을 간단히 언급하면서 그의 내적 체험을 곧장 살펴보겠다. 그의 하느님 체험을 분석하고 해석하는 작업에서는 객관성과 주관성의 문제, 즉 계시된 하느님의 말씀이라는 구원의 개관적 지평과 하느님의 은혜에 의해서 체험되는 구원의 말씀에 대한 응답으로서의 주관적 지평 사이에 어떤 차이점 및 연관성, 그리고 어떤 연속성이 있는지에 관심하면서 접근하겠다[3].

---

[3] 이러한 관점에 대하여는 Gilles CUSSON S. J., 『Biblical Theology and the Spiritual Exercises』(St. Louis, The Institute of Jesuit Sources, 1988)와 졸저, 『영신수련의 신학적 이해』(이냐시오영성

시대적 상황

이냐시오가 활동하던 시대는 한마디로 혁명과 발견의 시대였다. 그가 태어난 1491년에 스페인은 그라나다에서 무어인들과의 전쟁에서 승리했다. 국왕은 회교도 군주들을 정벌하여 무어인들이 세례를 받거나, 강제로 이주되거나, 혹은 벌을 받도록 하는 엄한 정책을 썼다. 이러한 엄한 정책에도 만족하지 못하는 국왕은 개종한 유대인들, 무어인들, 의심스러운 그리스도인들을 상대로 이단을 축출해내려고 종교재판을 도입했다. 정통 그리스도교 신앙을 지니는 것이야말로 바로 스페인 왕궁에 대한 충성심으로 이해되었고, 이것을 이용하여 백성을 통치하려고 했다.

스페인이 통일된 25년 후, 새로운 혁명이 유럽을 강타했는데 이것이 바로 종교 개혁 운동이었다. 1517년 마틴 루터는 비텐베르그 대성당의 현관에 길다란 현수막을 내걸었다. 이 현수막에 쓰여진 95개의 항목들은 지난 수년간 움직이기 시작한 개혁의 불길을 여기저기에서 활활 타오르게 했다. 여러 개혁의 물길들이 교회의 일치를 위협하고 여러 나라들을 불안하게 만들었다.

또 다른 영역에서는 신세계가 발견되고 탐험되면서 유럽의 힘이 더 넓은 세계로 확장되어 나갔다. 포르투칼의 선단은 1486년 아프리카 대륙 남단을 항해했고, 콜롬버스는 1492년 신세계의 해변을 걸었다. 이러한 신대륙의 발견들은 유럽의 여러 나라들로 하여금 자신들의 영향력을 확장하여, 물질적 풍요를 끌어들이고자 하는 지나친 경쟁심들을 불러 일으켰다. 화란, 스페인, 포르투칼, 영국 등은 대양에 배를 띄어 자기 나라의 명예와 부를 불러오려 힘썼다. 교회도 마찬가지로 가톨릭 국가들에 의해서 새로 발견된 땅들을 가톨릭 땅이라고 주장했다.

이러한 시대적 사건들이 이냐시오와 예수회에 커다란 영향을 끼치게 된다.

연구소, 2009)를 참고하시오.

로욜라성(城)에서의 체험

이냐시오 영성의 내적 기원에 대해 연구하면서 간과할 수 없는 점은 만레사에서의 내적 체험이 그 어느 것보다도 중요한 위치를 차지한다는 사실이다. 하지만 시간적으로 만레사 시기에 앞서 있다는 의미에서 뿐만이 아니라, 만레사에서의 체험이 가능하도록 밑바침이 되었다는 이유에서 로욜라에서의 회복기 역시 무시할 수 없을 정도로 중요한 위치를 차지한다. 팜플로나 전투에서 심한 부상을 당한 이냐시오는 후송되어 1521년 8월 말(혹은 9월 초)부터 다음해 2월 말까지 여섯 달 동안 고향 로욜라성(城)에서 지냈는데, 이때 특별히 『그리스도의 생애』(Vita Jesu Christi)[4]와 『성인들의 꽃』(Flos Sanctorum)[5]이라는 두 권의 책이 그의 삶에 중요하게 부각된다. 진지한 흥미와 열정으로 이 책들을 읽고 묵상하면서 그는 자신에게 도움이 될 것이라고 여겨지는 요점들을 베껴 썼다[6]. 이 두 권의 책을 통해 얻게 되는 영적 깨달음들은 이냐시오에게 회심의 객관적인 시발점을 제공했다. 그리고 이로부터 그는 세상에 대한 봉사와 하느님께 대한 봉사의 두 갈래의 갈림길에서 무엇을 선택해야 하는가를 찾아낼 수 있었다.

로욜라에서 일어난 이냐시오의 회심은 두 단계에 걸쳐 이루어진 선택 과정이었다고 볼 수 있다. 첫 단계는 보다 더 근본적인 차원에서의 선택으로서, 세상에 대한 봉사보다는 하느님께 대한 봉사에 자신의

---

[4] 이냐시오가 읽은 『그리스도의 생애』는 독일의 카르투시오 회원인 작센의 루돌프(Ludolf the Carthusian)가 쓴 작품을 암브로시오 데 몬테지노(Ambrosio de Montesinos)가 스페인어로 번역한 것이다.

[5] 이 『성인들의 꽃』은 13세기 도미니코 회원인 야고버 데 보라히네(Jacobus de Voragine)가 쓴 것을 시토회의 가벨토 바가드(Gauberto Vagad)가 스페인어로 번역한 것이다. 최근에 영어로 출판된 것을 소개하면 다음과 같다. Jacobus de VORAGINE, 『The Golden Legend. Readings on the Saints』, Two volumes, tr. by William Granger Ryan, Princeton, N. J., Princeton University Press, 1993.

[6] 참고: 『자서전』, [6,11].

삶을 내어주고자 하는 선택이었다. 둘째 단계는 여기에서 파생되는 것으로서, 카르투시오적인 은수자의 삶보다는 『성인들의 꽃』에서 발견되는 보속 순례자의 삶을 택하는 선택이었다[7]. 그는 이 책들을 읽고 묵상하면서 자신의 삶을 개선해야 할 필요성을 절감했고, 이어서 성인들의 삶을 본받기로 결심했던 것이다. 그는 영적 독서를 통해서 예수 그리스도께 깊이 이끌리면서, 한 걸음 더 나아가, 복음서에서 만나는 예수님의 구체적인 삶과 말씀, 그분이 활동하셨고 일하신 장소 등에 대한 신심을 통해서 영원하신 주님께 대한 끝없는 공경심을 지니게 되었다. 분명히 이냐시오는 『그리스도의 생애』를 읽고 마음에 되새기며 기도하는 가운데 깊은 영적 기쁨을 맛보았다.

『그리스도의 생애』가 이냐시오의 영적 이해에 영향을 끼치면서, 그로 하여금 하느님 구원의 역사적 맥락 속에서 그리스도의 위치를 알게 하고, 묵상을 통해 그리스도의 부르심을 깨닫고 자기 삶의 가치를 식별하도록 이끌어 주었다면, 『성인들의 꽃』은 성인들의 영웅적 모범으로써 이냐시오의 의지를 자극해서 그가 실현할 수 있는 이상을 향해 투신하도록 격려했다. 하느님의 사랑에 감동되어 항상 '그 이상의 것'을 추구하고, 십자가에 달려 죽기까지 순종하신 그리스도의 겸손함을 모방하는 것 외에, 또 다른 구체적인 동기가 이냐시오의 마음을 이끌었다. 그것은 바로 성인들, 즉 '십자가의 기사들'의 모범들을 따르고자 하는 것이었다. 특별히 성 오누프리우스, 성 프란치스코, 성 도미니코 등은 이냐시오에게 가장 큰 매력으로 다가왔다[8]. 이냐시오는 『그

---

[7] 『자서전』, [12].

[8] 성 오누프리우스는 에집트의 테베이드 출신의 사막 은수자였다. 이냐시오는 『성인들의 꽃』에 실린 이 성인의 생애를 읽고 그분을 흉내내어 거친 삼베옷과 험한 음식과 초식 등 고행에 열성을 냈다. 이 고행은 하느님을 섬기는 위대한 일이기에, 인간 본성의 원수와의 전투에서 끝장을 볼 때까지 계속되어야 한다고 믿었다. 이냐시오는 오누프리우스의 생애의 고행 업적을 읽으면서 받았던 깊은 인상을 30년이 지난 후에도 생생하게 되살려 낼 수 있었다고 한다.

리스도의 생애』의 안내에 따라 복음서를 묵상하면서 "자신의 지난날을 보다 정직하게 반성하게 되고 속죄해야겠다는 필요성을 절감"[9]했고, 성인들의 삶을 기록해 놓은 글을 읽으면서 어떻게 그것들을 실천에 옮길 수 있는가를 발견하게 된 것이다.

이와 같이 두 권의 책은 그리스도의 삶을 최고의 이상으로 제시할 뿐 아니라 성인들의 삶을 통해 구체적으로 어떻게 그분을 따르며 섬길 수 있는지를 이냐시오에게 제시했고, 세세하게는 자신에게 맞는 기도와 묵상 방법들을 자연스레 터득하도록 이끌어 주었다. 물론 그가 로욜라성(城)을 떠날 때 모든 것이 완성되었다고 볼 수는 없다. 오히려 영성 생활의 실천적 지혜들을 시행착오를 통해서 스스로 배우고 터득하는 길은 더 멀고 길었다. 한마디로 로욜라 시기는 하느님을 향한 근본적인 회심이 이루어진 시기였으며, 아직 구체적인 방법 같은 것은 거의 생각하지 못하면서 단순히 성인들을 본받겠다는 생각을 지니게 된 시기였다.

만레사에서의 체험

이냐시오는 로욜라성을 떠나 예루살렘으로 향하는 순례길에 나섰는데, 초반에 만레사라는 마을의 작은 굴에서 10개월 정도를 머물며 극심한 고행과 자기성찰 및 여러 양태의 신심업을 수행하면서 다양한 내적 체험을 하게 된다. 그는 이 체험들을 통해 얻게 된 내적 은혜들을 성삼위의 신비, 창조의 신비, 성찬의 신비, 그리스도의 인성, 성모 마리아께 대한 새로운 인식 등의 다섯 가지로 요약해서 『자서전』에 전해 준다.

> 첫째, 그는 <지극히 거룩하신 성삼위>께 극진한 신심을 가졌고, 매일 성삼위 각위께 기도를 바쳤다. 그런데 성삼위께 기도를 드릴 때면 무엇 때문에 성삼위께 네 차례의 기도를 올려야 하나 하는 생각이 들곤 하였다. 하지만 이 생각은 대수롭지 않은 일로서 그다지

---

[9] 『자서전』, [9].

곤란을 끼치지는 않았다. 하루는 수도원 층계에 앉아 <성모의 성무일도>를 염하고 있노라니 그의 오성이 승화되더니 지극히 거룩하신 성삼위가 세 개의 현(弦)의 형상으로 보이는 것이었다. 그러자 그는 눈물을 감추지 못하고 끝내는 흐느끼며 자제를 잃고 말았다. 그날 아침에 그 층계 위에서 시작된 이 감격은 점심 때가 되도록 눈물을 거두지 못하는 지경이 되었다. 점심을 먹은 후, 그는 크나큰 희열과 위안을 느끼며 여러 다른 비유를 들어가면서 지극히 거룩하신 성삼위에 관한 이야기를 계속했다. 지극히 거룩하신 성삼께 기도하던 때에 경건심을 체험했던 그 인상은 평생을 두고 결코 지워지지 않았다.

둘째, 하느님께서 세상을 창조하시던 손길로 언젠가 자신을 비추어 주셨는데, 그는 거기에서 위대한 영성의 환희를 맛보았다. 그가 느끼기로는 하얀 물체를 본 듯도 하고 그 물체에서 몇 줄기 광선이 흘러나오는 듯도 했는데, 하느님께서 그 물체로부터 빛을 내보내시는 것이었다. 그러나 그는 그 일들을 어떻게 설명해야 좋을지 몰랐고, 그 순간에 하느님께서 자기 영혼에 비추어 주셨던 조명을 잘 기억하지 못했다.

셋째, 그가 근 일 년간 보낸 만레사에서 있었던 일이다. 하느님께서 그에게 위안을 주시기 시작하고 하느님께서 영혼들을 치유하시는 효험을 본 후, 그는 형식을 따라 고수해 오던 극단적인 행위를 중단하고 손톱과 머리를 깎았다. 그러던 어느 날, 앞서 말한 수도원 성당에서 미사를 참례하고 있는데 거양성체 때 새하얀 광선 같은 것이 위에서 내려옴을 심안으로 보았다. 먼 훗날에 와서도 그는 이 일을 제대로 설명할 수 없었다. 그러나 우리 주 예수 그리스도께서 지극히 거룩한 그 성사에 어떻게 현존하시는가 하는 사실을 그는 심안으로 분명히 보았던 것이다.

넷째, 그는 기도 중에 자주, 그것도 상당히 긴 시간 동안 그리스도의 인성을 심안으로 뵈었다. 그에게 나타난 형상은 그다지 크지도 작지도 않은 흰 몸체인데 지체는 뚜렷이 보이지는 않았다. 만레사에서 그는 이것을 여러 번 보았다. 스무 번 내지 마흔 번을 보았다 해도 그것을 거짓말이라고 하지 못할 것이다. 그는 예루살렘에서도 이것을 보았고, 다음에 빠두아 근처를 여행하다가도 보았다. 또한 성모님도 비슷한 형상으로 뵈었는데 지체를 명확히 구분할 수는 없었다. 그가 본 것들은 그를 강화시켰고, 그 후에도 언제나 그의 신앙을 굳게 하는 힘이 되었다. 그래서 그는 "신앙에 관한 이런 신비들을 가르쳐 주는 성경이 없다 하더라도 자기는 자기가 본 사실만으로도 신앙의 진리를 위해 죽을 각오가 되어 있다"고 다짐하는 것이었다.

다섯째, 한번은 그가 신심으로 만레사에서 일 마일쯤 떨어진 성당으로 길을 나섰다. 필자의 생각으로는 성 바울로 성당이라고 했던 것 같다. 길은 까르도넬 강가를 뻗어 있었다. 길을 가다가 신심이 솟구쳐 그는 강 쪽으로 얼굴을 돌리고 앉았다. 강은 저 아래로 흐르고 있었고, 거기 앉아 있을 동안 그의 마음이 열리기 시작하더니, 비록 환시를 보지는 않았으나 영신 사정과 신앙 및 학식에 관한 여러 가지를 깨닫고 배우게 되었다. 만사가 그에게는 새로와 보일만큼 강렬한 조명이 비쳐왔던 것이다. 비록 깨달은 바는 많지만 오성에 더 없이 선명한 무엇을 체험했다는 것 외에는 자세한 설명을 못했다. 그는 예순 두해의 전생애를 두고 하느님으로부터 받은 그 많은 은혜와 그가 알고 있는 많은 사실들을 모은다 하더라도 그 순간에 그가 받은 것만큼은 되지 않는다고 생각했다[10].

주지하는 바와 같이 이냐시오의 영적 체험들은 까르도네르 강가의 체험에서 그 절정에 이른다. 이 체험은 이냐시오가 이제껏 받은 모든 영적 인식과 체험들이 한데 엮어져 한 결정체를 이루는 지성적 인식의 통합적인 체험이었다[11]. 그의 지성이 신비적으로 조명된 체험은 성삼위적이고 그리스도 중심인 그의 신심을 더 없이 깊게 하고 심화시켰고, 성인들의 삶을 본받겠다는 막연하고 순진한 열망을 더욱 세련된 투신으로 바꾸어 주었다. 한 가지 특징적인 점은 그의 하느님 체험에서 지성적 깨달음 내지는 지성적 인식이 강조된다는 것이다. 즉, 신

---

[10] 『자서전』, [28-30].

[11] 참조: Hugo RAHNER, 『The Spirituality of St. Ignatius Loyola』, Chicago, Loyola University Press, 1980, 46-58.

앙의 빛에 의해 조명된 영적 인식이 점차로 증가하면서, 상대적으로 영상이나 상상들은 점차 줄어들었다. 이러한 영적 인식은 객관적인 차원에서 지속적으로, 그리고 결정적으로 그의 내면의 세계에 영향을 끼쳤다. 그의 영적 체험 속에서는 구원의 기초와 계시의 중심으로서의 그리스도가 그의 모든 관심을 사로잡는다. 그는 엄위하신 하느님을 향한 지극한 존경심과, 가장 거룩한 성삼위께의 최대의 사랑을 지니게 되었다. 이러한 하느님의 지존하신 현존 앞에서 자신을 죄인으로 인정하고 인식함으로써, 그는 마침내 구원의 기초이신 그리스도를 향해 자신의 전 삶을 내어드리는 투신을 했다.

한편, 이 영적 인식이 통합되는 체험 안에서 그리스도는 모든 것의 중심이시며 계시의 중개자로 체험된다. 계시의 절정은 창조주이신 영원하신 말씀이 사람이 되신 육화의 신비에 드러난다. 그리스도의 인성 안에서 창조된 만물과 그 주인이시며 창조주이신 하느님과의 관계가 화해를 이루며, 바로 이를 통해서 온 우주 만물이 성화되고 구원을 얻게 된다. 그는 하느님의 은총에 의해서 이러한 그리스도 중심의 삼위일체적이며 성사적인 신비를 깊이 인식하고 체험하게 되었으며, 그의 생애는 바로 이 신비를 중심으로 엮어 졌다. 예수 그리스도의 생애 신비 사적을 관상함으로써 얻는 그리스도의 인성에 대한 깊은 인식은 오히려 이냐시오의 영적 삶을 하나로 통합해 주는 체험이었다. 하느님의 신비를 수용하고 받아들임을 통해 이미 로욜라에서 지녔던 순진한 열망이 하느님의 뜻 안에서 구체적으로 형성되면서 삶의 방향은 결정되어 나갔다. 복음적 가난과 진정한 마음의 겸손, 그것이야 말로 참다운 신앙이 추구해 나가야 할 것이었다. 만레사에서의 체험은 끊임없이 그를 변화시켰으며, 새로운 인간으로 만들어 갔다.

III. <영신수련>의 목적과 내적 역동성

교회 안에 있어 온 여러 종류의 피정이나 영적 수련들의 원형으로서 『영신수련』이 교회의 내적 삶에 기여해온 바는 일련의 영적 수련들과 이에 따르는 다양한 기도 방법을 통해 교회를 위해 투신하는 그리스도인들을 양성하는 고유한 역동적 구조에 있다고 할 수 있다. 여기에서 역동성이라 함은 예수 그리스도를 향한 피정자의 개별적인 투신을 심화시키도록 이끄는 외적인 구조와 그 내적인 움직임 모두를 의미한다. 그래서 보통 <영신수련>을 '기도의 학교'라 부르기도 하지만, 그 본래 의미는 피정자가 그리스도 안에서 하느님을 만나는 영적인 체험들이 그로 하여금 더 깊이 주님을 친밀히 알고, 깊이 사랑하며, 가까이 따르도록 이끌어 주는 여정에 있다. 30일간 완전한 침묵 속에서 지도자의 안내에 따라 다양한 형태의 기도와 수련을 따라 함으로써 피정자는 하느님을 만나는 다양한 체험을 하게 된다. 이렇게 얻는 영적 체험은 철저한 자기 정화를 시발점으로 하여 궁극에는 하느님을 향한 관대한 응답에 이르는 단계를 거친다. 그러므로 <영신수련>의 내적 역동성을 이해하기 위하여 우선 피정자가 나아갈 방향의 객관적 설정, 그것을 향한 구체적인 여정의 단계, 그리고 거기에서 얻게 되는 영적인 열매 등에 대해서 살펴보아야만 한다.

<영신수련>의 목적

<영신수련>의 목적이나 과정을 주님을 향한 더 큰 봉사를 위한 정화의 과정, 그리스도를 본받기 위해 자신의 삶을 재 정돈하는 과정, 하느님의 은혜로운 활동에 자신을 온전히 내어놓기 위한 해방의 여정, 하느님의 뜻을 발견하고 성취하기 위한 식별의 여정, 혹은 하느님과의 합일을 위한 일치의 여정으로 묘사하는 여러 입장이 있다. 이냐시오는 <영신수련>을 다음과 같이 표현한다.

"양심 성찰과 묵상, 관상, 통성 및 침묵 중에 기도하는 방법을 포함하여 앞으로 다루게 될 모든 정신 활동의 방식들을 말한다. 산보와 걷기, 달리기가 몸의 운동인 것과 같이 우리 정신이 온갖 무질서한 애착을 없애도록 준비하고 내적 자세를 갖추며 그런 다음에 영혼의 구원을 위하여 자신의 인생에 대한 하느님의 뜻을 찾고 발견하려는 모든 방법을 영신수련이라고 하는 것이다"[1].

<영신수련>의 목적은 하느님의 진리의 빛에 입각해서 자신의 삶을 쇄신하는 구원의 체험과 창조주이시며 구원자이신 하느님의 구원 사업에 자신을 몰입시키면서 구원의 역사 안에 놓인 자신의 올바른 위치로 복귀하는 투신의 체험을 불러일으키는데 있다. 즉, <영신수련>의 주된 관심은 영혼의 내적 쇄신과 이 쇄신이 불러오는 하느님을 향한 더 나은 투신에 있다.

내적 쇄신, 즉 무질서한 애착에서 벗어나 자신의 삶을 정돈하며 하느님의 뜻을 찾아 그분을 향해 전적으로 투신한다는 것은 그렇게 간단하고 쉬운 과정이 아니다. 여기서 무질서한 애착에서 벗어난다는 것은 하느님께 나아가는 데 걸림돌이 되는 여러 성격적인 약점, 신학적 편견, 자기중심적인 편파적 이상 등에서 벗어나 하느님과의 진정한 통교가 가능하도록 통로를 정리하는 것을 말한다[12]. <영신수련>을 통해서 기대하는 것은 피정자로 하여금 항상 모든 일에서 하느님을 선택하는 사람이 되고자 하는 열망을 지니고 전적인 영적 자유 안에서 성장하도록 돕는 것이다. 그럼으로써 그 사람이 기도의 학교에서 배우고 습득한 바를 자신의 일상적 삶에서 적용하고 실천하며, 하느님의 초대에 응답하는 식별의 삶을 살도록 이끌어 준다.

---

[12] 파르마난다 디바카, 『내적 인식의 여정』, 심종혁 옮김, 서울, 이냐시오영성연구소, 1994, 23-24.

<영신수련>의 역동적 구조

<영신수련>의 의미를 담아내기 위하여 여러 표현이나 단어들이 사용되고 있지만, 가장 극명하게 그 본질을 나타내는 표현은 '내적 자유의 성장'이라고 볼 수 있다. <영신수련>은 어떤 정지해 있는 구조가 아니라, 어떤 특정한 목표를 향하여 이끌어 가는 역동적인 구조이다. 외부에서 바라보면 단지 외적으로 꽉 짜인 질서에 의해 기도와 성찰의 시간과 방법이 정해져 있고, 기타 제반 규칙에 의하여 철저하게 통제되어 있는 구조이다. <영신수련>의 구조와 흐름을 연구하기 위해서는 실제로 그것을 해본 경험에 기반을 두어야 한다. 왜냐하면 <영신수련>이라는 체험의 현장은 하느님께서 자신을 드러내시고 인간으로 하여금 그리스도의 은총에 의해 성령의 움직이심을 수용하면서 자유롭게 응답을 내리도록 이끄는 놀랍고도 경이로운 현장이기 때문이다. 우선 그것이 진행되는 순서에 따라 <영신수련>을 구성하는 일련의 수련들을 살펴보겠다.

1. 일러두기

『영신수련』의 첫머리에는 '일러두기'라 불리는 20개 항의 지침들이 나온다. 이 지침들은 필요에 따라 여기 저기 흩어져 있는 '부칙'들이나 '주의'들과 더불어 피정이 어떻게 진행되어야 하는지를 일러두고, 기도하기 위한 마음 준비와 태도, 그리고 다양한 묵상이나 관상을 위한 방법적 조언 등 가장 기초적인 실천적 제안들을 지도자에게 제시해 준다. 뿐만 아니라 <영신수련>이 다양한 기간에 다양한 형태로 적용되어 진행될 때에도 이 '일러두기'에서 제시되는 견해들은 그 핵심적 역동성을 규정하고 있는 것이기에 가벼이 여겨서는 안된다.

2. <원리와 기초>

대부분의 경우 <영신수련> 피정은 <원리와 기초>[23]라 불리는 대목을 숙고하면서 시작된다. 짧은 문단속에 인간의 실존에 대한 전통 그리스도교의 교리가 요약되어 있고, 이를 통해 앞으로 전개될 구원 진리의 객관적 지평이 제시된다. 즉 인간의 하느님과의 관계, 동료 인간과의 관계, 그리고 세상 사물과의 관계가 객관적인 지평에서 명확히 제시된다. 그리고 피정의 흐름은 이러한 객관적인 계시 진리에 대한 피정자의 고유하고 진지한 개인적인 응답을 심화시키는 흐름이다. 이냐시오는 자신의 개인적인 경험에 의하여 이러한 확고한 기반이 없이는 영적인 성장이나 <영신수련>의 진행은 결코 있을 수 없다는 점을 알게 되었다. 피정자가 자신의 죄스러움을 돌이켜보며 얼마나 하느님을 거부해왔는지를 숙고하면서 용서를 베푸시는 하느님을 향한 감사의 정을 지니기 위해서는 우선 이에 앞서 그분의 창조적이고 한결같은 사랑에 대한 깊은 신뢰가 필요하다. '죄'란 바로 신앙과 연관된 개념이기에, 이 의미를 올바로 알아듣기 위해서는 우선 창조주 하느님과 그분의 창조물들에 대한 확고한 기초가 요구된다는 것이다. 피정자에게 기대하는 것은 바로 자신의 죄스러움을 용기 있게 대면하면서, 창조의 첫 순간에서뿐 아니라 지금 이 순간도 신실한 사랑과 용서를 베풀어주시는 하느님께 감사의 정을 지니는 것이다. <원리와 기초>를 기도하는 마음으로 숙고하면서 피정자의 의식 안에 이러한 초대에 올바로 응답하지 못했다는 인식이 형성되면서 첫째 주간으로의 전이가 이루어진다.

3. 첫째 주간

『영신수련』의 첫째 주간[13]에 두 종류의 자료가 배열되어 있는데, 이

---

[13] 일러두기[4]에서 분명히 밝히는 것처럼 『영신수련』에서 사용되는 '주간'이라는 표현을 7일이라는 시간의 단위로 이해해서는 안된다. 전체 4주간의 <영신수련>을 위해 소요되는 시간은 물론 피정자 개개인의 상황에 따라 달리 적용되어야 한다. 다만 어느 경우에 있

냐시오는 양심 성찰을 위한 구체적인 방법[24-43]을 설명한 후 곧 이어 다섯 개의 묵상[45-71]을 제시한다. 기본 전략은 먼저 보편적인 지평에서 죄의 신비를 성경의 계시 진리를 통해 묵상하고, 이어서 어느 한 개인의 죄에 대해 묵상한 후, 자신의 죄를 묵상하도록 이끈다. 자칫 죄 묵상은 폐쇄적인 차원에서 이루어질 수 있는데, 이냐시오는 먼저 객관적인 지평에서 죄의 보편성과 그 우주적인 상황을 깊게 자각시켜 이 바탕 위에서 주관적 지평으로서 자신의 죄를 돌아보게 한다. 이 과정을 통해 지성, 감성, 의지의 차원에서 죄에 대한 인식이 깊어지기를 기대한다.

첫째 묵상[45-54]은 하느님을 거부한 천사들의 이야기, 태초의 인류 첫 조상들과 연관된 죄의 역사, 그리고 영원히 하느님을 거부할 수도 있는 인간의 본질적인 자유의지에 대한 신앙의 이해에 초점을 맞춘다. 이냐시오는 생명 전부를 파멸로 이끌고, 온갖 증오와 분열을 조장하며, 생명의 근원이신 하느님으로부터 멀어져 죽음으로 이끌어 가는 죄의 엄청난 결과에 대하여 객관적으로 바라보도록 이끈다. 피정자는 '담화' 즉, 십자가에 달리신 예수님과 더불어 죄의 결과에 대하여 친밀하게 나누는 대화[53]를 통하여 비로소 주관적 지평으로 들어간다. 이냐시오는 피정자로 하여금 자신의 삶이 여러 양상의 죄의 연결망에 의해 영향을 받고 있음을 기억하도록 이끈다. "어떻게 창조주께서 사람이 되어 오셨으며, 어떻게 영원한 생명으로부터 덧없는 죽음으로 오시어 내 죄 때문에 이렇게 돌아가시게 되었는가. 그리고 나 자신을 바라보면서, 나는 그리스도를 위해서 무엇을 했는가, 그리스도를 위해서 무엇을 하고 있는가, 또 그리스도를 위해 무엇을 해야 하는가를 생각"[53]하도록 이끌어 준다. 바로 이 순간에 하느님과 피정자 사이에 이루어지는 대화를 통해 진정한 의미에서의 기도가 이루어지는 것이다.

어서나 <영신수련>에 소요되는 전체 기간이 대략 30일 정도라고 밝히고 있을 뿐이다.

둘째 묵상[55-61]에서 피정자는 자기 자신의 죄 역사에 초점을 맞춘다. 이 묵상은 첫째 묵상의 객관적인 지평에서 한 걸음 더 나아가 비교적 주관적인 입장에 더 다가가도록 이끈다. 하지만 이냐시오는 피정자가 자신의 잘못과 그 결과에서 생기는 절망에 빠지지 않도록 이끌어 주며, 직접 하느님께서 대자연이나 동료 이웃들의 관심과 사랑을 통해 베풀어주시는 끊임없는 지지와 사랑을 잊지 않도록 배려한다.

셋째 묵상[62-63]은 앞선 두 묵상을 되풀이[14]하는 것이다. 앞서 행한 두 묵상의 주제를 상호 관련시켜 담화에 강조점을 둔다. 이 묵상에서 이냐시오는 세 가지 담화, 즉 성모 마리아, 예수, 성부와 담화를 통하여 이 주제들이 더욱 심화되도록 한다. 넷째 묵상[64]은 같은 주제와 같은 담화를 통해서 더욱 더 심화시키는 되풀이 묵상이고, 다섯째 묵상[65-71] 역시 하루 동안의 묵상을 더욱 더 단순하게 심화시키는 작업이다. 이냐시오는 이 다섯째 묵상에서 '오관 적용'이라는 방법을 통하여 묵상의 내용을 심화시키도록 이끌어 준다.

역동성이라는 관점에서 볼 때, 피정의 전형적인 하루의 구조는 우선 숙고를 위한 묵상 자료들이 제시되어 추리를 사용하는 묵상이 진행되고, 다음의 기도에서는 추리의 활동이 줄어들어 담화가 점점 중심으로 등장하면서 좀더 감성의 영역에 다가가는 양상으로 진행된다. 그래서 하루의 마지막 시기에 진행되는 다섯째 묵상에서는 하느님의 현존 앞에서 좀더 많이 머물러 있을 수 있는 기도의 양상으로 전환된다. 이러한 양상의 기도는 보다 수동적인 기도라고 볼 수도 있다. 즉 사고와 추리를 활용하여 진행되는 기도의 양상에서 추리가 줄어들고 마음에서의 응답이 증가하는 방향으로의 움직임이 있다. 이

---

[14] 되풀이 묵상은 피정자가 묵상을 통해 "내적으로 느끼고 맛들인"[2] 내용을 더욱 더 심화시키는데 도움을 준다. 여기에서 다음과 같은 두 가지가 중요하게 부각된다. 즉 묵상의 내용 그 자체 뿐 아니라 다섯 번의 기도를 통해 그 내용이 점점 더 내면화되면서 단순해 진다. 이러한 점은 '구할 은혜'뿐 아니라 담화에서도 분명히 드러난다.

러한 움직임은 한 주간 전체의 진행에서도 엿보인다. 피정자가 첫 3-4일 동안 제시된 5개의 묵상을 되풀이한다면 하루하루 지나면서 묵상의 주제는 더욱더 심화되고 단순해지며, 피정자 자신의 내면에서 일어나는 감성적 영역에서의 애정 어린 응답이 증가할 것이다.

물론 묵상을 위한 길잡이와 구할 은혜를 통해서도 알 수 있지만, 첫째 주간의 이러한 역동성이 이끌어 가는 방향을 바라보면 이 주간을 언제 마무리해야 할지가 분명해 진다. 자신이 죄인이면서도 하느님에게 사랑 받고 구원받는 존재라는 깨달음에서 얻게 되는 평화가 바로 첫째 주간을 마무리하는 표시이다. 하느님의 지속적인 자비는 분명 실제 체험이며 우리 자신의 죄스러움만큼이나 사실적이다. 이냐시오가 첫째 주간에서 강조하는 관대한 마음의 태도는 피정자가 둘째 주간의 묵상을 위해 준비되어 있는지를 판단하는 데 중요하다.

4. 둘째 주간

둘째 주간은 기본적으로 복음서를 바탕으로 예수 그리스도의 일생을 관상함으로써 그분이 취하신 삶에 대한 태도와 가치를 내면화시켜 그분을 본받도록 이끌어 준다. 이를 배경으로 피정자는 자신의 삶과 관련된 주요 문제들을 살펴보면서 식별하고 필요하다면 삶의 중요한 결정을 내리기도 한다. 인생의 중요한 결정을 내리는 올바른 방법은 어떠한 상황에서도 그리스도께서 지니셨던 태도를 지니는 것이다. 그리고 그리스도를 닮는 최상의 방법은 하느님께서 당신 스스로를 제시해주신 것처럼 복음서의 관상을 통해 그리스도를 만나는 것이다[15]. 이 둘째 주간과 잇따르는 주간에서 제시된 기도 방법이 이냐시오의 고유한 면을 반영하고 있기에 '이냐시오식 관상'이라고 불리기도 한다.

---

[15] 파르마난다 디바카, 『내적 인식의 여정』, 98.

이냐시오에게 관상이란 복음서의 장면에 온전하게 몰입해서 오직 사랑스런 현존을 통해서만 관통할 수 있을 그런 분위기를 맛보고 거기에서 표현된 말이나 행동 혹은 움직임들을 깊게 느끼는 것이다. 이를 통해 이냐시오가 피정자에게 기대하는 것은 바로 '본 것에서'[106], '들은 것에서'[107], '행해진 일들'[108]에서 영신적 신익을 얻는 것이다. 바로 이러한 기도 방법을 통해서 이냐시오는 피정자가 예수님께서 지내신 태도와 가치관을 배우고 습득하게 된다고 믿는다. 그리스도의 생애 신비 사적을 더 깊이 관상하면 할수록 그만큼 더 우리의 생활 태도와 가치관이 주님의 생활 태도와 가까워진다. 이러한 관상 기도를 통해 피정자가 얻는 것은 바로 주님과의 '친밀감'이다. 여기서 친밀감이란 내적 인식 혹은 사물의 내용을 깊이 깨닫고 맛보는 것을 다르게 표현한 말이다[16]. 피정자는 관상을 통해 예수님의 생활 태도와 가치를 맛보고 느끼게 되고, 그리하여 그분의 가치와 사랑과 자유에 동화되기 시작한다. 이런 관상을 통해서 둘째 주간의 핵심적인 부분을 이루고 있는 식별과 선택의 맥락을 배우게 되고 그리스도인으로서의 삶이 확고해진다.

바로 이런 배경에서 『영신수련』의 고유 묵상들, 즉 <왕이신 그리스도의 부르심>, <두 개의 깃발>, <세 가지 종류의 사람들>, <겸손의 세 단계>, <선택을 위한 길잡이> 등의 묵상들이 둘째 주간의 중심축을 이루며 그리스도 생애 신비 사적을 관상하도록 이끌어 준다.

1) <왕이신 그리스도의 부르심> 묵상

<왕이신 그리스도의 부르심>[91-98]이라는 제목이 달린 이 묵상은 통상적으로 <그리스도 왕국>이라 불린다. 이 묵상은 하느님께서 온 세상의 모든 사람들을 당신의 거룩한 왕국으로 부르신다는 것을 보여

---

[16] 같은 책, 109-110.

줌으로써 하느님의 자비하심이 어떻게 구체화되고 있는지를 일깨운다. 이 묵상을 통해 피정자는 자신이 지닌 여러 종류의 열망에 초점을 부여하여 하나로 통합하고, 하느님의 구원 계획에 초대하시는 참 주인이신 예수 그리스도의 부르심에 응답함을 통해 삶의 궁극적인 의미를 발견하게 된다. 『영신수련』에서 언급하듯이 올바른 "판단력과 이성을 가진 사람이면 누구나 그 일에 자신을 모두 바칠 것임을"[96] 생각하게 된다. 이 묵상을 통해 피정자는 앞선 단계에서 강조되었던 어느 쪽으로도 기울어지지 않는 불편심에서 이제 한 걸음 더 나아가 열심함과 쾌활한 마음으로 가난하고 수고하시는 그리스도께로 기울어지게 된다. 그리고 이렇게 가난하신 그리스도를 실제적으로 따르고 선택하려는 열망이 둘째 주간의 기본 역동성이 된다.

첫째 주간에서 둘째 주간으로 넘어가는 전환점으로서의 <그리스도 왕국> 묵상은 피정자 안에 하느님의 자비하신 은총에 대한 관대한 응답뿐 아니라 그리스도의 인격과 그분의 사업에 투신하고자 하는 마음을 드높이게 된다. 이 묵상을 마치면서 바치는 봉헌의 기도[98]에서 이냐시오는 사도적 삶의 근본 기초를 표현하고 있다. 그리스도의 왕국을 건설하는 길은 곧 그리스도의 길, 즉 가난과 모욕과 고통의 길이다. 따라서 가난은 그리스도의 왕국을 성취하기 위한 필요 조건이기도 하다.

2) 강생의 신비와 탄생, 그리고 예수님의 숨은 삶 관상

둘째 주간의 첫 3일은 강생의 신비, 탄생, 그리고 예수님의 숨겨진 삶을 관상하며 보낸다. 물론 하루의 외적 구조는 첫째 주간에 설정된 것과 같다. 즉, 첫째와 둘째 묵상에 각각 묵상 요점이 제시되고, 셋째와 넷째는 되풀이 묵상이고, 다섯째는 오관 적용이다. 피정자가 구해야 할 은총은 "나를 위해 사람이 되신 주님께 대한 내적 인식을 청하는데 이로써 그분을 더 사랑하고 따르려"[104]는 것이다. 그러므로 담화에서도 역시 사람이 되신 그리스도를 보다 가까이 따르고 본받기 위하여 도움이 되는 것을 구해야 한다. 이냐시오는 첫째 묵상[101-109]과 둘째 묵상[110-117]에서 관상에 접근하는 두 가지 방법을 기술한다. 성부와 성자와 성령께서 이 지상을 내려다보시며 구원 의지를 굳히시는 맥락이 바로 가브리엘 천사가 성모님을 방문하여 인사드리는 장면을 관상하는 기본 배경이 된다. 하느님과 더불어 성모님의 응답을 통해 구체적으로 영원하신 성자께서 인간이 되어 오심을 바라본다. 하느님의 구원 의지라는 객관적 지평이 성모님의 구체적인 응답이란 주관적 지평에서 만나고 있으며, 성모님의 관대한 응답을 보여주는 객관적 지평이 이제는 피정자의 주관적 지평에서 마음에 떠오르는 응답으로 구체화되고 있는 것이다. 둘째 묵상에서 예수님의 탄생 신비를 관상하게 된다. 이냐시오는 십자가 위에서의 죽음에까지 이르는 그분의 고된 삶에 대한 총체적인 전망에서 예수님의 탄생이라는 성경의 구원 사건을 관상하도록 이끈다. 그는 피정자가 관상하고 있는 그 사적에 때로는 하느님의 관점에서 또 때로는 그리스도의 삶 전체의 시각에서 단순하고도 온전하게 몰입하기를 초대한다.

3) 이냐시오의 고유 묵상들

둘째 주간의 넷째 날에 이냐시오는 <두개의 깃발에 대한 묵상>이라는 아주 잘 짜여진 묵상을 통해 예수님의 정체성과 가치 체계, 그리고 그분의 사명을 숙고하도록 이끈다. 이 넷째 날은 둘째 주간에서 아주 특별한 날이다. 이날의 기도는 오히려 머리를 많이 사용하는 묵상 형태의 기도이고, 복음서의 이야기가 전면적으로 묵상 주제로 등장하지도 않는다. 구할 은총 역시 "그 악한 괴수의 속임수에 대한 인식과 그로부터 나를 지키기 위해 필요한 도움을 청하고 진정한 최고 사령관이 보여주시는 진실한 삶을 알고 그분을 본받기 위해 필요한 은총"[139]이다. 즉 이 묵상을 통해 그리스도께서 지니신 가치를 깊이 이해하고자 함이다. 이 묵상을 통해 인간 안에 깃들이어 있는 긴장, 즉 본성과 자신의 본연 사이에 일어나는 긴장이 표면화 된다. 이냐시오는 이 긴장을 두 개의 대립된 이미지를 통해서 두 개의 가치체계가 어떻게 정반대의 모습으로 이끌어 가는지를 보여준다.

<두개의 깃발> 묵상의 제1부 '사탄의 작전'[140-142]은 사탄의 역동성 곧 세상 안에 있는 암흑 세력의 활발한 움직임에 관한 비유이다. 사탄의 역동성은 소유하려는 욕구, 존경받고자 하는 욕구, 존재하고자 하는 욕구를 통해서 인간의 삶을 무질서하게 만듦으로서 자유를 파괴하고 항상 하느님을 선택하려는 열망을 파괴하는 것을 목표로 삼는다. 제2부 '그리스도의 작전'[143-147]의 역동성은 그분과 함께 하기 위해 온전한 영적 가난을 유지하는 것이며, 하느님께서 부르신다면 항상 그 부르심에 마음으로 또 실제적으로 응답하는 것이다[17]. 한마디로, 피정자가 가난과 모욕과 겸손을 위해 기도하고 열망할 수 있는 이유가 이 묵상을 통해 분명해진다.

그리스도의 작전을 이해하는 것, 즉 가난과 모욕과 겸손을 통해 당신을 따르라고 부르신다는 것을 이해하는 것으로서 모든 것이 끝나는 것이 아니다. 피정자는 그분을 따르고 섬기고자 하는 강렬한 의지와 열망을 지녀야만 한다. <두 개의 깃발> 묵상에서 얻은 인식과 이를 위한 의지의 차원에서의 준비 사이의 움직임을 보다 분명히 하기 위해 이냐시오는 <세 가지 종류의 사람들>[149-156]이라는 묵상을 제시한다. 이 묵상은 세 가지 다른 양상으로 결정에 이르는 사람들의 모습을 간결하게 묘사하고 있다. 이 세 유형 그 어느 사람도 사실은 결정을 내리지는 않는다. 하지만 첫 두 모습의 사람들이 보여주는 태도는 그 본연의 부르심이 의도하는 바를 피하여 결정을 내리고자 하는 태도이다. 셋째 사람만이 개방성과 준비성을 가지고 하느님께서 의도하시는 바를 선택하고 결정하고자 한다. 그리고 자신이 지닌 특정한 애착과 선호도를 인정하면서도 단지 그 애착에 의해 영향을 받지 않도록

---

[17] 메리안 코웬 C. S. J. - 존 캐롤 퍼트렐 S. J., 『은총의 동반자: 지도자를 위한 안내서』, 이냐시오영성연구소, 1997, 113-114.

배려한다. 이러한 자유로움을 유지하여 주 하느님을 더 잘 봉사할 수 있도록 하는 것을 선택하고 결정을 내린다. 이 묵상에서 중요한 것은 단지 무엇이 옳고 그른가를 선택하는 문제가 아니라 무엇이 더 낫고 무엇이 덜 좋은가를 선택하는 문제이다[18]. 피정자가 평소에 자신이 어떻게 결정을 내리는지 돌아보고, 이제 이 묵상에서 제시하고 있는 객관적인 예를 통해서 앞으로는 진정한 자유를 향한 깊은 열망에 따라 하느님의 이끄심에 따라 삶의 중요한 결정을 내리는 방법을 터득하도록 일깨우고 있다. 둘째 주간 넷째 날의 이 마지막 기도는 예수 그리스도의 가치 체계를 이해함으로써 그것을 받아들이고 이에 따라 선택하고자 하는 마음의 의지를 준비해주는 묵상이다.

이냐시오는 <겸손의 세 단계>[165-167]를 통해 그리스도를 향하는 다양한 강도의 개방성을 숙고하도록 초대한다. 첫째 단계의 겸손은 자기 중심성에서 탈피하여 적어도 하느님을 자신의 삶에서 배제하는 일이 없는 그런 정도의 영적 자유를 지닌 사람이다. 둘째 단계의 겸손은 전반적인 삶의 방식이 아버지의 뜻에 따르고자 했던 예수님의 삶의 방향과 함께 하려는 사람이다. 이 단계의 겸손은 완전한 초연함에 상응한다[19]. 겸손의 셋째 단계에 이른 사람은 예수님과 너무나 친밀하게 일치하길 원하기 때문에 자신의 삶의 외적인 모습, 특히 예수님이 체험했던 가난, 그분이 받았던 버림받음, 궁극적으로는 그분께서 지셨던 십자가를 자신의 삶에서 닮아갈 수 있게 될 때 진정한 즐거움과 기쁨을 누리게 되는 사람이다. 세 단계 모두 행동보다는 태도에 관심을 갖는 것이지만, 특히 이 세 번째 단계의 겸손에서는 궁극적으로 그리스도를 닮는 태도에 많은 관심을 둔다[20].

이냐시오가 이들 세 가지 묵상, 즉 <두 개의 깃발>, <세 가지 종류의 사람들>, <겸손의 세 단계> 묵상들을 통해서 피정자가 예수님을 따

---

[18] 파르마난다 디바카, 『내적 인식의 여정』, 132.
[19] 메리안 코원 - 존 캐롤 퍼트렐, 『은총의 동반자』, 116.
[20] 파르마난다 디바카, 『내적 인식의 여정』, 135.

르고 본받고자 하는 마음의 태도와 결정에 초점을 두고 그분의 생애 신비 사적을 관상하도록 준비시키고 있다. 즉 예수님의 가치 체계에 대한 깊은 이해를 통해서 그분을 따르려는 준비와 자발성을 가지게 되고, 그리스도와 보다 더 친밀해질 수 있는 은총을 바라게 된다. 한 걸음 더 나아가 만일 가능하다면 예수님의 생애를 있는 그대로 본받아 자신의 삶으로 드러내기를 원하게 된다.

4) 그리스도의 공생애 관상

이렇게 고양된 내적 태도를 지니고 피정자는 예수님의 생애 신비 사적을 요르단 강에서의 세례 장면부터 유혹, 사도들의 부르심 등 생애 전반의 사건들을 관상해 간다. 물론 피정자간에 차이가 있고 각자의 열망이나 하느님께서 그들과 함께 일하시고자 하는 방법이 다르기 때문에, 이 둘째 주간의 내용을 구성하게 될 성경 자료의 수에는 큰 차이가 있겠다. 관상하게 될 신비를 선택하는 것은 그저 단순하게 연대기적인 순서를 따르거나 혹은 피정 지도자 혹은 피정자가 선호하는 성경 대목을 계획 없이 무작위적으로 선택하는 것이 아니다. 선택된 신비 사적은 항상 이 특정한 피정자가 하느님의 이끄심에 응답하는 과정에 초점을 두고 순서가 잡혀져야 한다. 이냐시오는 피정자의 가능적 삶의 방향에 무게를 두고 하루에 하나의 신비 사적만을 관상하도록 제안하고 있고, 같은 요점을 하루에 세 번에서 네 번 반복하도록 했다. 이 관상의 중심적인 목적은 피정자로 하여금 예수님과 보다 친밀해지도록 이끌어 주는 것이다. 그분의 인격적인 모습을 닮고, 주님의 벗이 되어 그분을 더 가까이 따르는 보다 깊은 친밀한 관계를 증진시키기 위함이다.

5) <선택을 위한 길잡이>

둘째 주간 넷째 날에 다루는 묵상 주제를 통해 예측해보면 피정은 분명 피정자의 구체적인 삶의 맥락에서 어떤 실제적이고 구체적인 결정에 이르도록 이끌어 가고 있다는 점을 쉽게 알 수 있다. 이냐시오가 <영신수련>을 지도한 역사적인 증거를 통해서도 분명히 드러나지만, 둘째 주간을 구성하고 있는 자료들의 배열은 바로 생활 신분의 선택이나 생활 개선을 위한 선택이 피정의 핵심적 주제라는 점을 드러내준다. 하지만 <세 가지 종류의 사람들> 혹은 <겸손의 세 단계>에서 볼 수 있듯이 이냐시오는 생활 신분 결정이나 생활 개선을 위한 결정의 밑 근본을 이루고 있는 주제에 관심을 두고 있다. 즉, <영신수련>의 선택은 내적 존재의 방향, 즉 전체적인 삶의 양식과 태도에 관심을 기울인다. 이런 방향성을 중심으로 해서 삶의 모든 것들이 조직된다. 이것은 삶에 더욱더 단일성과 단순성을 부여한다. 이런 방향성을 발견하기 위해서는 분명 긴 내적 준비가 필요하다. <영신수련>에서 삶의 방식과 하느님의 뜻에 맞는 결정 방식은 인간적인 이성에서 나오는 것이 아니며 이에 대한 기도에서 나오는 것도 아니다. 그것은 계속해서 예수 그리스도의 가치관을 따르려는 일련의 과정이다. 이 과정은 관상을 통해서 예수 그리스도에게 초점을 맞춤으로써 생기 있게 진행된다.

5. 셋째 주간

셋째 주간은 예수님의 수난과 죽음을 관상하는 주간으로서, 구할 은총은 "고통 받는 그리스도와 함께 고통을, 비탄에 빠진 그리스도와 함께 애끓는 마음을, 눈물을, 그리스도께서 나 때문에 겪으신 그 많은 아픔으로 인해서 내적인 아픔을 함께 느끼기를 청하는 것"[203]이다. 이를 위해 제시되는 기도 방법은 물론 관상이다. 이냐시오가 예수님께서 겪으신 모든 고통과 수난이 "나를 위한 것"[203]이라는 점을 상기하도록 초대한다. 그는 예수님의 구원 행위가 우주적인 차원에서 일어난 것이 아니라 각 피정자 한 사람 한 사람을 위한 고유하고 인격적인 사랑의 희생이었다는 것에 가장 큰 관심을 기울이고 있다. 예수님은 한 사람의 죄를 위해서까지 자신의 삶 전체를 바치신 것이다.

6. 넷째 주간과 '하느님의 사랑을 얻기 위한 관상'

넷째 주간은 예수님의 부활 신비를 관상하는 주간이다. 이 주간에 구하는 은총은 "우리 주 그리스도께서 누리시는 그 큰 영광과 기쁨에 힘입어 나도 한없이 기뻐하고 즐거워하는 은총"[221]이다. 즉 부활하신 그리스도의 기쁨에 동참하고자 하는 은총을 구한다. 고통과 죽음을 당하시는 예수님과 함께 수고하도록 한 열정은 예수님의 승리 안에서도 함께 나누는 기쁨으로 바뀐다. 비록 피정자가 일상 안에서 새로운 삶의 완성에로 나아감에 있어 여전히 어려움을 겪고 있다고 해도 이 기쁨은 큰 것이다. 부활하신 예수님을 보고 놀라움으로 대하는 사람들을 관상함으로써 피정자는 자연스럽게 자신과 주변 세상이 예수님의 부활로 인해서 급격하게 변해왔다는 사실에 감사하게 된다. 부활의 진정한 효과는 무엇보다도, 성경에 기록되어 있는 하느님과, 그분 행위의 효력, 그리고 교회 안에 계시는 하느님에 대한 인식이다. 그러므로 넷째 주간은 사도를 양성하는, 피정자 안에 부활하신 예수님의 특질을 형성하는 주간으로 볼 수도 있다. 넷째 주간의 관상들은 피정자의 내면에 사도적 정신을 심어주시는 성령을 향해 자신을 개방하도록 해준다. 사도적 정신이란 용기, 희망, 교회에 대한 사랑, 단순성, 인간애, 사랑이며, 모든 것 안에서 하느님을 발견하는 정신이다[21].

이러한 조명 아래 <하느님의 사랑을 얻기 위한 관상>(230-237)을 더 잘 이해하게 된다. 이 관상의 목적은 사랑이라는 실재 안으로 뛰어들어, 삶의 구체적인 이곳과 저곳 모든 것 안에서 하느님께 봉사하고 사랑하는 법을 배우는 것이다. 여기서 사랑은 인간이 불러일으키는 것이 아니며 "위로부터 내려와야 하는 사랑"[184]이다. 피정자는 다만 이 사랑이 마음속 깊이 꿰뚫고 들어오도록 기도할 뿐이다. 이 사랑의 선물은 주님께서 피정자와 함께 머무신다는 불변의 선물이며, 모든 어려움 속에서

---

[21] 메리안 코원 - 존 캐롤 퍼트렐, 『은총의 동반자』, 179.

도 끊임없이 사랑의 열정이 불타오르도록 해주는 그런 선물이며, 이 새로운 창조 안에서 피정자를 둘러싼 모든 것에 예수님의 생명이 넘쳐흐르도록 해주는 그런 은총이다. 그래서 이 <사랑을 얻기 위한 관상>은 사도적 정신의 함양에 핵심 역할을 한다. 세상을 감싸고 있는 하느님의 사랑, 우리가 늘 그 속에 잠겨있는 사랑, 모든 것이 시작되고 되돌아가는 그 사랑을 깨닫는 것이다. 세상 만물이 성령의 현존으로 충만하게 채워진다. 그럼으로써 피정자는 활동 속에서 관상하며 모든 것 안에서 하느님을 발견할 수 있는 안목을 지니게 된다.

『영신수련』의 내적 역동성

『영신수련』에는 전통적으로 '회심 체험'이라 불려온 체험의 내적 역동성이 담아있다. 이 역동성에는 피정자, 지도자, 그리고 이들과 함께 하시는 성령이라는 인격적 요소들이 개입되어 있다[22]. 앞에서 살펴본 것처럼 <영신수련>은 이냐시오에 의해 특수하게 구성된 구조를 통해 예수 그리스도에 관한 복음서의 말씀을 묵상하도록 이끌면서, 그 중간에 간간이 고유한 이냐시오적 특별 묵상들이 삽입되어 있다. 이제 <영신수련>의 고유한 내적 역동성을 1) 보편성과 특수성, 혹은 객관의 지평과 주관의 지평 사이에 일어나는 상호 작용, 2) 지성과 의지 혹은 감성의 상호 관계, 3) 인간의 노력과 은총의 이끄심의 상호 관계라는 세 가지 영역에서 살펴보겠다.

1. 객관의 지평과 주관의 지평

<영신수련>이 진행되는 동안 피정자의 영혼 안에서 일어나는 움직임을 인간적인 것과 신적인 것이 만나 상호 작용하면서 서로 조화를

---

[22] David L. FLEMING, 「The Ignatian Spiritual Exercises: Understanding a Dynamic」, 『Note on the Spiritual Exercises of St. Ignatius of Loyola』, St. Louis, Review for Religious, 1983, 2-3.

이루어 나가는 역동적 움직임으로 설명할 수 있다. 피정이 진행되는 동안에는 보편성에서 특수성으로, 객관성에서 주관성으로 나아가는 움직임이 계속 일어난다. 이러한 움직임들은 따로 독립적으로 진행되지 않고 오히려 서로 통일성을 이룬다. 그래서 <영신수련> 지도자는 계시된 진리에 대한 객관적 지평과 이에 대해 반응하는 피정자의 주관적 지평과의 상호 작용에 대해 잘 인식하고 있어야 한다.

<영신수련>이 부여하는 체험은 지극히 보편적이면서도 개인적이다. 구체적인 인간, 구체적인 상황에 제시되는 보편적 진리는 피정자로 하여금 보다 더 넓은 구원의 관점에서 자신을 열도록 초대한다. 즉, 창조의 근본 질서를 향해 자신과 주변 상황을 쇄신하도록 초대한다. <영신수련>에 나타나는 이 두 움직임은 시간의 진행 순서에 따른 움직임이 아니라 서로에게 상호 호혜적인 생명력 있는 움직임이다. 보편적인 것은 지극히 개인적인 것을 밝게 비추어 주고, 지극히 개인적인 것을 다루는 특수성은 객관적인 하느님의 온전한 계시 진리를 바탕으로 한다. 한 마디로 보편성은 보다 넓은 보편의 지평 하에 개인적인 것을 더욱 개인적인 것으로 파악하게 한다. 구원의 객관적 진리가 체험의 주관성에 앞서 자리하지만, 이 객관적 구원 진리는 구체적이고 지극히 개인적인 주관적 지평에서 제시되고 수용되어야 한다. 『영신수련』은 구원의 객관적 진리를 명료하고 단순하게 제시하면서, 하느님 말씀을 듣는 구체적인 한 인간의 실존적 상황과, 구원의 역사를 통해 자신을 계시하기를 택하신 하느님의 방법을 모두 포함하고 있다. <영신수련>의 객관적 진리의 기초를 이루는 것은 성경에 담긴 구원의 역사이다. 성경의 말씀은 창조적이고 구원적인 하느님의 말씀이 완성을 향해 나아가는 모습을 담고 있다. 하느님 사랑의 역사는 인간 죄스러움의 역사이며, 하느님과 인간의 관계는 하느님 사랑과 인간의 배반, 그리고 극복의 역사이다. 성경 안에 기록된 하느님의 부르심과 응답의 이야기는 지금 여기서 우리 안에서 끊임없이 반복되고 있는 것이다.

2. 지성과 의지

인간관의 입장에서 주관성과 객관성 혹은 보편성과 특수성의 문제를 바라보면 즉시 지성과 의지의 문제가 그 핵심으로 등장하게 된다. 이냐시오는 『영신수련』에서 "다음의 모든 영적인 수련들에서 우리는 이해력으로써 추리하고 의지력으로써 마음을 움직"[3]이라는 지침을 제시한다. 또한 매 묵상마다 첫 머리에 이냐시오가 지속적으로 강조하고 있는 것은 묵상을 함에 있어 기억력, 지력, 의욕력을 활용하라는 것이다. 물론 이러한 이냐시오의 지침은 고전 그리스도교 인간관에 바탕을 두고 있는 것이다.

<영신수련>은 전체적으로 신적 은혜에 의해 조명된 지성과 하느님을 향해 이끌리는 의지에 기반을 두고 진행된다. 이냐시오의 영적 체험의 핵심에 자리하고 있는 것이 하느님께로부터 받은 조명의 은총인데 이것이 『영신수련』에 체계화된 방법론으로 들어와 있다. 『영신수련』에서는 "어떤 것을 내적으로 느끼고 맛들이는 것"[2]이라고 언급하고 있고, "내적 인식을 구하라"[63]는 표현을 통해 이러한 조명 체험의 중요성을 언급하고 있다. 여기서 내적 인식이라는 것은 오늘날 인격적인 지식이라 부르기도 하는데 단지 막연한 어떤 사람에 대해서 아는 것이 아니라 구체적으로 그 사람을 친밀히 알 때의 인식을 의미한다. 즉, 누구를 알듯이 하느님을 알게 되면, 그 내적 인식은 충만한 의미에서 바로 신앙을 의미하게 된다. 이런 내적 인식은 한편으로 주관적이기도 하고 한편으론 지극히 객관적이기도 하다. 모든 것이 자기 자신과 관련된다는 점에서 주관적이며, 또 바로 그렇게 함으로써 자신과 모든 다른 것을 구분한다는 의미에선 객관적이다[23]. 이런 영적인 조명을 바탕으로 꾸준히 충실하게 하느님의 충동에 자신을 개방하기 위해서는 자기 희생이 따르게 된다. 이런 영적인 조명에 바탕을 두지 않는 의지는 인간적인 차원의 노력에만 머무를 수 있다. 이냐시오에

---

[23] 파르마난다 디바카, 『내적 인식의 여정』, 29-30.

게 있어서 의지는 하느님과의 친밀성을 바탕으로 끊임없이 하느님의 안배하심에 내어 맡기는 노력에 의해서 길들여진 습성을 의미한다. 창조주 하느님께서는 인간에게 온 우주를 탐구하도록 내어 주셨고 그 모든 재능을 활용해서 하느님의 신비를 드러내도록 온전한 자유와 재능을 주셨다. 그래서 이냐시오는 인간의 궁극 목적이라는 관점에서 하느님께서 부여하신 재능의 활용을 크게 강조한다.

3. 인간의 노력과 은총

<영신수련>의 주된 활동은 기도와 관상을 통해서 성령의 이끄심에 민감하도록 이끌어 주는데 있다. 기도의 체험이란 바로 영적인 체험이며 <영신수련>의 다양한 국면에서 다양하게 전개된다. 기도를 통해서 인간적인 노력은 하느님께 찬미를 드리고 자신을 전폭적으로 은총의 배려하심에 내 맡기게 된다. 그리고 구원의 객관적 진리를 향해 자신을 몰두시킬 때 구원의 역사에 대한 폭넓은 인식과 깊은 체험을 얻게 된다. 이를 위해서 지도자는 지성의 영역을 향해서 하느님의 활동과 구원 계획을 간결하고 명료하게 제시해야 한다. 이냐시오는 <영신수련>을 지도하는 데 있어 다음과 같은 지침을 주고 있다.

> "관상을 하는 사람이 스스로 사색과 추리를 하여 그 내용의 진정한 근거를 파악하거나, 추리나 하느님의 도우심으로 이해력이 밝아져서 그 내용을 조금 더 분명히 알거나 느끼게 되는 것이, 영신수련을 지도하는 이가 그 내용을 자세히 설명하고 의미를 부연해 주는 것보다 영적인 맛과 열매를 더 준다"[2].

여기에서 중요한 것은 객관적인 요소가 주관적인 요소를 조정해 가야 한다는 것이다. 객관적으로 제시된 구원의 진리와 구해야 할 은혜를 통해서 영적인 감각이 형성되는 것이 중요하다. 이를 이냐시오는 "창조주이신 주님이 몸소 그 열심한 영혼과 통교하시어 … (중략) …

창조주가 피조물과 그리고 피조물이 그의 창조주 주님과 직접 일하도록 두어야 한다"[15]라고 언급하고 있다.

더불어 이냐시오식 관상의 특징적 요소 중의 하나는 영적 열망에 대한 중요성을 강조하는 데 있다. 그리스도 안에서 끊임없이 성장하고 하느님의 구원 계획에 온전히 동참하고 싶은 열망은 영성 생활의 진보에 중요하다. 이냐시오에게 있어서 영적 열망을 지니는 것 자체가 하느님의 은총이며, 하느님께서는 영혼을 그 근본 목적을 향해 이끄시기 위해서 은총의 힘에 의해 원해야 할 것을 마음속에서 충동하신다. 그리고 영혼이 하느님의 사랑에 의해 성장할수록 그만큼 더 하느님의 구원 계획에 자신을 내어 주고자 하는 열망에 이끌리고 그리스도의 십자가를 더욱 본받기를 원한다. 그러므로 <영신수련>은 완덕에 대한 그 큰 열망을 지닌 사람에게 우선적으로 주어져야 하며, 이 열망은 기도를 통해 더 깊은 신비를 향해 눈을 뜨게 하면서, 하느님의 은혜에 의해 이 열망은 당신의 구원 계획을 향해 더욱 개방되도록 변화시킨다.

IV. 『영신수련』에 제시된 관상의 기본 골격

『영신수련』에는 묵상이나 관상을 위한 방법 뿐 아니라 구체적인 주제와 요점을 제시해주는 대목이 여럿 있다. 첫째 주간의 <죄 묵상>, <그리스도 왕국 묵상>, 둘째 주간의 <강생 묵상>과 <두개의 깃발 묵상>, 셋째와 넷째 주간의 첫 관상들, 그리고 <하느님의 사랑을 얻기 위한 관상> 등이 이냐시오식 관상의 고유하고 독특한 틀을 제공해주는 구체적인 예들이다. 일반적으로 이 기도 방법은 보통 하나의 준비 기도와 세 개의 길잡이, 세 개의 요점 및 하나의 담화로 구성되어 있다. 물론 여기에 제시된 관상 방법은 묵상이나 관상의 주제에 따라 약간씩 변형되기도 한다. 이 글에서 관심하는 바는 이냐시오식 관상의 외적 내적 틀을 이해함에 그 목적이 있기에 둘째 주간의 <강생 관상>과

<오관을 활용하는 기도>의 본문을 살펴봄으로써 그 기본 골격을 알아보겠다.

<강생 관상>

[101] 첫째 날 첫째 관상은 강생에 관한 것인데, 준비 기도와 세 개의 길잡이 및 세 개의 요점과 하나의 담화로 되어 있다. 준비 기도는 평소와 같다.

[102] 첫째 길잡이는 관상의 줄거리를 떠올리는 것이다. 여기서는 성삼위께서 넓고 둥근 이 세상에 사람들이 꽉 차있는 것을 보시고 또 수많은 사람들이 지옥에 떨어지는 것을 보시면서 제 2위께서 인류를 구원하기 위하여 사람이 되기로 영원으로부터 결정하심을 생각하고 때가 차서 천사 가브리엘을 성모님께 보내셨음을 생각한다.

[103] 둘째 길잡이는 장소 구성인데, 여기서는 엄청나게 크고 둥근 이 지구상에 수많은 사람들과 다양한 민족들이 있음을 보는 것이다. 그런 다음에, 구체적으로 갈릴래아 지방 나자렛이라는 동네에 있는 성모님의 집과 방들을 본다.

[104] 셋째 길잡이는 내가 원하는 것을 청하는 것이다. 여기서는 나를 위해 사람이 되신 주님께 대한 내적 인식을 청하는데 이로써 그분을 더 사랑하고 따르려는 것이다.

[105] 주. 여기서 주의할 것은, 준비 기도는 처음에 말한 대로 변경 없이 똑같이 하되 다른 세 개의 길잡이들은 이번 주간과 다음 두 주간 동안에는 그때그때 소재에 따라 형태를 바꾸어 가면서 해야 될 것이다.

[106] 제1요점은 사람들을 한 무리씩 차례로 보는데 먼저 세상 사람들이 옷차림에서나 행동에 있어서 각양각색임을 본다. 백인들이 있

는가 하면 흑인들이 있고, 평화 중에 있는가 하면 전쟁 중에 있고, 우는 이들이 있는가 하면 웃는 이들이 있고, 건강한 이들과 병든 이들이 있고, 태어나는 이들이 있는가 하면 죽어가는 이들이 있는 식이다.

둘째로는, 성삼위께서 천상 옥좌에 앉아서 둥근 땅의 모습과 눈먼 상태에 있는 모든 민족들을 보시며 또 사람들이 어떻게 죽어서 지옥에 떨어지는가를 보고 계심을 보면서 생각한다.

셋째로는, 성모님과 성모님께 인사하는 천사를 본다. 그리고 그 모습을 성찰하며 유익한 점들을 얻도록 한다.

[107] 제2요점: 세상 사람들이 하는 말, 즉 서로 어떻게 말하고 어떻게 맹세하며 불경스러운 말 등을 하는지를 듣는다. 또한 성삼위께서 '인류를 구원합시다'와 같은 말씀을 하시는 것을 듣는다. 그리고 천사와 성모님이 이야기하시는 것을 듣는다. 그리고 이것들을 성찰하여 이 말씀들에서 유익한 점들을 얻도록 한다.

[108] 제3요점: 이어서 세상 사람들이 하는 일들, 예컨대 상처 입히고, 죽이고, 지옥에 가는 것 등을 본다. 그리고 성삼위께서 하시는 일, 즉 지극히 거룩한 강생 등의 일을 하시는 모습을 본다. 또한 천사와 성모님이 하시는 일, 즉 천사는 사절의 임무를 하고 있고 성모님은 이를 황송하게 여기며 삼위 하느님께 감사드리는 모습을 본다. 그리고 이를 성찰하여 각각에서 유익한 점을 얻도록 한다.

[109] 끝으로, 성삼위나 강생하신 영원한 말씀이나 우리 어머니이신 성모님께 말해야 할 것을 생각하면서 하나의 담화를 한다. 그리고 이처럼 다시금 강생하시는 우리 주님을 더 잘 따르고 본받도록 마음에서 우러나오는 대로 필요한 은혜를 청한다. 주의 기도로 마친다.

<오관을 활용하는 기도>

[121] 제5관상은 제1, 제2관상에 오감을 활용하여 기도한다. 준비 기도와 세 개의 길잡이를 한 뒤에 제1, 제2관상에 상상력의 오감들을 활용하여 기도하는데 그 요령은 다음과 같다.

[122] 제1요점은 상상의 눈으로 사람들을 보면서 각각 그들이 처한 환경을 묵상하고 관상하며 보이는 것에서 유익한 점들을 취한다.

[123] 제2요점은 그들이 말하는 것이나 말함직한 것들을 귀로 듣고 자신을 성찰하면서 유익한 점들을 취한다.

[124] 제3요점은 후각과 미각으로, 관상하는 대상에 따라 그분들의 영혼의 신성함과 그분들의 덕행과 모든 것의 무한한 부드러움과 감미로움을 냄새 맡고 맛보는 것이다. 그리고 자신을 성찰하면서 유익한 점들을 취한다.

[125] 제4요점은 촉각으로 만지는 것인데, 그분들이 밟거나 앉은 자리를 껴안는다든지 입을 맞추는 식으로 한다. 항상 거기서 유익한 점을 얻고자 애쓰면서 한다.

[126] 제1, 제2관상에서와 같이[109,117] 하나의 담화와 주의 기도로 마친다.

이를 통해 알 수 있듯이, 이냐시오식 관상은 영혼의 3가지 능력, 즉 기억력과 지력 그리고 의욕력을 활용하는 기도 방법으로서, 일반적으로 하나의 준비 기도, 3개의 길잡이, 3개의 요점, 그리고 담화로 구성된다. 여기에서 영혼의 3가지 능력의 활용이 3개의 길잡이에 각각 연결되어 구성된다.

준비 기도: 모든 기도에서 똑같이 적용되는 기도로서 "나의 모든 의향과 내적, 외적 행위가 순전히 하느님께 대한 봉사와 찬미를 지향

하도록 우리 주 하느님께 은총을 구하는 것이다"[5]. 성모송 혹은 주의 기도를 한 번 외울 만한 시간을 할애하여 기도에 임하면서 성령께 도움을 청하는 기도이다.

첫째 길잡이는 관상하려는 성경의 대목 혹은 말씀의 줄거리를 기억력을 활용하여 상기하는 작업을 의미한다.

둘째 길잡이는 흔히 '장소 설정'이라고 부르기도 하는데, 묵상하거나 관상하려는 성경의 장면을 상상력을 활용하여 구성하는 작업을 의미한다. 그 신비 사적이 진행되는 장소나 시간 등을 마음의 눈으로 상상하고, 거기에 등장하는 인물들을 한 분 한 분 상상의 눈으로 살피면서 그들이 이야기 나누고 행동하는 것을 마음의 눈과 코, 귀로 보거나 만져보거나 듣는 작업을 의미한다. 이러한 이성적 작업을 통해 관상하는 이가 감성적 차원에까지 그 장면 속으로 몰입해 들어갈 수 있게 된다.

셋째 길잡이는 의욕력을 활용하여 이 묵상이나 관상을 통해 하느님께 구하고자 하는 은혜를 구체적으로 청하는 것이다. 이냐시오는 특히 영신수련의 다양한 기도 혹은 단계에서 구체적으로 이 구할 은혜를 제시한다. 예를 들어, 죄의 신비를 묵상하는 기도에서는 죄에 대한 부끄러움과 당황스러움 그리고 죄의 신비에 대한 깊은 내적인식을 구하고, 예수님의 생애를 관상하는 둘째 주간에는 우리를 위해 사람이 되신 주님께 대한 내적 인식을 청하여 이로써 그분을 더 사랑하고 더 가까이 따르는 은혜를, 그리고 예수님의 수난을 기도할 때는 주님께서 내 죄 때문에 수난을 당하러 가시기 때문에 고통과 슬픔, 당황스러움을, 그리고 부활의 신비를 관상하는 넷째 주간에는 우리 주 그리스도께서 누리시는 그 큰 영광과 기쁨에 힘입어 자신도 한없이 기뻐하고 즐거워하는 은총을 구하라고 제시한다.

관상을 위한 몇 개의 요점들은 관상하는 성경의 말씀이나 장면을 숙고하며 준비한 신비 사적의 내용을 기억력과 지력, 그리고 의욕력을 활용하여 자신의 삶의 문제와 연관하여 살펴보는 작업을 의미한다.

마지막으로 **담화**란 묵상을 마무리하면서 필요와 신심의 정도에 따라 때론 성인께 때론 성모님께 때론 성자께 진행된 묵상을 돌이켜 보면서 받은 은혜에 감사드리거나 혹은 청할 은혜를 아뢰면서 여쭙는 순간을 의미한다. 그리고 '주님의 기도' 혹은 '성모송', 혹은 자신이 좋아하거나 즐기는 기도문을 암송하며 묵상을 마치게 된다.

V. 이냐시오식 관상의 주요 개념들

<영신수련>의 기본 전략은 인간이 되신 하느님 즉, 예수 그리스도의 생애 신비 사적을 하나 하나 관상하면서 그분께 대한 깊은 내적 인식을 지니도록 하여 피정자가 주님을 더 깊이 사랑하고 더 가까이 따르도록 초대한다. 이제 이러한 이냐시오식 관상과 관련된 주요 개념들 특히 내적 인식, 그리스도를 본받음, 신비 사적, 신비 사적의 관상 등의 개념을 살펴보겠다.

내적 인식

이냐시오는 '내적 인식'(conocimiento interno)에 대하여, 즉 예수 그리스도를 친밀히 아는 것에 관하여 언급한다. 그가 일러두기에서 "우리 영혼을 가득 채우고 만족시키는 것은 많은 것을 아는데 있지 않고 어떤 것을 내적으로 느끼고 맛들이는 것"[2]이라고 말하듯이, <영신수련>은 전 과정을 통해 예수 그리스도를 더 깊이 친밀하게 알도록 이끌어간다. 피정자는 죄와 하느님의 용서하심에 대한 묵상을 통해 자신의 죄스러움과 하느님의 자비하심을 깊이 인식하면서 죄의 신비에 대하여 깊은 내적 인식을 지니게 된다. 그리고 이어 자신이 깨달은 죄에 대한 깊은 내적 인식이 이제는 사랑의 방식으로 예수 그리스도를 본받고 따름으로써 자신의 인생을 효과적으로 개선하기 위해 노력하게 된다.

이냐시오에게 그리스도는 늘 엄위하신 창조주 하느님이시며 동시에 강생하신 말씀이라는 사실을 염두에 두어야 한다. 영원한 임금이 신 그리스도의 모습이 <그리스도 왕국> 묵상에서 분명히 제시되고 있다. 그분은 단지 죄에서 우리를 구원하기 위해 일하는 분이 아니라, 이 구원 사업에 동참하도록 우리를 촉구하는 분이시다. 그렇기에, 둘째 주간 이후의 여정은 단순히 그리스도의 생애를 더듬어 묵상하고 관상하는 과정이 아니라, 나자렛 예수의 삶 안에 드러난 하느님 구원의 신비에 우리 자신을 개방하여 그분을 배움으로써 영원하신 하느님의 구원 사업에 우리를 온전히 투신하도록 이끄는 과정인 것이다. 바로 여기에 이냐시오적 관상의 중요한 특징인 '내적 인식'이 있다. 둘째 주간 이후에 예수님의 생애를 관상하며 청하는 가장 중요한 은총은 우리를 위하여 사람이 되신 우리 주 그리스도를 더욱 사랑하고 더욱 가까이 따를 수 있도록 그분께 대한 깊은 인식이다[참조: 104]. 오직 하느님의 뜻과 계획에 의해서만 그리스도를 따르도록 은총을 구하는 것이다. 이냐시오는 "생각하고", "궁리하여"[2, 106, 107, 108, 114, 115, 116, 123, 124], "알아 듣고", "맛보라"[2] 하면서 관상에서의 지적 활동을 강조한다. 영적 이해는 마음에서 일어나는 인식 작용이며, 그리스도의 구원 계획에 온전히 자신을 이끌어가는 인식이다. <영신수련>에서 기대하는 지적 활동은 그리스도께 대한 깊은 내적 인식을 겨냥한 것이기 때문에 지도자는 "충실하게" 묵상 요점을 제시하고[2], 피정자는 "스스로 궁리해서"[2], 하느님께 깊은 내적 인식을 얻도록 구해야 하고[104], 하느님께서는 "그의 마음을 비추어 주신다"[3].

그리스도를 본받음

『영신수련』에서 '모방하다'라는 동사는 중요한 대목에서 여러 번 사용된다: <그리스도 왕국>의 봉헌 기도[98], 둘째 주간 '첫째 날 첫째 관상'의 담화[109], <두 개의 깃발>의 셋째 길잡이[139]와 담화[147], <겸손의 세 단계> 셋째 겸손[167]과 주의 사항[168]. 이를 통해 피정자는 자신 안에서 그리스도를 모방하고 동시에 그분을 따르려는 욕망을 키우도록 초대받은 셈이다. '모방'한다는 것은 외적으로 가장 모방하기 힘든 것들, 즉 물질적인 측면과 정신적인 측면의 가난, 굴욕 받은 그리스도와 같이 모욕 당하고 겸손하게 되는 것 모두를 포함하는 모방이기에 결코 쉽지 않다.

둘째 주간 '첫째 날 첫째 관상'의 담화는 "강생하시는 우리 주님을 더 잘 따르고 본받도록 마음에서 우러나오는 대로 필요한 은혜를 청하는"[109] 내용이다. 그리스도를 본받고자 하는 의지의 표현이 바로 하느님의 구원 계획과 사명이라는 객관적 지평과 자신의 신앙과 사랑에 의해 개개인이 내리는 구체적이고도 실질적인 응답이라는 주관적 지평을 조화롭게 연결시키는 고리이다. 이러한 맥락에서 그리스도께 대한 내적 인식이 둘째 주간에 걸쳐 심화되어 간다[24]. 이냐시오적 관점에서 그리스도를 본받는다는 것은 오직 하느님의 은혜에 의해 얻어지는 것이기에, 피정자는 그분께 신실하게 마음을 다해 구해야 한다. 이 은혜는 그리스도를 그리워하고 바라는 사이에 하느님의 은총에 의해 점차로 피정자의 마음에 축적되는 인식으로서 "그리스도와 함께 놓여짐"이라는 체험에서 극치를 보이고 『영신수련』의 "주여, 나를 받으소서"[234] 하는 기도에서 감동적인 모습으로 드러난다. 그리스도를 본받기 위해서는 복음서의 구원 진리라는 객관적 지평에서 펼쳐지는 그리스도의 삶을 관상하고, 자신의 삶이라는 주관적 지평에서 그리스도를 본받고 싶어 하는 열정과 노력이 있어야 한다. 이 본받음이란 그리스도의 모범대로 삶을 변화시키는 은총이며, 사랑과 내적 인식이 증가하는 은혜를 통해 피정자 개인의 삶에 변화를 이룬다.

신비 사적

일반적으로 모든 관상의 첫째 길잡이는 "관상의 줄거리를 떠올리는 것이다"[25]. 이냐시오적 시각에서 영적 체험은 늘 객관적인 구원 진리

---

[24] 『영신수련』, [98,104,109,130,147,167,168].
[25] 다른 번역에서는 "관상하고자 하는 사건의 역사를 다시 한 번 생각하는 것이다"했다.

를 배경으로 형성되어야 한다. 즉, 복음의 객관적 계시 진리는 그것을 묵상하고 관상하는 이의 내면에서 작용하여 영적 체험을 이끌어 주는 것이기에, 아무런 주관적 응답없이 그 사건 자체의 파악과 이해를 위해 묵상하는 것은 아니다. 즉, 피정자의 영적 체험은 이 객관적 구원 진리가 비추어주는 빛과 힘에 의존되어 전개된다는 것이다. 객관적 구원 진리란 구원 경륜에 대한 일반적 관점이기보다는 바로 강생하신 주님의 구체적인 행동과 말씀에 관계되는 복음서이기에, 이 관계는 둘째 주간에서 더욱 중요하다. 그래서 특별히 둘째 주간 첫날에 관상 기도의 방법이 세세히 묘사하고 있다[26]. 『영신수련』에서 제시하는 묵상이나 관상은 피정자의 주관적 체험이 구원의 객관적 진리에 의해 종속되도록 배려하면서, 단지 논리적 수준에서가 아니라 바로 그 관상 행위에 의해서 구체적인 열매가 형성되도록 한다. 그러므로 묵상이나 관상 요점이 제시될 때, 실천적 측면에서 조심스럽게 제시되어야 한다. 너무 장황하게 복음적 진리를 나열하는 방법은 올바르지 못한 방법일 것이고, 이렇게 하면 피정자로 하여금 계시와 신비 속에 자신을 몰입시키도록 이끌어 주어 하느님을 만나도록 도움을 주기보다는 오히려 혼란을 가져오게 되는 결과를 늘 초래할 수도 있다[27]. 이냐시오는 이런 난점을 지적하면서 다음과 같이 권고한다.

> 묵상이나 관상의 순서와 방법을 알려주는 사람은 그 관상이나 묵상의 줄거리를 충실히 이야기해 주되 간단 명료하게 요점들만 일러

여기에서 "사건의 역사"(la historia de la cosa)란 발생한 사건의 객관적 역사를 의미하는 것이 아니라, 사건을 구술하고 설명하는 것을 의미하기에 구술자의 주관적 해석이 반영되고 있다. 그렇기에 이냐시오에게 이 말은 참다운 진실로서의 복음을 의미했고, 그렇기에 때로는 상상력에 의해 세세한 점들이 첨가되기도 한다. 한편, 다른 경우에는 단순히 주제의 기본적인 설명만 있을 수도 있다. 참고: George E. GANSS, S. J., 『The Spiritual Exercises of Saint Ignatius』, Note #63, 163.

[26] 『영신수련』, [101-126].

[27] Gilles CUSSON, S. J., 『Biblical Theology and The Spiritual Exercises』, 219-223.

주어야 한다. 왜냐하면 관상을 하는 사람이 스스로 사색과 추리를 하여 그 내용의 진정한 근거를 파악하거나, 추리나 하느님의 도우심으로 이해력이 밝아져서 그 내용을 조금 더 분명히 알거나 느끼게 되는 것이, 영신수련을 지도하는 이가 그 내용을 자세히 설명하고 의미를 부여해 주는 것보다 영적인 맛과 열매를 더 주며, 우리 영혼을 가득 채우고 만족시키는 것은 많은 것을 아는데 있지 않고 어떤 것을 내적으로 느끼고 맛들이는 데에 있기 때문이다[2].

중요한 점은 피정자의 기도 체험이 구원의 객관적 진리와 은총 아래 종속되어야 한다는 것이다. 그렇지 않으면, 주관주의에 빠지게 되어 성경의 진리를 멋대로 해석하는 오류를 범하게 된다. 이냐시오는 구원 계시의 정보가 객관적으로 있음을 인정하면서, 하느님께로부터 온 이 객관적 진리는 겸손하게 기도하고 마음에서 관상을 통해 수용해야 하는 것임을 강조하고 있는 것이다.

신비 사적의 관상

그리스도의 생애 신비 사적을 관상하는 방법이 <영신수련>의 맥락에서는 둘째 주간에 새롭게 제시되고 있긴 하지만, 교회의 영적 전통에서는 전혀 새로운 것은 아니다. 이미 앞에서 이냐시오는 <원리와 기초>와 같이 어떤 주제를 깊이 고찰하는 기도 양식이나 영혼이 세 가지 능력을 활용하는 묵상 기도, 단순한 형태로 상상력을 활용하여 진행되는 지옥 묵상 등의 다양한 형태의 기도 양식을 제시했다. 이제 이냐시오는 둘째 주간의 첫머리에 그리스도의 생애 신비 사적을 주제로 하는 관상 기도 양식을 소개한다. 이러한 기도 양식은 이미 중세 후기에 널리 알려진 기도 방법으로서 이냐시오는 이 기도 방법에서 영감을 얻어 자신의 고유한 방법으로 변환시켰던 것이다.

여기에서 '관상'이란 신비적 기도를 의미하는 것은 결코 아니다. 복음서에 제시된 그리스도의 생애 신비 사적을 신앙의 눈으로 살펴보는 기도를 말한다. 이냐시오는 피정자에게 관상할 복음의 '신비 사적'들을 제공한다[28]. 아마 이냐시오는 복음서의 장면들이 전해주는 인상적인 자료들을 신앙의 눈으로 대면함으로서 피정자의 태도가 쇄신될 수 있으리라 확신한 것 같다. 그러므로 피정자는 단순히 그 자료들을 숙고하는 것으로 만족해서는 안된다. 피정자는 복음서에 등장하는 인물들, 특히 우리 주님이신 그리스도의 말씀이나 행동 또는 의향 등에 접근함으로써 거기에 담긴 내적 보물을 찾아내도록 애써야 한다. 그것들 안에서 영원하신 임금께서 성부께로부터 받은 사명을 수행하기 위해 어떻게 수고하고 고생하시는지, 그리고 동지들을 불러 모아 어떻게 함께 일하시는지를 관상하면서, 주님께 대한 사랑과 공경심을 심화시켜 오로지 그분을 섬기고자 하는 마음에 불을 지피게 될 것이다. 나아가 피정자는 그 안에 몰입하여 기쁨을 맛보며, 사랑 가득한 신앙이 자신 안에 피어나 결국 주님과 같은 정신과 지향으로 성부께서 원하시는 일을 하는 그리스도의 종으로 거듭나게 된다.

VI. 나가는 말: 이냐시오식 관상이 기대하는 열매로서의 영적 세계관

예수 그리스도의 생애 신비 사적을 관상하며 진행되는 <영신수련>은 근본적으로 구원 진리의 객관적 지평에서 투신이라는 주관적 응답을 이끌어내는 과정이기에 이냐시오식 관상에는 본질적으로 사도적 양성을 위한 함의가 담겨 있다고 볼 수 있다. 관상 기도를 통해 만나는 주님은 우리를 새로운 지평에서 하느님과 세상을 바라보도록 변화시켜 주신다. 그러므로 <영신수련>의 이냐시오식 관상 기도가 어떤 영적 세계관을 지니도록 이끌어 주는지, 즉 그 열매에 대하여 엄위하신 하느님, 우리와 함께 하시는 창조주 하느님, 세상의 악과 싸우시는 하느님, 그리고 우리를 부르시는 하느님이란 주제로 정리하여 마무리 하겠다.

---

[28] 『영신수련』, [261-312].

1. 엄위하신 창조주 하느님: 관상 기도 체험을 통해 새롭게 발견되고 만나는 하느님은 우리 자신이 이미 지니고 있는 종교적 이념들 보다 훨씬 중요하고 또 훨씬 큰 힘을 발휘한다. 그리스도와의 만남은 늘 우리 자신을 엄위하신 하느님(Divine Majesty) 앞에 놓이게 하고,[29] 이 만남과 현존은 우리의 삶을 뒤바꿔 놓을 것이다. 그리스도는 하느님께 이르는 문으로서, 세상을 창조하시고 구원하시는 엄위하신 하느님이시며, 우리의 삶 속에 엄청난 은혜를 베풀어 주신 분이시다. 이분과의 만남은 때로 어둠의 세력에 의해 좌절에 빠지기도 했던 과거의 삶으로부터 우리를 이끌어 내고, 이제 하느님을 향해 이끌어 신적 생명에 참여하도록 이끄신다. 하지만 그리스도는 단지 교의적 가르침을 명상하는 가운데에 머무시는 하느님이 아니라, 삶의 구체적 현장에서 적극적인 신앙을 향해 우리를 변화시키시는 하느님이시기도 하다. 그리스도께서는 분명 하느님이시며, 세상을 창조하시고 유지시키시며, 끊임없는 사랑으로 이 세상에 참여하시는 분이시다. 그리스도를 만나는 순간 동시에 우리는 영원하신 하느님 성부와 성자와 성령의 현존 앞에 놓이게 된다. 생활한 체험의 영역에서 그리스도는 오직 한분이신 하느님으로서 모든 인간을 하느님과 결합시킨다. 오직 인간이 되신 하느님이신 그리스도를 통해서 모든 인류는 신적 신비의 통일성을 깨닫게 된다. 그리스도는 삼위이신 하느님께 이르는 문이시며, 동시에 삼위이신 하느님의 온전한 현현이시다. 이런 의미에서 이냐시오식 관상은 그리스도 중심의 삼위일체적 하느님관을 지니도록 이끌어

---

[29] 이냐시오가 『영신수련』에서 사용하는 "엄위하신 하느님", "창조주 하느님", "영원하신 주님" 등의 언어는 언제나 삼위이신 하느님, 성부, 성자, 성령을 동시에 의미한다. 참고로 『영신수련』에 '성부'는 15회, '성령'은 7회 사용되었고, '하느님', '주님', '창조주 하느님', '엄위하신 하느님' 등의 일반 지칭은 175회 사용되고 있다. 특별히 '그리스도'는 무려 150회나 사용되고 있음을 염두에 둘 때, 『영신수련』의 그리스도 중심의 역동성을 엿볼 수 있을 것이다.

준다[30]. 하느님은 한분이시며 동시에 삼위이신 창조주 하느님으로서 온 우주 만물을 사랑으로 내시고, 사랑을 주시며, 그와 함께 영원토록 함께 해 주시는 분이시다. 그분은 끊임없이 모든 창조물에게 사랑을 베풀어 주시며, 인간을 끊임없이 사랑하시는 은혜로서 온전한 자기 봉헌으로서 이 사랑에 응답하도록 이끄시는 분이시다.

2. 우리와 함께 하시는 창조주 하느님: 그리스도인들의 기도 체험은 하느님을 창조주로 체험하면서 창조된 모든 존재의 궁극 원리이신 그분과 거룩함을 향한 존재의 궁극적 목적을 깨닫도록, 즉 모든 창조물은 하느님 안에서 그 참다운 아름다움을 지니고 있음을 일깨워 우리로 하여금 세상을 향하여 한없이 긍정적인 태도를 지니게 한다. 세상의 모든 창조물은 하느님을 드러내는 언어이며 계시 사건임을 깨닫게 해준다. 이냐시오 영성에서는 이를 '모든 것 안에서 하느님을 발견'(Finding God in all things)하는 자질이며, '바로 행동 그 자체 안에서 관상적인'(simul contemplativus in actione) 자질이라고 표현한다. 이냐시오식 관상을 통해 만나는 하느님은 우리로 하여금 하느님 안에서 모든 것을 사랑하고, 모든 것을 통해 하느님을 공경하고 봉사하고자 하는 태도를 지니도록 교육시킨다. 창조된 세상이 하느님 안에서 지니는 아름다움 뿐 아니라, 그 모든 존재가 놓여진 지평이신 하느님을 향한 적극적인 사랑이 표현되어 있기 때문이다. 하느님을 창조주로 체험한다 함은 바로 모든 것이 그분에게서 흘러 나온다는 것을 인지하는 체험이다. 이러한 체험의 양태는 하느님으로부터 사랑받는다는 체험으로서, 하느님과의 구체적이고도 인격적인 관계를 드러내는 체험이다. 자신에게 집중되어 있는 하느님의 사랑을 의식하는 사람은 충실함으로

---

[30] 이냐시오 영성의 그리스도론적 및 삼위일체적 특징을 소개하는 중요한 글들은 다음과 같다. Joseph de GUIBERT, S. J., 『The Jesuit. Their Spiritual Doctrine and Practice』, St. Louis, The Institute of Jesuit Sources, 1964; H. RAHNER, S. J., 「The Christology of the Spiritual Exercises」, 『Ignatius the Theologian』, New York, Geoffrey Chapman, 1965, 53-135; Harvey D. EGAN, S. J., 『The Spiritual Exercises and the Ignatian Mystical Horizon』, St. Louis, The Institute of Jesuit Sources, 1976.

가득 찬 마음으로 자기 자신을 온전히 하느님께 바치게 된다.

3. 세상의 악에 대항하여 싸우시는 하느님: 구원의 객관적 지평에서 자신의 존재를 살펴보도록 도움을 주는 이냐시오식 관상은 결코 우리가 하느님에게서 부여받은 소명을 죄의 문제와 별도로 이해하도록 하지 않는다. 오히려 이런 기도를 통해 세상과 하느님 사이에 오가는 사랑의 역동적 관계 안에서 죄의 본질과 의미를 더 적나라하게 드러내 준다. 죄란 인간이 자신의 삶 속에 끌어들인 무질서로서, 하느님의 엄청난 사랑에 배은망덕하고 불충한 모습이다. 하느님께서 이 세상에 부여하신 원래적 질서가 파괴된 무질서의 모습인 것이다. 죄란 모든 창조물을 당신의 품 안으로 이끄시는 사랑의 하느님을 거스르는 행위이다. 죄는 하느님을 향하는 자연 본성을 흐트려 혼란 속으로 몰아넣고, 죄 자체도 인식치 못하게 만들어 인간으로 하여금 공포를 체험하게 만들기도 한다. 즉, 죄란 공포를 불러 일으켜 사랑에 끊임없이 거슬러 행하도록 이끈다. 이냐시오식 관상은 우리로 하여금 창조물이 지니는 근본적 지향과 방향에 대한 긍정적 통찰을 바탕으로 죄에 대한 깊은 인식을 가져오기에 오히려 하느님께 대한 무한한 죄송스러움과 감사 안에 담긴 사랑과 공경의 마음을 불러일으킨다.

4. 우리를 부르시는 하느님: 우리 인간이 지니는 소명은 분명하고 명확하게 하느님의 구원 계획 안에서 규정되어 있다. 창조물은 한편으로 인간의 존재 목적이 성취되는데 도구로 사용되도록 조성되었으며, 또 한편으론 그리스도 안에서 모든 인간은 성부께서 의도하신 바대로 모든 창조물이 성부께 이르고 영광을 드러내도록 초대되었다. 창조주께서는 인간에게 당신을 찬미하는 수단을 제공하셨다. 모든 인간이 지니는 소명은 자연적 재능뿐 아니라 초자연적 은혜에 힘입어, 매사에 있어서 하느님을 사랑하고 봉사함으로써 우주의 완성에 동참하는 소명인 것이다. 이러한 점이 『영신수련』에서는 늘 모든 관상 기도 앞에서 준비 기도의 형태로 상기되고 전제된다. 『영신수련』의 관점에서 보면 인간이 지니는 소명은 다음과 같은 세 가지 특징을 지니고

있다. 첫째, 이 소명은 하느님께 대한 봉사로서 세상을 향한 소명이다. 세상을 사랑하시는 하느님의 마음으로 세상을 사랑하고 봉사하도록 불린 소명이다. 봉사한다는 것은 인간이 그 존재 목적으로 부여받은 구원의 여정에서의 책임을 받아들임을 의미한다. 하느님의 일을 성취시키기 위해 그분과 협력한다는 의미이다. 둘째로, 이 소명은 그리스도 안에서 얻는 소명이다. 창조물을 통해 하느님을 섬긴다 함은 바로 신비체인 그리스도의 몸인 교회 안에서의 봉사를 의미하는 것이다. 관상 기도를 통해 그리스도와의 만남은 우리를 삼위이신 하느님과의 친밀함 속으로 이끌고, 그분의 현존을 통해서 매사에, 온 우주 만물 속에, 특별히 우리와 함께 현존하시는 하느님의 신비를 더 깊이 발견할 수 있도록 이끌어 간다. 셋째로, 참다운 소명과 봉사는 늘 식별된 사랑의 정신을 요구한다. 관상 기도를 통한 주님과의 만남이 우리 안에 봉사의 열정을 불러일으키고, 이 열정이 모든 것 안에서 자신을 온전히 내어주는 힘의 원천이 된다. 분명 이러한 열정의 근원은 하느님이며, 신적 의지와 목적이 그 궁극적인 척도이다. 완덕이나 그리스도를 모방함은 자체 안에서 다루지 않고, 늘 하느님의 보다 큰 영광과 관련해서 살펴 보아야 한다.

    그리스도인으로서의 우리 삶의 완성은 우리가 세상을 얼마나 객관적으로 보거나 혹은 수행된 봉사의 사명이 성공된 여부에 의해 판단되는 것이 아니다. 이것은 오직 하느님의 구원 계획이라는 입장에서 개개인의 개별적인 특수성에 따라, 하느님의 안목으로 세상과 주변 사물을 바라보는 눈을 지녀야 한다. 그래서 아무 거리낌이나 조건 없이 성령의 인도하심에 따라 무엇이 하느님을 기쁘시게 해드릴 수 있는지를 알아듣도록 원하고 스스로 그것을 찾아야 한다.

제4주제: 카르멜회의 관상 1

아빌라의 성녀 테레사

박현찬 신부, 카르멜 수도회

1. 테레사, 기도의 시작
2. 추리 묵상
    2.1. 추리 묵상의 정의와 시작하는 자세
3. 거둠의 기도에 대한 설명
    3.1. 거둠
    3.2. <자신을 거두어 들임>: 가능성과 방법들
    3.3. 우리는 비어있지 않은 공간: 자신의 내면 안에서 참된 자신을 만남
    3.4. 이 기도의 효과들과 표시들
    3.5. 그리스도와의 친교
        1) 자신의 경험에서 출발함
        2) 여러분이 혼자라면 짝을 구하십시오.
        3) 자신을 바라보는 분을 바라볼 것: 관상에 대한 교육
        4) 스승 곁에 머무를 것: 들음에 대한 가르침
        5) 하느님께 대화를 나누는 것: 대화의 가르침
        6) 만약에 여러분이 기쁘다면 … 만약에 여러분이 외롭다면: 실재적인 가르침
    3.6. 성령 안에서 그리스도를 위하여 아버지께로: 삼위일체적인 차원
4. 거둠 기도에 대한 평가

1. 테레사, 기도의 시작

테레사적 기도 교육은 교회에 의해 제안된 구송 기도, 즉 하느님과 인간의 대화라는 차원에서부터 시작된다. 기도는 **하느님 - 인간**이라는 차원에서 본다면 두 인격체 간의 관계이며 대화라는 형식을 갖는다. 테레사는 특별히 "자신이 누구이며, 또한 누구하고 이야기 하고 있는가"에 대한 앎을 매우 중요시하고, 필연적으로 알아야 한다고 강조하고 있다. 그러므로 기도할 때, 우리가 말하는 단어들은 때로는 우리의 내적 감각을 예민하게 하여 어떤 관상적 깊이를 알 수 있도록 하고, 또한 알지 못하는 **심원**을 깨닫게 하는 기능과 능력이 있다는 것이다[1]. 테레사가 강조하는 이러한 차원들은 『완덕의 길』의 주의 기도의 해설에서 성녀 테레사가 평소에 우리가 사용하는 단순한 언어를 통하여 많은 관상적 요소들을 이끌어 내는 모습을 볼 때 이것을 잘 이해할 수 있다. 예를 든다면 '아버지'라고 불렀을 때, 모든 것을 부르는 것이라고 성녀는 주지하고 있다[2].

성녀의 작품에서 테레사는 이러한 단순하고도 전통적인 방법, 즉 간단한 문장, 예를 들면 성경의 구절들, 시편의 구절들, 전례의 기도문 등의 짧은 반복을 통해서 아주 강한 관상적 체험을 했었고, 본인도 이러한 것을 매우 선호했던 것 같다[3]. 그러므로 이러한 짧은 문장을 운

---

[1] 이러한 예들을 '이미 기도를 시작한 초심자'들이 겪어야 할 필연적인 과정이라고 할 수 있다.

[2] 『완덕의 길』, 27,1.

[3] 성녀의 작품 안에서 시편의 많은 구절들이 발견되는 것은 성녀의 영성적 체험과 무관하지 않다. 특별히 이러한 면들을 볼 수 있는 작품은 『외침』인데 17장과 마지막 장에서 많이 인용되고 있다. 성서의 구절들과 문장들은 성녀의 묵상과 관상적 체험의 결과이며, 그 열매들이라고 할 수 있다. 성녀의 제자인 성 요셉의 마리아 수녀의 증언에 의하면 특별히 성녀는 아가서에 나오는 구절, "내 영혼이 주를 찬송하며"(Magnificat anima mea Dominum) 성모 찬송가(Magnificat)에 대해 특별한 신심과 봉헌을 하면서 낮은 목소리로 마그니피캇(Magnificat)의 을 까스띨리야어로 외우곤 하였다고 한다(참조: B.M.C., vol 18,

율에 맞추어 사용하면서 그러한 기도가 자신 안으로 들어가 새로운 빛을 비추어 주도록 자신을 내어 맡기고, 어떤 때는 일시적인 중지를 통하여 자신의 내면 안에서 다시금 새롭게 울려 퍼지는 체험을 하도록 여유를 두는 모습을 볼 수 있다. 성녀는 다음과 같이 저술하고 있다.

"이렇게 함으로써 우리는 구송 기도를 아주 조용히 힘 안들이고도 할 수 있을 것입니다. 우리가 주님 곁에 있기를 노력하면, 얼마 안 되어서 당신의 지시가 내려질 것이고, 우리는 그것으로써 전에는 '주의 기도'를 여러 번 드려야 했던 것을 이제는 단 한 번 만에 우리의 기도를 들어주신다는 것을 알게 될 것입니다. 주님은 우리의 수고를 덜어 주시려고 애쓰십니다. 그래서 우리는 설령 한 시간 동안에 단 한 번의 '우리 아버지'를 외운다 하더라도 우리가 당신과 함께 있으며, 우리가 당신께 비는 것이 무엇이며, 당신은 기꺼이 우리에게 주시고 싶어 하시며, 당신은 우리와 함께 계시기를 기뻐하시며, 그리고 우리가 머리를 써가며 여러 말을 하는 것을 당신은 원치 않으신다는 것을 깨달으면 그만인 것입니다"[4].

2. 추리 묵상

2.1. 추리 묵상의 정의와 시작하는 자세

성녀 테레사는 추리 묵상을 다음과 같이 잘 설명했다:

"나는 오성으로 추리를 많이 하는 것을 묵상이라 부르는데 그것은 다음과 같습니다. 즉, 하느님이 당신 외아드님을 우리에게 주신 은혜부터 생각한다고 합시다. 이 경우, 우리는 여기에 머무르지 않고 성자의 영광된 전 생애의 여러 가지 신비로 생각을 발전시켜 나

---

491). 이 단순한 문장으로도 신비적 체험을 두 번이나 하였다고 『외침』에서 고백하고 있다(참조: R. 29,1; 61).

[4] 『완덕의 길』, 29,6.

가는 것입니다. 또 겟세마니 동산의 기도로 묵상을 시작한다 치면, 오성은 십자가에 못 박히시기까지 자꾸만 나아가는 것입니다. 그리고 그리스도의 수난의 한 마당 -가령 잡히심 같은 것- 을 묵상한다면 유다의 배신이라든가 사도들의 도망이라든가 그밖에 여러 가지를 모두 감각과 함께 자상히 생각하면서 이 신비를 묵상해 나가는 것인데, 이것은 놀랍고도 매우 공로가 되는 기도입니다"(6궁방 7,10).

이 단순한 성찰 또는 "숙고"(consideración, 1궁방 1,7) 행위는 복잡하지 않고 쉬운 듯이 보인다. 그리고 그것은 그리스도의 생애와 수난에 대한 단순한 성찰 행위인 듯싶다. 그러나 그리스도교적인 묵상은 상당한 책임을 감수해야 하는 것으로서 기도하는 당사자는 이 종교적 성찰 속에서 숙고하는 또는 묵상하는 진리를 통해 질문을 받는다. 또한 그리스도교적 묵상이 내포한 지적 특징에 대해 주장하기도 하지만, 사실 묵상에 있어서 중요한 것은 **"많이 생각하는 것이 아니라 많이 사랑하는 것"(창세 5,2; 4궁방 1,7)**이다. 또한 그리스도의 수난에 대해 '숙고하거나' 성찰하는 영혼은 그분께서 무척 고통 받으셨고 그래서 우리의 동정을 받으실만하다 라는 식으로 냉정하게 묵상을 끝맺지 말고 기도하는 당사자 자신이 그 고통의 원인이었음을 성찰하며 끝내야 한다. 이는 가능한 추론의 실례지만 그 밖에도 우리는 거기서 많은 것을 끄집어낼 수 있다.

묵상의 시작에 대해 살펴보면서 우리는 기도하는 이가 만날 수 있는 여러 가지 어려움을 상기해야 한다. 성녀가 가능한 모든 어려움을 다 열거한 것은 아니다. 왜냐하면 각자에게는 그 나름의 개인적인 환경과 분위기가 구체적인 영향을 미치기 때문이다. 그래서 성녀는 그 중에 보다 큰 영향을 미치는 몇 가지 어려움만을 제시했다. 성녀는 "가장 많은 어려움을 당하게 되는 것이 처음 시작할 때"(「자서전」, 11,5)임을 잘 알고 있었다. 이 단계에서는 무엇보다 영혼 안에 모순되는 두 개의 힘이 서로 투쟁을 한다. 하나는 영혼으로 하여금 추리 묵상을 시작하는 성령의 목소리이다. 이에 대해 성녀는 다음과 같이 썼다:

> "그 같은 귀중한 보화를 얻으려고 하는 굳은 결심과 용기가 어떤 영혼에게 주어지는 것은 주님의 큰 자비로 말미암은 것입니다. 만약 한 영혼이 참을성 있게 꾸준히 나아간다면, 하느님은 아무에게도 당신을 거절하지 않으시고 조금씩 그의 용기에 힘을 북돋아 주시며, 드디어 승리를 차지하게 하실 것입니다"(『자서전』, 11,4).

다른 하나는 세상과 한 편이 된 악마가 속삭이는 목소리로, 그는 숱한 꾐으로 영혼이 기도를 시작하지 못하도록 방해한다:

> "그는 악마가 던지는 숱한 위험과 어려움에 부딪치게 되므로 뒷걸음질을 치지 않으려면 적지 않은 용기를 가져야 합니다. 그뿐 아니라 그에게는 그야말로 큰 용기와 하느님의 특별한 은총이 필요합니다"(『자서전』, 11,4).

이 모든 장애물들을 넘어서기 위한 해결책으로 성녀는 "자유롭게 그리고 굳은 결심을 갖고"(『자서전』, 11,5) 기도 여정을 시작해야 한다고 가르쳤다.

이 묵상이 굳건한 바탕 위에서 시작되려면 기도하는 이의 합당한 준비 자세가 뒤따라야 한다. 그러기 위해 영혼은 무엇을 해야 할까? **영혼이 견지해야 하는 가장 중요한 태도는 무엇보다도 기도하는 자세를 지녀야 한다는 것이다.** 이는 영혼의 능력들(potencias)을 그 중심으로 불러들이게 함으로써 그 능력들이 잠시나마 일상의 활동을 멈춘 채 거룩한 활동에 전념하게 하는 것을 말한다. 영혼의 능력들이 잠시나마 놔둬야 할 일상의 태도들로는 다음을 들 수 있다: 뭔가를 기억하는 행위, 뭔가에 정을 붙이는 태도, 갖가지 이미지로 정신을 채우는 행위, 감각적인 것에 신경을 씀으로써 정신을 흐트러뜨리는 행위 등. 이처럼 사전에 미리 자신을 안으로 거둬들이지 않는다면 기도는 위험에 빠질 수밖에 없다. 그래서 이런 태도를 견지하는 습관을 기르지 않는다면, 기도는 영혼에게 아무런 보탬도 되지 않는다고 성녀는 가르쳤다:

> "묵상에 헌신하기 시작한 영혼은 애를 써서 우물에서 물을 길어 올리는 사람이라고 말할 수 있습니다. 앞서 말씀드린 대로 그것은 상당히 힘든 일입니다. 감각을 모으기에 여간 힘들이지 않으면 안 되니까 말입니다. 이 감각은 사방으로 헤매고 다니는 데 버릇이 들어 있으므로 그것은 그야말로 대단한 일입니다. 그들은 특별히 묵상 기도 시간에는 보고 듣는 것에 정신이 팔리지 않게 차츰 습관을 들여서 고요 중에 머물고, 그리하여 온갖 것을 멀리 떠난 곳에서 지난 날의 자기 생활을 생각해야 합니다"(『자서전』, 11,9).

영혼이 이런 태도를 갖기 시작한 다음에는, 자신의 죄를 참회하는 가운데 죄로 인해 흐트러졌던 삶에 균형을 잡고 의지를 고요하게 해야 한다. 성녀에 따르면, 이는 이미 성심을 다해 개인 기도를 시작했다는 사실 자체에 내포되어 있다:

> "초보자가 겪는 괴로움 가운데 하나는 자기 잘못을 진정으로 통회하고 있는지 어떤 지를 잘 모르는 일입니다. 그러나 그들에게는 참된 통회가 있습니다. 그만큼 진지하게 하느님을 섬기려고 결심하고 있으니 말입니다"(『자서전』, 11,9).

3. 거둠의 기도에 대한 설명

기도에 관한 가르침에서 자신의 경험 세계 안에서 테레사 자신은 거둠의 기도를 통하여 자신만의 단순하고도 효과적인 방법을 발견해 내고 있다. 이러한 기도 유형 안에서 테레사는 이 기도의 쉬움과 영성적 유익에 대하여 특별히 강조하면서도 독자들로 하여금 이 기도의 효과를 점차로 깨닫도록 촉구한다.

> "아직까지 여러분이 이것을 깨닫지 못하였으면 주께서 이것을 가르쳐 주시기 바랍니다. 사실 나 역시 주님이 이 방법을 가르쳐 주시기까지는 한 번도 옳게 기도할 줄을 몰랐었습니다. 이것은 숨김없는

나의 고백입니다. 나는 내 자신 안으로 나를 거두어들이는 습성에서
항상 큰 소득을 얻어온 까닭에 이렇게 말이 길어 졌습니다"[5].

사실 성녀는 『완덕의 길』 26, 27, 28장과 29장에서 이 거둠의 기도의
성격과 방법, 이 기도의 유형이 주는 선익에 대해서 명확히 밝히고 있
다. 이 장들에서 설명하려는 성녀의 의도는 기도에 대해 자세한 분석
을 하려는 것이 아니라, 성녀가 증거하는 세밀한 그 은총의 체험들로
써 독자들에게 단순하지만 **기도의 점진적인 상태와 그 과정에서 겪는
점진적이고 다양한 조화의 모습을 볼 수 있게 하며, 또한 이 관상적
인 기도의 모습이 줄 수 있는 은총의 능력으로써 독자들을 초대하는
것이라고** 할 수 있다.

3.1. 거둠

'거둠'이라는 용어는 성녀가 자신이 살았던 시대에서 인용한 영성
적 단어이다[6]. 그러나 여기서 우리는 성녀가 사용한 '거둠'이라는 용

---

[5] 『완덕의 길』, 29,7.
[6] 일반적인 의미에서 '거둠'이란 말은 집중과 응용이라는 말과 같은 뜻이다. 그러나 초자
연적인 의미에서는 환상, 기억들의 장난, 애착, 그리고 호기심에 가득 찬 충동들을 제어
하면서 영성적 기능과 자산들을 정리하고, 영혼의 분산을 없애 하느님을 응시하고, 하느
님의 말씀을 들으려는 간과할 수 없는 내적인 삶의 기본적인 요소들을 확립하는 것이다.
다시 말해서 안온함과 평화와 함께 지성의 관심을 붙들어 매기 위하여 자기 반성을 하
는 것이며, 자신의 영성적인 기능과 자신들이 하느님께 대한 사랑 이외의 다른 무엇에
이끌려 감을 피하기 위한 항구한 노력이다. 거둠의 의미와 전통적 해석에 대한 참조: 방
효익, 『영성사』, 1995, 바오로딸, 240-244. 거둠을 하는 방법은 성녀가 발명한 것이 아니라
당시 개혁 프란치스코회 수도원들, 특히 과달라하라(Guadalajara)에 있는 수도원들 사이
에서 익히 통용되던 기도 방법이었다. 16세기 전반에 활동했던 프란치스코회 신비가인
오수나의 프란치스코(Francisco de Osuna)는 1527년 '거둠의 기도자들'(recogidos)로 구성된
여러 그룹을 위한 교본으로 『제삼 기도 초보』(Tercer Abecedario)라는 책을 출판한 바 있다.
성녀는 이 책을 통해 거둠의 방법을 배웠다(『자서전』, 4,7). 그러나 성녀가 어떤 조직된 그
룹에 참여했는지의 여부는 확실히 알 수 없다.

어 자체는 단순성을 갖춘 성녀의 독특한 용어라는 사실을 기억해야 한다. **어떤 관상적인 머무름 안에서 자신이 안정적인 상태를 느끼는 내적인 움직임을 나타내는 것이라고 할 수 있다.** 또한 동시에 인간의 참된 자아 실현을 위하여 자신의 감각들을 내적 영역으로 끌어내기 위한 능동적 노력이며, 인간의 내적, 외적 감각들을 <끌어 당기고>, <모으는> 하느님의 활동이라고 가정할 수 있는 관상적 은혜이다. 그러므로 <거둠>은 능동적이면서도, 수동적이다[7]. 우리의 경우 첫 번째인 능동적 거둠의 기도에 대해 다루고자 한다.

성녀는 '거둠의 기도'에 대한 정의를 다음과 같이 내리고 있다.

> "이러한 기도를 '거둠'이라 일컬음은 영혼이 제 모든 능력(기관)을 거두어 들여 자기 안으로 들어가 주님과 같이 있기 때문입니다. 이때 주님은 영혼을 가르치시러, 그리고 '고요의 기도'에 이끄시러 오시는데, 다른 방법으로 해서는 이토록 빨리 와주시지 않습니다".

---

[7] 이제 이 '능동적 거둠'은 하느님의 선물이라고 할 수도 있다. 성녀에 따르면 그러한 결심을 불러 일으키는 주체는 하느님이며 바로 이러한 상태가 주님께서 '수동적 거둠'에 이끄는 모습이라고 할 수 있다는 것이다. 우리는 그러한 예를 『영혼의 성』 4궁방에서 볼 수 있다.

"… 이미 내가 일러둔 바와 같이, 이 궁성 안에 살고 있는 것들, 다시 말해서 감각이나 능력들이 이 성을 떠나서 몇 날이고 몇 해고 행복을 등진 다른 족속과 함께 살고 있다가, 떠난 지 오래 된 후에 비로소 자기의 불행을 깨닫고 다시금 그 성을 가까이 하게 됩니다. 그렇다고 해서 그 성안으로 들어갈 주제도 못 됩니다. 몹쓸 버릇이 찌들어 있기 때문입니다. 그렇다고 또 아주 반역자가 되는 것도 아니기 때문에 성 밖을 맴돌기만 합니다. 그 때 궁 안에 계시는 임금님이 그들의 착한 뜻을 보시고는 어여삐 여기시는 마음을 누를 길 없어 당신께로 그들이 돌아오기를 간절히 바라시게 됩니다. 그리하여 마치 어지신 목자처럼, 부드럽기 짝이 없는 휘파람을 부시는 것입니다. 그들은 들릴락 말락한 그 휘파람 소리를 듣고, "집으로 돌아오라. 이제 더 가엾이 헤매지 말라"하는 목소리를 알아차리게 됩니다. 이 목자의 휘파람 소리는 묘한 힘을 가지고 있어서 그들은 지금까지 빠져 있던 바깥 사물을 깨끗이 버리고 마침내 성안으로 들어오게 되는 것입니다…"(『영혼의 성』, 4궁방 3,2).

그러므로 다음과 같이 3가지 순차적이고, 시기적 특성을 가진다.

> 1) 영혼과 모든 능력을 거둠: 외적, 내적 감각들을 내면화함.
> 2) 자기 자신 안으로 들어감: 자신 고유의 내적 세계 안에서의 참 된 자아 실현.
> 3) 자신의 주님과 함께 있음: 두 인격 간의 관계.

위에서 제시한 바와 같이 이 거둠의 기도에 입문하기 위해서는 첫 번째 단계는 거둠에 집중하기 위해서 또 다른 실재인 하느님과 관계를 이루기 위해, 모든 사물로부터 내적, 외적 감각들을 이탈하고, 벗어나는 것을 찾으며 모든 감각들을 거두어 들이는 것이다.

이러한 시기의 두 번째 단계는, 자신의 내적 세계 안에서 하느님과 친교를 이루기 위해 모든 것을 내면화하는 두 번째 시기가 필요하다. 성녀가 제시하는 자기 자신 안으로 들어가서 참된 자신을 실현하려면, 무엇보다도 먼저 자신 안에 존재하는 모든 내적 능력들에게 참되게 자신을 실현할 수 있는 새로운 세상의 경이로움과 기적들을 제시하고 보여줄 수 있어야 한다. 마지막으로 두 인격간의 관계는 이 기도의 종착점이다. 우리 안에 계시는 하느님과 함께 있음을 느끼며, 대화를 나누는 것을 말한다.

이 세 가지 시기들은 두 인격적 관계의 중요성이라는 당신의 체험이 바탕이 되고 있다. 감각들을 거두어들인다는 것은, 하느님께 자기 자신의 완전한 현존을 드러내는 것이며, 자신의 내면 세계 안에서 자기를 참되게 실현한다는 것은 어디서 하느님을 만날 수 있는가? 하느님은 바로 우리 안에 계신다! 라는 질문에 대한 응답이며, 이때 우리는, 두 주인공(하느님과 인간)의 만남이 완전한 일치에 도달할 수 있도록 확실하게 자신의 모든 내면을 개방하고 주님께 내어드려야 한다.

이제 이 내면화의 과정에 대해 자세하고도 구체적으로 연구하고자 한다.

3.2. <자신을 거두어 들임>: 가능성과 방법들

거둠의 기도는 하느님 은총의 도움을 통하지만, 결국 인간의 노력에 의해 좌우되어 있으므로 하느님의 선물인 수동적 거둠의 기도처럼 절대적 초월성의 성격을 갖는 것은 아니라고 할 수 있다. 바로 이것 때문에 서로 서로를 초월하는 요구를 할 수는 없는 것이다[8].

그러나 이러한 관점에서 거둠의 기도에 입문하는 인간의 모습 그 자체가 충분히 가치가 있는 노력이며, 또한 넓게 본다면 언젠가 자신에게 또 다른 모습으로 응답하고 은총으로써 되돌아오는 기도인 것이다. 설득적인 어조로 테레사는 다음과 같이 상기시키고 있다.

> "자매들이여, 오랫동안 무엇을 생각할 수 없고, 생각이 자꾸 헷갈리거든 제발 이렇게 해보십시오. 해보면 곧 되리라고 나는 믿습니다. 사실 나도 여러 해 동안 어느 한 가지 일에다 정신을 골똘하게 모을 수 없었는데, 이것은 여간 큰 고생이 아닙니다. 그러나 우리가 겸손을 가지고 빌면서 힘쓰기만 하면, 주님은 우리를 외롭게 버려두시지 않고 반드시 당신 짝이 되어주실 것입니다. 일 년을 두고 이 일에 애써서 성공하지 못하면 더 오랫동안 해봅시다. 이토록 좋은 일에 시간이 드는 것을 아까워할 게 없으니 누가 우리 뒤를 쫓을까 조바심할 까닭이 없지 않습니까? 거듭하는 말입니다마는, 해보면 될 것이니 힘써 참다우신 스승님을 곁에 뫼시며 살아봅시다"[9].

---

[8] 『완덕의 길』, 25,1-3: 성녀는 관상을 다음과 같이 정의하고 있다. "그러나 방금 말한 관상 기도에 있어서는 우리 힘으로 하는 것은 아무것도 없습니다. 그것은 하느님이 몸소 모든 것을 다 해주시는 것으로서 우리의 본성을 초월하는 것입니다". 또한 성녀는 「관계」에서 다음과 같이 말하고 있다. "내가 초월적이라고 말하는 것은 비록 우리가 그것을 준비하고 획득하려고 해도 우리의 노력과 방법으로 절대적으로 얻어질 수 없는 것들을 말합니다 …"(「관계」, 5,3).

[9] 『완덕의 길』, 26,2.

여기서 성녀는 이 여정을 걷는 이가 용기를 잃지 않도록, 이 거둠의 기도를 일 년이나 반 년이라는 시기에 전적인 노력을 계속한다면 반드시 성공할 것이라는 확신을 주는 동시에 오랫동안의 많은 시간과 노력이 필요하다는 것을 밝히고 있는데, 덧붙여 고요의 기도라는 수동적 형태의 길의 방법도 제시하고 있다[10].

또한 거둠의 기도의 훈련을 다루면서도 이 기도는 **단계성과 점진성**을 가지는 특성이 있으며, 즉시 어떤 효과를 기대하는 것은 어렵다는 것을 깨우친다. 오히려 감각들의 거둠의 과정은 오랜 시간을 필요로 하며, 그런 이후에 진정하고도 참된 열매를 맺는 개화의 시기를 맞게 된다. 이것을 성녀는 다음과 같이 직관하고 있다.

> "거둠질이 더하고 덜할 수도 있기 때문에 그다지 깊지 못하면 처음에는 신통한 결과가 보이지 않을 것입니다. 그뿐 아니라 육체는 항복하지 않는 것이 바로 제 목이 잘리우는 것임을 깨닫지 못하고 제 권리를 도로 찾으려고 하기 때문에 처음에는 무척 어려울 것입니다. 그러나 얼마 동안 힘들여가면서 버릇을 익히기만 하면, 반드시 좋은 결과가 나타나 나중에는 기도를 시작할 때는 마치 꿀을 받으러 벌통 안으로 날아드는 벌들처럼 자기 자신이 그러하다는 것을 느끼게 될 것입니다"[11].

자기 자신 안으로 들어가서 주님을 찾기 위한 인간의 노력은 또한 어떠한 상태에 있더라도 하느님의 은총으로써 보답 받게 된다.

> "왜냐하면 주께서는 당신을 위하여 바친 시간을 보시고 그 대가를 영혼에게 갚아주시어 의지가 주권을 차지하도록 마련하기 때문

---

[10] 테레사는 거둠의 기도에 관하여 인간의 노력의 필요성을 강조하면서 다음과 같이 말하고 있다. "자매들이여, 힘 안들이고 익혀지는 것은 아무것도 없습니다…"(「완덕의 길」, 29,8). 또한 여기서는 하느님의 도우심도 함께 있음을 확신한다. "주께서 원하신다면 당신 곁에 있는 여러분이 잘 준비되어 있는 것을 보시고 여러분을 들어올리시어 위대한 일을 하게 해주실 것입니다".
[11] 같은 책, 28,7.

입니다. 말하자면, 모든 감관이 의지에 복종하고 거두어지기 위해서는 영혼이 거둠질을 하겠다는 눈치만 보여드리는 것만으로도 충분하기 때문입니다. 그런 뒤에 감관들이 혹시 밖으로 뛰쳐나온다 하더라도 그것들은 포로나 노예의 몸으로 나오기 때문에 그 전처럼 해를 입히지는 못할 것입니다. 따라서 의지가 그것들을 다시 불러들이면 날쌔게 되돌아오고, 이렇게 하기를 거듭하고 나면 주께서 그 감관들도 완전한 관상 안에 오롯이 잠겨 있도록 해주실 것입니다"[12].

어떻게 이것을 수행할 수 있는가? 그러기 위해서는 무엇보다도 먼저 하느님과 충만한 관계를 맺는 자아 실현의 가능성을 품고 있는, 자신 안으로 들어가야만 되며, 그러기 위해서는, 모든 피조물과 사물로부터 감각들을 거두어들일 필요가 있다. 처음에는 그러한 시간이 짧게 유지되겠지만, 점진적으로 내면에서 더 큰 공간을 마련하게 되고 그 갈망이 강렬해지기 시작한다. <즉, 자기 자신을 낭비함이 없이 한 걸음 한 걸음씩 자신을 지배하여 나가게 된다>; 이제는 감관들의 기능이 제 자리를 찾기 시작한다; <기도 중에 말을 할 때면 자기 안에 계시는 어느 분과 이야기하는가를 먼저 생각하고, 들을 때면 어느 분이 자기 곁에서 말씀하고 계시는가를 먼저 생각해야 할 것입니다>. 어느덧 주님이 바로 곁에 현존해 계심을 느끼게 된다.

3.3. 우리는 비어있지 않은 공간: 자신의 내면 안에서 참된 자신을 만남

외적, 내적 감각들을 거두어들이는 과정은 바로 자신 안에 계시는 신비인 하느님을 참되게 재발견하는 여정이기도 하다. 인간의 내면은 비어있는 것이 아니다. 바로 순수한 하느님의 능력이 살아 숨 쉬는 공간이며, 궁궐이며, 그리고 하늘, 낙원이다. 테레사는 이러한 내면의 신학적인 신비와 현존을 특별히 영혼의 성에서 많이 다루고 있다. <하느

---

[12] 같은 책, 28,7.

님이 어디든지 계시다는 것은 여러분이 잘 알고 있습니다. 임금 계신 곳이 궁궐이라면, 하느님 계신 곳은 하늘입니다. 그리고 하느님 계신 곳이 온통 영광 뿐이라는 것도 여러분은 잘 알고 있습니다. 그러면 성 아우구스티누스가 하신 말씀을 생각해 보십시오. 그는 여러 곳에서 하느님을 찾다가 결국 자신 안에서 하느님을 발견했습니다…>[13], <천지를 창조하신 분이 계시는 영혼의 자그마한 하늘 안에 들어 있는 사람들은 자기를 헷갈리게 하는 감각이 세계를 떠나 그것을 거들떠보지도 않고 훌륭한 길을 걷고 있음에 틀림없습니다>[14].

테레사는 우리 영혼 안에 하느님의 현존이 있다는 신학적인 확신에 머무르지 않고 독자들로 하여금 자신들의 내면 안에서 하느님을 새롭게 재발견할 수 있도록 촉구하고 있으며, 그에 대해서 다음과 같이 제안하고 있다.

"이제는 우리 안에 있는 화려하고 웅장한 궁전을 상상해 봅시다. 그것은 임금님의 궁전답게 모두가 금이며 갖가지 보석으로 치장된 집입니다. 한편 여러분도 그 궁전을 짓는 데 한 몫 한다고 합시다. 사실상 순결하고 덕을 갖춘 영혼처럼 아름다운 궁전도 없으며, 덕이 많을수록 그 궁전의 보석들은 더욱 반짝거립니다. 이 궁전 안에는 대왕님이 계신다고 생각해봅시다. 그 임금님은 더할 나위 없이 값진 옥좌에 앉아 계시면서 여러분의 아버지가 되어 주십니다. 이것이 바로 여러분의 마음인 것입니다"[15].

그렇다고 해서 테레사가 갖고 있는 하느님의 성전인 인간 영혼의 아름다움에 대한 긍정적인 시각들이 인간 조건의 구체적이고 실제적

---

[13] 같은 책, 28,2.
[14] 같은 책, 28,5.
[15] 같은 책, 28,9. 이 영성 교의는 인간이 <하느님의 모상>이며 <성전>이라는 인간학적인 긍정적인 차원을 열어주는 성녀의 작품인 『영혼의 성』(특별히 1궁방 1)의 서문이기도 하다.

인 현실적인 상황으로부터 유리되는 것만은 아니다. 이 성전이 늘 자유롭게 열려 있는 것만은 아니며, 늘 반짝이는 것도 아니다. 인간이 이 성전에 들어가기 위해서는 방해되는 모든 장애로부터 자유로워져야 하며, 완전하고 충만하게 하느님에 의해 채워져야 한다. 즉, 하느님의 완전한 현존을 저해하는 모든 요소들로부터 완전한 <비움>으로 변화되어야 하는 것이다. 하느님은 자기 자신 모두를 증여하고 싶어 하시고, 순수한 내적 공간을 원하신다[16].

이것은 하느님과 관계를 원하는 영혼의 삶을 단순하게 수덕적인 단계로만 해석하는 것을 피하고, 거둠의 기도에 대한 이전의 효과들[17]에 비추어 심리학적인 차원으로도 이해할 수 있다. <자기 자신을 비운다는 것>은 방해되는 것으로부터의 자신을 비우는 만큼, 우리의 내면에서 하느님과 관계를 실현하는 것은 자명한 것이다. 그리고 이제는 성녀가 확신하는 바와 같이 거둠의 기도의 <정신적인 차원>의 모습을 살펴본다면, <내적 확장>[18]의 시기를 볼 수 있다. 영혼이 이 길에 처음

---

[16] 성녀가 제안하는 수덕적으로, 교육학적인 관점에서 이 <비움>을 조금 살펴볼 필요가 있다. 성녀는 다음과 같이 말하고 있다. "확실하고 중요하기 때문에 두고 두고 여러분에게 되풀이합니다마는 영혼이 온전히 당신 것이 되어서 당신 마음대로 하실 수 있는 경우에만 당신은 그 영혼 안에서 역사하시는 것입니다. 어떻게 역사하시는지 나는 모릅니다만, 어떻게 하시든지 당신은 모든 것을 알맞게 처리하십니다. 만일 우리가 이 궁전을 망나니와 쓰레기로 채워놓는다면 임금님은 그 시신들을 거느리시고 어떻게 여기에 계시겠습니까? 그러한 혼잡 속에서는 잠시 동안 계시는 것조차 못 할 노릇일 것입니다…"(「완덕의 길」, 28,12). 이러한 내용을 볼 때, <거둠>이라는 것은 주님이 영혼을 완전히 충만하게 소유하게 하는 조건인 <내적 정화의 상태>에 대해 말하고 있음이 분명하다.
[17] 즉, 영성적 차원만이 아닌 실재적으로도 어떤 효과의 가능성을 말한다. 어떤 공간에서 두 실재가 만났을 때, 한쪽이 커지면 상대적으로 한쪽 면은 필연적으로 축소될 수밖에 없다. <정신적인 차원>으로도 연결될 수 있다.
[18] 이 현대적이고도 정신생리학적인 개념을 사용하게 된 것은 매우 유감이나, 때때로 요구되는 내적 요구에 대한 갈증과, 더불어 거둠의 기도의 효과를 지칭하는 상호적인 가치를 표현하는 단어로 차용할 수밖에 없다. <내적 확장>에 대해 테레사는 매우 자주, 성서 안에 나타난 표현, 특별히 사마리아 여인과 모든 그리스도인들에게 살아 있는 물을 약속하신 그리스도의 말씀을 상기하면서 자주 인용하는 것을 볼 수 있다(cum dilatsati cor meum,

들어섰을 때는, 그토록 작은 것이 그토록 크신 분을 자기 안에 지니는 것을 보고 그가 놀라서 자지러질까봐 당신을 알려주시지 않으십니다. 차츰차츰 그 영혼을 키워가면서 당신이 그 안에 자리를 잡으실 만큼 키워놓으신 다음에야 그에게 알려주십니다. 당신 자유대로 하신다고 하셨는데, 이는 당신 마음대로 이 궁전을 크게 하실 수 있다는 것입니다.

3.4. 이 기도의 효과들과 표시들

이와 같이 거둠의 기도의 효과는 연속적인 심리적, 영성적 효과를 통해 체험될 수 있다.

첫 번째는, 그 즉시 체험할 수 있는 영적 요소와 에너지들이다. 두 번째는 이 과정의 모든 것이 참되고 진실함을 보증하는 것이다. 먼저 내적 인간으로서의 굳건함이 갖추어 진다. 이 굳건함은 영혼이 자신의 모든 감각들과 육체를 지배하는 주인공이 되는 것이며, 자기 자신 안으로 들어가서 집중하기 위해서 외적인 모든 표징들로부터 시선을 거두게 됨으로써 영혼의 시선이 더욱더 예민해져서 육체는 영혼에게 봉사하게 되는 것이고, 고요하게 되고, 평화스럽게 된다. 기도 또한 매우 고요함과 평화스러움이 충만해지게 된다. 이러한 습관은 완전한 관상의 선물에 이르게 되는 어떤 확고한 안정성에 이르기까지 점진적으로 감각들을 모으는데 더욱더 용이 하게 한다[19].

이러한 효과들이 거둠의 기도에 상태에서 느낄 수 있는 주목할 만한 영성적 선물들이다. 모든 카리스마, 은총의 풍요로움은 성숙한 덕행의

내 마음을 넓혀 주셨기에). 참조: 요한 4,10-15; 7,37-39. 이 성서적 주제가 인용된 부분은 『자서전』, 30,19; 『완덕의 길』, 19,2-5; 『외침』, 9,1에서 볼 수 있으며, 비록 요한 복음을 명시적으로 인용하지 않더라도 무엇보다도 가장 확실하게 인용한 곳은 『영혼의 성』 4궁방, 1장에서 2장까지이다. **성녀가 표현하려는 <내적 확장>의 본질은 하느님의 선물이며, 주님께 봉사하기 위한 당신의 큰 <자기 증여>라고 할 수 있다.**

[19] 참조: 『완덕의 길』, 28,7. "… 그러나 얼마 동안 힘들여가면서 버릇을 익히기만 하면, 반드시 좋은 결과가 나타나 나중에는 기도를 시작할 때는 마치 꿀을 받으러 벌통 안으로 날아드는 벌들처럼 자기 자신이 그러하다는 것을 느끼게 될 것입니다…".

함양에로 이끌게 된다. 그것은 마치 배가 바다를 항해하는 모습처럼 우리 자신이 성령의 이끄심에 의해 순항하게 된다. 특히 죄의 유혹과 그런 유혹에 빠질 수 있는 기회와 싸워서 극복 하는 데에 있어서 매우 큰 확실성을 주게 된다. 내적 쇄신은 자연스럽게 사랑의 열기로 가득 찬 불꽃으로 하느님과 함께 있고 싶어 하게 만든다[20]. 특별히 이 기도의 상태에서는 기도하는 영혼 자신이 하느님과 더욱더 강렬한 친교를 이루고 싶어 하는 원의가 강해지는데, 하느님이라는 존재 자체를 소유하고 싶어 하는 전적인 봉헌을 갖게 만든다. 점진적으로 하느님의 속성들과 충만함 안에서 내적 부유함과 사랑의 모든 것을 관상하게 된다.

> "오직 그분을 아버지처럼, 오빠처럼, 상전처럼, 님처럼 대하십시오 … 그토록 좋으신 손님을 앞에 두고 서먹해 할 것 없이 다만 겸손되이 아버지께 하듯이 말씀드리고, 청하고, 고생을 이야기하고, 돌보아주시기를 빌고, 그러면서도 여러분은 그분의 부당한 자식이라고 느끼면 되는 것입니다"[21].

하느님의 사랑에 대한 전적인 갈망은 모든 것을 바라게 되는데, 그 이유는 하느님께서 모든 것을 주시기 때문이다. 우리의 자유에 의해서 청하고 또한 무상으로 받는 선물은 하느님께서 자유롭게 자신을 선물로 주시기 때문이다.

> "그래도 당신은 우리 의지를 꺾지 아니하시고 우리가 당신께 드리는 것만을 받아들이고, 온통 우리를 당신께 바치기 전에는 온통 당신을 우리에게 주시지 아니 하십니다"[22].

> "그들은 얼마 안 되는 시간으로 많은 길을 걸었으므로 곧 샘물을 마시기에 이를 것입니다"[23].

---

[20] 「완덕의 길」, 28,8.
[21] 「완덕의 길」, 28,2-3.
[22] 「완덕의 길」, 28,12.
[23] 「완덕의 길」, 28,5.

거둠 기도는 단지 심리-육체적 기술(눈을 감고 외적 감각들, 상상, 환상, 생각들을 통제하며 영혼의 중심에서 하느님과 대화를 나누는 등)에만 토대를 둔 것이 아니다. 그것은 또한 심리-윤리적 성향을 전제로 한다. 즉, 과도하게 삶에 대해 애착하는 태도로부터 영적으로 거리를 두는 것, "삶의 허영으로" 눈을 가리지 않는 것(『완덕의 길』, 28,11), "망나니와 쓰레기로" 궁궐을 채우지 않는 것(『완덕의 길』, 28,12), "현세의 삶에서 상급을 찾지 않는 것"(『완덕의 길』, 29,1), "내적으로 하느님께 이르기 위해 모든 것으로부터 떠나는 것"(『완덕의 길』, 29,5) 등이 그러하다.

요약하면, 거둠 기도는 성녀가 자아의 핵심에서부터 통합된 그리스도적 인격을 건설하기 위해 근본적이면서도 필수적인 것으로 여기던 지극히 효과적인 방법이다. 또한 그것은 영혼으로 하여금 하느님의 현존 그리고 그분과의 대화에 익숙하게 해 주는 방법이기도 하다. 그러나 성녀는 이 방법을 활용함에 있어서 도를 넘지 않았다. 성녀는 가능한 만큼만 이 방법을 사용하길 바랐다.

3.5. 그리스도와의 친교

그리스도의 현존 앞에서, 내면적으로 그분을 듣는 것이고, 그분과 대화하는 것이고, 사랑에 가득 찬 시선으로 하느님을 바라본다는 것은, 거둠의 기도의 목적인 동시에 이 기도에 다다르기 위한 효과적이고 실제적인 방법이라고 할 수 있다. 테레사적 기도의 교육에서 이 반대되는 방법들은 없다고 할 수 있다.

이 기도의 목적과 시초에 주님과의 관계를 이루는 데 있어서, 그리스도와의 개인적 관계는 묵상의 주제가 되는 동시에 그 바탕을 이루게 된다. 물론 '자기 자신을 거두는 것'의 행위 자체가 목적은 아니다. 그러나 다른 큰 존재의 현존에 더 가까이 다가서기 위한 방법이다. 누군가 앞에서, 지금 내 앞에서 현존하고 있다는 의식 자체는, 거둠이라는 목적을 위해서 기울여야 하는 필연적인 노력들, 예컨대 심리적, 영성적인 노력들을 더욱더 쉽게 초월할 수 있게 하고 용이하게 할 수 있다. 또한 자신

내면의 참된 실현의 가능성을 발견한다는 것 즉, 자기 자신을 새롭게 발견하는 것, 알아간다는 것은, 궁극적으로 성전이며, 궁궐이고 낙원인 자기 자신의 내면 세계를 점진적으로 열고, 어떤 한계를 초월해 나가는 여정인데 반하여, 그러나 반면에, 우리 안에 내가 누구와 함께 있는지 모르고, 혹은 내가 누구와 함께 이 여정을 걸어가고 있는지에 대한 자의식(自意識)이 없다면 이 모든 것은 무의미할 것이다. 하느님의 현존이 없는 영혼, 그리스도를 발견하지 못하는 거둠은 마치도 하느님이 계시지 않는 하늘, 성체가 모셔져 있지 않은 감실, 동료가 없는 고독이며 결국에는 비어 있는 내면과 다르지 않다고 할 수 있다.

거둠의 기도에서 그리스도와의 내면적 만남은, 성녀 테레사에 의해 엷으면서도 점진적이고도 설득적인 교육방법과 가르침으로 제시되고 강조되면서 그분과의 만남의 가능성을 더욱더 부채질하고 촉진하도록 이끌고 있다.

여기에 테레사는 자신의 길고도 힘들었던 기도의 체험들의 구체적인 교육들을 제시한다.

1) 자신의 경험에서 출발함

성녀가 경험한 내적 거둠을 기술적이고도 이끌어가는 모든 주체는 그리스도의 현존이다. 테레사는 다음과 자신의 체험을 전하고 있다.

"자매들이여, 오랫동안 무엇을 생각할 수 없고 생각이 자꾸 헷갈리거든 제발 이렇게 해보십시오. 해보면 곧 되리라고 나는 믿습니다. 사실 나도 여러 해 동안 어느 한 가지 일에다 정신을 골똘하게 모을 수 없었는데, 이것은 여간 큰 고생이 아닙니다. 그러나 우리가 겸손을 가지고 빌면서 힘쓰기만 하면, 주님은 우리를 외롭게 버려두시지 않고 반드시 당신 짝이 되어주실 것입니다. 일 년을 두고 이 일에 애써서 성공하지 못하면 더 오랫동안 해봅시다. 이토록 좋은 일에 시간이 드는 것을 아까워할 게 없으니 누가 우리 뒤를 쫓을까 조바심할 까닭이 없지 않습니까? 거듭하는 말입니다마는, 해보면 될 것이니 힘써 참다우신 스승님을 곁에 뫼시며 살아봅시다"[24].

우리는 여기서 성녀가 자신이 저술한 작품 중 첫 작품인 『자서전』에 나오는 기도의 체험들에 관해 묘사하고 언급한, 첫 부분들을 기억할 필요가 있다. 이 작품에서 기도에 관한 성녀의 체험들은 한결같이 다음과 같은 공통 분모를 갖고 있다. 그것은 다름 아닌 <그리스도의 현존 앞에 머무를 것>이며 <주님의 곁에서 있을 것>등을 강조하고 있다는 사실이다.

"나는 내 안에 계시는 우리의 보화이시요 스승이신 예수 그리스도를 바라보는데 힘썼습니다"[25].

"내 묵상 방법은 다음과 같았습니다. 오성의 도움으로는 여러 가지를 생각할 수가 없기에 내 안에 그리스도를 상상하려고 애를 썼습니다"[26].

"내가 말한 그 방법으로 주님 곁에 머물도록 힘쓰고 있는 동안, 때로는 독서를 하고 있었을 때 갑자기 하느님 현존의 내적 느낌이 일어나 하느님이 내 안에 와 계시거나 아니면 내가 하느님 안에 온전히 잠겨 있다는 것을 조금도 의심할 수가 없었습니다"[27].

모든 이러한 내적 노력들, 자기 자신 안에 살아계신 주님이라는 명제는, 성녀 테레사의 깊은 확신에 의해 지속적으로 진행된다. 찾음은 기도를 하는 주체와 기다리는 두 인격간의 상호적인 성격을 갖는다. 성녀에 의해 표현된 이러한 열망에 대해 주님은 결코 인간이 느낄 수 없는 분으로 남아 있는 것이 아니다. 지극한 여성다운 섬세함으로 테레사는 본인이 선호하는 복음의 장면들을 묘사하면서 주님께서는 겟

---

[24] 『완덕의 길』, 26,2.
[25] 『자서전』, 4,7.
[26] 『자서전』, 9,4.
[27] 『자서전』, 10,1.

세마니 동산의 모습에서처럼 혼자라는 점에 주목하고 있다. 또한 그리스도는 당신과 함께 머물 수 있고 같이 기쁨을 나눌 수 있는 동료를 기다리신다는 것을 적극적으로 표현하고 있다[28].

　기도는 복음서에 나오는 그리스도의 모습을 더욱더 전적으로 확연하게 살아 수 있도록 도와주고 그러한 장면들은 막달레나와 사마리아 여인과의 만남 같은 장면에서 볼 수 있듯 자신을 동일시하는 모습을 보이고 있다[29]. 이러한 주님을 만나려는 노력들은 그 응답을 받게 된다. 그 응답은 기도 생활의 시초에 테레사가 그리스도의 현존을 자신의 앞에다 두려고 했었다면, 이후에는 그리스도께서 테레사를 만나러 오시고, 테레사를 당신의 신비적 삶에 동참시키려는 모습으로 나타난다.

　거듭의 기도는 단순하게, 마치도 우리 자신이, 차원이 다르게 현존하시는 하느님을 만날 수 있는 독보적인 주인공들처럼, 그리스도의 현존 앞에 머무를 것을 촉구하는 단순한 확신이 아니라고 할 수 있다. 테레사에게 있어서 하느님을 찾는 행위는, 하느님께서 우리를 바라보는 가운데, 우리에게 말씀하시는 것, 당신께서 우리를 찾는 가운데에서, 사랑 한가운데에서 당신 스스로 움직이신다는 확신에서 기인한다. 우리의 노력은 단지 응답이며, 침묵이고 그 침묵은 우리 각자에게 말씀하시는 분을 듣기 위한 조건으로서의 침묵이며, 사랑 가득 찬 시선으로서 첫 번째로 우리를 바라보시는 분을 향한 내면 시선(內面視線)을 일정하게 유지하는 것이다. 그러므로 테레사의 거듭의 기도는 먼저 우리를 사랑하시는 하느님께 대한 응답으로서 진정한 그리스도인의 기도라고 할 수 있다. 이에 먼저 각자의 내면 안에서 하느님을 찾는 것은 순수한 은총이며, 헛된 노력이나 수고, 찾음이 아닌 것이다. 하느님께 응답한다는 것은 먼저 우리를 사랑하신 하느님께 대한 응답인 것이다. 그리스도께서도 당신 스스로도 우리를 만나러 오신다는 것이 테레사적 확신이다.

---

[28] 참조: 『자서전』, 9,4.
[29] 참조: 막달레나의 모습은 특별히 『자서전』, 9,2과 『완덕의 길』, 34,6-7. 사마리아 여인과의 만남은 『자서전』, 30,19; 「하느님 사랑의 묵상」, 7,6; 『영혼의 성』, 6궁방 11,5.

2) 여러분이 혼자라면 짝을 구하십시오.

앞서 언급했듯이 테레사의 기도 방법에 있어서 첫 번째의 조언은 그리스도의 현존 앞에 머무르는 것이다.

"그 다음에 할 일은 여러분의 짝을 가지는 일입니다. 짝이라면 여러분이 바치려는 기도를 가르쳐 주신 바로 그 스승님보다 더 좋은 짝이 어디 있겠습니까? 그분을 여러분 곁에 뫼시고 그분이 얼마나 큰 사랑과 겸손을 가지고 여러분을 가르치고 계시는지를 그려보십시오 그리고 - 내 말을 한번 믿는 셈 치고 - 한사코 그분의 곁을 떠나지 않도록 해보십시오"[30].

이러한 테레사적 기도의 움직임은 어떤 것을 끊임없이 분별하거나, 혹은 어떤 것을 상상하거나, 예를 들면 그리스도의 얼굴을 내적으로 그릴 수 있는 능력을 함양하는 것이라기보다는, 자기 자신이 지금 주님의 현존 앞에 있으며, 임할 수 있는 모든 외적, 내적 감각의 능력들이 참된 제 위치를 갖추는 능력이다.

"우리는 정신적으로 늘 그리스도 앞에 몸을 두어 그 거룩하신 인성에 대한 최대의 사람에 점차로 불타올라 항시 그 곁에 머물고 그분께 아뢰고 우리에게 필요한 일을 청하고 슬픔 중엔 그분께 하소연하고 위안을 느낄 때는 그분과 함께 기뻐하며 행운에는 그분을 잊지 않도록 유의하고 복잡한 기도문 따위를 찾으려 말고 자신의 소망과 필요를 밝히는 단순한 말로 이야기하도록 합시다"[31].

"그러니 아까 말씀드린 대로, 그들은 오성을 너무 고달프게 하지 말고 주님 앞에 머무는 것이 더 좋습니다"[32].

성녀가 다루고 있는 이러한 모든 정의는 정신 통일, 혹은 심리적인 집중과 침묵이라기보다는 오히려 신앙과 사랑의 훈련에 대해 언급하

---

[30] 『완덕의 길』, 26,1.
[31] 『자서전』, 12,2-3.
[32] 『자서전』, 13,11.

는 것을 말한다. 이 기쁨의 원천은 우리 자신 앞에 놓여 있는 주님의 현존이다. 그러나 신앙과 사랑만이 우리 자신 앞에 놓여 있는 열려진 현존에 푹 잠기게 할 수 있게 하고, 그러기 위해서 갖추어야 할 조건인, 외면적이고도 심리적인 고독을 넘을 수 있는 능력이 있으며, 그 안에서 하느님의 말씀을 믿고, 우리 자신을 그분의 사랑에 신뢰할 수 있는 것이다.

> "여러분이 이렇게 그분을 줄곧 곁에 뫼시는 한, 그리고 그분이 오직 사랑으로 당신 곁을 떠나지 않고 당신의 뜻을 채우려고 애쓰는 여러분을 보시는 한, 여러분이 당신을 내칠 수 없고, 당신 또한 여러분을 버리실 리 없습니다. 그리하여 그분은 여러분이 하는 일마다 도우실 것이요, 여러분은 어디서든지 그분과 함께 있게 될 것입니다. 여러분은 그러하신 님을 곁에 뫼시는 일을 예사로 여길 수 있겠습니까?"[33].

영혼이 한번 하느님의 현존을 확신하게 되면 모든 친교의 가능성이 활짝 열리게 되는 것이다.

3) 자신을 바라보는 분을 바라볼 것: 관상에 대한 교육

스페인어 원문의 『완덕의 길』 26장을 주의 깊게 읽어보면 테레사는 독자들에게 **'내적인 눈길'**, **'시선'**에 대한 가르침의 핵심을 알 수 있다. 기도는 매우 가까운 두 벗의 관계이며, 침묵과 빛나는 서로의 눈길과 시선으로 자신들을 표현하는 마음의 언어이다. 여기서 핵심적인 언어는 <바라보는 것>이며, <눈길을 돌리는 것>이다. 사실 모든 표현들의 결과는 눈길들, 시선들이라는 데에 집중되어 있다. 그 눈길은 그리스도의 눈길이며, 인간에 대해서 만남을 갈망하는 아름다운 자비의 눈길이다. 테레사는 이에 관하여 설명할 때, 여성적 섬세함으로 사랑과 주의 깊은 시선, 바라보는 것에 대한 중요성을 역설하고 있다. 『완덕의 길』의 첫 번째 편집에서 성녀는 다음과 같이 말하고 있다.

---

[33] 『완덕의 길』, 26,1.

"우리가 타인들과 말할 때, 우리를 바라보는 사람들을 보지 않는다면, 사람들이 우리의 얘기를 듣고 있다고 볼 수는 없지 않겠습니까?"[34].

하느님께서 만약에 우리를 바라보지 않고 있다면 우리의 얘기를 듣지도 않으실 것이다; 만약에 우리가 그분을 바라보지 않는다면, 하느님께 주의를 기울이지 않는 것이다. 이것이 우리의 작가가 펼치는 단순하면서도 엄격한 논리이다. 바로 이러한 차원을 바탕으로 기도에 관한 아름다운 정의를 우리에게 알려주고 있다.

"추리의 작용을 접어두고 구세주 곁에 머뭅시다. 만일 할 수 있다면 주님께서 우리를 보고 계시다는 것, 그리고 우리는 그의 벗이 되어 있음을 바라보도록 합시다. 님께 아룁시다. 우리의 애절한 소망을 여쭈고 스스로 낮추며 님과 함께 즐깁시다"[35].

이 부분에 관해서는 『완덕의 길』의 전반에 걸쳐서 '시선의 거둠'에 관한 교육과 신학을 전개하고 있다.

"내가 여기서 여러분에게 말하고 싶은 것은 하느님만 골똘하게 생각하라는 것이 아닙니다. 오성을 가지고 숱한 추리를 하라는 것

---

[34] 현재 우리말로 번역되어 있는 『완덕의 길』은 발리야 돌리드 본이다. 이 부분은 발리야 돌리드 본에는 없으므로 에스꼬레알 본을 나름대로 번역하여 싣는다(Escoreal. prima redazione, 29,1).
"이 주제와 관련하여 나는 고집을 피울 생각이 많이 없습니다. 왜냐하면 나의 목적은 구송기도로 어떻게 기도해야만 하는지에 관한 것이 아니기 때문입니다. 나는 단지 누구와 같이 대화를 나누고 있는지에 대한 것을 생각하라는 것입니다 … (중략) … 모든 것이 하느님께서 우리 앞에 현존하신다는 것을 모르는 몰이해에서 비롯된 것입니다. 우리는 그것을 믿지만 희미하게 믿을 뿐입니다. 희미하게 믿는다는 말은 우리가 하늘 나라에서만 하느님을 찾을 수 있단 말씀입니까? 그러나 주여, 그렇게 가까이 있으면서도 혹시라도 여러분의 얼굴이 관상하기에 부적합하다고 여기는 것입니까? 우리가 타인들과 말할 때, 우리를 바라보는 사람들을 보지 않는다면, 사람들이 우리의 얘기를 듣고 있다고 볼 수는 없지 않겠습니까?".
[35] 『자서전』, 13,22.

도 아니고, 거창하고 아리송한 명상을 하라는 것도 아닙니다. 오직 하느님을 보고만 있으라는 것 뿐 입니다. 힘이 모자라서 오랫동안은 못 한다 하더라도 일순간 영혼의 눈을 주님께 돌리는 것쯤은 누가 막을 수 있겠습니까? 추한 것을 보는 눈이 상상도 하지 못할 만큼 아름다운 그것을 보지 못한단 말입니까? 사랑하는 따님들이여. 여러분의 님께서는 여러분한테서 한시도 눈을 떼지 않으시고 그분 앞에서 온갖 미운 짓 더러운 짓을 다해도 참아주시고 무슨 일이 있어도 여러분을 외면함이 없으시거늘, 밖의 것에서 눈을 떼서 몇 번이나마 당신께 눈길을 돌리는 것이 뭐 그리 대단한 일이겠습니까? 보십시오. 그분은 당신의 신부에게 말씀하신 바와 같이 우리가 당신을 보는 것 외엔 아무것도 바라지 않으십니다"[36].

상본을 사용한다든지, 복음의 말씀들을 묵상하는 것은 내적 시선의 내면화 작업을 도우고 관상적 자세를 유지하는 데에 매우 유익하게 하는데, 이러한 확신은 다음의 단순한 말씀에 바탕을 두고 있다. 즉, 주님은 현존하시고 우리를 바라보신다. 그렇다면? 테레사는 다음과 같이 결론을 내리고 있다.

"그러나 주여, 우리가 주님께 그렇게 가까이 있으면서도 혹시라도 여러분의 얼굴이 관상하기에 부적합하다고 여기는 것입니까? 우리가 타인들과 말할 때, 우리를 바라보는 사람들을 보지 않는다면, 사람들이 우리의 애기를 듣고 있다고 볼 수는 없지 않겠습니까?".

4) 스승 곁에 머무를 것: 들음에 대한 가르침

거둠의 기도는 또한 침묵 안에서 그리스도께서 사랑하는 제자들에게 스승으로서 말씀하시는 것을 듣는 능력에 대해 언급하고 있다. 이러한 복음에서 보여지는 스승과 제자라는 관계에서, 테레사가 '그리스도와

---

[36] 『완덕의 길』, 26,3.

함께 고요한 친교'라는 새로운 가능성의 전망을 제안하고 있다.

복음서의 '주의 기도'를 주해하면서 그리스도의 가르침은 누구라도 주님의 제자로서 해당된다는 것을 거듭 밝히고 있다.

"주님께서는 우리 하나 하나에게 기도를 가르쳐 주셨고, 지금도 우리를 밝혀주신다고 믿는 것은 유익한 생각입니다. 스승은 소리를 질러야 제자가 알아들을 만큼 그렇게 먼 곳이 아닌, 바로 우리 곁에 항상 계시기 때문입니다. 여러분이 '우리 아버지'(주의 기도)를 잘 바치려면 이것을 알아두십시오. 즉, 여러분에게 이 기도를 가르쳐주신 스승님 곁을 떠나지 말아야 한다는 것입니다"[37].

듣는다는 것은 본인이 어떤 특별한 계시를 기다리는 상태를 의미하는 것이 아니라, 복음에서 응답을 찾고, 기도 안에서 그 내용을 개인화(個人化), 내면화(內面化)하면서 주님의 말씀이 우리에게 다시금 직접적으로 향하게 하는 것이다. 우리들 각자의 필요성에 대한 응답이라는 개인적 내면의 차원에서 그리스도의 말씀들 안에서 그분의 현존을 재발견하는 것이다. 그 말씀은 신적 스승으로부터 기도의 침묵 안에서 우리로 하여금, 갈릴레아에서 제자들과 함께 가졌던 그 관계를 현재화하는 것이다. 바로 여기에 테레사의 참된 체험은 누구든지 그의 흔적을 따르고자 하는 누구든지 넓혀 주는 것이다.

"그러므로 여러분은 어지신 스승님 곁에 지켜 앉아 여러분에게 가르치신 바를 배우기로 굳은 결의를 하십시오. 주께서는 여러분을 당신의 훌륭한 제자로 만드실 것이고, 여러분이 그분을 저버리지 않는 한 그분은 여러분을 저버리지 않으실 것입니다. 하느님의 입에서 흘러나온 이 말씀을 생각해보십시오. 그 첫마디에서 벌써 여러분에 대한 그분의 사랑을 알 수 있습니다. 스승이 자기를 사랑하신다는 것을 안다는 것이야말로 제자에게 있어서는 적잖은 행복과 기쁨일 것입니다"[38].

---

[37] 『완덕의 길』, 24,5.
[38] 『완덕의 길』, 26,10.

성녀가 강조하려는 보다 근본적인 핵심은 그리스도께로부터 유래하는 사랑과 그의 제자들과 나누었던 친밀한 우정이다. 그분의 사랑에 신뢰하고, 스승과 같이 있으며, 그분의 말씀에 의탁하는 것이다. 침묵 안에서 그분은 영원한 복음의 가르침을 반복하고 계신다. 그 말씀은 내적 침묵 안에서 그분의 말씀을 경청하려는 모든 제자들에게 끊임없이 이루어지고 있다.

"하느님이 가르치실 적에는 이와 같이 소리도 없이 인간의 기관들이 정지됩니다"[39].

5) 하느님께 대화를 나누는 것: 대화의 가르침

눈길과 들음, 그리고 대화와 응답 등. 기도는 현존과 눈길 안에서 하느님과의 만남이 이루어진 후 응답하는 것이고, 경청한 것에 대해 말함이다. 그렇다면 대화는 우리를 사랑하시고 우리를 바라보시며 우리를 듣고 계시는 분이 누구신지에 대한 확고한 의식을 가지고 드리는 단순한 단어들로 이루어지는 자발적 대화이다. 거둠의 기도에서 '말한다는 것'은 하나의 내면의 작용이며, 어떤 가식적인 단어들도 아니고, 어떤 숭고하고 아름다운 개념을 만들려는 인위적인 노력도 아니다. 오히려 하느님으로부터 오는 '들음'을 느끼려는 기쁨이다.

"이렇게 당신을 우러보노라면 여러분은 마음이 감동될 것입니다. 우러러 뵈올 분 아니라 그분과 말하고 싶어지기까지 할 것입니다. 그러나 지어낸 기도가 아니라 마음에서 우러나오는 - 주님은 이런 기도를 좋아하시므로 - 애절한 기도가 하고 싶거든 이렇게 말씀드리십시오."[40].

---

[39] 『완덕의 길』, 25,1.
[40] 『완덕의 길』, 26,6.

테레사는 우선적으로 이것을 배울 것을 추천하고 있다. <친밀한 우정>은 테레사가 중요시하는 그리스도 인성의 체험의 바탕으로써 절대적인 것이다. 무엇보다도 먼저 이 <친밀한 우정의 나눔>을 기도의 범주에 폭 넓게 포함시키면서, 벗들이 벗들을 어떻게 사귀는가 하는 것을 다루고 있다[41].

대화는 바로 이 우정의 훈련이며 서로의 친교를 통해 성장하기도 하고, 그 관계가 대화의 부족함을 가지게 되면 어떤 어려움과 냉정의 시기를 겪기도 한다. 테레사적 이 표현에 주목해보면 그의 섬세한 심리적 통찰을 느낄 수 있다.

> "왜냐하면 누구와 이야기를 안 한다든지, 그 사람에게 어떻게 말을 해야 좋을지 모르는 것은 그만큼 두 사람 사이를 뜨게 만드는 것이고, 그 사람을 알지 못하는 것이 되는 것입니다. 이것은 친척의 경우도 마찬가지여서 오고가는 정이 없으면 친척도 친구도 끊어지고 마는 것입니다"[42].

그러므로 테레사적 충고는 주님을 모든 힘을 다해 섬기면서 구체적으로 가끔씩 상본이라도 지니고 다니면서 자주 대화를 나눌 것을 충고하고 있다.

---

[41] 기도에 관한 성녀의 정의를 스페인어 원문으로 옮기면 다음과 같다: " … que no es ostra cosa oracion mental, a mi parecer, sino tratar de amistad, estando muchas veces tratando a solas con quien sabemos nos ama". 성녀 테레사의 저서의 주석에 있어서 저명한 신학자인 T. Alvarez에 의하면, 기도에 관한 성녀의 정의로서 스페인어 원문만이 정확한 해석을 이끌어 낼 수 있다고 한다.
우선 전반적으로 볼 때, 이 표현은 성서적이다. 특히 요한계 문헌의 서간들에서 이러한 표현을 볼 수 있다(참조: 1요한, 4,8.19.16). **Tratar de amistad**라는 표현은 <친구로 있는 것>, <친구로서 있는 상태>를 말한다. **estando tratando**라는 표현은 <친구로서 말하는 것이다>. 여기에서 우리는 두 가지 면을 이끌어 낼 수 있다. 우선 '친구'라는 우정의 <친밀도의 정도>를 언급하는 것이고, 다른 하나는 <우정의 지속성(持續性)>이라는 차원을 내포하고 있다. 그것은 첫 번째의 <우리는 하느님의 친구>, <하느님의 친구로서 살아가는 것>이며, 두 번째의 이 우정의 행위는 <친구로서 대화하는 것>이고 지속적으로 관계를 맺는 행위를 의미한다.
[42] 『완덕의 길』, 26,9.

"여러분의 마음에 드는 주님의 성패(聖牌)나 상본(像本)을 몸에 지니는 것입니다. 품안에 지니고 가끔씩 꺼내어 주님과 이야기를 하면 여러분이 말할 것을 당신이 가르쳐 주실 것입니다"[43].

6) 만약에 여러분이 기쁘다면 … 만약에 여러분이 외롭다면: 실재적인 가르침

성녀 테레사의 기도는 허구나, 심리적 허상(虛像)이 아니라 매우 실제적(實際的)이라고 할 수 있을 것이다. 내면으로 눈길을 돌리기 위해 전제되는 외적인 모든 대상들로 부터의 감각적인 이탈의 역할은 어떤 실재로부터의 도피로 이해되기보다는, 외적 감각들과 사라져버릴 것들의 무상성(無常性)을 초월하여 자신만이 갖고 있는 내면의 깊고도 깊은 내면의 심연에서, 또 다른 실재와의 만남을 추구하는 것이다.

이에 관하여 완덕의 길에서 나타난 '주의 기도 해설'은 인간들이 갖고 있는 여러 어려움들, 문제들, 인간의 필요성에 대한 응답을 구하는 참된 본질적 메시지를 담고 있다. 그러기 위해서 무엇보다도 제일 먼저 수행되어야 할 부분은 하느님을 관상하는 것이고, 당신의 이름을 거룩하게 하는 것이다. "여러분들은 무엇보다도 먼저 하느님의 나라를 구하십시오!"[44]. 주의 기도에서는 위에서 언급한 동일한 가치들이 언급되고 있다. 그리스도께 대한 집중과 들음, 그리고 내면을 향한 시선들이 점진적으로 표현되고 있음을 알 수 있다. 모든 실재들을 끌어서 자기 자신 안으로 들어간다는 것은, 다름 아닌, 바로 모든 실재들을 포용하는 사랑을 향한 대화를 위한 준비, 그 사랑과 결합하기 위한 모습이며, 궁극적으로 이 모든 과정이 기도로서 봉헌하게 된다.

기도의 테레사적 실재는 자신이 어떤 상태에 있든지 눈길의 상태에 있든지, 말씀의 상태에 있든지 간에 어떻게 시작해야 하는지에 대한 가르침을 주고 있다.

---

[43] 『완덕의 길』, 26,9.
[44] 『완덕의 길』, 30.

> "마음이 기쁘거들랑 부활하신 당신을 우러러 보십시오 무덤을 뛰쳐 나오신 그 모습은 상상만 하여도 기쁨이 벅차올 것입니다 … 고생스럽고 슬프거든 겟세마니 동산의 길로 눈을 돌리십시오. 인내 자체이신 분 이시면서도 괴로움을 하소연하셨으니, 그 영혼이 당하시는 고통이 얼마나 심하셨겠습니까?"[45].

전혀 다른 모습의 그리스도의 현현(顯現)은 바로 여기 있다. 거기에서 우리의 상태와 상황을 맞추어 주시고, 함께 해 주신다는 것이 이 메시지의 근본 내용이다.

> "금슬이 좋은 여자는 남편이 근심할 때 슬픈 얼굴을 하고 남편이 기뻐할 때는 자기는 별로 그렇지 않더라도 기쁜 기색을 하는 것입니다. 자매들이여, 여러분은 어떤 시집살이를 면하였는지 생각해 보십시오 그런데 주님은 진정 에누리 없이 우리에게 매어 지내십니다. 스스로 당신을 우리의 종으로 삼으시고 우리는 안주인이 되어서 우리가 하라는 대로 그분은 하고 계십니다"[46].

거둠의 깊은 침묵과 심연 안에서, 인간은 자기 자신을 전혀 감추고 방어할 필요가 없는 시선으로부터(자신을 바라보고 있는) 지금껏 지녀왔던 자신의 삶의 모습은 가면과 허구를 벗게 된다. 즉, 허위로부터 해방되는 것이다. **그러므로 기도는 본인이 하는 기도가 얼마나 진정성과 참되냐에 따라 얼마나 진실한 것이 되는가이다.** 아마도 바로 이것 때문에 테레사는 26장에서 기도를 시작할 때, 진리이신 그리스도의 현존 앞에서, 양심성찰을 하도록 권고하고 있는 것 같다[47]. 이 부분과 연결하여 테레사는 그리스도에 의해 칭송받고 진실되게 기도한 세리의 참된 기도를 가끔 언급하고 있다[48].

---

[45] 『완덕의 길』, 26,4-5.
[46] 『완덕의 길』, 26,4.
[47] 참조: 『완덕의 길』, 26,1: "… 이 기도를 할 때 맨 처음에 할 것은 성호와 양심 성찰, 그리고 죄의 고백이라는 것은 이미 우리가 아는 바입니다…".
[48] 참조: 『자서전』, 15,9: "… 그러나 의지는 자신의 쉼 안에 머물며, 세리를 본받아 감히 눈

3.6. 성령 안에서 그리스도를 위하여 아버지께로: 삼위일체적인 차원

거듭의 기도의 그리스도 중심론의 일관성은 이 기도의 삼위일체적인 차원이 있다는 것을 잊지 않도록 촉구하고 있다. 이 부분은 인간이 아무것도 할 수 없고, 알 수 없는 신비적 체험의 영역에 입문하는 서곡(序曲) 같은 부분이 포함되어 있다. 그리스도 중심론을 전개하면서, 또한 자녀로서 갖추어야 할 부분에 대한 점진적인 가르침을 통하여, 조금씩 삼위일체적인 가르침과 신비에 접근해야 한다. 하느님을 만나는 것, 스승이신 그리스도를 만나는 것, 마치도 배가 바람에 자신을 맡기듯이 성령의 활동에 내어 맡기는 것 등은 우리 내면 안에서 활동하시는 전적인 하느님의 신비의 체험에 전적으로 응답하는 것이고, 거기에서 중재자이시고, 스승이신 그리스도의 특별한 역할을 경험하는 것이다.

"오직 그분을 아버지처럼, 오빠처럼, 상전처럼, 님처럼 대하십시오"[49].

이제는 그리스도께서, 친히 성녀 테레사에게 아빠, 아버지의 신비로부터 샘솟는 자녀적인 관계로 전환시켜 주신다. 거듭의 기도의 모든 가르침의 실제적인 출발점은 주님의 기도에 나오는 '아버지'라는 단어를 해석하면서 시작된다. 아버지라는 이 짧은 단어는 영혼으로 하여금 모든 감각을 모아서 충만한 침묵의 경배를 통하여 완전한 관상으로 옮겨가게 한다[50].

을 쳐들지도 못합니다…"; 『영혼의 성』, 7궁방, 3,14: "… 하느님의 은혜를 받으면 받을수록 자기를 못 믿고 두려워하는 생각이 더 큰 법입니다. 받는 은혜가 크고 보면 자기 자신의 가엾은 모습이 돋보이고, 자기의 지은 죄가 더욱 커 보이는 것, 그러기에 저 세리와 같이(루카 18,13) 감히 눈을 쳐들지 못하기 일쑤입니다".

[49] 『완덕의 길』, 28,3.
[50] 『완덕의 길』, 27,1: "완전한 관상을 할 대목이 바로 여기가 아니겠습니까? 영혼이 스스로의 안으로 들어가야 바야흐로 스스로를 초월하여 하늘에 계신 아버지라고 하신 그 자리

테레사의 아버지라는 단어의 해설을 보게 되면 자녀를 향한 하느님의 부성의 신비와 놀라운 결과들을 알려주고 있다.

이 테레사적 기도의 방법은 명확하고, 명료하게 기도자 자신을 그리스도교인이 수행해야 하는 거둠의 차원으로 이끄는데, 그것은 다른 것, 예를 들면 단순한 정신 집중이라든지, 내적인 어떤 아름다운 정신 집중의 경험이라든지, 심리적 관상과는 분명히 구별되는, 그리스도에 의해 드러난 아버지를 찾고, 성령에 의해 움직여지며, 하느님의 참된 자녀로서의 기도가 되는 그리스도 중심론적인 기도이며, 삼위일체적인 기도인 것이다.

> "우리가 아버지께 돌아가면, 아버지는 탕자와 같이 우리를 용서하셔야 하고, 고달픈 우리들을 위로하여야 하고, 세상의 어느 아버지보다도 더 잘 아버지답게 우리를 길러주셔야 합니다. 그분은 세상의 어느 아버지보다도 더 좋으신 아버지이시므로 그러한 아버지답게 우리를 잘 길러주셔야 할 것입니다. 그렇습니다. 아버지께서 하시는 일은 모든 것이 잘하시는 것뿐이고, 이러한 일을 하신 뒤에는 우리가 아드님과 더불어 영원한 산업을 나누는 상속자가 되게 해주셔야 합니다"[51].

그러므로 거둠의 기도는 자녀적인 차원을 갖는다. 우리 각자 안에서 늘 아버지를 신뢰하고 그분의 손에 우리의 모든 것을 내어 맡기면서(포기하면서) 아버지이신 하느님을 새롭게 발견하는 것이다[52].

이제 그리스도인의 기도에서 중요한 역할인 거둠의 기도의 참된 구

가 어디인지 알 수 있으며, 거룩하신 아드님의 가르침을 받을 수 있을 것입니다…".

[51] 『완덕의 길』, 27,2.

[52] 참조: 『완덕의 길』, 28,2. 신뢰와 포기는 거둠의 기도와 그리스도인 영성에 자녀로서의 체험에 바탕을 두고 있다. "따님들이여, 그 아버지 곁에서 즐거워하고, 그의 품안에 안길 수 있는 그러한 사람이 되도록 노력하십시오. 알다시피 그분은 효성스런 딸들을 내치지 않으실 것이니, 여러분은 이렇듯 크신 아버지를 잃을세라 힘을 다 해야겠습니다…"(27,6).

조이면서, 살아있는 생명수 혹은 생명을 불어넣어주는 바람, 거기서 이 기도의 효과들을 미리 체험할 수 있게 하는 성령에 대한 짧은 언급을 할 때가 되었다.

"생각이 아무리 흩어져도 그 아버지와 그 아드님 사이에 머물도록 힘쓰면, 반드시 성령을 발견하고야 말 것입니다. 성령께서 여러분 마음에 불을 질러주시고 뜨거운 사랑으로 우리를 당신과 결합하시게 할 것이니, 이것이야말로 다른 무엇으로도 얻을 수 없는 것입니다"[53].

테레사는 거둠의 기도안에서의 그동안 영성 생활을 하는 영혼들에게 잘 알려지지 않았던 성령의 역할을 강조하면서 그 역할은 다음과 같다고 명확하게 제시하고 있다. 즉, 영혼에 불을 지르는 역할, 모든 감각을 사로잡아 뜨거운 사랑으로 주님의 현존을 알아차리게 하고, 자신의 모든 시선을 그리스도께 향하게 하며, 또한 침묵 안에서 주님의 목소리를 듣게 하며, 자발적으로 스스로 주님께 대화하게 만드는 원의(願意)를 품게 하는 것, 모두가 주님의 성령의 활동이라는 것이다[54].

4. 거둠 기도에 대한 평가[55]

거둠 기도는 단지 심리-육체적 기술(눈을 감고 외적 감각들, 상상, 환상, 생각들을 통제하며 영혼의 중심에서 하느님과 대화를 나누는 등)에만 토대를 둔 것이 아니다. 그것은 또한 심리-윤리적 성향을 전

---

[53] 『완덕의 길』, 27,7.

[54] 성녀 테레사의 영성 교의와 기도에 나타난 성령의 역할에 대하여: J. BAUDRY, 「La place du Saint Esprit dans la spiritualité de Thérèse d'Avila」, 『Carmel』 23(1975), 59-82 ; 『Espiritualidad teresiana. Introduccion a la lectura de Santa Teresa』, EDE, Madrid, 1978, 163-166, 각주 4, Santa Teresa y la renovacion carismatica.

[55] 이 부분은 최근 출판된 Daniel de Pablo MAROTO, O.C.D., 『성녀 테레사의 기도 영성』, 윤주현 역, 기쁜 소식, 586-597 재인용.

제로 한다: 즉, 과도하게 삶에 대해 애착하는 태도로부터 영적으로 거리를 두는 것, "삶의 허영으로" 눈을 가리지 않는 것(『완덕의 길』, 28,11), "망나니와 쓰레기로" 궁궐을 채우지 않는 것(『완덕의 길』, 28,12), "현세의 삶에서 상급을 찾지 않는 것"(『완덕의 길』, 29,1), "내적으로 하느님께 이르기 위해 모든 것으로부터 떠나는 것"(『완덕의 길』, 29,5) 등이 그러하다.

요약하면, 거둠 기도는 성녀가 자아의 핵심에서부터 통합된 그리스도적 인격을 건설하기 위해 근본적이면서도 필수적인 것으로 여기던 지극히 효과적인 방법이다. 또한 그것은 영혼으로 하여금 하느님의 현존 그리고 그분과의 대화에 익숙하게 해 주는 방법이기도 하다. 그러나 성녀는 이 방법을 활용함에 있어서 도를 넘지 않았다. 성녀는 가능한 만큼만 이 방법을 사용하길 바랐다:

"기도 중에 말을 할 때면 자기 안에 계시는 어느 분과 이야기하는가를 먼저 생각하고, 들을 때면 어느 분이 자기 곁에서 말씀하고 계시는가를 먼저 생각해야 할 것입니다. 한마디로, 마음만 있으면 이렇듯 좋으신 님을 언제고 떠나지 않을 수 있다는 것을 생각하는 한편 … 할 수 있으면 하루에도 몇 번이고 거듭 느끼면 더욱 좋고, 그렇지 못하면 횟수가 적더라도 무방할 것입니다"(『완덕의 길』, 29,7).

"우리가 하느님께 가까이 가려면 모든 것을 다 떠나야 하고, 일하는 도중에도 우리 자신 안으로 깊숙이 들어와야 합니다. 한순간이나마 내 안에 님을 뫼시고 있다는 그 생각은 여간 좋은 일이 아닙니다"(『완덕의 길』, 29,5).

거둠 기도의 실천은 덕스러운 효과들을 유발한다: 하느님이 자신 안에 거하신다는 것을 안 영혼은 그분을 홀로 두려하지 않을 것이고 그 임금님을 위해 집을 말끔히 유지하려 할 것이다(『완덕의 길』, 28,11).

예외적인 것들을 권할 때면 늘 머뭇거리곤 하던 성녀는 영혼들이 이 능동적 거둠의 방법을 따르도록 인도하는 데에는 지칠 줄 몰랐다. 왜냐하면 성녀는 여기가 바로 수덕적인 영역과 신비적인 영역 간의 경계임을 잘 알았고 여기서부터 많은 영적 보화들이 유래한다는 것을 알았기 때문이다. 결국, 이 기도 방법은 하느님께서 영혼에게 '초자연적인 관상'을 허락하실 수 있도록 영혼을 최상의 준비 상태에 두는 방법이라 할 수 있다:

> "이것은 우리가 하고 싶어 하고 할 수 있다는 우리의 의지에 달렸지, 초자연적인 무엇이 아니라는 것을 여러분이 알아달라는 것입니다. 물론 하느님의 도우심이 먼저 있어야 함은 사실입니다. 그 도우심 없이는 아무것도 할 수 없고, 심지어는 착한 생각 하나를 하게 되는 데에도 그것은 필요합니다"(『완덕의 길』, 29,4).

> "아직까지 여러분이 이것을 깨닫지 못하였으면 주께서 이것을 가르쳐주시기 바랍니다. 사실 나 역시 주님이 이 방법을 가르쳐 주시기까지는 한 번도 옳게 기도할 줄을 몰랐습니다. 이것은 숨김없는 나의 고백입니다. 나는 내 자신 안으로 나를 거두어들이는 습성에서 항상 큰 소득을 얻어온 까닭에 이렇게 말이 길어졌습니다"(『완덕의 길』, 29,7).

성녀는 체험으로 그것이 좋은 방법임을 잘 알고 있었다. 왜냐하면 20살 무렵 『제삼 기도 초보』에 나오는 오수나의 가르침을 따르는 가운데 기도하기 시작할 무렵부터 이미 성녀는 이 점을 경험으로 잘 알고 있었기 때문이다. 당시 성녀는 9개월 만에 "고요의 기도에, 때로는 일치의 기도에까지"(『자서전』, 4,7) 이르곤 했다. 성녀는 이 기도 방법을 따르는 자신의 수녀들에게 다음과 같이 권고했다:

> "그렇게만 하면 일 년이나 반년이 채 못 가서 여러분은 하느님의 도우심을 입어 반드시 성공할 것입니다. 이 짧은 시간으로 얼마나 큰 것을 얻는가 한번 생각해 보십시오. 큰 것이란 좋은 기초를 닦는

것으로서, 주께서 원하신다면 당신 곁에 있는 여러분이 잘 준비되어 있는 것을 보시고 여러분을 들어 올리시어 위대한 일을 하게 해주실 것입니다"(『완덕의 길』, 29,8).

　기도의 방법 또는 기도의 형태는 같은 것이다. 중요한 것은 내면을 향한 부름에 항구한 것이다. 그래서 테레사의 기도가 현실적이라 말할 수 있는 것이다. 오늘을 살아가는 우리는 이 기도 형태를 필요로 한다. 특히 기도를 종교심의 표현이자 영적 치유라고 믿는 이들에게는 더욱 더 그러하다. 이 거둠 기도는 진정한 개인 기도이다. 그것은 '테레사적 스타일'의 수덕적 기도인 것이다.

제5주제: 카르멜회의 관상 2

십자가의 성 요한의 관상

박현찬 신부, 카르멜 수도회

들어가는 말
1. 묵상 기도의 정의
2. 묵상: 추리적 묵상에서 관상으로 나아감
  2.1. 상상과 환상
  2.2. 전이(轉移): 옮겨감의 표징
3. 관상으로
  3.1. 수동적 정화의 의미
  3.2. 관상 기도의 상태

들어가는 말

  십자가의 성 요한의 관상의 개념은 당신의 작품 안에서 매우 큰 주제이며, 영성적 성숙과 발전에 따라 큰 위치를 차지한다. 성 요한은 자신의 체험과 영적 교의로써 관상 생활의 풍요로움을 잘 전달해주고 있고, 기도하려는 영혼들과 하느님을 찾는 신앙인 그리고 영성 생활에 지대한 관심을 갖는 영혼들에게 넓은 지평과 효과적이면서도 신비적인 새로운 시각을 열어주고 전개해 나간다.
  이러한 영적 가치를 실현하고 발전시키기 위해서 성인은 특별하게도 적절한 비유를 선택하고 있다. 적절하다는 표현은 당대의 많은 영성가들이 주석하고 해석한 기도 생활의 주제와 가르침에 자신의 고유의 체험과 사명감으로써, 당대의 필요성에 확실한 영성적 교의로 지도하였고 관상이라는 교회의 영적 보화에 자신만의 풍요로운 영적 유산을 남겨놓은 것이다.

성 요한은 관상에 대하여 넓으면서도 일관성을 가지고 지속적으로 다루고 있으며, 특히 『가르멜의 산길』이나 『어둔 밤』의 저서를 통해 내적 생활에 전념하려는 영혼들에게 관상적 실재와 방법에 대하여서도 확실히 증언하고 있다. 동시에 그는 당대의 잘못된 여러 영성적 교의나 또한 그렇게 가르치고 있는 영적 지도자들에게 자신의 교의를 통하여 깨우치도록 초대하고 있음을 보게 된다.

> "또 영혼들 가운데 많은 이들은 기도를 하지 않는 것으로 생각하고 있음에도 불구하고 상당히 높은 영적 수준에 올라가 있으며, 반대로 기도를 많이 하고 있다고 여기고 있음에도 불구하고 그 정도가 아주 몹시 초라한 이들이 있다"[1].

사랑의 산 불꽃에서는 강조하기를 "많은 영적 지도자들이 많은 영혼들에게 많은 손해를 끼치도록 인도한다"[2]고 언급하면서 이에 관한 신학적 분석들과 또한 성인 자신의 삶은 영적 도움이 필요한 사람들에게 큰 지침을 줄 수 있는 교육적 효과를 주고 있다.

오늘날 성 요한의 시대와 같은 체험과 모습들 즉, 관상적 기도에 동참하려는 의식의 부족과 이에 자신의 영혼을 어떻게 정향시켜야 되는가에 대한 올바른 식별을 할 수 있는 참된 영적 지도자의 부재는 매우 아쉬운 부분이다. 관상은 단순하게 어떤 기도의 형태를 말함이 아니고 모든 것의 근원, 복음적 자세와 하느님을 찾는 구도자로서의 근원적 자세이다. 믿는 모든 이들, 특히 영성적으로 새롭게 태어나려는 신자들과 내적 생활에 강하게 응답하려는 영혼들의 결정적인 순간을

---

[1] 『가르멜 산길』, 서문 6.

[2] 『사랑의 산 불꽃』, 3,31.

위한 모든 것이다. 이에 관한 성 요한의 언급들은 매우 결정적으로 작용할 수 있을 것이다.

1. 묵상 기도의 정의

십자가의 성 요한은 "감각 능력으로 하는 것인 묵상과 추리"(discurso y meditacin: 『가르멜 산길』, II,14,7)는 하느님과의 합일에 이르는 과정에서 감각들을 통하여 상상되고 주조된 "형상과 꼴 모습, 그리고 상상을 통한 추리적 행위"(acto discursivo por medio de imgenes, formas y figuras: 3-4절)라고 설명하고 있다. 십자가의 성 요한은 기도 생활에 대해 전통적 가르침과 전혀 다른 새로운 가르침이나 방법을 제시하지는 않고 있으며, 또한 기도가 무엇인가에 대해서 자세하게 정의도 내리지 않고 있다. 크게 이해하자면 감각적 상상, 지적 고찰, 그리고 의지적 사랑[3]이라는 세 단계의 방

---

[3] 십자가의 성 요한의 작품에서는 이 부분에 대해 명확하게 표현되지 않고 있지만, 제자인 키로가(Quiroga)수사의 증언에 의하면 다음과 같다. "묵상할 때, 세 부분으로 나누어 우선 묵상할 현의를 상상으로 그려보고 … 다음으로 그려본 현의를 지적으로 고찰하고 … 끝으로 하느님께 대한 사랑으로 가득한 응시 안에서 쉬는 것입니다. 묵상의 효과는 바로 여기서 거두어지는 것이며 또한 지성의 문이 하느님의 비추심으로 열려집니다…. 영혼은 믿음 안에 누리는 평화스럽고 사랑 가득 찬 온화한 휴식을 할 수 있을 때 자연적 인식에서 초자연적 인식에로 옮겨지는 것입니다…". 또한 십자가의 성 요한은 인간의 지성이 두 가지 방법, 즉 자연적인 지각과 초자연적 지각으로 관념과 지식을 얻는다고 제시한다. 자연적인 방법이란 지성의 능력을 통해 알게 되는 모든 것으로서 그것은 육체적인 감각이나 지성 자체에 기인한다. 따라서 자연적으로 얻을 수 있는 지각은 주로 외적 감각과 내적 감각을 통해서 생겨난다. 이 부분은 상상과 창조적 기억(심상)에 관련된 것으로서 내부 감각에 딸린 상상의 자연적 지각이다. 그러나 그것이 하느님과의 합일에 도달하기 위한 방법이 될 수는 없다. "육체에 딸린 내부감각이다. 이것은 바로 상상과 심상에 의한 것으로서 이 경우 역시 감각 안에 자연적으로 일어나는 모든 형체 및 상상의 지각들을 깨끗이 비워야 한다. 그리고 이런 작용들이 그치지 않는 한, 영혼이 하느님과의 합일에 도달할 수 없음을 증명해야 한다. 이런 것들이 그러한 합일에 알맞은 방법도 아니고 가까운 길도 아닌 까닭이다"(『가르멜 산길』, II,12,2). 초자연적인 방법이란 자연적 지성의 능력을 초월하여 지각되는 모든 것이다. 초자연적 지각 중에 어떤 것은 육체적이며 또 다른 것은 영적인 것이 있다. 육체적인 초자연적 지각에서 그 하나는 육체의 외관

법으로 묵상을 소개하고 있다. 성인의 제자 중 한 명인 파스트라나의 수련장이었던 알바레스 신부의 증언에 의하면 묵상할 때는 사색(思索)의 남용을 피하고, 단순한 말과 표현으로 하느님께 속마음을 열어야 하며, 감각적 맛에 깊이 머무르지 않도록 노력해야 하고 또한 자신을 찾거나

을 통하는 것이다. 이 부분은 육체의 외관, 즉 시각, 청각, 후각, 미각, 촉각을 통하여 초자연적으로 지성에 딸리게 되는 지식과 지각이다. 이런 초자연적인 감각적 시현과 지각도 하느님과 비례될 수 없으므로 결코 하느님과의 합일에 이르는 길이 될 수 없다(「가르멜 산길」, II,11). 또 다른 하나는 육체의 내관을 통한 것으로서 상상력이 파악하고 형성하고 조작할 수 있는 모든 것을 포함한다. 내적 감각이란 육체에 딸린 두 가지, 즉 상상과 심상(창조적 기억)이라 불리는 내부 감각을 말한다. 십자가의 성 요한은 이 두 가지를 굳이 구별하지는 않는데, 하나는 상상을 하면서 추리를 하고 다른 하나는 환상으로써 상상된 영상을 만든다. 결국 이 두 가지 내적 감각이 받아들이고 만들어내는 일체를 상상과 심상이라 일컫는데, 이는 눈에 보이는 꼴 모습으로 이 감각에 나타난다. 이 꼴 모습은 두 가지, 즉 초자연적 상상의 시현과 자연적 영상이 있다. 그러나 이 두 가지 모두 영혼이 하느님과의 합일을 가져오는 방법이 될 수 없다고 강조한다. 왜냐하면 하느님께서는 형(形)이나 상(像)안에 계시지 않고 부분지에 용납되지 않으시는 만큼 영혼도 하느님 안에 들기 위해서는 형상이나 부분지를 벗어나야 한다(「가르멜 산길」, II,12; II,16). 영적인 지각도 두 가지가 있는데, 하나는 개별적인 것이며 또 다른 하나는 불분명하고 어둡고 일반적인 것이다. 분명하고 개별적인 지각 안에는 어떠한 육체적 감각을 통하지 않는 특수한 지각으로서 시현과 계시와 영의 말(靈語)및 영의 느낌(얼의 느낌, 영적 감동)이라는 네 가지 종류가 있다. 이와 같은 지각들은 순수하며 영스럽고 내면적인 것이어서 상상이 빚어내는 형상에 비하여 훨씬 더 숭고하고 유익하고 안전하며, 상상력의 작용이나 어떤 작위도 없이 이루어지므로 악마도 이에 미치지 못하는 것이지만, 지성을 방해하여 영혼의 길을 막을 뿐 아니라 자칫하면 크게 그르치는 수가 있다. "사실 이 지각들은 순수 영스럽고 내심적인 것이어서 상상이 빚어내는 꼭두에 비겨 훨씬 더 숭고하고 유익하고 안전하고, 영혼이나 상상력의 작용 및 어떠한 작위도 없이 이루어지므로 악마도 이에 미치지 못하는 것이지만, 이성을 방해하여 길을 막을 뿐 아니라 자칫하면 크게 그르치는 수가 있다"(「가르멜 산길」, II,23,4).

어둡고 일반적인 지각은 단지 한 가지로서 믿음 안에 주어지는 관상인데, 이 관상 안에다 우리 영혼을 두어야 한다. 이를 위해서 영혼은 영적인 온갖 지각을 벗어던지고 오직 관상에로 나아가야만 한다. 십자가의 성 요한은 지성의 분명하고 개별적인 네 가지 지각은 순수 영스러운 것이지만, 이러한 지각에서조차 지성을 해방시키고 비워서 지성으로 하여금 믿음의 영스러운 밤 속에서 불분명하고 어두운 지각을 통하여 하느님과의 신묘하고 본체적인 합일에 도달하도록 하여야 한다고 강조한다.

기호의 만족이나 영적 감미를 얻으려고 하기 보다는 모든 면에서 자신을 떠나기 위해, 그리고 하느님을 찾기 위해 묵상이 시작되어야 한다는 것을 전해주고 있다.

십자가의 성 요한이 설명하는 묵상은 바로 『가르멜 산길』 I권 13장 3절에서 말한 그리스도를 본받기 위하여 그분의 삶을 따르고자 하면서 생애에 대하여 숙고해야 한다(debe considerar)고 말한 것과 II권 7장에서 성서에 나타난 그리스도의 구세사적 행위(탄생, 수난, 죽음, 부활)들이 우리의 영적 여정과 깊은 내적 관계가 있다는 것을 알아야 한다는 것으로 정의하고 있다. 그러나 십자가의 성 요한이 말하는 "숙고하다"(considerar)[4]의 의미는 단순한 사색을 뜻하는 것이 아니고, **자신을 바라보시는 분(그리스도)을 아주 매우 특별한 주의와 존경을 가지고 사랑 안에서 바라보는 행위이다.** 그렇다면 단순한 사변적 행위라는 표현이 순수 이성적인 추리나 상상, 혹은 환상에 그치는 것이 아님을 알 수 있다.

> "묵상이란 이러한 두 가지 감각에 딸린 것인데 이것은 방금 말한 감각을 통해서 만들어지고 상상된 영상과 꼴 모습을 매개로 한 추리 활동이다"(『가르멜 산길』, II,12,3).

이 과정은 **숙고와 자기 반성 결단**으로 이어져서 하느님의 말씀과 행적을 이해하고, 내 삶에 새롭게 적용하면서 하느님의 뜻을 깨닫는 행위로서 감각과 영을 정화하기 위한 필수적인 방법이라는 것을 강조하고 있다. 결국 묵상의 목적은 '하느님께 대한 사랑과 인식을 조금이나마 얻어내기 위한 것'[5]이고 궁극적으로 그것을 지탱해 주는 사랑을 얻어내기 위한 것

---

[4] 숙고하다 또는 사색하다는 뜻의 'considerar'의 어휘는 성인의 작품에서 모두 46번 사용되고 있다.

[5] 『가르멜 산길』, II,14,2. 참조: 『가르멜 산길』, 3.4.1; 『가르멜 산길』, 10-12: 지성의 능력에 대한 일반적인 분류 제8-9장에서 신앙의 특성과 의미를 말하면서 지성에 대해 언급했으나 중간(5장)에서 정화의 목적인 합일의 의미와 종류 및 그 실현 방법으로서 사랑을 통한 변화 그 결과인 하느님 화에 대해 다루면서 잠시 방향을 돌리던 십자가의 성 요한은 다시 지성의 작용에 대하여 언급을 시작하는 곳이 바로 10-16장이다. 사실 II권 10장은 지성 작용 안에서 포착되는 지각(感知, aprehensin)과 이지(理智, inteligencia)에 대한 일반적인

분류를 다루며, 같은 권의 28장과 함께 연계된 부분으로서 지성의 작용을 자연적인 것과 초자연적인 것으로 나누고 있다. 이러한 분류는 인간 안에서 지성이 어떻게 작용하는가에 대하여 이해하도록 이끌고 있다.

십자가의 성 요한은 영혼이 지성의 능력과 작용을 통해서 관념과 지식을 얻는 방법으로 다음과 같은 일람표를 제시하고 있다.

가. 자연적인 방법
A. 감각
   a) 외적 감각: 인간의 오감(시각, 청각, 후각, 미각, 촉각을 통한 형체, 소리, 냄새, 색, 등).
   b) 내적 감각: 상상과 창조적 기억(추리와 반성적 묵상은 여기서 이루어진다).

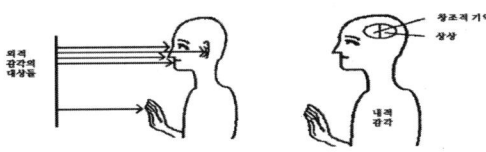

   a) 육체의 외관: 감각적 시현이나 감각적 정감(느낌)
   b) 육체의 내관: 초자연적인 상상의 시현

B. 영적 지각
   a) 분명하고 개별적인 것
     ㄱ> 시현: 형상적인 것, 비형상적인 것
     ㄴ> 계시: 실상의 지견, 하느님의 신비와 현의의 표명
     ㄷ> 영의 말: 계속적 언어, 형상적 언어, 실체적 언어
     ㄹ> 영의 느낌: 얼의 느낌
   b) 불분명하고 어둡고 일반적인 것: 믿음 안에 주어 지는 관상.

제11장의 서두(1절)에서 십자가의 성 요한은 첫째 지각은 자연적 본성을 통한 지성(이성)의 작용에 속한다고 한다. 특히 "외적이고 육체적인 감각들을 통한"(por va de los sentidos exteriores corporales) 초자연적인 감지의 작용으로 인한 해악들을 설명한다. 그러나 이러한 외적이고 육체적인 감각들이라고 해서 무조건 해를 끼치는 것이 아니라 영적인 것들에서

이다.

2. 묵상: 추리적 묵상에서 관상으로 나아감

십자가의 성 요한은 『가르멜 산길』 II권 12-16장에서 영혼이 하느님과의 합일을 이루는 잠심 혹은 거둠(recogimiento)의 상태에 도달하기 위하여 필요한 작업은 외적인 것에서 가장 내적인 것으로 들어감, 즉 상상을 통하여 시작되는 숙고와 묵상에서 관상에 이르는 방법을 설명하고자 시도한다. 그러나 처음에는 인간의 것과 하느님의 것, 감각과 정신이라는 양극이 서로의 마련과 바탕이 이루어져야 하므로 점진적인 단계를 밟을 수밖에 없다

> "… 인간의 것과 하느님의 것, 감각과 정신이라는 양극이 으레 서로 맞거나 단번에 합칠 수 있다면 모르거니와 사실은 그렇지 못하

도 해악이 나타날 수 있음을 말하고 있다. 그리고 영적인 것들과 외적이며 육체적인 것들은 조화를 이루지 않으므로 영혼은 절대로 이것들을 좋아하지 말아야 한다고 6가지의 이유를 들어서 설명하는데, 특히 『가르멜 산길』, 11,7에서는 외적이고 육체적인 감각들을 통한 감지(感知)의 작용으로 인한 해악들을 여섯 가지로 요약해서 말하는 가운데 십자가의 성 요한은 이러한 것들로부터 파생되는 많은 해악들을 "세 번째 책(Tercer Libro)에서 영적인 탐욕"(탐식)에 대하여 다루게 될 때 거룩한 은총의 도우심을 통하여 다루게 될 것이라고 한다. 이러한 설명은 바로 『가르멜 산길』과 『어둔 밤』의 전체적인 분류 문제를 새롭게 언급하고 있는 것이다. 물론 첫인상으로 미루어 볼 때 『어둔 밤』 6장에서 설명하고 있는 "영적 탐욕으로 인한 불완전한 결점들"(las imperfecciones acerca de la gula espiritual)을 말하는 것임을 알 수 있다. 그러나 굳이 "세 번째 책"이라는 말 자체에만 의미를 둘 때에는 제 III권 31장에서 말하는 내용과 일치하고 있으므로 『가르멜 산길』, I,1,2와 II,2,3에서 한 말과 연결시킨다면 『어둔 밤』을 말하는 것임이 분명하다.

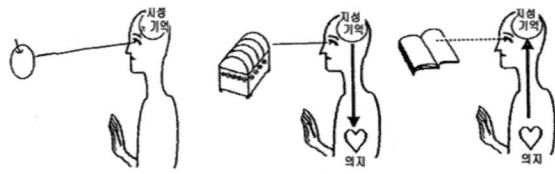

여 양극이 서로 질서 있게 묘하게 어울리기 위해선 다른 준비 행위들이 먼저 있어야 하니, 자연의 활동체와 마찬가지로 이쪽은 저쪽의 마련과 바탕이 되어야 한다…"(『가르멜 산길』, II,17,4).

상상력과 환상과 같은 내적이며 육체적인 감각들과 함께 하느님의 말씀과 교회의 가르침에 대한 사색과 묵상과 추리에 잘 적응하면서 완전하게 되도록 하느님께서는 기도하는 이들의 영(정신)을 훈련시키신다[6]. 처음에는 영상과 형상과 감각적인 방법들을 통하여, 그리고 영혼이 이해하는 방식에 따라서 교육을 시키시면서 영혼을 데려가시고, 다음에는 숙고(묵상)를 통하여 초자연적인 방식으로 당신 최고의 영(정신)으로 데려가는데 이 여정은 영혼이 기도하면서 감각적인 것에서 영적인 것으로 나아가도록 하느님께서 이끌어주신다는 것이다[7]. 그러므로 모든 영혼들은 기쁨이나 쾌락을 멀리하고, 덕들을 활용하면서 능동적으로 신랑이신 그리스도를 찾아나서는 수련 행위가 필수적으로 요구되는 것이다.

그러기 위해서 『가르멜 산길』 2권의 10장과 28장에서 제기되는 자연적-초자연적인 두 가지의 인식 작용에 대하여 어떻게 초연해질 수 있을까를 말하고 있다. 상상(imaginacin)과 환상 또는 심상(fantasa)[8]을 설명하면서 육체의 내적인 감각을 통한 인지작용을 말하기 시작하는 12장은 신앙에 대한 신학적, 심리학적 분석을 하기 위한 초석을 놓는 부분이다[9]. 이 분석은 대신덕적 삶(vida teologal)의 새로운 국면에 접어들기

---

[6] 『가르멜 산길』, II,17,4.

[7] 『가르멜 산길』, II,17,3.

[8] 참조: 십자가의 성 요한은 당신의 작품에서 형상이나 비교, 상징들을 자주 사용하고 있다. 이러한 이유는 여러 가지가 있을 수 있겠지만, 우선적으로 이성적으로 설명할 수 없는 '신비적 비밀'들의 깊은 의미를 이런 방법으로 설명하려는 의도로 파악된다. 때에 따라서는 이러한 상징들은 문맥에 따라 다양한 모습으로 그 의미를 바꾸기도 하는데, 그 이유는 점진적인 **내재화 과정과 정화, 하느님의 현현, 변모된 생활, 관상 혹은 조명, 일치** 안에서의 하느님과 인간의 복된 만남을 나타내고자 하였다.

[9] 같은 책, II,12,3: ⋯ Y así, a estas dos potencias pertenece la meditación, que es acto discursivo por

시작하는 영혼에게 하느님을 체험하는 과정을 설명하는 것이다. 상상과 환상은 서로 어울리면서 또 다른 상상적이고 환상적인 형상을 만드는 가운데 추리 작용과 묵상을 이끌고 있다.

그러나 영혼이 관상의 단계에 들어가기 시작하면 이 묵상에 머무를 것을 포기하라고 가르치고 있는데, 그 이유는 전에도 도움이 되었던 것들이 이제는 장애가 되기 때문이라고 한다. 십자가의 성 요한은 합일의 영적 여정의 길에 들어선 초보자들이 하느님과의 인격적인 친교(통교)를 이루고 성장시키기 위해 필요한 상상이 어떻게 형성되고 있으며(12,5), 다음으로 하느님과의 통교, 즉 사랑의 친교가 더 깊어져서 진보한 단계로 올라가기 위하여 이 추리와 상상을 벗고 정신 능력 작용들이 쉬면서 고요와 수동적 자세를 어떻게 갖추어야 하는가를 말하고 있다(12,6-8).

자연적인 인지 작용의 방법을 신학적-심리학적으로 설명하고 있는 이 부분(II,11-16)은 결국 초자연적인 인지 작용의 방법(II,23-32)을 설명하기 위한 서론에 불과한 것이다. 그 가운데 14-15장에 보다 더 많은 관심을 기울여야 할 필요가 있다. 14장에서는 감성적인 능력들을 통하여 이루어지는 작업인 묵상의 단계에 머무는 초보자의 삶에서 한 걸음 진보한 상태라고 하는 단계, 즉 영적인 능력들 안에서 이루어지고 받아들여지는 관상의 단계로 들어가기 위해서 상상적인 방법과 감각적인 추리 묵상을 포기해야 할 것을 가르친다. 묵상의 단계에서 얻어지는 맛은 작은 효과만을 주기 때문에 그리고 묵상의 마지막 단계에 접어들면서 정신 능력 작용들이 쉬면서 하느님의 사랑 안에 고요히 또 수동적으로 머물면서 관상을 배우기 시작하기 때문이다.

---

medio de imágenes, formas y figuras, fabricadas e imaginadas por los sentidos. ⋯ 묵상이란 이러한 두 가지 감각에 딸린 것인데 이것은 방금 말한 감각을 통해서 만들어지고 상상된 영상과 꼴 모습을 매개로 한 추리 활동이다⋯.

2.1. 상상과 환상

> "다만 한 가지 이유만은 들고 싶다. 그래야만 관상가가 묵상과 추리를 버려야 할 경우, 어찌하여 하느님께 대한 사랑 겨운 원만지견이 필요한가를 명백하게 볼 수 있다. … 우리가 말한 원만지견이란 바로 관상으로서, 이 지견 안에 영혼의 정신 능력인 기억과 지성(이성)과 의지의 작용이 한데 어울리고 받아들여지는 것이다. … 따라서 묵상과 추리를 버려야 할 때는 곧 지견이 필요한 때라는 말이다"(『가르멜 산길』, II,14,6-7).

십자가의 성 요한은 관상이란 하느님과의 합일로 향해 가는 영적 단계에 있어 진일보한 상태라고 하면서 16장에서 또 다른 표현으로 관상의 상태에서 이루어지고 있는 상황들을 설명하고 있다.

> "우리가 말하고 있는 일치의 높은 상태에서는 하느님은 영혼에게 상상적 시현의 가면과 유사함 혹은 형상을 통하여 통교를 하시지 않으며, 입에서 입으로(boca a boca)[최민순 신부는 '얼굴과 얼굴'로 의역해 놓았음] 직접 통교를 하는 것이다. 하느님의 적나라하고 순수한 본질(esencia pura y desnuda)이 바로 사랑 안에 있는 하느님의 입(얼굴)이며 영혼의 순수하고 적나라한 본질은 하느님의 사랑 안에 있는 영혼의 입(얼굴)이라고 하는 것이다"(『가르멜 산길』, II,16,9).

이렇게 될 때에 영혼은 하느님의 분명한 시현을 얻게 되고, 합일과 변화가 이루어지는 다른 삶에서의 날(en la otra vida el da)이 주는 영원한 직관을 갖게 된다. 여기에서 말하는 다른 삶에서의 날은 이 세상에서의 삶이 아니라 만남의 장막이 찢겨진 후에 이루어지는, 즉 인간의 죽음 이후에 이루어지는 구원을 통한 지복직관의 상태를 말하는 것이다. 그러나 십자가의 성 요한은 이러한 관상의 특성을 항상 종말론적 지평 안에서 본질적으로 믿음과 연결 지어 강조한다. 즉 관상이 영원한 상태에서 완성되기까지는 -우리가 현세의 삶과 한계 속에 머무는 한-

언제까지나 믿음의 어둠의 상태에 있어야 하는 것이다.

"그런 까닭으로 볼 수 있는 것과 부분지, 즉 감각에만 메아리치는 것과 믿음에 굳혀져 바탕을 이루지 않는 일체에서 영혼의 눈을 항상 떼어서 안 보이고 감각에 딸리지 않은 영에다만 눈길을 모아야 한다. 감각의 형상 안에 들지 않은 이 영이야말로 믿음 안에서 합일로 이끌어주는 것, 믿음은 바로 전에 말한 합일의 고유한 방법이다. … 믿음을 보라 함은 어둠 속에 남아 있으면서 다른 모든 빛에는 장님이 되라는 뜻이요, 그 어둠 속에서 역시 어두움인 믿음만을 빛으로 삼아 이에 의지하라는 뜻이다. … 저곳이란 여기서는 지성의 상징으로서 믿음의 촛불이 놓여 있는 촛대 … 그곳은 저승에서 하느님을 바로 뵈올 그날이 새기까지, 이승에선 우리가 지향하는 저 변화 그리고 하느님과의 합일을 성취할 그날이 오기까지 언제나 어두워야 하는 곳이다"(『가르멜 산길』, II,16,12-15).

십자가의 성 요한은 『가르멜 산길』 2권 11장에서 하느님께서는 인간의 영혼을 서서히 끌어올리신다는 것을 강조하고 있다.

"하느님과 일치되고 변화되기에 이르기까지 주께서는 서서히 그를 끌어 올리신다. 주님은 이런 식으로 영혼을 단련시키고 끌어올리시기에 처음에는 영혼의 힘에 알맞도록 감각에 의존하게 하시며 아주 외면적이고 차원이 낮은 시련을 주신다…"(때로는 자연적으로, 때로는 초자연적으로, 또는 추리의 방법으로 영혼을 교육시킨다).

많은 상징들이 기도의 형태가 이런 연관성이 있음을 보여주고 있다. 『사랑의 산 불꽃』에서는 영성 생활을 불꽃의 상징으로 상기시키고 있다. 같은 불꽃이 깨끗이 씻어도 주고 비추기도 하고 또는 일치를 완성하기도 한다. 이러한 경우는 묵상의 성과인 단순화된 활동과 거룩한 빛을 내리시는 은총과의 만남이라는 현실 속에서 서서히 묵상에서 관상에로 옮겨 가게 된다. 이 옮겨짐은 한편 인간적 활동을 차차 더 단순하게 한다. 그리고 사실상 묵상 행위는 서서히 하나의 습성이 되게 한다.

"미리 알아야 할 점은 하느님의 일을 묵상한다, 추리한다 하는 일의 목적은 하느님에 대해 깨우치고 사랑을 얻어내자는 데에 있다는 것이다. 따라서 영혼이 이를 얻어낼 적마다 묵상이나 추리의 '행위'는 곧 하나의 행위이다. 마치 다른 분야에서도 어떤 행위가 거듭될 때 영혼 안에 하나의 습성이 생기게 하듯이 사랑겨운 지견을 얻으려는 영혼이 그 한 가지 행위를 계속 거듭하다 보면 끊임없이 되풀이하는 동안에 하나의 습성이 생기게 된다. … 그러므로 전에는 으레 묵상하려고 노력하면서 개개의 인식을 얻어냈으나 이제는 자꾸 되풀이하는 바람에 사랑겨운 공번된 지견을 지니려는 습성과 하나가 되어 버렸으니 이제는 그전처럼 그 인식들이 낱낱이 분리된 것이 아니다"(『가르멜 산길』, II,14,2).

습성이라 할 때 하느님과의 통교에 있어서도 일상 생활에서와 같이 단순화됨을 뜻한다. 묵상에 습관이 된 영혼은 "기도를 드린다 할 때 마치 물을 곁에 둔 사람처럼 애쓸 것 없이 시원하게 마실 따름, 이미 지나간 사유나 영상이나 환영의 물길이 필요치 않다"(『가르멜 산길』, II,14,2).

그러므로 인간적 활동이 단순화되며 하느님께서 비추어 주신 빛과 만나게 된다. 이때 묵상하는 사람은 흔히 묵상 동안 은총으로 촉촉해지는 것도 맛스러움도 이미 느낄 수 없게 되는데 하느님 친히 이 사람에게 메마른 상태를 주시기 때문이다. 하느님께서 이렇게 다루신 덕분에 참다운 옮겨짐, 영혼 중심의 옮겨짐이 이루어져서 그는 드높여지고 영적으로 된다. 메마름의 원인은 하느님께서 감각의 힘과 낙을 영 쪽으로 바꾸시기 때문인데, 본성의 힘과 감각은 영의 그릇이 못되므로 아쉽고 메마르고 텅 비게 되나, 영은 영양을 섭취하면서 굳세어지고 하느님께 소홀함이 없도록 조심하는 데에 그전보다 훨씬 더

빈틈없이 열심하게 된다는 것이다[10]. 그러므로 성 요한은 묵상을 하고 있는 영혼들이 어느 순간에 묵상을 원하면서도 할 수 없게 되거나 묵상을 하려는 마음조차 생기지 않을 때, 영혼이 깨달음과 평화 안에 머물게 될 때까지만 묵상을 이용해야 한다고 말하고 있으며, 또한 이 시기에는 "영혼이 스스로 무엇을 하는 것이 아니라 그윽한 기쁨과 깨달음이 움직이는 것이 사실이기 때문에 무엇을 느끼거나 보려고 원하지 말고 단지 하느님께 대한 사랑에 신경을 쓰기만 하면 된다는 것을 일깨우고 있다. 이 부분에 대해서, 즉 묵상에서 관상 기도로 나아가는 순간, 즉 묵상을 뛰어넘게 되는 표징에 대하여 『가르멜 산길』 II,12-14장과 『어둔 밤』 I,9,2-8에서 자세하게 반복해서 설명하고 있다.

2.2. 전이(轉移): 옮겨감의 표징

요한은 『가르맬 산길』 II권의 영의 능동적 밤과 『어둔 밤』 I권의 감각의 수동적 밤을 다루면서 실제적으로 도움을 줄 수 있는 '관상의 시초에 들어가 있음'을 알 수 있는 세 가지 표징을 말하고 있다. 이는 묵상이 더 어둡고 단순해지고 있을 때 우리가 묵상을 그치기 시작해도 되게끔 안내해 주는 표징들인데, 이는 다음과 같다.

1) 상상력을 쓰는 추리에는 흥미를 잃게 되고 그런 추리를 하는 것이 불가능하게까지 된다[11]. 즉, 묵상이라는 예전 방식들은 더 이상 소용이 없고, 반면 관상이라는 새 방식은 아주 차츰차츰 다가와 아주 희미하며 혼란을 준다. 자주 기도가 공허함을 느끼며, 개인적인 행동들은 줄어들고 사라져 버리게 된다. 그러나 동시에 하느님에 대한 이 새로운 지각과 하느님께 대한 친밀함은 표현할 수 없을 정도이다.

2) 상상 또는 감각이 내적으로나 외적으로나 하느님 외의 것에 기

---

[10] 참조: 『어둔 밤』, I, 9,4.
[11] 『산길』, II,13.

울어지는 일이 전연 없어진다. 즉, 하느님의 일들에서 맛과 위로를 얻지 못하는 것처럼 피조물에서도 아무런 낙을 못 얻는 그것이다. … 하느님께서 어느 것에든 빠지거나 맛들이지 못하게 하기 때문[12]이라고 설명한다. 감각의 쾌락뿐만 아니라, 아무것에서도 만족을 찾아내지 못하고 더 이상 기도에서도 위로를 얻지 못함을 뜻하는 것이다. 단지 내적 생활에서뿐만 아니라, 외적인 생활 전체에 대해서도 언급하고 있으며, "영혼이 하느님께 대한 기억을 살려내기 위하여 마음을 쓰게 되고 고통스러운 근심과 함께 이루어지는데 마치 하느님을 섬기는 것이 아니라 옛날의 결함들로 되돌아가는 것처럼 생각되기도 하고, 하느님의 일들(기도)에서조차 아무런 기쁨을 느끼지 못하는 것을 보게 된다"(『어둔 밤』, I,9,3).

쉽게 말해서 더 이상 어떤 맛을 느낄 수 없는 상태이다. 사람들과의 관계에서 오는 친밀한 기쁨과 맛뿐만 아니라, 모든 대상들에 대해 흥미를 잃은 것이다. 사람들, 모든 대상들, 진리들은 영혼에게 아무것도 말할 수 없고, 감각적인 관점이나, 모든 것에서 아무것도 알지 못하는 상태가 된다.

3) 셋째 표징은 셋째야말로 확실한 표인데 영혼은 하느님을 사랑으로 우러러보면서 혼자 있기가 좋아진다. "이런 저런 생각도 없이 그윽한 평화와 고요와 안식 속에서 기억, 이성, 의지 등의 작용이나 이리 저리 오가는 추리의 움직임도 없다. 앞서 말했듯이 무엇에 대한 특별한 인식도 없고 이렇다 할 이해도 없이 사랑겨운 눈으로, 전체적으로 크게 사물을 보면서 거기에서 무엇인가를 받을 뿐이다"(『가르멜 산길』, II,13,4). 결정적인 것은 영혼은 하느님의 현존에서 위로를 받기 보다는 오히려 그 부재를 괴로워하는 것[13]이며, 하느님을 목말라하고 고통을 느끼면서 자기는 하느님을 조금이나마 섬기기는커녕 반대로 퇴

---

[12] 『어둔 밤』, I,9,2.

[13] 참조: 『어둔 밤』, I,9.

보하고 있다고 여기게 되는 것이다. 영혼의 관심이 전반적으로 하느님께 집중되고 하느님께 대한 열망과 섬김에 대한 필요성을 깨닫는 것이다.

이러한 3가지 표징은 메마름의 원인을 하느님께서 감각의 힘과 감관의 낙을 영 쪽으로 바꾸시려 하기 때문이라고 성인은 그 원인을 설명하고 있다. 또 자연계와 초자연계를 잇는 것은 어둡고 긴 터널일 수 밖에 없다. 즉, 본성의 힘과 감각은 영을 담을 만한 그릇이 못되므로 본성과 감각이 영 쪽으로 접근하면 접근할수록 메마르고 텅 비게 되는 것이다. 이것은 영혼을 정화시키는데 필수적인 것이고, 감각 면에서 볼 때에 시련이고 고통이다. 마치 캄캄한 곳에 있다가 밖으로 나온 사람에게 태양 빛이 고통스럽고 더욱 캄캄해지듯이, 이 어두움도 하느님의 빛의 강렬함 때문이다. 이 수동적 밤은 하느님의 부정적 은총을 받기 위한 전제 조건이고, 능동적 밤도 함께 공존한다고 할 수 있다. 이 시련은 각자에 따라 기간과 감동의 차이가 있는데 이는 하느님께서 하시고 싶은 대로 하시는 것이 아니라, 각자의 상태에 따라 하느님께서 시련을 주신다.

"모든 사람에게 똑같은 모양으로 똑같은 시련이 오지 않을 뿐 아니라 각자가 정화해야 할 불완전의 정도대로 하느님이 알아서 하시기 때문이며, 또 하느님께서 일치에까지 올려 주시려는 영혼의 사랑에 따라서 시간을 길게 짧게 혹은 정도를 높이거나 낮추시면서 영혼을 짓부수기 때문이다"[14].

성인은 같은 페이지에서 "약한 사람들에게 예사롭지 않은 관용을 베푸시고 시련도 가볍게 해주시어 이 밤의 기간이 오래 끌게 되어 행여 뒷걸음질 칠세라 보통으로 감각의 위로를 주심으로 이승에서 완전한 순결에 도달하기가 더디고, 그런가 하면 어떤 이들은 절대 도달하

---

[14] 같은 책, I, 14,5.

지 못한다"[15]라고 기록하고 있다. 성인의 이 말은 고통이 크면 클수록 그 기간이 단축되고 하느님께서 영혼의 힘을 인정하는 것으로 풀이된다. 그리고 이 굳건하고 강함은 하느님에게 큰 기쁨을 드리는 것이 되는데 그 이유는 이런 영혼들은 당신이 원하시는 일치에까지 다다를 수 있기 때문이다.

결과적으로 이러한 3가지 표징은 영혼이 비록 어떤 상태에 있다 하더라도 전체적으로 긍정적이고 아주 구체적이며 어떤 공고한 실재 앞에 직면해 있음을 자각하게 된다. 이 표징들은 어떤 일정한 상태에 이르렀음을 자각하는 열매나 영성적 만족을 지칭하는 것이 아니다[16]. 단순한 이 표징들은 영적 에너지가 또 다른 차원의 하느님의 손길위에 놓여 있음을 깨닫는 것이며 오히려 하느님 앞에 더욱 더 철저한 영적 가난과 신뢰와 포기를 요청하는 시간인 것이다[17].

3. 관상으로

십자가의 성 요한이 가르치는 관상 기도도 역시 교회 안에서 전통적으로 영성가들이 가르쳤던 관상 기도의 개념과 별로 다름이 없다고 하겠다[18]. 우선 요한은 관상의 상태에 들어가게 해주시는 것은 오로지

---

[15] 같은 책, I, 14,5.
[16] 특히 1번과 2번 표징을 말한다.
[17] 참조: Federico RUIZ, 『San Giovanni della croce. Mistico e mastro』, ed EDB, 1989, 214 - 217.
[18] 참조: 제임스 W. 킨, 『십자가의 요한을 따른 관상의 실천』, 서울 카르멜 역, 기쁜소식, 88-89.
"요한과 고전 저술가들이 서로 일치하는 다섯 가지 특성이 있다. 1) 묵상에서 주부적인 관상으로 옮아감은 대개 점진적이고 자연스럽다는 점. 2) 관상의 시초는 대개 거의 알아차리기 어려운 방식으로 이루어짐. 3) 관상에서, 우리는 하느님이 우리 안에 현존하심을 실제적으로 체험하는데, 그 체험은 신앙의 확신에서만이 아니라, 하느님의 선함과의 직접적이고 즉각적인 접촉으로부터 이루어짐. 4) 우리는 이 체험을 자신의 노력의 결과로서가 아니라 수동적으로 받게 되며, 그것은 하느님의 직접 활동으로 주입된다. 우리 혼자서는 그 체험을 얻지도, 간직하지도, 되찾지도 못한다. 그러나 우리는 하느님의 영향

하느님의 은총이며(『가르멜 산길』, II,7,13)[19], 하느님께서 주시는 순수한 은총을 받아들이는 것(사, 3,36)이라고 하면서 관상 기도는 하느님의 역사하심이고, 기도하는 영혼은 단지 수동적으로 받아들이는 상태임을 강조하고 있다[20]. 또한 영적인 여정에서 한 걸음 나아간 이들은 하느님께서 관상의 초자연적 맛을 느끼게 해주는 수동적인 단계에 들어서기 시작하면서 자신의 능력으로가 아니라 다만 하느님을 사랑한다는 의식만 있을 뿐 아무것도 느낄 수도, 볼 수도 없으며, 초자연적으로 주어지는 빛을 받기 시작하는 것을 설명한다. 인간의 의지적이며 이성적이고 영적인 모든 능력들이 잠잠해지면서 하느님께 대한 탁월하고 놀랄만한 맛과 함께 거룩한 고요함과 평화가 주어지기 시작하는 것이 관상의 상태이다. 십자가의 성 요한은 관상(contemplacin)을 "하느님에 대해 사랑스럽고, 평화스러우며, 내밀한 애정을 품는 것"(infusin secreta, pacifica y amorosa de Dios)이며, "이 세상에서 하느님이 영혼에게 자신을 드러내며 통교를 시작하는 높은 곳에 두는 것"이므로 매우 비밀스런 학문인 신비 신학(참고: 『어둔 밤』, II,17,1-7)이라고 한다.

묵상이 불가능하고, 감각들의 어두움, 이성과 의지의 비움은 하느님이 선사하시기 시작하는 새로운 형태의 기도를 위한 필요조건이다. 요한은 이 새로운 기도방식을 관상이라고 부르는 것이 알맞다고 주장하고 있다.

> "영혼은 제 모든 능력이 정지되는 것을 고려하지 말고, 도리어 빨리 꺼져버리는 것을 달갑게 알아야 할 것이다. 그래야만 하느님께서

아래 그분께 붙들려 있음을 안다. 5) 주입된 관상에서 이 하느님의 현존과 활동에 대한 감각만이 본질이다. 다른 모든 현상들(황홀, 탈혼, 환시, 내적 언어 등)은 관상의 필수적인 요소가 아니다.

[19] " ⋯ a quien Dios ha hecho merced de poner en el estado de contemplación".
[20] 『가르멜 산길』, II,10,4: "어둡고 일반적인 지각은 다만 한 가지뿐, 즉 믿음 안에 주어지는 관상인데 이 관상 안에다 우리 영혼을 두어야 한다. 이러기 위해서는 영혼이 저 육체적인 것을 비롯하여 온갖 지각을 벗어 던지고 오로지 관상에로 가야만 한다".

그에게 내리시는 관상을 고요한 속에서 가장 풍요롭게 받게 되고, 그러함으로써 이 어둡고 은밀한 관상이 이바지하는 사랑이 영 안에서 불붙게 되는 것이니, 관상이란 다른 게 아니라 하느님의 은밀하고 평화롭고 사랑겨운 내리심인 까닭이다…"(『어둔 밤』, I,10,6).

요한은 『어둔 밤』 I권을 다루기 시작하면서, "감각의 수동적 밤에 대한 보고서"라고 제목 붙이고 "어둡고 일반적인 지각은 다만 한 가지뿐, 즉 믿음 안에 주어지는 관상인데 이 관상 안에다 우리 영혼을 두어야 한다. 이러기 위해서는 영혼이 저 육체적인 것을 비롯하여 온갖 지각을 벗어 던지고 오로지 관상으로 가야만 한다"(『가르멜 산길』, II,10,4). 또한, "이 어두운 밤을 정화의 관상으로 알아들어야 할 것이다"[21]고 덧붙였다. 어둔 밤이란 말은 기억, 지성, 의지가 어둡고 비게 된다는 의미이다. 즉, 실제 밤이 눈을 어둡고 보이지 않게 만들 듯, 어두운 관상도 우리의 기억, 이성과 의지를 어둡고 무능하게 만든다. 그리고 그는 이것을 감각의 수동적 어둔 밤이라고 부르는데, 왜냐하면 "하느님께서는 당신을 주시기 시작하시지만 그전처럼 감성을 통하지 않고 순수 영을 통하여 주시며 이제는 추리의 지속이 없는 순수 관상[22]을 하게 되기 때문이다. 말하자면 우리 지성은 본래 감각 지식으로써만 자연스레 작용할 수 있으며, 하느님의 직접적인 현존을 경험하기란 불가능하다. 그러므로 우리가 자연에서 앎의 방식에 문을 닫을 때에만 우리 자신을 신적 지식의 직접 주입에 개방할 수 있다. 이것이 어둔 밤이 관상의 시초에 필요한 이유이며, 어둠과 비움이 십자가의 요한의 관상의 비밀이 되는 까닭이다.

---

[21] 『어둔 밤』, 서문 I.
[22] 같은 책, 9,8.

3.1. 수동적 정화의 의미

　십자가의 성 요한은 영혼이 피조물에게로 향하는 모든 애착을 스스로 정화시키고 실천했음을 하느님께서 보시면, 당신께서는 영혼이 생각지도 못한 방법으로 당신 친히 영혼을 정화시키러 오시는 수동적 밤, 수동적 정화의 과정이 진행된다고 제시한다. 이 수동적 밤은 그야말로 '깜깜한 관상'을 하느님께서 영혼에게 부어주시는 것인데, 영혼 자신이 아무것도 할 수 없음과 철저한 절망에 빠지게 된다. 뿐만 아니라, 이 상태에서는 기도를 할 수 없는 상태에 이르게 된다[23]. 결국 이 수동적 정화에서 오는 깜깜한 관상은 영혼 안에서 모든 자존심을 말끔히 걷어내고 모든 이기적인 만족으로 부터 영혼을 깨끗이 비움에 따라, 당연히 하느님은 더욱 친밀하게 영혼 안에 깊이 들어오시고 영혼을 당신 안에서 변모시키시는 것이다. 영혼은 자신의 새로운 상태를 자각하게 되고, 그것을 마음으로 누리게 된다. 그러나 영혼은 자기에게 일어난 일을 알 수도 없고 표현할 수도 없다. 왜냐하면 이 체험은 감각을 통해서도 지성을 통해서도 인지 될 수 없는 것이기 때문이다.

　이 '수동적 정화'는 능동적 정화 과정과 본질적으로 구별되는 특징을 갖고 있는데, 먼저 정화의 주체의 전환이다. '수동적'이란 의미에서 보듯이 이제 정화의 주체가 인간이 아니라 하느님이심을 표시한다. 영혼의 정화를 위해 하느님 당신 자신의 직접적 개입이 시작되었음을 표시하여 영혼은 하느님께서 하시는 주도권의 행사를 다만 수동적으로 받아들일 수밖에 없다는 것을 강조하고 있다.

> "수동적이란, 영혼은 아무것도 하지 않은 채 다만 하느님께서 그 안에서 일하시고, 영혼은 수동적인 상태에 있음을 말한다"(『가르멜 산길』, I,13,1).

---

[23] 『어둔 밤』, 2,8: "… 비록 가끔 영혼이 기도하는 데에 성공한다고 하더라도, 그는 기진맥진한 채로 아무 맛도 없는 상태로, 하느님께서 그 기도를 듣지 않으신다고 느끼면서 기도를 하게 되고, 도대체 기도를 할 수가 없게 되는 것이다…".

"하느님께서는 묵은 인간을 이들에게서 실제로 벗기시고자 아울러 새 인간, 즉 새로운 감각을 가지고 하느님께 창조된 인간을 만드시고자 이들의 능력과 애착과 감성을 모두 다 벗겨 버리시고, 지성을 어둡게, 의지를 메마르게, 기억은 텅 비게, 애착은 극도의 불안과 고민거리로 돌리시어서, 그전의 영적 보배들에서 느끼던 맛과 감각을 없애 주신다"(『어둔 밤』, II,3,3).

즉, 수동적 정화는 인간 자신의 힘으로 영혼의 불완전과 결점에서 벗어나 하느님과의 합일을 향해 나아가려 노력하는 능동적 정화와 구별되며, 수동적 정화는 하느님과의 합일의 과정에서 어느 정도 진보해 나가는 영혼에게 베풀어 주시는 하느님의 은총적인 작용이요 개입이다.

"하느님께서 저 어둔 밤의 수동적 정화에다 영혼을 두시지 않으면 영혼은 이런 불완전을 말끔히 씻을 수 없다. 한편 영혼은 제 나름대로, 정화와 완성을 위한 노력을 다해야만 감히 하느님의 치료를 바랄 수 있을 것이니, 영혼은 제 힘으로 못한 일체를 이로써 고칠 수 있을 것이다. 영혼이 제 아무리 힘을 써 보았자 하느님께서 손을 빌리지 않으시고 저 어두운 불속에서 영혼을 정화시키지 않는 한, 영혼은 능동적으로 제 힘만으로는 완전한 사랑에 의한 하느님과의 합일을 조금도 마련하지 못하는 것이다"(『어둔 밤』, I,3,3).

십자가의 성 요한은 영혼이 수동적인 정화 없이는 결코 하느님과의 사랑의 합일과 일치라는 완덕의 상태, 즉 인간의 본질적 소명에 도달할 수 없다고 강조한다. 왜냐하면 영혼이 "제 아무리 모든 행위와 욕정에 있어서 스스로 극기한다 해도 하느님께서 이 밤의 정화를 통하여 수동적으로 그를 붙들어 주시지 않는 이상, 그는 결코 자신을 온전히 정화할 수 없기 때문이다"(『어둔 밤』, I,7,5).

수동적 정화는 하느님께서 직접적으로 개입하시는 것이지만, 인간 자신이 하느님을 온전히 섬기기 위해서 정화와 완성의 노력을 하는 능동적 정화의 과정이 전제되는 것이다. 즉 하느님의 개입은 시간의 진행에 따라 우연히 시작되거나 아무런 이유 없이 주어지는 것이 아니다. 수동적 정화는 인간 자신이 능동적으로 정화를 충실하게 실현하게 되면 하느님과의 합일을 위해서 노력하는 인간의 수고와 노력을 보시고 이에 상응하여 영혼을 더 높은 상태로 인도하시려는 하느님의 배려이고 작용이기 때문이다. 이렇게 하느님께서 영혼의 정화 과정에 직접적으로 관여하시는 이유는 인간 스스로 영혼을 정화시키고 불완전을 벗어나기 위해 나름대로의 최선의 실행을 한다 하더라도 능동적 정화는 하느님과의 합일에 있어서는 준비 단계에 불과하기 때문이다. 하느님과의 합일은 인간의 능력과 노력만으로는 불가능하기 때문이며 오직 하느님의 은총만이 영혼을 완성시키실 수 있기 때문이다.

그런데 십자가의 성 요한은 수동적 정화 과정에서의 하느님의 개입과 인도가 영혼에게 결코 달콤하지 않으며 또 자신이 원하는 방향 및 양식으로 주어지지 않는다고 강조한다. 즉, "영혼은 제 구미에 당기는 세 가지 보배-현세적, 자연적, 영성적-를 추구하지만, 하느님께서는 영혼을 그 감각적 및 영적 실체를 따라 정화시키므로 영혼은 비워지고 가난해지고 허탈해져서 바삭바삭하고 텅 비고 어둠속에 버려지게 된다. 왜냐하면 감성면은 메마름 속에 정화되고 정신 능력은 지각을 비움에서 그리고 영은 어둠 속에서 정화되기 때문이다"(『어둔 밤』, II,6,4).

따라서 영혼은 하느님의 개입에도 불구하고 아직 정화되지 못한 자신의 본성을 초월하여 주어지는 정화의 강도를 감당하지 못하기 때문에 하느님이 인도하시는 사랑의 정화과정이 너무도 고통스럽고 견딜 수 없는 시련으로 느껴지게 되는 것이다. 즉, "영혼이 제 불결 때문에 겪어야 하는 괴로움 … 하느님의 빛이 영혼의 더러움을 몰아내려고 그 안에 휩싸여 들 때야말로 영혼은 더 더럽고 더 비참할 수 없는 자신을 느껴서 하느님께서는 제게 맞서시고 자신도 하느님께 거슬리는 몸임을 깨닫게 된다"(『어둔 밤』, II,5,5)고 강조하면서 이와 같은 수동적 정화 과정에서 영혼이 겪는 고통과 시련은 무의미한 고통이 아니라, 곧 그리스도의 수난과 고통을 영혼 안에 재현하고 체험하게 만드는 것이고 따라서 영혼을 십자가의 길로 인도하는 것이다. 이렇게 수동적 정화의 가장 큰 특징은 하느님께서 지금까지의 모든 위로와 하느님 체험을 거두시고는 영혼을 깊고 무미건조한 심연과 상상을 초월하는 고통 속으로 밀어 넣는다는 것이다.

3.2. 관상 기도의 상태

그러므로 십자가의 성 요한은 관상 기도에 들어간 영혼들을 묘사하는 데 있어서 외적인 형식보다 내적인 움직임에 대해서 묘사하면서 몇 가지 원칙만을 설명할 것이라고 하고 있다[24]. 성인은 『가르멜 산길』 II권 12장에서 관상 기도는 "하느님의 역사하심이고, 기도하는 영혼은 단지 수동적으로 받아들이는 상태"라고 강조하면서 지성에게 초자연적인 깨달음은 영혼의 본성적인 재주와 능력을 뛰어넘기 때문에[25] 초자연적인 깨달음(noticia sobrenatural de contemplación: 『가르멜 산길』, II,15,1)이라고 한다. 십자가의 성 요한은 『가르멜 산길』 II권 2,14에서 다음과 같이 말하고 있다.

> "사람들에게 말해 둘 것은 삼가 저 고요속에서 하느님을 사랑으로 모시는 법을 배우고, 상상과 상상의 작용을 절대 믿어서는 안된다. 이미 말한 바와 같이 여기서는 정신 능력들이 작용을 그치고, 하느님의 역사하심을 능동적이 아니라 피동적으로 받아들일 따름이다. 따라서 혹시 어느 때 정신 능력이 작용한다 하더라도 이는 억지로 추리를 해서 애써 얻게 된 것이라기보다는 더 감미로운 저 사랑 때문에 얻게 된 것이다. 그러므로 이 경우에 저 정신 능력의 작용은 영혼이 총명해서 되는 것이 아니라 하느님이 움직여 주시는 것이다" (『가르멜 산길』, II,2,14).

---

[24] 『가르멜 산길』, 서론 3.
[25] 『가르멜 산길』, II,10,2.

결국 관상이란 하느님께 쏟는 사랑 가득한 총체적인 응시이며 평온한 인식 행위여서 거기에서 영혼은 슬기와 사랑의 단맛을 마시게 되는 것이고, 관상 기도에서 "무엇을 해결하려 하지 말고 고요하게 머무를 줄 알아야 하며, 마음을 쓰지 않고 한가하게 있는 가운데 영혼은 즉시 내면으로부터 어떤 힘이 솟아오름을 아주 미묘하게 느낄 수 있고, 이 힘은 매우 미묘하기 때문에 일반적으로 그것을 느끼기 위해 애를 쓰거나 욕심을 낸다면 오히려 느끼지 못하게 되는 것임을 말하고 있다"[26].

뿐만 아니라 관상이란 영혼이 애를 쓰지 않거나 한가할 때 이루어지는 것이기 때문에 공기와 같아서 손으로 움켜쥐려 한다면 어느 덧 빠져나가는 것이기도 하다[27]. 즉, 관상은 다름 아닌 수동적으로 받은 사랑 안에서, 수동성을 의식하는 가운데서 이루어지고, 사랑이 지성을 어두운 빛 속에서 정지시킨 저 최고선이신 하느님께로 지성 자체를 넘어서 지성을 옮겨 가는 것이다[28]. 그러므로 영혼에게는 엄청난 새로움으로 다가오는 시기이며, "변화에 의한 새로움"(「어둔 밤」, I,9,4)을 체험하기 때문에 신비스러운 시간이기 때문에, 영혼은 하느님께 고요하고 사랑겨운 지견(주의를 기울임)으로써 하느님께 사랑겨운 단순한 집중으로 만족해야 한다. 그는 스스로 작은 노력도 함이 없이, 아주 단순한 사랑겨운 시선으로 처신해야 하며,[29] 너무 고통스러워하지 말고 스스로를 달랠 줄 알아야 하며, 순수하고 올바른 마음으로 당신을 찾는 이는 버리시지 않는다는 믿음과 겸손을 갖추어야 하고,[30] 이런 과정을 거쳤을 때 "영혼은 아주 밝은 신앙으로 자기 하느님의 높으심과 거룩하심에 대한 분명한 모습들을 보게 되는 것"(「영적 찬가」, 12,1)이다.

---

[26] 참조: 「어둔 밤」, I,9,6.
[27] 같은 책, I,9,6.
[28] 참조: 재인용: 성 마리아의 프란치스코, 「빛나는 밤」, 부산 카르멜 역, 분도출판사, 92-93.
[29] 「사랑의 산 불꽃」, III,33.
[30] 「어둔 밤」, I,10,3.

	밤									
	능동적 밤			**수동적 밤**						
1 정 화	2 감각의 정화	5 영의 정화	6 감각의 정화	8 전이	9 영의 정화	10 합일의 시작	11 영적 약혼	12 영적 결혼	13 변모의 합일
1 기 도	3 묵상	4 능동적 관상	7 수동적 관상						

(참조) 합일의 여정을 표현한 도식

제6주제: 향심기도(Centering Prayer)

향심기도(Centering Prayer)[1]

김경순 수녀, 사랑의 씨튼 수녀회

들어가는 말
1. 향심기도와 관상 기도
2. <향심기도>의 기원 및 그리스도교 관상 전통
  2.1. 요한 카시아누스 (John Cassianus, 365?-433?)
  2.2. 『무지의 구름』(The Cloud of Unknowing)
  2.3. 아빌라의 성녀 데레사 (St. Teresa of Avila, 1515-1582)
  2.4. 십자가의 성 요한 (St. John of the Cross, 1542-1591)
  2.5. 토마스 머튼 (Thomas Merton, 1915-1968)
3. <향심기도> 방법
  3.1. 토마스 키딩의 <향심기도> 지침
  3.2. 하느님 현존에 동의한다는 몸짓으로서의 '거룩한 단어'
4. <향심기도>의 신학적 기초
  4.1. <향심기도>의 원천은 삼위일체이다
  4.2. <향심기도>의 초점은 예수 그리스도이시다
  4.3. <향심기도>의 효과는 교회적이며, 공동체적이다
5. <향심기도> 수련은 참 자아의 회복을 돕는다
  5.1. 거짓 자아(False Self)의 형성과 활동
    5.1.1. 거짓 자아의 정의
    5.1.2. 거짓 자아의 형성 및 활동
    5.1.3. <향심기도> 안에서의 거짓 자아

---

[1] 본 소고의 전반부는 「향심기도와 렉시오 디비나의 상호 관계성 연구」라는 논문(2006년)을 기초로 하여 작성하였다.

5.2 <향심기도> 수련이 어떻게 참 자아에 이르게 하는가?
　5.2.1. 참 자아의 정의
　5.2.2. <향심기도> 안에서 일어나는 정화와 치유의 역동을 통해 참 자아의
　　　잠재력이 활성화된다
　5.2.3. <향심기도> 수련과 참 자아
나가는 말

들어가는 말

"센터링 프레이어"(Centering Prayer)는 미국의 트라피스트 수도승들[2]에 의해 시작되었다. 이들은 제2차 바티칸 공의회 쇄신의 정신에 따라, 관상 전통이 수도자들의 전유물이 아니며 모든 그리스도인에게 주어진 보편 선물임을 확신하였다[3]. 사실, 현재 알려진 <향심기도>의 방법과 유사한 형태로 "기도하는 이가 흐트러진 마음을 가다듬고 마음 깊은 곳으로 향할 때"[4] 사용되었던 기도 방법은 사막의 수도승 때부터 있었다. 이러한 기도 방법은 14세기 『무지의 구름』이라는 익명의 저자가 저술한 책에서 더욱 구체화되어 그리스도교 전통 안에 내려오고 있었다. 1970년 중반 윌리엄 메닝거 신부는 『무지의 구름』에서 설명하는 기도 방법을 '구름의 기도'라 명명하여 사람들에게 보급하기 시작하였다. 그 후 바실 페닝턴 신부가 미국 동부의 남자 수도 장상들에게 『무지의 구름』을 바탕으로 피정을 시작하면서 이 기도 방법을 '관상적 기도 방법'이라 불렀는데, 바실 페닝턴과 남자 장상들은 피정

---

[2] 윌리엄 메닝거(William Menninger), 바실 페닝턴(Basil Pennington), 토마스 키팅(Thomas Keating)이다. 이들 중 토마스 키팅은 한국을 방문(2002년)한 적이 있으며, 그의 서적들 대부분이 한국어로 출판되었다.

[3] Peter FELDMEIER, 「The Centering Prayer Movement and the Christian Contemplative Tradition」, 『Spiritual Life』 26(2003), 227.

[4] Basil PENNINGTON, 『Centering Prayer. Renewing an Ancient Christian Prayer Form』, Image, New York, 2001, 54-55.

중간에 토마스 머튼의 글에서 영감을 받아 이름을 바꾸어 "향심기도"(Centering Prayer)라 부르게 되었다. 이것이 오늘날 우리가 알고 있는 <향심기도>의 어원이다. 존재의 중심을 향하는 향심기도의 장소는 실질적으로나 상상 속에서도 확실히 알 수 없지만 우리 영혼의 깊은 곳에 있다. 이곳은 우리가 삼위일체이신 하느님을 만나는 곳으로, 토마스 머튼은 이곳을 '우리 존재의 근저'(ground of our being)라고 표현하였다.

"여러분이 자신의 영혼의 근저에 내려간다면 … 당신이 누구인지 알 수 있는 그 중심 가까이 어딘가에 이르게 되고 피할 수 없는 진리와 대면하게 되는 존재의 바로 그 뿌리에서, 하느님의 무한한 권능과 끊임없이 직접적이고 필연적인 접촉을 하게 됩니다"(『관상생활』, 28)[5].

토마스 머튼이 말하는 '존재의 근저', 존재의 중심에 계신 하느님과의 일치는 하느님의 순수한 선물이지만(신비적 관상), 하느님과의 일치를 위해서 우리도 어떤 준비를 해야 한다. 그것은 바로 하느님께 대한 순수한 믿음과 사랑으로 "하느님이 내 안에 현존하시고 활동하심에 대해 동의(consent)함으로써" 하느님과의 만남을 우리 쪽에서 준비하는 것이다. 다시 말해서 <향심기도>란 우리 존재의 중심에 현존하시는 하느님께 대한 믿음과 사랑으로 성령의 활동에 동의하는 것이다. 즉, 성령의 활동에 자신을 온전히 맡기고 놔두는 기도이며, 이런 태도는 관상[6]의 선물을 기다리는 자세이다. 1984년 토마스 키팅 신부는 이러한 관상의 선물을 모든 그리스도인이 받을 수 있도록, 미국 뉴져지

---

5 Basil PENNINGTON, 「Thomas Merton and Centering Prayer」, 『Review for Religion』, 1-2(1986), 119.
6 토마스 키팅, 『하느님과의 친밀』, 50-52. 토마스 키팅은 그리스도교 관상의 전통을 설명하면서 6세기 말 대 그레고리오 성인이 사용한 관상(Contemplation)은 '사랑으로 가득히 충만된 하느님에 대한 지식'이며 또한 '하느님 안에 쉼'이라고 정의한다. 본고에서는 '관상'이라 언급 될 때는 그레고리오 성인이 정의한 '하느님 안에 쉼' 이라는 의미로 사용할 것이다.

에 국제 관상지원단(Contemplative Outreach Ltd. International Office)을 창설하여 현재, 전 세계 35개국으로 <향심기도>를 보급하고 있다. 한국에는 2000년부터 <향심기도>가 보급되었고, 2005년에는 '한국관상지원단'이 형성되어 <향심기도>를 하는 이들에게 도움을 주고 있다. 그동안 능동적 기도에 익숙한 이들은 감각적인 어떤 영적 체험이나 느낌 등을 추구하기에 <향심기도>를 처음 대할 때 다소 생소할 수 있으며, '이것이 기도인가?'라는 의문을 가질 수 있다. <향심기도>는 하느님이 주시는 영적위로나 선물(gift)을 추구하는 것이 아니라 선물을 주시는 분(giver), 하느님을 추구하는 기도이다. 그래서 본 소고는 <향심기도>의 이해를 확대하기 위해 첫 시간에 <향심기도>와 관상 기도와의 관계, 그리고 <향심기도>의 기원과 관상전통을 살펴본 후, <향심기도>의 방법을 설명한다. 두 번째 시간에는 <향심기도>의 신학적 기초를 설명한 후, <향심기도>를 매일 두 번(오전, 오후) 꾸준히 수련할 때 어떻게 '거짓 자아'에서 해방되어 내 자신으로 살게 되는지, 더 나아가 어떻게 가장 깊은 존재인 참 자아가 활성화되어 가는지 그 과정을 살펴보겠다.

1. 향심기도와 관상 기도

모든 기도는 성령의 활동과 우리의 활동이 함께 작용한다. 우리의 활동이 줄어들고 우리의 활동보다 성령이 활동이 우세해 지면서 신비적 관상 기도로 넘어가는데 이것에 대해 토마스 키팅은 향심기도와 관상 기도를 아래와 같이 정의한다[7].

> "향심기도는 가슴의 기도, 믿음의 기도, 단순기도 등을 현대적 형태로 만든 기도이다. 관상 기도의 선물에 이르는 데 가로놓인 장애를 줄이고 성령의 영감에 응답하도록 이끄는 습관의 개발을 촉진시키는 하나의 방법이다".

---

[7] 같은 책, 용어 해설 부분.

관상 기도는 그리스도와의 관계가 언어와 생각과 감정을 넘어 일치하는 데까지 발달하는 것인데, 하느님을 기다리는 단순한 활동에서 기도의 원천으로서 성령의 선물이 점차 우세해지는 쪽으로 움직여 가는 과정을 말한다.

<향심기도>중에는 항상 우리의 활동과 성령의 활동이 섞여있는데 그것은 (그림 1)과 같다. 또한 관상을 준비하는 다양한 기도 방법에서 가장 수용적인 기도 방법이 <향심기도>임을 (그림 2)는 알려주고 있다[8]. 그리고 <향심기도>의 수련이 깊어갈수록 성령의 활동이 우세해지는데, 성령의 활동이 우세하여 우리의 기도를 떠맡으면, 주입적 관상 기도로 들어간다.

성령의 영감이 어떻게 관상으로 진행되는지를 보여 준다.

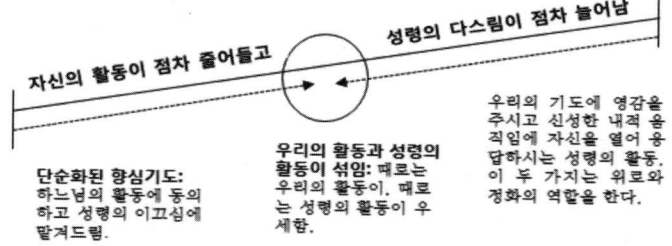

(그림 1) 향심기도의 역동

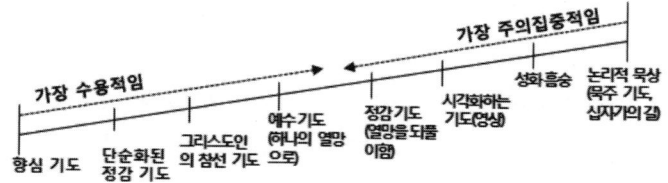

(그림 2) 관상을 준비하는 기도 방법

---

[8] 참조: 같은 책, 44-45.

이러한 경험에 대해 토마스 키팅은 다음과 같이 말한다.

> 후자의 경험은(필자주: 성령의 활동이 우세하여 우리의 기도를 떠맡을 때) 아빌라의 테레사가 『영혼의 성』에서 주입된 평정, 고요의 기도, 일치의 기도, 온전한 일치의 기도라고 설명한 기도 상태에서 발견된다. 이것은 우리 기능들이 침잠하는 수준이며, 하느님 현존의 활동으로 이런 은총을 받은 사람들에 의해 인식된다. 이러한 상황에서 하느님의 활동은 더 많이 혹은 더 적게 인식된다. 하느님의 활동이 깊은 친밀의 수준에서는 단지 하느님이 현존하신다. 그러나 하느님과 더욱 더 깊은 친밀한 상태에서는 우리의 어떤 기능들도 그것들을 해석하거나 표현으로 나타내 보일 수 없다[9].

십자가의 성 요한이나 다른 신비가들에 의하면 관상은 '순수한 선물'이라고 한다. 그런 의미에서 보면 <향심기도>는 전통적 의미의 관상 기도는 아니다. 그러나 현대를 살아가는 진지한 신앙인들이 신비적 관상 기도의 은총을 받을 수 있도록 그리스도교 전통 안에서 고안된 좋은 기도 방법이다.

<향심기도>는 성령의 섬세한 움직임에 민감해지도록, 우리의 듣는 기능을 도와주고 장애를 줄여 관상 기도를 준비시키는 것이다. 이를 통해 성령의 더 직접적인 영감하에 <향심기도>가 발전되면 전통적 의미의 관상 기도로 나아가게 된다. 그러나 토마스 머튼이 지적했듯이 "자신을 비우고 이기심 없는 순수한 사랑으로 자신을 남에게 줄 수 있지 않으면" 가장 깊은 곳에 계신 하느님께 나아갈 수 없다. 그래서 <향심기도>의 수련은 기도의 수련뿐 아니라 애덕의 삶을 꾸준히 실천함으로써 '자아 포기'를 기도 안에서 그리고 삶 안에서 병행할 때 우리 존재의 중심에 계신 하느님께 이르게 될 수 있다.

---

[9] Thomas KEATING, 『Intimacy with God』, 58.

2. <향심기도>의 기원 및 그리스도교 관상 전통

제2차 바티칸 공의회의 쇄신의 정신에 따라 토마스 키팅과 바실 페닝턴은 그리스도교 관상의 전통 안에서 이어져 내려오던 기도를 현대인들이 관상의 선물을 받을 수 있도록 보다 쉽고 체계화된 형태로 제시하였다. 그래서 <향심기도>를 이해하기 위해서는 그리스도교 관상 전통이 어떻게 전해져 내려왔는지 살펴볼 필요가 있다.

관상전통의 시작을 그리스 전통에서부터 보는 이들도 있으나[10]. 토마스 키팅과 바실 페닝턴은 <향심기도>의 직접적인 기원을 요한 카시아누스의 『담화집』에서 찾는다[11]. 『담화집』 10권에는 "오, 하느님 저를 구해주소서, 주님 어서 오시어 저를 도와주소서"라는 기도문이 있는데, 이 기도문은 사막의 은수자들이 마음 안에 계시는 하느님께로 들어가기 위해 반복해서 사용한 문구이다. 이와 같이, 그리스도교 관상전통 안에는 하느님께 이르는 길을 알려주는 위대한 영적 스승들이 참 많은데 여기서는 <향심기도>를 이해하고 수련하는 이들에게 영감을 주는 몇 분의 가르침을 간단히 살펴보고자 한다.

2.1. 요한 카시아누스 (John Cassianus, 365?-433?)

요한 카시아누스는 루마니아의 유복한 그리스도교 가정에서 태어나 정규 교육을 마친 후 수도 생활에 부르심을 느껴 베들레헴에 있는

---

[10] Barbara RIETBERG, 『A holistic approach to Centering Prayer and the training of spiritual companions: A dialogue between the contemplative spirituality of Thomas Keating and the Trinitarian theology of Karl Rahner』, Barry University, D. Min, 2001, 17-21; David HENDERSON, 「Carl Jung and Thomas Merton -Apophatic and Kataphatic Traditions in the 20th Century-」, 『Studies in Spirituality』 13(2003), 269-283; 방효익, 「관상기도(contemplation)에 대한 영성 신학적 이해」, 『관상기도의 이론과 실제』. 제4회 종교문화연구소 학술 연구 발표회, 수원가톨릭대학교, 2003, 104-108; 앤드루 라우스, 『서양 신비사상의 기원』, 배성옥 옮김, 분도출판사, 2001, 21-40.

[11] Thomas KEATING, 『Intimacy with God』, Crossroad, New York, 1998, 126-127; Basil PENNINGTON, 『Centering Prayer』, 18.

수도원에서 2년을 지냈다. 12년 동안 이집트를 순례하면서 훌륭한 영적 스승들을 만나고, 스승들에게서 배운 가르침을 깊이 사색하여 정리하였다[12].

카시아누스의 작품 중, 영적 스승과의 대화를 담은 『담화집』은 영성신학의 걸작품이라 할 수 있는데 이 담화집은 그리스도교 영성에 큰 영향을 미쳤다[13]. 그는 『담화집』 10권에서 이사악 아빠스에게서 배운 기도에 대한 가르침을 다음과 같이 전하고 있다.

> 나는 그대들에게 관상을 위한 문구를 전해야겠습니다. … 하느님을 끊임없이 의식하려고 하는 사람이면 누구든지 다양한 다른 생각을 쫓아버리고 묵상을 하기 위해 이 문구를 사용하십시오 여러분은 하느님께 대한 지속적인 잠심을 유지하기 위하여 이 문구를 그대들 앞에 언제나 놓아두어야 합니다. 이 문구는 '하느님 저를 구하소서. 주님 어서 오시어 저를 도우소서'입니다. … 어떤 때는 내 영혼이 마치 끓는 물처럼 수많은 분심으로 흐트러지고 방황할 때 나는 그것을 다스리지 못합니다. 그리고 기도하려고 할 때마다 공허한 망상이 내 기도를 가로막습니다. … 마음이 꾸준히 이 문구를 붙잡고 있으면 수많은 사고에서 벗어날 수 있습니다"[14].

<향심기도>에서는 사막으로부터 전해져 내려온 이 지혜의 문구를 '능동적 기도'(active prayer)로 이용하여 바쁜 일상 생활 속에서 하느님

---

[12] 퀵 브레사르, 『수도승 영성』, 허성석·최종근 편역, 성베네딕토회 왜관수도원, 2002, 157-171.
[13] John CASSIANUS, 「이사악 아빠스의 제1담화」, 진 토마스 역, 『코이노니아』 8 (1984), 76-77. *카시아누스의 『담화집』에는 전부 15명의 고승들로부터 24개의 담화를 기록하고 있다. 아홉 번째와 열 번째 담화가 '기도'에 관한 것이고, 열 네 번째 담화가 'Lectio Divina'에 관한 것이다.
[14] John CASSIANUS, 「이사악 아빠스의 제2담화-기도에 관하여-」, 진토마스 옮김, 『코이노니아』 10(1985), 156-162.

현존 안에 살아가기 위한 문구로 사용한다[15]. <향심기도>와 더욱 가까운 요한 카시아누스의 가르침은 『담화집』 9권에 나오는데, "너는 기도할 때 골방에 들어가 문을 닫은 다음, 숨어 계신 네 아버지께 기도하여라. 그러면 숨은 일도 보시는 네 아버지께서 너에게 갚아 주실 것이다"(마태 6,6)는 부분을 설명한 것이다.

복음은 우리가 골방에 들어가 문을 닫고 우리의 아버지께 기도하라고 가르치고 있다. 우리가 골방에서 기도드린다는 것은 시끄러운 생각과 걱정을 모두 우리 마음으로부터 버리고 주님께 비밀스럽고 친밀하게 기로를 바치는 것이다. 우리가 문을 닫고 기도한다 함은 입을 다물고 완전한 침묵 속에서 말소리가 아니라 마음을 살피는 분에게 간구하는 것이다. 그리고 숨은 가운데서 기도한다는 것은 오직 마음과 주의 깊은 정신으로 하느님께만 청을 올리는 것이다[16].

토마스 키팅은 <향심기도>의 복음적 근거를 마태오 복음 6장 6절에 두면서 '골방 기도'(prayer in secret)라 부른다[17].

2.2. 『무지의 구름』(The Cloud of Unknowing)

14세기에 쓰인 『무지의 구름』은 <향심기도>에 직접적인 영향을 주었다. 토마스 키팅은 "<향심기도>의 방법은 근본적으로 14세기의 『무지의 구름』과 십자가의 성 요한의 가르침에 근거한 것이다"[18]고 말하고 있다. <향심기도>의 '거룩한 단어'의 사용과 『무지의 구름』에서 '기도 어(語)'의 사용에 대한 설명이 거의 비슷하다. 그 예를 『무지의 구름』에서 살펴보면 다음과 같다[19].

---

[15] 능동적 기도: 주님 오시어 저를 구하소서. / 당신의 뜻이 이루어지소서. / 주님 저를 당신 뜻대로 하소서.
[16] John CASSIANUS, 「이사악 아빠스의 제1담화」, 진토마스 역, 『코이노니아』 8(1984), 102-103.
[17] Thomas KEATING, 「Centering Prayer Six Follow Up: Prayer in Secret」, Tape 1.
[18] Thomas KEATING, 「Intimacy with God」, 45.
[19] Basil PENNINGTON, 「Centering Prayer」, 26-27.

당신의 마음이 쉽게 되돌아갈 수 있는, 곧 모든 갈망을 한데 모은 단순한 단어, 짧은 단어를 선택하십시오. 한 음절이 좋습니다. '하느님', '사랑' 같은. 그러나 그 단어가 당신에게 의미 있는 것을 선택하십시오. 그 다음 그 단어를 당신 마음 안에 간직하고 무슨 일이 있더라도 거기에 늘 머무십시오(7장).

당신의 약함으로 일상에서 일어나는 일과 사물들에 의해 사랑 안에서 하느님을 향하는 것보다 더 자주 분심으로 방해를 받을 수 있습니다. 그러나 걱정하지 마십시오. 아무 잘못도 없습니다. 그럴 때 당신은 빨리 '기도 어(語)'로 되돌아가십시오(4장).

어떤 사고가 점차 당신을 화나게 하면, 당신이 무엇을 하고 있는지 알아차리십시오. 그리고 '기도 어(語)'로 응답하십시오. 만약 당신의 마음이 이 낱말의 의미를 학문적으로 생각하려고 하거나 분석하려 들거든, 당신 자신에게 이 낱말의 단순함에 가치가 있음을 상기하십시오. 그러면 모든 생각이 틀림없이 물러갑니다(7장).

『무지의 구름』에서 설명하는 위의 내용은 <향심기도> 중에 꼭 기억하고 지켜야 할 핵심 내용들이며 <향심기도>의 지침의 일부를 이루고 있다.

2.3. 아빌라의 성녀 테레사(St. Teresa of Avila, 1515-1582)

『완덕의 길』 31장에는 수녀들에게 '고요의 기도'에 대해 조언을 하고 있다. 물론 '고요의 기도'와 <향심기도>는 똑같지 않지만, <향심기도>가 고요의 기도로 발전하기에 그녀의 조언이 <향심기도>를 하는 데 도움이 된다.

조용히 고요의 기도를 하려면, 미친 사람을 무시하듯 이해하려는 마음을 무시해야 합니다. 기도를 이해하려 하면 생각이 꼬리를 물고 일어나 기도는 노력뿐이고 하느님이 주시고자 하는 것을 받지 못하게 됩니다. … 고요 속에 있는 영혼은 어머니의 젖을 먹는 아기와 같습니다. 아기는 입을 움직여 말을 하지 않아도 어머니가 젖을 줍니다. 이와 같이 의지는 단순히 사랑 안에 머물면서 이해하려고 노력하지 마십시오. 영혼은 하느님께서 우리에게 주시는 젖을 먹기만 하면 되는 것입니다. 하느님은 우리에게 젖을 주시는 것을 기쁘게 여기시고 즐거워하십니다. 우리의 영혼은 이것을 이해하려 하거나 무엇을 즐기는지 알 필요가 없습니다. 하느님께서 우리에게 무엇이 좋은지 가장 잘 알고 계십니다. 자꾸 신경을 써 무슨 일이 일어나는지 알고자 한다면, 영혼은 젖을 빨지 못하고 하느님의 양식을 잃게 됩니다[20].

2.4. 십자가의 성 요한 (St. John of the Cross, 1542-1591)

십자가의 성 요한은 묵상 기도를 거쳐 관상 기도를 배우는 이들에게 '사랑의 집중'을 가르친다. 성인의 저서 『가르멜 산길』에서 <향심 기도>에 도움이 되는 내용을 찾을 수 있다.

묵상은 십자가에 못 박히신 그리스도를 상상하거나, 기둥에 묶이신 그리스도를 상상하거나, 그리스도의 다른 수난의 장면을 상상하거나, 권좌에 앉아계신 하느님을 상상하거나, 아름다운 빛처럼 빛나는 영광을 생각하는 일이다. … 하느님에 관한 것이거나 인간에 관한 것이거나 그 어느 것을 막론하고 상상의 대상이 될 수 있는데, 하느님과의 합일을 이루려면 영혼은 이런 일체의 영상을 비워야 한다. 그 이유는 … 누가 금과 진주를 보아서 금으로 만들어진 산과 진주로 지어진 궁전을 상상한다 할지라도 금과 진주의 본질은 아니기 때문이다. … 이와 같이 하느님을 영상으로 본다 해서 하느님 존재는 아니기 때문이다. 모든 피조물 중에는 하느님의 존재와 비교될 수 있는 것이라고는 아무것도 없다[21].

---

[20] Basil PENNINGTON, 『Centering Prayer』, 40-41; 예수의 성 테레사, 『완덕의 길』, 228-229.
[21] 십자가의 요한, 『가르멜 산길』, 방효익 옮김, 기쁜소식, 2005, 176-177; 십자가의 요한, 『가

성인의 이 가르침은 <향심기도>의 지침 3번에 "기도 중에 생각(thoughts)에 붙잡히면 거룩한 단어로 돌아가라"는 내용을 더 깊이 이해하도록 도움을 준다[22]. 기도 중에 떠오른 거룩한 영상도 하느님과의 합일을 위해서는 비워야 함을 말하고 있다.

2.5. 토마스 머튼 (Thomas Merton, 1915-1968)

토마스 머튼은 수피(Sufi) 학자인 압둘(Abdul)에게 보낸 편지에서 자신의 일상적인 기도 방법을 기술하고 있다.

> 내가 기도하는 방법은 아주 간단합니다. 그것은 하느님의 현존에, 그리고 그분의 사랑에 온전히 주의를 기울이는 것이지요. 다시 말하면 이 방법은 믿음에 중심을 두는 것인데, 우리는 이 믿음에 의해서만 하느님의 현존을 알 수 있습니다. 이 때문에 예언자의 말처럼 '마치 하느님을 실제로 뵙는 듯이 하느님 앞에 존재하는 것'이 내 묵상의 특징이라고 할 수 있습니다. 그렇지만 이것은 무엇인가를 상상하거나 하느님의 정확한 이미지를 그려보는 것을 의미하지는 않습니다. … 그와는 반대로 이것은 눈에 보이지 않으며 우리의 이해력을 무한히 초월해 계시는 하느님을 흠숭하고 그분을 나의 전부로 깨닫는 방법입니다. … 내 마음 속에는 하느님 이외의 일체의 것은 아무것도 아님을 철저히 인식하려는 거대한 갈망이 존재합니다. 그러기에 나의 기도는 무와 침묵의 중심에서 솟아오르는 일종의 찬미입니다[23].

토마스 머튼이 자신의 기도 방법으로 소개하는 위의 글은 <향심기도>가 어떤 기도인지를 더 선명하게 설명해 준다. 특히 "마치 하느님

르멜 산길』, 최민순 옮김, 바오로딸, 2001, 154-155.

[22] <향심기도>는 기도 중에 떠오르는 감각적 지각, 느낌, 성찰, 기억, 영상, 통찰 등 모든 것을 '생각'(thoughts)이란 포괄적인 용어로 사용하고 있으며 이러한 생각들에 붙잡히면 즉시 '거룩한 단어'로 돌아간다. 십자가의 성 요한의 작품『가르멜 산길』작품 전체가 <향심기도>의 지침 3을 이해하는데 큰 도움이 된다.

[23] 토마스 머턴, 『침묵 속에 만남』, 장은명 옮김, 성바오로, 2003, XXI.

을 실제로 뵙는 듯이 하느님 앞에 존재하는 것"이 자기 기도의 특징이라고 소개하는데, <향심기도>는 내주(內住) 하시는 하느님의 현존을 믿음과 사랑 안에서 깨어 응시하는 것이요, 그분 앞에 나의 존재 전부로 머무는 기도이기 때문이다.

우리가 <향심기도>를 하면서 만나게 되는 장애들 중의 하나는 하느님에 대한 다양한 개념과 이미지들인데, 절대 신비이신 하느님을 체험하려면 하느님에 대한 생각이나 영상들에 붙잡히지 않아야 함을 머튼은 말한다.

하느님은 전혀 보여 질 수 없는 분임을 우리가 받아들일 때 그분을 정확하게 본다. 이러한 불가시성(invisibility)을 받아들임으로써 영혼과 하느님 사이에 놓여 있던 영적 장애물들에서 벗어난다. 신적 존재와의 접촉을 방해하는 소위 가리개와 덮개는 생각과 자연의 빛, 그리고 영적 이미지들이다. 가리개가 벗겨질 때, 나는 하느님과 접촉할 수 있다. 아니, 신비한 어둠 속에 계신 그분에 의해 접촉된다. 직관은 직관을 뛰어넘는 단 한 번의 최종적 도약에 의해 하느님께 이르고, 직관으로 하여금 자신을 희생하고 그분의 초월적인 현존에 승복하게 한 바로 그 황홀(ecstasy)에 의해서도 그분께 이른다. 이 희열에 찬 마지막 '무지'(unknowing)의 행위를 통해, 주체로서의 우리 영혼과 객체로서의 하느님이라는 간격은 드디어 막을 내리고 신비로운 사랑에 둘러싸인 채, 우리는 우리와 그분이 하나임을 알게 된다('내적 체험', 씨토회 연구집, 18, 300)[24].

영혼이 이러한 체험을 하게 될 때, 슬며시 솟아오르는 또 다른 장애는 영적 체험에 대한 욕심이다. 영적 체험에 대한 욕심은 순수한 하느님을 추구하는 것이 아니라 우리 자신을 위한 영적 욕망을 추구하는 것이다. 이에 대해 머튼은 주의를 주고 있다.

문제는 자신의 주관적인 경험을 너무 심각하게 받아들인 나머지 급

---

[24] Basil PENNINGTON, 「Thomas Merton and Centering Prayer」, 126-127.

기야 그것이 하느님보다 더욱 더 중요해진다는 데 있다. 그러면 영적 체험은 대상화되고 결국 우상이 된다. … 영적 체험을 위해 사는 것은 영적 노예화이다. 관상 생활의 이런 노예화는 돈이나 쾌락, 성공 같은 다른 어떤 '대상'을 섬기는 생활만큼이나(아주 미묘한 방식으로) 한낱 세속적인 생활로 만들어 버린다('내적 체험', 씨토회 연구집, 19, 139)[25].

하느님을 향한 영적여정에서 가장 중요한 것은 하느님을 향한 순수한 믿음과 사랑으로 꾸준히 기도 생활에 투신하고 애덕 실천에 힘쓰는 것이다.

3. <향심기도> 방법

<향심기도>는 하느님과의 친밀한 관계를 추구하는 것으로, 그 관계가 계속해서 자기 자신 안에 살아있도록 수련하는 것이다. 하느님은 항상 우리와 함께 계시고 우리 안에 내주(內住)하시기에, 하느님과의 친밀한 관계를 위해 우리가 무엇을 노력해야 하는 것이 아니라, 우리의 '의지'(will)가 하느님의 현존과 활동에 동의하는 것이다. <향심기도>는 우리가 무엇을 하는(Doing) 기도가 아니라 사랑 안에서 하느님과 함께 있는(Being) 기도이다. 많은 이들이 기도 중에 유익한 것을 얻으려고 무엇인가를 애써 노력한다. 그러나 <향심기도>의 본질은 우리 자신을 위한 영적체험이나 어떤 결과를 찾지 않고 순수하게 우리 자신을 하느님의 현존에 열어 드리는 것이다. '주님, 저는 모두 당신의 것입니다'라고 말하는 마음의 자세를 유지하면서 사랑 안에서 하느님과 함께 있는 것이다. 기도 중에 밀려오는 잡념의 홍수 속에서도 하느님께 마음을 향할 때, 어떻게 기도해야 할지 모르는 우리를 대신해서 "성령께서 몸소 말로 다할 수 없이 탄식하시며 우리를 대신하여 간구해 주신다"(로마 8,26). 이제 유한한 인간과 무한하신 하느님과의 교제이며, 영적친교인 <향심기도>의 방법을 살펴보겠다. 바실 페닝턴의 방법과

---

[25] Basil PENNINGTON, 「Thomas Merton and Centering Prayer」, 127.

토마스 키팅의 방법이 있는데, 두 방법이 서로 유사하므로 지면상 바실 페닝턴의 지침은 각주[26]로 처리하고, 토마스 키팅의 방법을 살펴본다.

3.1. 토마스 키팅의 <향심기도> 지침[27]

<향심기도>의 지침은 존재의 중심에 계신 '하느님의 현존과 활동에 동의하도록' 만들어졌다. 하느님의 현존과 활동에 동의하는 것 이외에 다른 모든 지적인 활동은 멈추고, 자신을 온전히 하느님 현존 앞에 믿음과 사랑으로 놔두기 위해 이 <향심기도>가 고안된 것이다.

지침 1: 기도 준비

"하느님이 내 안에 현존하시고 활동하심에 대해 동의하는 지향의 상징으로서 '거룩한 단어'를 선택한다".

- <향심기도>를 한 문장으로 요약하면 '내주(內住) 하시는 하느님의 현존과 활동에 동의하는 것이다'. 이런 동의를 상징하는 단어를 '거룩한 단어'라 하는데 그 이유는 이 단어의 지향, 곧 '하느님의 현존과 활동에 동의하는 지향'이 거룩하기 때문이다.
- 하느님의 현존은 우리 안에 계시는 신적 생명이다. 그것은 우리 선성의 기본 핵으로 하느님의 무조건적인 사랑을 확인시켜 준다.
- '거룩한 단어'를 선정할 때는, 자신에게 의미 있는 단어를 선택하

---

[26] 참조: Basil PENNINGTON, 『Centering Prayer』, 58-77. 지침 1: 기도를 시작할 때 1-2분간 침묵을 하고 우리의 깊은 곳에 계시는 하느님을 향해 믿음 안에서 움직인다. 지침 2: 믿음과 사랑으로 가득한 중심에 조금 머문 후, '기도 어'를 떠올리면서 더 깊은 기도 안으로 들어간다. 지침 3: 기도 중에 어떤 다른 것을 의식하면 조용히 '기도 어'를 사용하여 하느님의 현존 안으로 다시 돌아온다. 지침 4: 기도를 끝낼 때 몇 분간 천천히 '주님의 기도'나 다른 기도를 외우며 감각세계로 돌아온다.

[27] 참조: Thomas KEATING, 『Open Mind Open Heart』, 139-141.

는 것이 좋다. 하느님과 마음을 터놓고 대화할 때 사용하는 호칭이든지, 기쁠 때나 힘들 때 자기도 모르게 나오는 호칭어를 선택한다. 또한 나의 믿음과 사랑의 표현인 단어도 좋다. 예를 들어 '아버지', '아빠', '주님', '예수', '평화', '사랑', '하느님', '야훼', '자비' 등이다.

- '거룩한 단어'를 선택하고 기도를 시작했으면, 그 기도 시간 중에는 '거룩한 단어'를 바꾸지 않는다. 왜냐하면 기도 안에서 단어를 바꾸면 또 다른 사고가 시작되기 때문이다.

- 어떤 사람에게는 하느님을 향한 단순한 내적 응시나 자신의 호흡을 알아차리는 것이 '거룩한 단어'를 사용하는 것보다 더 기도에 도움이 될 수 있다.

지침 2: 기도 시작

"편안히 앉아 눈을 감은 후, 잠시 마음을 가라앉히고 하느님께서 내 안에 현존하시고 활동하심에 동의하는 지향의 상징으로서 거룩한 단어를 조용히 떠올린다".

- 편안한 자세는 우리 몸이 깨어 기도하는데 도움을 준다. 기도하는데 도움이 되는 몸을 만들기 위해 적당한 운동이나 산책으로 몸과 마음을 준비한다.

- 주변 환경으로부터 분심을 줄이기 위해 눈을 감고 마음을 고요히 한 다음, 내주하신 하느님께 마음을 모은 후 '거룩한 단어'를 두세 번 천천히, 평온하게 떠올리면서 기도를 시작한다. '거룩한 단어'를 떠올린다 함은 '하느님의 현존과 활동에 동의한다는 나의 지향'의 표시이기에 하느님은 거기에 응답함으로써 기도가 시작된다. 기도가 시작되면 우리는 하느님 사랑의 품안에 있고 우리 안의 성령께서 우리를 대신해서 기도하신다.

- <향심기도>는 기도의 주도권이 우리가 아니라 성령께 있으며, 우리 안에서 기도하시는 성령의 기도를 우리는 수락하고 '동의'한다.

지침 3: 기도 중

"생각(thoughts)에 빠져들면(engaged) 거룩한 단어로 부드럽게 돌아간다"[28].

- 생각이란 신체적 감각, 느낌, 영상, 기억 계획, 성찰, 개념, 비평 그리고 영적 체험 등을 포함한 모든 지각을 일컫는 포괄적인 용어이다.
- 생각이란 피할 수 없고, 필수적이며 <향심기도>의 정상적인 부분이므로 생각에 저항하거나, 매달리지 말며, 생각에 감정으로 반응하지 않아야 한다. 그러나 생각에 빠져들게 되면 '거룩한 단어'로 부드럽게 되돌아간다. 단, 생각이 들 때(aware)와 빠져들 때(engaged)를 알아차려 '거룩한 단어'를 분별력 있게 사용하기를 권한다.
- '거룩한 단어'로 부드럽게 돌아가라'는 말은 생각을 밀어내라는 것이 아니라 하느님의 현존에 동의한다는 지향으로 돌아가는 것이다. 이것이 <향심기도>에서 우리가 하는 유일한 활동이다. 그리고 기억해야 할 것은 <향심기도>는 무엇을 하는(Doing)것이 아니라 하느님 앞에 존재(Being)하는, 머무는 기도라는 것이다.
- '거룩한 단어' 대신 '거룩한 영상'이나 '거룩한 호흡'을 사용할 수 있다.
- <향심기도>를 처음 배우는 이들이 유의할 점은, 분심을 몰아내려고 애써서는 안 된다. 생각을 몰아내려고 애쓸 때, 하느님께 집중하는 것이 아니고 생각에 집중하는 것이다. 또한 기도 중에 일어나는 다양한 잡념은 <향심기도>의 정상적인 부분이며 불가피한 것이기에 생각을 비우기 위해 애쓰는 것보다 생각에 '초연'해지는 것을 배워야 한다.
- <향심기도>수련은 '자아 포기'를 배우는 측면에서 중요하다. 즉, 기도 중에 우리를 사로잡는 분심이 들 때 지침대로 '거룩한 단어'로 돌아감으로써 자아 포기를 배운다. 기도 안에서 떠오르는 다양한 분

---

[28] 세 번째 지침은 2005년 국제 관상지원단의 교수단 회의에서 '한 단어'를 바꿨다. 그 전에는 'aware' 곧 '사고를 인식하면'이었는데, 'engaged' 곧 '생각에 빠져들면'으로 바뀌었다. 이것은 '생각'을 인식하더라도 '생각'에 빠져들지 않으면 '거룩한 단어'로 돌아가지 말라는 것이다.

심은 긍정적이든, 부정적이든 우리가 집착하는 것들이 대부분이다. 우리의 집착인 분심들을 포기하고 하느님께로 마음을 모으는 것은 우리의 이기심, 곧 자기를 버리고 하느님을 선택하는 사랑의 행위인 것으로 "누구든지 내 뒤를 따르려면 자신을 버리고 제 십자가를 지고 나를 따라야 한다."(마르 8,34)를 구체적으로 수련하는 것이다.

지침 4: 기도 마침

"기도가 끝날 때 눈을 감고 2,3분간 침묵 속에 머문다".

2-3분의 추가 시간은 내면에 저장된 침묵을 일상 생활의 활동 속으로 가져갈 수 있게 해준다. 그리고 침묵 안에서 '주님의 기도'를 마음속으로 바치면서 기도를 마무리한다. 우리 안에 저장된 침묵은 바쁜 일상 생활 안에서 발생하는 사건들을 여유 있게, 그리고 침착하게 받아들일 수 있는 힘을 제공한다.

3.2. 하느님 현존에 동의한다는 몸짓으로의 '거룩한 단어'

<향심기도>에서 분심이 들 때 사용하는 '거룩한 단어'는 그 단어에 정신을 집중하는 것이 아니라 그 단어를 통하여 하느님께 집중하는 것이다. 예를 들어 '예수'를 거룩한 단어로 선택한 사람은 '예수'의 이름을 입술뿐만 아니라 마음으로 말없이 천천히 떠올리면서 내가 마음으로 부르고 있는 그분, 곧 내 안에 머물러 계시는 그분께 마음을 모으는 것이다.

'거룩한 단어'는 우리의 의지가 가장 깊은 중심에 계신 하느님의 현존과 활동에 동의한다는 표시이며 나를 열어드리는 몸짓이다. 거룩한 단어는 사고를 밀어내려고 하거나 사고를 사라지게 하는 것이 아니다. 내 마음이 하느님을 떠나 다양한 분심 속에 있을 때 단순히 다시 하느님께로 돌아오고 하느님께 마음을 모으기 위한 것이다.

'거룩한 단어'는 우리가 가고자 하는 방향을 가리키는 '나침판'이다 [29]. 항해를 할 때 나침판이 방향을 가리키듯, 분심이라는 폭풍 속에서 우리가 방향을 잃었을 때 나침판은 우리가 가야할 방향을 가르쳐 준다. '거룩한 단어'는 목적지에 도달하는데 있어 필요한 나침판이요 수단일 뿐이다. 우리의 목적지는 '거룩한 단어'를 넘어서 '거룩한 단어'가 지향하는 분, 곧 하느님의 현존인 것이다. 그래서 목적지에 도달하면 이 수단은 필요 없게 된다. 토마스 키팅은 <향심기도> 안에서 '거룩한 단어'의 움직임을 설명한다.

거룩한 단어가 단어의 단계를 넘어 순수한 인식으로 들어갔을 때에만 내면화의 과정이 이루어지는 것이다. 이것이 베다니아의 마리아가 예수의 발치에서 하고 있었던 것이다. 마리아는 그녀에게 말씀하시는 분의 말씀들을 넘어서서 그분과의 일치 안으로 들어가고 있었던 것이다. 이것이 우리가 향심 기도를 하려고 앉아서 거룩한 단어를 내면화하는 것이다. 우리는 거룩한 단어를 넘어서 그 단어가 지향하는 분, 즉 우리가 그분에 대하여 가질 수 있는 어떠한 관념도 넘어서, 절대 신비이신 하느님의 현존 안으로 들어가는 것이다[30].

4. <향심기도>의 신학적 기초[31]

바오로 사도는 "우리는 그분 안에서 살고 움직이며 존재합니다."(사도 17,28)라고 말한다. 이는 마치 물고기가 물에서 숨 쉬고 움직이며 살아가듯, 우리도 보이지 않는 하느님의 현존 안에서 숨 쉬고 움직이며 살아가는 것이라 할 수 있다. 토마스 키팅은 <향심기도>의 원천은 삼위일체의 내주이며, 그 초점은 그리스도요 <향심기도>의 효과는 교회적이며 공동체적이라고 신학적 기초를 세웠다. 사실 우리 모든 그

---

[29] 토마스 키팅,『마음을 열고 가슴을 열고』, 75.
[30] 같은 책.
[31] 참조: 토마스 키팅,『하느님과의 친밀』, 41-48.192-208.

리스도인은 세례를 통해서 성령을 받았고 성령의 궁전이 되었다(1고린 3,16). 그런데도 자신 안에 계시는 하느님의 현존을 잘 느낄 수 없어 하느님을 밖에서 찾는다. 토마스 키팅은 우리 안에 현존하시는 삼위일체 하느님에 대한 믿음이 모든 영성 생활의 기초가 되어야 함을 다음과 같이 설명하고 있다.

> 가장 거룩한 성삼위께서 우리 안에 내재하고 계신다는 교리가 영성 생활의 모든 원칙에서 가장 중요한 것이다. 이것은 하느님 자신의 생명을 우리에게 전달해 주셨음을 뜻하며 … 순수한 믿음으로만 하느님의 현존에 온전하게 접근할 수 있다[32].

4.1. <향심기도>의 원천은 삼위일체이다

<향심기도>는 우리 안에 계신 하느님의 생명에 그 뿌리가 있으며, 삼위일체로 제시되는 무조건적인 깊은 사랑으로 들어가는 방법이 <향심기도>이다. 사실 오늘날의 신학자들은 삼위일체에 대한 영성을 말할 때, '관계'(relationship)와 '통교'(communion)에 관심을 기울인다. 삼위일체의 관계 영성에서는 '비움의 관계'(kenotic relationship)를 말하며, 통교 영성에서는 삼위의 '상호내재'(circumincession)를 말한다[33]. 토마스 키팅은 삼위의 '상호내재'를 이렇게 설명한다.

> 삼위의 상호내재라고 부르는 교리의 전통적인 신학에서는 아버지는 자신 안에 살고 있는 것이 아니라 아들 안에 산다고 한다. 아들은 다시 완전하고 자유로이 자신에게 넘겨진 이 엄청난 선을 대하면서 … 자신을 아버지께 돌려 드린다. 이것을 교회의 어떤 교부들

---

[32] 같은 책, 192.

[33] Barbara REITBERG, 「A holistic approach to Centering Prayer and the training of spiritual companions: A dialogue between the contemplative spirituality of Thomas Keating and the Trinitarian theology of Karl Rahner」, 60.

은 아버지와 아들의 '가장 달콤한 입맞춤'이라고 표현했다. 성령은 아버지와 아들의 사랑이며, 말하자면 그분들이 공유하는 가슴이다. 삼위일체 안에서 자아라는 것은 없고 모든 것이 자아 포기이다[34].

<향심기도>안에서 자신의 내면에 현존하시는 삼위일체와 관계를 맺기 위해 '자아 포기'가 요구된다. 그것은 삼위일체의 본성이 '자아라는 것은 없고 모든 것이 자아 포기'이기 때문이다. 그래서 신적인 초대에 응답하기 위하여 자신을 하느님께 드리는 자아 포기가 요구된다. 이를 통해 우리는 신적인 사랑의 바다에 잠기고 이 바다는 언제나 끝없는 은총의 선물로 우리 영혼을 채운다.

<향심기도>의 원천은 우리 안에 현존하시는 삼위일체이신 신적 생명이다. 이 신적현존은 항상 우리 안에 계시는데 우리가 알아차리지 못하는 것뿐이다. 그래서 <향심기도>를 할 때 분심과 일상적인 감정들을 떠나보내면서 하느님께 마음을 열고, 하느님의 현존과 활동에 동의하는 우리의 지향으로 머물 때 신적 현존에 이끌리게 된다. 그리고 우리 중심의 원천에 이르도록 돕는 사다리는 바로 하느님께 대한 순수한 '믿음'과 '사랑'이다.

4.2. <향심기도>의 초점은 예수 그리스도이시다

기도 안에서 은총의 이끄심은 다양한 측면을 갖지만, <향심기도>는 그리스도의 파스카 신비에 초점을 맞춘다. 즉, 예수 그리스도의 유혹과 수난과 죽음의 파스카 신비가 그 옛날 골고타 사건으로가 아니라, 기도하는 사람의 내면에서 체험되는 것이다.

<향심기도>를 시작한 지 얼마 안 된 초보자는 사막에서 유혹을 받으시는 그리스도처럼 세상 안의 다양한 관심들로부터 유혹을 받지만 기도를 하기 위해 자리에 앉음으로써 유혹을 뒤로 한다. 기도가 지속

---

[34] 토마스 키팅, 『하느님과의 친밀』, 193-194.

되면서 몸에 밴 어린 시절의 누적된 기억과 아픔들이 떠오른다. 우리의 상처와 한계, 성격적 결함, 사람들로부터 받은 나쁜 영향, 각자가 살아오면서 고유하게 겪은 경험들이 우리의 진정한 십자가이다. 이때 우리는 겟세마니 동산에서 고통을 받으시는 그리스도처럼 수난을 경험하면서 겟세마니 동산의 그리스도와 동일시된다. 그리스도는 바로 이 십자가들을 우리에게 받아들이라고 하시며, 함께 나누자고 요청하신다. 사실 예수님이 인류의 모든 죄를 스스로 짊어지고 십자가 위에서 "나의 하느님, 나의 하느님, 어찌하여 나를 버리셨나이까?"하고 외치셨을 때 그것은 인류의 죄가 지워준 가장 절망적인 정서, 즉 아버지와의 결별의 정서인 공포와 죽음이었다. 예수님은 당신의 수난과 죽음으로 우리의 아픔을 이미 경험하셨고 그것을 당신의 아픔으로 만드셨다. 그래서 기도 중에 우리의 모든 아픔, 불안, 공포, 자기 증오, 좌절감과 같은 아픔이 올라오도록 허용하면 그리스도는 우리 안에서 고통 받으시고 우리를 구해 주신다[35]. 기도 중에 아픔이 올라오도록 허용하고 견디면서 '거룩한 단어'로 하느님의 현존과 치유의 활동을 받아들일 때 우리는 "아버지, '제 영을 아버지 손에 맡깁니다"(루카 23,46)라고 말씀하신 십자가상에서 돌아가신 그리스도와 동일시된다. 그리고 예수님에게 부활이 주어졌듯이 우리의 영혼 안에도 사랑의 성령이 조용히 활동하면서 내적 고요와 평화, 하느님의 현존이라 느껴지는 정서적 부활을 기도 안에서 체험할 수 있으나 부활의 열매는 일상 생활 중에 나타난다. 그것은 하느님에 대한 열망이 자라는 것으로, 그리고 성령의 열매(사랑, 기쁨, 평화, 친절, 선행, 인내, 온유, 진실, 절제)들로 드러난다.

우리는 기도 안에서 예수 그리스도처럼 끊임없이 하느님을 선택하면서 자아 포기를 배우게 되는데, 이러한 수련을 통해 우리는 점점 그리스도와 동화된다. 이런 의미에서 <향심기도>의 수련은 자기 자신을 버리고 그리스도를 따르는 선택이자 그리스도를 닮는 수련이라 할 수 있다.

---

[35] 이 과정은 무의식을 정화하는 체험으로 '신적인 치료'라하며 '<향심기도>의 네 순간'에서 자세히 다루겠다.

4.3. <향심기도>의 효과는 교회적이며, 공동체적이다

<향심기도>를 하는 이들이 모여서 의도적으로 그리스도의 파스카 신비에 참여하면, <향심기도> 모임은 언어 없는 전례가 되는데 미사 성제가 바로 파스카 신비의 기념이기 때문이다. 그리고 각자 그리스도와의 일치를 축하하며 삼위의 내적 생명에 동참하게 된 것을 감사드리는 의미에서 교회적이다. 또한 그리스도의 고난과 죽음과 부활에 동참하여 얻게 되는 신성한 사랑의 에너지는 모든 인류 가족에게 필요한 은총이기에 일종의 범세계적인 기도가 된다. 우리가 얻은 이 사랑의 은총은 삶 안에서 가족과 이웃들에게 그리고 이 세상에 전달한다는 뜻에서 진정으로 사도적이다. 또한 <향심기도>를 하는 시간에 은총을 경험하는 모든 사람이 인류 가족과 하나라는 감각 안으로 들어가는데 이 연대가 그리스도교 공동체의 핵심 정신이다.

성인들은 '언제나 전적으로 현존하기에 과거도 미래도 없는 거룩하고 영원한 생명에 참여하는 것이다. 우리는 지금 현존함으로써 과거와 미래의 모든 사람에게도 현존하게 되며 그들과 친구가 된다'[36]. 이것이 '성인들의 통공'이라는 교리를 이해하는데 우리에게 도움을 준다. 우리는 <향심기도>를 통해 과거와 미래에 영향을 미치는 어떤 실재의 영역, '영원'안으로 들어가기에 '성인들과의 통공'이 이루어진다. 우리가 <향심기도>를 할 때, 그 방에 있는 사람들은 물론 하느님을 찾는 모든 사람들과 하나가 된다. 그리고 하느님이 창조하신 피조물과도 하나가 된다.

5. <향심기도> 수련은 참 자아의 회복을 돕는다

최초의 남자와 여자는 하느님의 모상대로 창조되었다고 성경은 말한다(창세 1,26). 그들 안에는 하느님의 창조적 에너지가 있었고 그 에

---

[36] 같은 책.

너지는 분명 사랑이었다. 그 사랑이 이기심으로 오직 자신만을 생각하는 에너지로 사용되어 하느님의 모상을 잃어버렸지만 우리는 세례성사를 통해 하느님과 하나 되도록 성령을 받았고 우리는 성령의 궁전이 되었다(1코린 3,16). 세례 성사를 통해 우리는 '이미' 하느님과 하나인데 많은 신앙인은 '아직' 그 사실을 체험하지 못하고 하느님을 밖에서 찾는다. '이미'와 '아직' 사이의 영적 여정을 걸어가는 우리에게 토마스 머튼은 하느님께 가는 가장 빠른 방법은 우리 자신의 중심으로 들어가고 그 중심에 계신 하느님 속으로 들어가는 것이라고 자주 말했는데 그것이 향심기도(centering prayer) 수련이다. 비록 우리의 현재 모습이 죄와 허물로 왜곡되고 더럽혀졌지만 하느님의 모상에 따라 만들어졌기에 우리는 여전히 하느님을 알 수 있는 가장 위대한 매개체이자 신적 사랑의 전달체이다.

우리가 꾸준히 <향심기도>를 수련할 때 아무것도 하지 않는 것처럼 보이지만 사실 우리는 가장 중요한 일을 한다. 그것은 바로 우리 존재가 되는 것, 우리 자신이 되는 것이다. 우리가 <향심기도>를 할 때 어떤 체험이나 효과에 집착하지 않고 우리 중심에 계신 하느님을 순수하게 추구할 때, 그리고 하느님 이외의 일체의 것은 쓰레기로 여기겠다는 갈망의 끝이 중심을 향할 때 우리의 인식은 '일상적 인식'에서 '영적 인식'의 차원으로, '영적 인식'의 차원에서 점차 우리의 가장 깊은 존재인 '참 자아'에로 옮겨 간다(참조: 그림 3)[37]. 그리고 결국 우리의 가장 깊은 존재를 통과하여 신적 현존 자체로 이끌리게 되는데, 그곳은 매 순간 우리의 생명이 솟아나는 곳, 신적 사랑의 불꽃이 이는 지점이다. 바로 그 원천의 생명과 사랑으로 우리의 참 모습이 점차 회복되어간다.

---

[37] 토마스 키팅,『하느님과의 친밀』, 58.

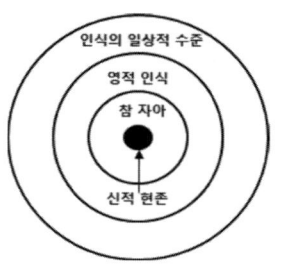

(그림 3) 인식의 수준

토마스 키팅은 본래의 우리 모습을 회복해 가는 과정을 사막의 안 토니오 성인의 영적여정을 모델로 제시하면서 그가 겪는 '감각의 밤'과 '영의 밤'을 통해 자세히 설명한다. 그러나 그 과정 전체를 볼 수는 없고 <향심기도>수련 중에 일어나는 '신성한 치료'(Divine Therapy)[38]만을 통해서 볼 것이다. 그리고 참 자아와 반대되는 '거짓 자아'는 현재 우리가 알고 있는 나의 모습일 경우가 많다. 토마스 키팅은 '거짓 자아'의 형성 과정을 인류학, 사회학, 발달심리학 등을 통해 상세히 설명하고 있으나, 여기서는 시간상, 지면상 간단히 설명하겠다. 부족한 부분은 토마스 키팅의 책들을 참고하기 바란다[39].

5.1. 거짓 자아(False Self)의 형성과 활동

우리 안에 참 자아가 있지만 우리는 참 자아와 접촉하면서 살고 있지 않은 경우가 많다. 그것은 우리가 아는 유일한 자아인 '거짓 자아'가 참 자아를 억누르고 참 자아의 잠재력을 감춰버리기 때문이다. 그래서 먼저 거짓 자아가 무엇이며 어떻게 형성되고 또 우리 삶과 기도 안에서 거짓 자아가 어떻게 활동하는지를 살펴보겠다.

---

[38] 신성한 치료(Divine Therapy): 영적여정을 정신 치료의 형태로 제시한 모형이다. 신성한 치료는 아동기의 정서적 상처와 이를 다루기 위해 만든 심리 기제를 치유하는 것을 말한다. 상동, 용어 설명.

[39] 『관상기도를 통해 하느님께 나아가는 길』과 『더 좋은 몫』, 『하느님과의 친밀』 등이 있다.

5.1.1. 거짓 자아의 정의

토마스 키팅은 아래와 같이 '거짓 자아'를 정의한다.

거짓 자아(false self)는 '하느님을 닮도록 하지 않고 자신에 맞추어 형성된 자아상이다. 초기 아동기부터 발달되어 온 것으로 생존/안전, 애정/존중, 힘/지배에 대한 우리의 본능적 욕구의 좌절로 인해 생겨난 정서적 상처에 대처하면서 발달되어 온 것이다. 또한 거짓 자아는 자신이 받아들여짐을 느낄 수 있고 그리하여 자기 존중감(자기 가치감)을 만들어낼 수 있는 특정 집단과의 동일시를 통해 행복을 추구하는 자아상이다[40].

그리고 거짓 자아의 뿌리는 이기심인데 바오로 사도는 이 '거짓 자아'를 '외적 인간', '옛 인간' 등으로 표현한다. 토마스 머튼도 거짓 자아에 대해 이렇게 말한다.

> 이 거짓 자아, 외적이고 피상적이고, 사회적인 자아는 편견과 변덕과 과시와 위선적 자기 염려와 거짓 봉헌으로 이루어져 있다. 거짓 자아는 이기심으로 만들어지고 우리를 진실에서부터 멀어지게 한다. 그것은 우리의 참된 모습도 아니고 하느님의 모습도 아니다. 그리고 하느님의 것이 아니므로 우리의 거짓 자아는 실제로는 공허한 것이고 하느님의 사랑과 자유를 경험할 수 없다[41].

5.1.2. 거짓 자아의 형성 및 활동

토마스 아퀴나스는 '우리가 받아들이는 것은 그것을 받아들이는 사람의 태도에 달려있다'고 말했다. 이 말은 우리가 삶 안에서 겪는 어떤 상황이나 사건을 받아들일 때, 그것을 받아들이는 사람의 성장과정의 환경과 일생동안 쌓아온 경험이 그 상황을 받아들이는 태도를 결정한다는 것이다. 또한 한 개인을 둘러싼 환경과 삶 안에서의 경험

---

[40] 같은 책, 머리말.
[41] M. 바실 페닝턴, 『참자아 거짓자아』, 74.

은 생각의 습관, 행동의 습관, 느낌의 습관을 형성하는데 이것들이 성격을 형성하고 개인의 독특한 견해가 된다.

　성장과정의 환경과 개인 경험의 시작은 어머니 자궁에서부터 시작된다. 정도의 차이는 있지만 아이의 첫 경험은 울음을 통해 필요한 것을 요구하는 것으로 시작한다. 그리고 그 욕구가 채워질 때 아기들은 행복해하고 만족스러워하며 안심하고 편안한 느낌을 갖는다. 그러나 어머니 자궁의 환경이 불안하거나 위태로웠다면 그리고 태어날 때의 경험이 고통스럽고 무서운 것이었다면 아이는 태어나면서부터 불안감, 두려움을 가지고 생을 시작한다.

　아이의 성장과정에서 부모의 사랑이 언제나 무조건적이라면 그 아이는 세상에서 가장 아름다운 사람이 될 것이다. 그러나 불행하게도 부모들은 조건부적인 사랑의 표현이나 행동을 자주한다. '네가 김치를 먹지 않으면 엄마는 너를 사랑하지 않을 거야', '네가 장난감을 치우지 않으면 … 우등상을 받지 않으면 … 아빠는 너를 사랑하지 않을 거야' 라는 메시지를 아이에게 던진다. 이런 경험이 아이의 가치와 태도를 형성해 간다. 친구들과의 관계는 더하다. 누가 인기 있는가? 아마 오락기, 컴퓨터, 자전거 등 특별한 것을 가진 사람이나 운동이나 특별한 재능이나 능력이 있는 친구가 인기가 있을 것이다. 이러한 것들이 또래 집단에서 자기 가치감을 갖게 한다. 어른이 되면 재산이 많거나 좋은 직업을 가졌거나 다른 사람들이 좋은 평가를 내리면 자신이 가치 있는 존재라고 생각한다. 거짓 자아는 나의 재산, 직업, 다른 사람들의 평가에 의해 규정된다. 여성들은 유명 브랜드의 옷이나 가방, 보석, 몸매, 외모 등에 의해 그리고 남편의 직업이나 자녀들의 출세 여하에 따라 자신의 존재감이 드러난다. 많은 사람들이 은퇴를 두려워하는데 그것은 자신의 직업과 자신을 동일시해 왔기에 은퇴를 하면 자기 존재 가치를 상실하게 된다고 생각한다. 정리하면 거짓 자아는 몸에 밴 어린 시절의 생각의 습관, 행동의 습관, 느낌의 습관들 그리고 '사회적 자아'와 자신을 동일시하는 것으로 자기가 만든 그리고 자기가 아는 유일한 자아다.

우리의 삶 안에서 거짓 자아는 다양한 형태로 활동하는데 간단히 살펴본다. 거짓 자아의 뿌리는 이기심이어서 자신을 과시하기 위해 '사회적 자아'를 과시하는 경우가 많다, 유명한 사람의 이름을 친구처럼 언급하는 것도 흔한 현상이다. 다른 사람을 비판하고 비난할 때 상대방 보다 내 자신이 더 크고 우월한 존재처럼 느껴지기에 불평불만을 토로한다. "너 소식 들었어? 아직 모르는 구나? 내가 말해 줄까?" 이런 말은 내가 너보다 더 많이 알고 있고 너보다 더 유리한 위치에 있다는 것을 은근히 과시한다. 누군가 나보다 더 많이 알고 있고, 더 많이 갖고 있고, 더 많이 할 수 있다면 거짓 자아는 위협을 느낀다. 잡담과 수다 또한 다른 사람들에 대한 비난과 비판을 동반하며 그 속에 담긴 도덕적 우월감을 통해 거짓 자아는 커진다. 이 거짓 자아로부터 해방되기 위해서는 무엇보다 먼저, 우리가 그렇게 살고 있다는 자각이 필요하다. 또한 다른 사람의 거짓 자아에 내가 반응하지 않는 것이 나의 거짓 자아를 넘어서고 해체시키는 최선의 방법이다. 그리고 사람을 대할 때 역할로서의 너, '형상'으로서의 '너'를 넘어 '존재'로서의 '너' '하느님 모상'으로서의 너를 꿰뚫어 볼 수 있는 시각을 키워야 할 것이다.

5.1.3. <향심기도> 안에서의 거짓 자아

<향심기도> 안에서 거짓 자아는 어떻게 활동하는가? <향심기도> 중에 일어나는 다양한 생각을 다섯 가지로 분류한다[42]. 우리가 앉아서 기도할 때 다양한 생각이 일어나는데 거짓 자아는 떠오르는 생각에

---

[42] 국제 관상지원단 엮음, 「<향심기도> 소개 강좌」, 한국 관상지원단 옮김.
(1) 통상적인 산만한 상상이나 기억. (2) 매력이나 혐오감을 불러일으키는 생각. (3) 통찰: 고요해지면 신학적 통찰이나 심리적 깨달음 등이 우리 인식으로 들어온다. (4) 자기 성찰: '내가 잘하고 있는 걸까?'. '참 대단한 평화야'. 성찰은 체험에서 한 걸음 물러난 것이며, 그 체험을 소유하려는 시도이다. (5) 무의식에서 솟아나는 생각과 느낌들: 성령의 치유행위이며, 무의식의 상처가 배출되는 과정에서 나타난다.

집착하거나 붙들리게 해서 하느님의 현존과 활동에 동의하지 못하도록 한다.

다양한 생각의 내용을 살펴보면 우리의 주요 관심사거나 내가 집착하는 것들이 대부분이다. 즉, 다양한 생각 중, 우리가 집착하는 것일수록 그것에 붙들리게 되고 자신이 무엇인가를 하고 싶은 경향으로 나타난다. 이것을 알아차리면 단순히 '거룩한 단어'로 천천히 되돌아오면 된다. 생각에 붙들린 자신에 대해 감정적으로 반응하면 거짓 자아가 더 커진다. 기도 안에서 우리는 무엇을 하지 않고(Doing) 사랑으로 하느님을 향해 있을(Being) 뿐이다. 우리는 이것을 반복할 뿐 무엇을 하지 않는데 무엇을 하려고 할 때 거짓 자아가 강화된다. 기도 안에서의 생각은 각 사람의 성장환경에서의 약함과 관련하여 다르게 나타난다. 거짓 자아는 우리를 속이는데 도사다. 거짓 자아는 기도 안에서 그럴듯한 생각이나 영상을 일으켜서 그 체험에 붙들려 우리가 하느님의 현존과 활동에 동의하는 것을 방해한다.

능동적 기도나 감각적 기도에 익숙한 사람들은 <향심기도>가 시간낭비라 생각할 수 있다. 우리안의 거짓 자아는 "너는 왜 시간을 낭비하는 거야? 이 시간에 묵주 기도를 했으면 좋았을 텐데, 너는 왜 이렇게 어리석은 짓을 하지?" 등의 생각을 불러일으킨다. 거짓 자아는 내가 무언가를 하도록 그리고 다른 사람들에게 더 좋은 평가를 받을 수 있는 것을 해야 한다고 부추긴다.

<향심기도>를 할 때마다 우리는 끊임없는 분심으로 산란함을 경험하지만, 믿음과 사랑 안에서 '거룩한 단어'를 통해 하느님의 현존과 활동에 동의하면서 거짓 자아를 넘어선다. 우리 안에는 몸에 밴 어린 시절의 생각과 정서 그리고 가치 체계가 우리 의식에 깊이 새겨져 있으므로 하느님께 대한 큰 믿음과 사랑 안에서 인내심을 가지고 꾸준히 수련하고 또 수련을 해야 한다. 토마스 머튼은 거짓 자아를 흘려보내는 고통스러운 면을 이렇게 말한다.

거짓으로부터 진실의 산에 힘겹게 올라가는 것은 지혜와 통찰력의 즐거운 진보를 통해서 이루어지는 것이 아니라 우리의 의식에 깊이 새겨져, 제 2의 피부보다 더 단단히 들러 붙어 있는 거짓말 덩어리를 고통스럽게 떼어 내는 작업을 통해서 이루어진다.

<향심기도>의 마지막 사고는 자기 인식이다. 우리는 모든 것을 놓아버리더라도 결코 자기 자신을 포기하지 않으려 하며 자신에 대한 인식은 남는다. 그러나 우리가 이 마지막 자기 인식을 놓아버릴 때 하느님은 우리를 사로잡으시고 우리를 끌어당기신다. 토마스 머튼은 우리가 자기 인식을 넘어 신적 현존에 이르러야 함에 대해 이렇게 말한다.

종교적 의미에서 자각은 자신을 깨닫는다기보다 오히려 자신의 존재 깊은 곳에서 우리를 끌어 들이는 하느님을 알아차리는 것이다. 우리의 실재(實在)를 경험하려면, 개별적인 존재로써 자신의 자아에 대한 성찰을 멈추는 것이 아니라, 오히려 우리 자신을 초월하고 성찰을 넘어서서 우리의 생명이신 하느님께 영혼을 온전히 집중해야 한다. … 우리의 자의식을 사로잡고 있는 장막과 무덤으로부터 벗어나 거룩하신 하느님을 완전히 알 때, 하느님의 모상은 우리에게 충만한 생명을 가져다준다. '자기 생명을 구하려는 자는 잃을 것이요 …'라는 구절은 바로 이런 의미이다.

그러나 <향심기도>를 계속 하더라도 우리는 소유물이나 직업 그리고 능력을 과시하는 거짓에 기초하는 삶을 살아간다. 그리고 남을 탓하고 불평을 늘어놓고 비밀스런 행동에 대해 다른 사람들이 어떻게 생각하는지 끊임없이 걱정한다. 우리의 이런 거짓 자아를 알아차릴 때마다 자기 자신에 대해 웃을 수 있고, 그러한 자신을 수용하면서 그것을 놓아버린다면 우리는 평화롭고 겸손하게 앞으로 나아갈 수 있을 것이다.

5.2. <향심기도> 수련이 어떻게 참 자아에 이르게 하는가?

5.2.1. 참 자아의 정의

토마스 키팅은 참 자아(true self)를 "모든 인간이 창조된 하느님의 모상이며 우리의 독특성을 견지하면서 신성한 생명에 참여하는 자아"라고 정의했다[43]. 즉, "나는 포도나무요 너희는 가지로다"(요한15,5)의 말씀처럼, 참 자아는 우리의 유일무이성이 하느님 신적생명 안에 뿌리내린 자아라고 본다. 그런데 '사람이 하느님의 모습'대로 만들어졌다는 의미는 무엇일까? '하느님은 사랑'이시기에 사람이 '사랑'이 될 때 우리 본래의 모습을 회복하며 본래의 우리가 된다. 이것을 토마스 머튼은 "사랑이 나의 진정한 신분(身分)입니다. 사심이 없음이 나의 진정한 자아입니다. 사랑이 나의 진정한 인격입니다. 사랑이 나의 이름입니다"[44]라고 말했다. 그런데 사랑을 가지고 있지 않는 우리가 어떻게 사랑이 될 수 있을까? 아마 그것은 우리 자신이 하느님의 모상임을 알고, 사랑의 체험과 분리될 수 없는 하느님을 앎으로써 가능할 것이다. 더 나아가 사랑이신 분이 나를 하느님과 일치시켜 주시지 않는다면 나는 '사랑'이 될 수 없을 것이다. 하느님이 당신의 사랑을 보내주신다면 나는 변화될 것이고, 하느님 안에서 나 자신을 잃음으로써 나 자신의 신분을 갖게 될 것이다. 또한 이것을 부정의 길 전통 안에서 설명하면 참 자아는 '아무것도 아니면서 동시에 모든 것'이다. 이것은 인간의 언어로 설명할 수 있는 '그 어떤 것'도 아니다. 그렇게 될 때만이 우리는 자유롭게 모든 것이 되는데, 하느님이 바로 아무것도 아니면서 동시에 모든 것이기 때문이다. 그러나 '물방울'과 '대양(大洋)'의 본질은 다르지 않지만, 물방울이 대양이 될 수는 없다.

---

[43] 토마스 키팅, 『관상기도를 통해 하느님께 나아가는 길』, 엄무광 옮김, 가톨릭출판사, 1999, 176.

[44] 토마스 머튼, 『새 명상의 씨』, 오지영 옮김, 가톨릭출판사, 2005, 76.

5.2.2. '향심기도' 안에서 일어나는 정화와 치유의 역동을 통해 참 자아의 잠재력이 활성화된다[45]

기도는 하느님과의 관계이기에 우리가 기도를 꾸준히 해 나갈 때 그리스도와의 관계는 친밀한 우정의 관계로 발전된다. 친구사이나 내담자와 상담자와의 관계처럼, 그리스도와 우정이 깊어지면 서로에게 자신을 개방하고 자신의 약함과 불완전함 그리고 어두운 면까지도 두려움 없이 열어 보인다. 깊은 우정이 싹트면 자기 방어가 줄어들고 서로의 그림자를 도와주려는 마음이 자라게 된다.

토마스 키팅은 예수 그리스도를 영적인 의사로 보고 그분의 치료를 '신성한 치료'(Divine Therapy)라 한다. 이 '신성한 치료'는 다양한 기도나 성사 안에서 이뤄질 수 있으나 기본적으로 관상 기도 안에서 이루어진다. <향심기도>를 수년간 정규적으로 수련하다보면 하느님과의 우정이 깊어져 하느님 안에서 깊은 휴식을 취하게 되는데 이런 깊은 고요와 평화, 쉼의 상태에서 '신성한 치료'가 이루어진다. 이때 하느님은 마치 사랑 가득한 상담자처럼 내담자의 성장의 아픔과 어두운 경험 전부를 깊은 공감과 경청으로 치유가 일어난다. 이제 여러 해 동안의 기도 수련을 통해 이뤄지는 정화와 치유의 역동을 한 번의 기도 안에서 이루어진 것처럼, <향심기도>의 네 순간 안에서 이루어지는 치유와 정화의 과정을 (그림 4)를 통해 보겠다.[46]

---

[45] 참조: 토마스 키팅, 『하느님과의 친밀』, 93-107.
[46] 같은 책, 77.

(그림 4) 향심기도의 네 순간

<향심기도>의 첫째 순간은 '거룩한 단어'로 기도를 시작하는 때이다. 이것은 하느님께서 우리 안에 현존하시고 활동하심에 대해 동의하는 것이다. 다르게 표현하면 사랑하는 마음으로 우리 마음을 열고 하느님을 기다리는 태도이다. 기도를 처음 시작할 때는 수많은 분심과 사고들을 경험하지만 여러 해 동안 하다보면 비교적 분심이 빨리 지나고 고요하고 편안한 감각으로 들어간다. 그러면 <향심기도>의 두 번째 순간을 맞이한다. (그림 4)에서 '휴식'이란 '평화, 내적침묵, 편안한 감각, 행복감 그리고 무엇보다도 하느님 현존에 대한 감각 등 광범위한 심리적 인상들을 나타내는 말이다.' 휴식이 깊어지면 지나가는 사고가 거의 없거나 전혀 없을 수도 있다. 깊은 휴식은 하느님 현존에 대한 깊은 감각을 수반하는데, 이때 하느님과의 심리적 전이가 일어나면서 하느님은 우리의 아픔을 치료하신다. 기도하는 이는 어릴 때 부모님이나 선생님으로부터 받아보지 못했다고 느끼는 사랑을, 전이 속에서 치료자이신 하느님께 기대한다. 또한 어린 시절 받아들일 수 없었던 정서적 충격, 거부감을 당할 때 느꼈던 고통을 치료자에게 투사하면, 치료자는 영혼이 아동기에 경험하지 못했던 받아들임을 허용

함으로써 치유가 일어난다. 깊은 휴식은 하느님에 의해 영혼이 받아들여지고 있고, 사랑받고 있음에서 오는 결과이다.

<향심기도>의 세 번째 순간은 '무의식을 덜어냄'[47]이라 한다. 이때는 알 수 없는 고통스런 감정이 솟구쳐 올라온다. 이것은 기도하는 이의 마음과 영이 깊은 휴식을 취하면서 방어기제가 이완되고, 그러면서 무의식 안에 쌓여 있던 정서들이 올라오는 오는 것이다.

그러면 네 번째 순간을 맞이하는데 무의식에서 올라오는 감정을 '배설'하게 된다. 무의식에 있는 정서적 아픔이 오래된 것일수록 배설하는 과정에서 고통을 느낀다. 이런 배설의 현상은 다양하게 나타나는데 원인 모를 눈물이 계속해서 흐르는 경우도 있고, 육체적 통증으로 나타나는 경우, 몸의 가려움이나 토할 것 같은 '정신적 매스꺼움'[48]으로 나타나는 경우도 있다. 때로는 답답함이나 분노의 감정을 수반할 수도 있다. 이렇게 무의식 안의 정서적 쓰레기가 '배설'이 될 때에야 우리가 알아차리는데, 이때 심한 분노와 답답함 육체적 통증이 수반되기에 사람들은 기도를 중단하고 일어서버리곤 한다. 그러나 기도 중에 이런 현상이 일어나면 먼저 그 현상을 알아차리고, 그 다음 그것을 바라보고 '거룩한 단어'로 돌아가야 한다. 그러면 다시 기도는 시작되고 원 운동은 새롭게 시작된다. 이렇게 원을 한 바퀴 돌고 나면 우리 육체의 어딘가에 쌓여 있던 정서적인 짐이 덜어지기 때문에 시작한 자리로 다시 돌아가지 않는다. 이렇게 되면 우리 내면에 그만큼 내적 공간이 생겨난다. 이 내적 공간은 우리 삶에 여유로움과 자유를 준다.

(그림 4)에서 보는 대로 우리가 <향심기도>를 지속적으로 하면 이 원운동을 계속하므로 우리는 우리 존재의 영적 수준에 보다 가까이 인도되고 자신의 중심에 점점 더 가까이 나아가게 된다. 기도를 계속할 때, 하느님이 우리 안에서 주도적으로 일하시면서 하느님의 치료와 정화는 계속된다. 정화와 조명이 계속되면 중심에 있는 신적 생명과 사랑은 우리 존재 안에 깊이 스며들고 확장된다. 그리고 하느님의 현존을 가릴만한 쓰레기

---

[47] 같은 책.
[48] 같은 책.

나 어두움이 더 이상 없으면 마침내 하느님과 일치가 이루어질 것이다.

5.2.3. <향심기도> 수련과 참 자아[49]

<향심기도>의 핵심은 '하느님의 현존과 활동에 동의함'으로써 하느님과의 친밀한 관계가 지속적으로 살아있게 하는 것이다. 다양한 생각이 오고 가더라도 거기에 마음을 쓰지 않고, 그 어떤 영적 체험이나 영상에도 붙들리지 않고 순수하게 하느님을 향해 나의 의지와 갈망의 끝이 중심을 향할 때 성령의 은총으로 '끌어 당겨짐'을 통해 마침내 중심에 이른다. 이 중심을 머튼은 다음과 같이 묘사한다.

> 우리 존재의 중심에는 죄나 환상에 물들지 않는 무의 지점, 순수한 진리의 지점이 있다. 그곳은 … 전적으로 하느님께 속하는 불꽃이 이는 지점이다. 완전히 아무 것도 없는 이 작은 지점이 우리 안에 계신 하느님의 순수한 영광이다. 그곳에는 우리의 가난으로, 궁핍으로, 신뢰로, 자녀다움으로 당신의 이름이 새겨져 있다. 그것은 마치 하늘나라의 보이지 않는 빛으로 반짝이는 순수한 금강석 같다. 그것은 모든 이들 안에 있다. 만약 그것을 볼 수 있다면, 우리는 태양과 같이 빛나는 수십억의 얼굴에서 삶의 모든 어두움과 잔인함이 완전히 사라진 것을 보게 될 것이다[50].

그렇다. 우리 존재의 중심에는 매 순간 우리를 사랑으로 낳으시는 하느님의 창조의 힘이 있다. 하느님의 현존과 활동에 온전한 동의와 승복을 통해 내적 침묵이 이루어지면 하느님은 내적 침묵 중에 새로운 창조를 이루시고, 하느님의 창조적 사랑 안에 있는 우리 자신을 알게 된다. 그리고 그 창조적 사랑 안에서 나는 더 이상 직업이나 재산이나 다른 사람들의 평가 등으로 만들어진 날조된 거짓 자아가 아님

---

[49] 참조: M. 바실 페닝턴, 『참자아 거짓 자아』, 서한규 옮김, 겟세마니, 2007, 38-42.
[50] 같은 책, 72.

을 깨닫는다. '나는 존재한다'고 하신 하느님의 창조적 힘 안에 존재하며 거기에서 끊임없이 새로운 힘을 부여 받는다. 그곳에는 어떤 언어로도 표현할 수 없는 자유가 있고 생명이 있고 사랑이 있다. 토마스 키팅은 참 자아로 살아가는 것에 대해 이렇게 말한다.

> 우리 안에 장애, 즉 거짓 자아가 없다면 우리는 영적 전도체가 된다. 그리하여 영적 전도체인 우리를 통해, 무한한 사랑과 연민으로서의 신적 현존이 영향권을 점점 더 넓혀 가면서 타인에게 전달되는 것이다. … 우리 자신을 포함한 모든 것에 대한 무소유적 태도가 확립되는데, 이는 무언가 소유하려고 드는 자기중심적 '나'가 더 이상 존재하지 않기 때문이다. 이는 인생의 좋은 것들을 이용하지 않는다는 의미는 아니다. 그것들이 이제는 그 자체로 목적이 아니라 다만 하느님의 현존으로 나아가는 디딤돌이라는 의미이다[51].

우리가 기억할 것은, 하느님 현존 체험은 전적으로 하느님 뜻이며 그때와 방법은 전적으로 하느님의 판단과 자유에 달려 있다. 하느님은 선물의 주인으로서 원하시면 언제든지 이런 체험을 주실 수 있지만, 우리가 중심에 도달했다고 해서 하느님 체험과 참자아를 인식하는 체험이 항상 주어지는 것은 아니다. 우리가 그런 체험을 할 준비가 되어 있어야 하며, 보통 이런 체험은 서서히 진행된다. 그러면 우리는 하느님 안에서 살고 하느님의 눈으로 보며, 하느님의 마음으로 모든 피조물을 연민을 가지고 사랑하면서 우리는 변화되고 마침내 "그리스도께서 내 안에 사시게"(갈라 2,20)된다.

나가는 말

<향심기도>는 우리 안에 계신 하느님 생명, 즉 삼위일체의 내주에 그 뿌리가 있다. 그리고 <향심기도>는 어떤 영적 체험이나 선물(gift)

---

[51] 토마스 키팅, 『관상기도를 통해 하느님께 나아가는 길』.

에 집착하지 않고 우리 중심에 계신 하느님, 즉 선물을 주시는 분(giver)을 추구하는 것이다. 이러한 하느님의 추구는 관념이나 상상이 아니라 평범한 우리의 삶 안에서 애덕의 실천을 통해, 그리고 바보스러울 만큼의 인내심을 가지고 <향심기도>를 철저히 그리고 꾸준히 수련함으로써 이루어진다. 우리가 믿음과 사랑 안에서 나의 중심에 계신 하느님을 순수하게 추구할 때, 하느님은 가장 좋은 선물인 성령, 즉 신적 사랑으로 거짓 자아의 뿌리인 '이기심'을 점차 뿌리 뽑고 본래 우리 모습인 참 자아, 즉 '무조건적인 사랑'을 회복시켜 나가신다. 그래서 우리는 신적 사랑의 전달체(transmitter)가 된다. 이러한 여정은 모든 그리스도인이 걸어야 할 길이기에 하느님은 우리 모두를 이 여정에 초대하신다. 하느님과 함께 우리의 복된 신원을 회복해 가는 이 생명의 여정에 많은 이가 함께 하기를 희망한다.

씨튼 피정의 집: 02-744-9825

한국관상지원단 홈페이지
http://www.centeringprayer.or.kr/ 사무실 : 02-421-1968 / FAX : 02-409-1968

국제관상지원단의 홈페이지
http://www.contemplativeoutreach.org.

[참고 문헌]

머튼, 토마스, 『새 명상의 씨』, 오지영 옮김, 가톨릭출판사, 1996.
_____, 『침묵 속에 만남』, 장은명 옮김, 성바오로, 2003.
방효익, 『영성사』, 바오로딸, 2001.
십자가의 성 요한, 『가르멜의 산길』, 최민순 옮김, 바오로딸, 2001.
_____, 『가르멜의 산길』, 방효익 옮김·해설·역주, 기쁜소식, 2005.
아퀴나스, T., 『신학대전 1』, 정의채 옮김, 바오로딸, 2002.
예수의 성 테레사, 『완덕의 길』, 최민순 옮김, 바오로딸, 2001.
_____, 『영혼의 성』, 최민순 옮김, 바오로딸, 2001.
오먼, 조던, 『가톨릭 전통과 그리스도교 영성』, 이홍근 – 이영희 옮김, 분도출판사, 1998.
월터즈, 클리프터, 『무지의 구름』, 성찬성 옮김, 바오로딸, 1997.
키팅, T., 『성령의 열매와 은사』, 차덕희 옮김, 가톨릭출판사, 2005.
페닝턴, M. 바실, 『참자아 거짓자아』, 서한규 옮김, 겟세마니, 2007.
훼리시, 로버트, 『관상과 식별』, 심종혁 옮김, 성서와 함께, 1999.
ARICO Carl. J., 『Taste of Silence』, New York, Continuum, 1999.
BONAVENTURE, 『The Soul's Journey into God』, trans. by Ewert Cousins et. al., The Classics of Western Spirituality, New York, Paulist, 1978: 『하느님께 나아가는 정신의 여정』, 장은명 옮김, 시글, 1997.
KEATING Thomas, 『Open Mind Open Hear』, New York, Continuum, 1986: 『마음을 열고 가슴을 열고』, 엄무광 옮김, 가톨릭출판사, 1997.
_____, 『Invitation to Love: The Way of Christian Contemplation』, New York, Continuum, 1992: 『관상기도를 통해 하느님께 나아가는 길 - 사랑에로의 초대』, 엄무광 옮김, 가톨릭출판사, 1999.
_____, 『Intimacy with God』, New York, Crossroad, 1998: 『하느님과의 친밀』, 엄무광 옮김, 성바오로, 1999.
_____, 『The Better Part』, New York, Continuum, 2000.
_____, 『The Mystery of Christ』, New York, Continuum, 1999.

_____, 『The Spiritual Journey』, Part 1, 2, 3, 4, Tape Transcription, Snowmass: Contemplative Outreach Ltd., 1992.

MULHOLLAND M. Robert, 『Shaped by the Word』, Nashville, Upper Room Books, 2000.

PENNINGTON M. Basil, 『Lectio Divina-Renewing the Ancient Practice of Praying the Scriptures』, New York, Crossroad, 1998.

_____, Centering Prayer-Renewing an Ancient Christian Prayer Form-New York: Image, 2001.

PSEUDO-DIONYSIUS, 「The complete Works」, trans. by Colm Luibheid et al., 『The Classics of Western Spirituality』, New York: Paulist, 1987.

REININGER Gustave, ed., 『Centering Prayer In Daily Life and Ministry』, New York: Continuum, 1998.

CASSIANUS JOHN 「이사악 아빠스의 제1담화」, 진토마스 역, 『코이노니아』 8(1984), 76-103.

_____, 「이사악 아빠스의 제2담화-기도에 관하여」, 진토마스 역, 『코이노니아』 10(1985), 148-167.

_____, 「네스테로스 아빠스의 첫째 담화-가시아노 담화집 14. 영적지식에 관하여」, 진토마스 역, 『코이노니아』 27(2002), 201-222.

CONTI Joseph Gerard, 『The 'inner-worldly mysticism' of Thomas Keating: A paradigm of renewal of Catholic contemplativism』, University of Southern California, Ph. D., 1994.

FELDMEIER Peter, 「The Centering Prayer Movement and the Christian Contemplative Tradition」, 『Spiritual Life』 26(2003), 226-240.

PENNINGTON M. Basil, 「Thomas Merton and Centering Prayer」, 『Review for Religious』, 42(Jan.-Feb.), 119-129.

RIETBERG Barbara, 『A Holistic Approach to Centering Prayer and the Training of Spiritual Companions: A Dialogue between the Contemplative Spirituality of Thomas Keating and the Trinitarian Theology of Karl Rahner』, Barry University, D. Min., 2001.

제7주제: 프란치스칸 관상 1

아씨시의 성 프란치스코의 관상

고계영 형제, 작은 형제회(프란치스코회)

1. 관상이란 무엇인가
2. 신비란 무엇인가
3. 기초 신학적 관점에서 바라본 관상과 신비 체험
4. 관상과 믿음의 필연적 인과성
5. 프란치스코의 관상
6. 범주적 관상과 비범주적 관상
 6.1. 범주적 관상
 6.2. 비범주적 관상
7. 살아 있는 렉시오 디비나
8. 관상의 결과
9. 그리스도와의 일치와 벌레 신비
 9.1. 그리스도의 벌레성
 9.2. 프란치스코의 벌레 체험
 9.3. 「수난 성무」에 나타난 벌레 신비
10. 맺음말

토마스 첼라노는 프란치스코의 관상과 관련하여 다음과 같이 묘사한다: "천상적인 감미로움으로 채워져 있는 그에게 이 세상의 감미로움은 무미건조했다. … 그는 입술을 움직이지 않고 마음속으로 자주 관상을 하곤 하였고, 외적인 사물들을 마음으로 그려봄으로써 자기의 영혼을 더 높은 경지로 끌어올리곤 하였다"[1]. 프란치스코는 "입술을 움직이지 않고", 즉 고요와 침묵 중에 관상을 하였다는 것이고, 그 관상의 감미로움은 이 세상의 감미로움이 무미건조할 정도로 탁월했다는 것이다. 토마스 첼라노는 이렇게도 묘사한다: "조용하고 호젓한 비밀스런 장소를 찾아서 하느님과의 시간을 보내려 하였고, 사람들과 사귀는 데서 낀 속진을 깨끗이 털려 하였다. 은총을 얻기 위하여 자기에게 차례가 온 시간을 쪼개어 그 중에서 필요한 일이라고 여겨지는 일부 시간은 가까운 이웃에게 선행을 하고, 나머지는 들어앉아 복된 관상에 바치곤 하는 것이 그의 습관이었다"[2]. 프란치스코는 고요와 침묵을 위해 조용하고 호젓한 비밀스런 장소를 찾았고, 관상이 그의 습관이 될 정도로 일상화되었다는 증언이다.

프란치스코는 그리스도교 역사 안에서 가장 뛰어난 관상가들 가운데 한 사람으로 손꼽히고 있다. 그리고 그가 다다른 관상의 경지는 지극해서 평범한 신자로서는 감히 넘볼 수 없는 그런 차원을 한편으로 지니고 있으나, 그의 관상은 본질적으로 누구나 쉽게 배워서 따라할 수 있는 보편적이고 대중적인 특성 또한 지니고 있다. 정상적인 사람이라면, 걷고 호흡하는데 어려움을 느끼지 않는다. 프란치스코의 관상은 그렇게 걷고 호흡하는 것처럼 전혀 힘이 들지 않는다. 누구나 쉽게 배우고 쉽게 가르칠 수 있다. 사실 인간은 특별한 기술을 익히거나 배우지 않고 사랑을 하듯이, 본래 자궁에서부터 관상을 하도록 창조되었고, 관상을 하며 살아가고 있다. 프란치스코는 13세기에 벌써 모든 인간에게 주어진 이러한 보편적 관상의 길을 실천적 차원에서 열어놓았다.

---

[1] 「2첼라노」 94(이 글에 인용되고 있는 「2첼라노」는 토마스 첼라노가 기록한 성 프란치스코의 「제2생애」를 가리킨다. 참조: 토마스 첼라노, 『아씨시 성 프란치스코의 생애』, 프란치스코회 한국관구, 분도출판사, 왜관, 1986, 462).

[2] 「1첼라노」 91(이 글에 인용되고 있는 「1첼라노」는 토마스 첼라노가 기록한 성 프란치스코의 「제1생애」를 가리킨다. 참조: 토마스 첼라노, 『아씨시 성 프란치스코의 생애』, 프란치스코회 한국관구, 분도출판사, 왜관, 1986, 462).

1. 관상이란 무엇인가

관상(觀想)이란 말은 라틴말로 "콘템플라씨오"(contemplatio)라 하는데, 이 어휘는 "콘템플라리"(contemplari)라는 동사로부터 파생되었다. 놀람과 감탄으로 오랫동안 바라보거나 관조하는 것을 의미하는 이 동사는 "쿰"(cum)과 "템플룸"(templum)으로 이루어진 낱말이다. 여기에서 "쿰"(cum)은 동시성, 공동성, 일치를 의미하는 전치사이고, "템플룸"(templum)은 창공, 눈에 보이는 하늘로 둘러싸여진 공간, 또는 신성한 대상에게 바쳐진 신전을 뜻하는 명사이다[3]. 이 두 낱말이 하나의 낱말을 형성하면서, 하늘 공간이나 신전에 거주한다는 의미를 지니게 되었으나, 점차 장소보다는 실재의 내부를 바라본다는 뜻을 지니게 되었다[4].

고대 그리스나 로마 시대에 사제들의 주요 임무 중의 하나는 신탁을 전하는 일이었다. 고대인들은 전쟁신, 화산신, 지진신, 홍수신, 가뭄신, 우박신 등 인간의 삶을 좌우하는 많은 신들이 있고, 그 신들이 전쟁이나 천재지변을 주관한다고 믿었기에, 그들로서는 이를 해결하기 위해 신의 뜻을 알아야 할 필요성이 절박하게 있었던 것이다. 그런데 사제들은 별자리, 새의 나는 모양, 꿈, 짐승의 뼈나 거북이 등을 태워

---

[3] 참조: L. BORRIELLO – M. HERRAIZ, 「Contemplazione」, 『Dizionario di Mistica』, a cura di BORRIELLO Luigi – CARUANA Edmondo ed Altri, Libreria Editrice Vaticana, 1998, 338. 윌리암 쉐넌(William H. Shannon)은 라틴말 "템플룸"(templum, 신전)의 어원적 의미를 다음과 같이 풀이한다: "로마인들에게 '템플룸'은 점술가들이 징조들을 읽어낼 수 있도록 그들에게 주어진 하늘이나 지상의 공간이었다. 따라서 이는 다른 공간들과는 분리된 신성한 공간이었으며, 여기에서 점술가들은 새들의 내장을 조사하였다. 그래서 신전은 어떤 신성한 사람들이 신의 뜻과 목적을 알아내기 위해서 '사물들(동물들)의 뱃속'을 살펴보는 장소였다"(W. H. SHANNON, 「Contemplation - Contemplative Prayer」, 『The New Dictionary of Catholic Spirituality』, a cura di M. Downey, A Michael Glazier Book, Collegeville (Minnesota), 1993, 209-210).

[4] 참조: L. BORRIELLO – M. HERRAIZ, 「Contemplazione」, 『Dizionario di Mistica』, 338; W. H. SHANNON, 「Contemplation - Contemplative Prayer」, 『The New Dictionary of Catholic Spirituality』, 210.

보거나 짐승의 내장을 꺼내보는 등 여러 가지 점을 통하여 신탁을 알아내고자 하였으며, 이를 위해 목욕재계하고 기도하면서 몸과 마음의 정성을 다하였다. 예를 들면, 고대인들은 새의 배를 가르고 내장을 꺼내면 거기에 신의 뜻이 표시되어 있다고 믿었다. 있지도 않은 신의 뜻을 알아내기 위해 목욕재계하며 얼마나 집중해서 새의 내장을 들여다보았겠는가? 관상이란 말은 이렇게 신의 뜻을 알아내기 위해 심혈을 기울여 집중해서 바라보는 것, 온 힘을 다해 응시하고 관조하는 것을 의미했다.

이러한 종교적 배경을 바탕으로 만들어진 "관상"(contemplatio)이나 "관상하다"(contemplari)는 말들은 그리스도교 안으로 들어오면서 하느님에 대한 바라봄을 가리키게 되었고, 나중에는 신비 체험을 뜻하는 전문적인 용어가 되었다. 서구 그리스도교 역사 안에서 중세 후기까지 관상과 신비 체험은 같은 의미를 지닌 용어들로 통용되었다. 그러나 근대 학문이 발전하면서 전문 용어들의 분화로 관상과 신비 체험이란 용어도 구분되기 시작하였고, 아직까지도 두 용어를 구별하지 않고 사용하는 경우들이 없지 않으나, 일반적으로 관상은 기도와 관련하여 사용되는 경향이 강하다. 그러나 이 논문에서는 하느님의 신비를 영적인 감각으로 바라보는 것을 관상이라 이해할 것이다.

관상의 의미는 우리말의 "보다" 동사를 살펴보면 보다 쉽게 이해할 수 있으며, 이를 통해 우리 민족이 얼마나 관상적인 민족인가를 알 수 있다. 우리말을 보면, 한국인들은 육체의 눈으로만 보지 않고, 오감으로도 사물을 본다. 예를 들면, 한국인들은 '본다'는 동사를 시각에만 제한적으로 사용하지 않고 청각에도 적용하여 '들어 본다'고 말하고, 후각과 관련해서는 냄새를 '맡아 본다'고 표현한다. 뿐만 아니라, 미각에도 '보다' 동사를 적용하여 '맛을 본다'고 말하고, 촉각에도 적용하여 '느껴본다'고 말한다. 말하자면, 한국인들은 눈은 물론이고 귀, 코, 입, 촉각으로도 보는 것이다. 한국인들은 여기에 머무르지 않고 '보다' 동사를 온몸에로 확장시킨다. 즉, 손으로 만져 보고, 발로 차보고, 머리나 팔, 몸 등으로 부딪치면서도 본다. 또한 상상해 보고, 머릿속으로 그려 보고, 사랑해 보고, 시도해 보고, 먹어 보고, 마셔 보고, 가보는 등 한국인들은 지성으로도 보고, 감성으로도 보고, 의지로도 본다.

이상과 같이 한국인들은 온 몸과 전 존재로 사물들을 바라보는데, 물론 이러한 바라봄은 유비적인 의미를 지니지만, 동시에 내적인 바라봄과도 밀접히 관련되어 있다. 실제로 한국인들은 '마음으로 본다', '마음으로 들어 본다', '마음으로 느껴 본다', '마음으로 그려 본다'와 같은 표현을 일상적으로 사용하고 있으며, 이는 내적이고 영적인 세계를 내적인 감각 혹은 영적인 감각으로 바라보고, 인식하고, 깨닫는 것을 뜻한다. 그리고 이러한 바라봄과 인식과 깨달음은 관상과 불가분리적인 관계에 놓여 있다. 따라서 한국인들은 예로부터 내적인 세계와 영적인 세계를 온 마음과 온 정신과 온 영혼과 전 존재로 바라볼 줄 알았던 관상적인 민족이라 할 수 있다.

한국인들이 온 몸과 전 존재로 영적인 세계를 바라보았듯이, 그리스도교 관상이란 육체적 감각과 영적인 감각을 통하여 온 몸과 전 존재로 숨겨져 있는 하느님의 신비를 바라보는 것을 의미한다. 따라서 관상에서의 바라봄은 시각적 감각만을 뜻하는 것이 아니다. 관상에서의 영적 시각은 신학적 제유(提喩)로, 영적 오감을 통하여 보고, 듣고, 느끼면서, 알아듣고 깨닫는 것, 즉 체험적으로 인식하는 것을 의미한다. 칼 라너는 인간을 "말씀을 듣는 자"로 규정하면서 "들음", 즉, 청각을 신학적 제유로 사용하는데, 그가 말하는 들음은 관상의 의미와 결코 다르지 않다. 한마디로, 관상이란 보이지 않는 하느님의 신비를 영적 감각으로 바라보는 것이라 규정할 수 있다.

그러면 신비를 바라본다는 것은 무엇을 뜻하는가? 몇 가지 구체적인 사례를 통해 살펴보면 다음과 같다.

(1) 닭의 부화: 모든 암탉이 알을 품어 부화시키는 것은 아니다. 인공 부화된 병아리는 어미닭이 되어서도 알을 낳을 뿐 품을 줄을 모른

다. 반드시 어미 품안에서 부화된 병아리라야 어미닭으로 큰 뒤에 알을 품어 부화시킬 줄 안다. 놀라운 일이다. 그리고 어미닭은 알을 품는 동안 발로 계속 알을 돌리면서 품고, 품 밖에 있는 알과 품 안에 있는 알을 교대로 계속 바꿔가며 품는다. 그래서 품는 알들을 거의 동시에 부화시킨다. 더 놀라운 것은 껍질 속에 있는 병아리가 여린 부리로 껍질을 깨고 나오기 위해 껍질을 두드릴 때 어미닭이 그것을 알아차리고 껍질 속의 병아리가 부리로 두드리는 바로 그 부분을 정확하게 쪼아준다는 사실이다. 이를 옛 선현들은 줄탁동시라 표현하였다. 생명의 세계는 참으로 오묘하고 신비롭다. 이 신비를 바라보는 것이 관상이다. 관상은 이와 같이 쉽고 간단하다.

(2) 남대천의 연어[5]: 연어의 생애는 어미 연어가 시내 상류에 알을 낳고 수정한 후 모래나 자갈을 덮은 다음 시작된다. 시냇물은 알에 충분한 산소를 공급하기 위해 반드시 흘러야 한다. 연어 새끼의 배에는 성장에 필요한 영양을 저장하는 큰 난황을 가지고 있으며, 자갈 밑에서 부화된 새끼는 난황이 흡수되기까지 자갈 밑에 숨어 살다 3~4cm 정도의 크기가 되면 좀더 큰 강으로 이동한다. 그리고 강을 떠날 때가 되면 바다에 적응하여 살 수 있도록 생리적 변화가 일어난다. 강 어구에서 해수에 적응하는 기간을 가진 다음, 넓은 바다로 향한다. 연어는 바다에서 4-5년 전후로 살다 고향의 시냇물로 수천 킬로미터를 헤엄쳐 돌아온다.

부화된 연어는 1년이 지나면 그 크기가 25cm 정도가 되고, 3년이면 57cm 내외로 자라며, 성장이 끝난 연어는 70-90cm 정도가 된다.

연어는 귀소본능에 따라 반드시 자기가 자란 강으로 돌아온다. 강

---

[5] 박종수, 「국립수산과학원, 어도유도방법으로 어미 연어 포획 및 채란」, 『바다지기(박종수)의 해양환경 & 마라톤 & 하늘사랑』, 2010.9.17: http://blog.naver.com/PostView.nhn?blogId=seakeeper&dogNo=30093904522; 정정숙, 「인생 여정과 연어의 일생」: http://e-supil.com/e-2010/e-2010%20winter/winter/winter-66.htm.

입구에서 약 1년 정도 자랄 때 맡은 냄새를 기억하고 있다 찾아오는 것이다. 동해로 흘러드는 시냇물들은 인간의 과학으로 보면 그 화학적 성분의 차이가 없으나, 연어는 예민한 미각과 후각으로 고향의 시냇물을 정확히 구별해 낸다. 동해의 연어 가운데에는 멀리 알래스카까지 가는 연어도 있지만, 놀랍게도 자기 고향의 시냇물을 찾아올 수 있다. 알을 낳기 위해, 즉 생명을 유지하기 위해 연어가 지니고 있는 이 놀라운 감각! 경탄스러울 따름이다. 그러나 개발이나 오염 등으로 연어가 자라난 강물이 변질되어 고유한 냄새가 사라지면, 그 강을 끝내 찾지 못하고 바다에서 죽게 된다. 연어는 다른 강으로는 절대로 들어가지 않기 때문이다.

시내 가까운 강 어구에 이르면 연어는 치어 때와 같이 강물에 적응하기 위해 생리적 변화를 일으키며 산란할 준비를 한다. 연어의 산란기는 10월부터 12월 사이로, 이 때가 되면 연어는 먹이를 먹지 않고 강 상류로 올라와 수심이 10~25cm 정도 되는 자갈이나 모래질인 강 바닥에 직경 1m, 깊이 50cm 정도 되는 구덩이를 파고 그 속에 산란하며, 수컷이 수정한 다음 이를 모래 등으로 덮는다. 산란을 하는 연어는 만 3~4년생이며, 한 마리의 연어는 약 2,000~6,000개의 알을 낳는다. 연어는 단 한 번의 산란을 위하여 고향의 냇물을 찾아오는 것이고, 산란이 끝나면 곧 죽는다. 이처럼 신비한 연어의 생애를 인간의 과학으로 설명할 수 있을까? 연어 안에 숨겨진 생명의 신비에 탄성을 올리지 않을 수 없다. 이렇게 연어 이야기를 들으면서 연어의 신비를 보고 느끼는 것, 그것이 곧 관상이다. 신비는 온 우주 안에 펼쳐져 있고, 우리는 이런 저런 방식으로 또는 의식적 무의식적으로 신비를 느끼며 살아가고 있다. 즉, 관상을 하며 살아가는 것이다.

(3) 꽃의 신비: 꽃들 안에서도 우리는 쉽게 신비를 관상할 수 있다. 꽃봉오리가 막 터지려고 할 즈음 하느님께서는 그 꽃에게 "이제 때가 되었으니, 피어라"하고 명하시고, 이 하느님의 명에 꽃봉오리는 "이

몸은 주님의 종이오니, 그대로 이루어지소서"라고 응답하며 활짝 피어난다. 이와 관련하여 아씨시의 프란치스코는 「권고」 5,2에서 다음과 같이 말한다: "하늘 아래에 있는 모든 피조물들은 나름대로 자신의 창조주를 그대보다 더 잘 섬기고 인식하고 순종합니다". 마리아의 순명의 신비는 2천 년 전 나자렛에 사는 시골 아가씨 마리아에게 유일회적으로 발생한 과거적 사건, 즉 역사 속에 갇혀 있는 닫혀진 사건이 아니라, 우주 안에서 늘 발생하는 현재적 사건, 즉 역사 안에 늘 열려 있는 구원적 사건이다. 마리아의 이러한 구원 신비가 '피어나는 꽃' 안에 생생하게 현현되는데, 이 신비를 바라보는 것, 그것 또한 관상이다. 이처럼 우리는 피어나는 꽃을 보면서도 쉽게 관상을 할 수 있다.

2. 신비란 무엇인가

보이지 않는 하느님의 신비를 영적인 감각으로 바라보는 것이 관상이라면, 신비란 무엇인가?

'신비'라는 용어는 그리스도교 신학의 중심 개념들 중의 하나로, 칼 라너에 의하면, 이는 하느님의 수많은 이름들 중에서 하느님의 본질을 가장 잘 보여주는 하느님의 가장 적합한 이름이다[6]. 즉, 신비는 창조된 모든 사물을 무한히 초월하면서 형언할 수 없는 절대 존재로 머무시는 하느님의 신비적 본질을 제대로 규명해주는 그분의 이름이다.

그러나 신비는, 다른 모든 초월적 속성들처럼, 정의될 수 있는 개념이 아니다[7]. 어떤 개념이 정의된다는 것은 하나의 명제로 표현될 수 있다는 것을 뜻한다. 따라서 신비가 정의되어 하나의 명제로 표현된다는 것은 신비가 다른 여러 범주적 대상들 사이의 하나로 나란히 있게 된다는 것을 의미하고, 타자인 하느님으로부터 유래된다는 것을

---

[6] 참조: 라너, 「그리스도교 신앙 입문」, 이봉우 역, 분도출판사, 왜관, 1994, 90-91.

[7] K. RAHNER, 「Sul concetto di mistero nella teologia cattolica」, 『Saggi teologici』, Ed. Paoline, Roma, 1965, 427.

의미한다. 그러나 신비는 이해할 수 있는 단순한 어떤 타자가 아니다. 신비는 신비 체험을 하는 순간조차도 그 본질을 파악할 수 없는 익명적이고 비주제적이며 무한히 거룩한 실재이다. 따라서 신비는 일시적으로 베일 속에 싸여 있다 나중에 확연히 인식하게 되는, 그 결과 더 이상 신비로 남아 있지 않게 되는, 그런 수수께끼 같은 실재가 아니다. 신비는 지복직관 안에서조차 인간 존재에게는 끝까지 다 파헤쳐지지 않는, 변함없이 불가해한 신비로 남는다[8].

이러한 신비가 하느님의 유일한 실재이며, 이 유일한 원초적 신비와 분리되어 있는 다른 신비들이란 있을 수 없다. 창조된 모든 존재자는 신비 자체와 무한한 관계를 맺고 있으며, 절대 신비의 불가사의적 특성에 참여하게 된다. 유한한 존재자들은 이러한 관계 밖에서는 적절하게 이해될 수 없으며, 가장 하찮은 피조물에 대한 인식도 충만하게 이루어지기 위해서는 하느님에 대한 인식과 동일한 과정을 통해서만 가능해진다[9]. 이런 의미에서 실재에 대한 모든 이해는 궁극적으로 늘 "하느님 신비에로 환원"(reductio in mysterium Dei)[10]된다. 따라서 유한자의 범주적 세계에는 절대적 신비가 복수로 있을 수 없고, 인간에게 있어 하느님으로서의 하느님은 실로 유일한 "신비"(mysterium)로만 존재하게 된다[11]. 이와 같이 신비가 하나라는 신학적 사실은 관상에 있

---

[8] 참조: K. RAHNER, 「A proposito del nascondimento di Dio」, 『Nuovi saggi VI』, traduzione dal tedesco di Carlo Danna, Ed. Paoline, Roma, 1978, 351-361.

[9] 참조: K. RAHNER, 「Sul concetto di mistero nella teologia cattolica」, 『Saggi teologici』, 444.

[10] 앞의 책, 445.

[11] 라너는 신비들 간의 필연적인 일치성과 유일한 신비와의 일치 관계 안에서 복수 신비들의 가능성을 열어놓는다(참조: 앞의 책, 445). 그러나 그렇다고 해서 신비들을 무한히 나열할 수 있다는 것은 아니다. 모든 신비는 측정할 수 없을 정도로 참으로 심오하고 그러면서 하느님의 무한성을 나타내기 때문에, 신비들을 수량화할 수 있는 어떤 수가 있는 것은 아니다. 라너에 의하면, 복수로서의 신비는 다음과 같이 오직 세 가지의 "신비들"만 있을 수 있다: 즉, 삼위일체의 신비, 육화의 신비(또는 위격적 일치의 신비), 은총과 영광 안에서 인간을 성화시키는 "하느님이-됨"(divinizzazione)의 신비(또는 지복직관과 초자연적 은총의 신비)(참조: 앞의 책, 450).

어 대단히 중요하다. 왜냐하면 이는 닭이나 연어 또는 꽃들 안에 있는 신비나 삼위일체 신비가 동일한 하나의 신비가 되기 때문이다. 그러나 이는 범신론과는 전혀 다르다. 신비는 그 본성상 절대로 범신론으로 흐를 수 없다.

신비는 초월적(trascendentale) 주체 밖에서 이 주체를 무한히 초월하면서(trascendente) 동시에, 익명적이고 비주제적이긴 하지만, 초월의 주체 안에도 현존한다[12]. 라너에 의하면, 인간은 신비가 관통하고 있는 존재, 즉 "호모 미스티쿠스"(homo mysticus, 신비인)이며, 신비적이지 않은 실재와 이해할 수 있고 개념으로 정리할 수 있는 실재에 몰두해 있을 때조차도, 늘 신비와 관계를 맺고 있는 존재이다. 따라서 신비는 운이 좋으면 우연히 만나게 되는 그런 어떤 것이 아니며, "인간은 의식하지 않을 때조차도 언제 어디서나 신비를 살아간다"[13]. 즉, 인간이 본질적으로 신비를 지향하고 있는 것처럼, 하느님 또한 거룩한 신비로서 "호모 미스티쿠스"인 인간 존재와 본질적으로 관계를 맺고 있다. 한편으로 신비는 인간 존재와 대단히 멀리 떨어져 있으면서, 다른 한편으로는 인간 존재의 심연에 항상 존재하기 때문에 인간과 대단히 가까이 있다.

정의될 수 없으나 하느님의 유일한 실재인 신비는 가장 이해할 수 없으면서도 동시에 가장 명백한 실재이다. 불가해하면서도 명백한 이 신비야말로 무한한 바다로서 유일하고 영원한 평화이며, 바로 이 안에 인간 존재의 영원한 지복이 있다[14]. 이런 의미에서 신비는 인간 존재가 지향하는 유일하고 참된 대상이 된다. 신비의 개념을 사례 하나를 통해 살펴보면 다음과 같다.

  시댁에 인사드리고 나오다가 남편이 아버님에게 하는 이야기를 들었다. "어머니한테는 말하지 마시고요". 돌아오는 차 안, 궁금하고

---

[12] 참조: 앞의 책, 427.
[13] 앞의 책, 428.
[14] 참조: 앞의 책, 436-437.

걱정돼서 물었다. "아까 무슨 말한 거야?". 남편은 "별거 아니야"라고 넘겼지만 운전하는 내내 굳은 표정이었다. 집에 와서 텔레비전을 보던 딸이 딸기가 먹고 싶다고 하자, 남편은 주저없이 나가 한 봉지 사 왔다. 그러고는 내 눈치를 보며 묻지도 않은 말을 했다. "오늘은 떨이를 안 하네. 근데 생각보다 싸". 남편은 조금 사다 준 게 미안했는지 "아빠가 나중에 많이 사 줄게, 약속!" 하면서 딸을 꼭 안아 주었다. 오물오물 먹는 딸을 흐뭇하게 바라보는데 남편이 입을 열었다. "사실은 아까 아버지에게 삼십만 원 드렸어. 어머니한테 얘기하지 말고, 필요할 때 쓰시라고". 무슨 돈이냐고 묻자, 남편은 잠시 머뭇거리다 말했다. "동생이 일하는 곳 사장이 돌려준 돈이야. 동생 월급에 보태라고 오십만 원을 줬는데, 동생 편에 되돌려 보낸 모양이야. 이십만 원은 제수씨에게 주고, 나머지는 아버지에게 드렸어". 나는 눈물부터 났다. 남편은 시동생에게 속아 전 재산을 빌려 주었고, 시동생은 그 돈을 전부 탕진했다. 두 달도 채 지나지 않은 일이었다. 남편은 혹시나 시동생이 다시 나쁜 사람들과 어울릴까, 잠을 제대로 이루지 못하다가 아는 사람에게 일자리를 부탁했다. 하지만 시동생은 돈이 적다고 투덜거렸다. 그래서 사장에게 월급에 보태라고 몰래 돈을 주었단다. 더 이상 동생네는 신경 쓰지 않겠다고 약속한 남편이었다. 약속을 어긴 남편이 야속하고 다시 불안해졌다. 시동생이 우리 행복을 갉아먹는 것 같고, 그것을 외면하지 못하는 남편이 원망스러웠다. 남편은 나를 가까스로 달래며 말했다. "우리는 앞으로 오십 년을 함께 살 거잖아. 하루에 만 원씩 아끼면 잃은 돈 찾을 수 있어. 당장은 할 수 있는 게 없지만 멀리 보고 살자. 돈과 우리 행복을 바꿀 수 없잖아. 내가 더 열심히 일할게. 당신이랑 딸도 많이 사랑하고, 아무렴 내 사랑이 하루 만 원보다 적겠어?". 그날 밤 남편, 딸과 침대에 누웠다. 남편이 계속 말을 붙였지만 아무것도 들리지 않았다. 가까스로 잠들었다 깼을 때, 남편이 보이지 않았다. 걱정돼서 거실로 나갔다가 책상에 앉아 일하는 남편을 보고 또다시 눈물을 쏟았다. "왜 깼어? 푹 자야 내일 딸아이랑 재미있게 놀아 주지!". 나는 남편을 꼭 안았다. 남편의 굳게 닫힌 입술 사이로 울음소리가 새어 나왔다. 어느 정도 진정이 된 남편이 말했다. "나는 슬퍼하거나 힘들어 할 자격도, 시간도 없어. 어떤 일이 있어도 나만큼은 흔들릴 수 없잖아. 당신과 딸아이는 내 옆에 있어 주기만 하면 돼. 그게 나한테는 가장 큰 힘이야. 나를 믿어 줘". 그러고는 출근 준비하는 남편에게 "왜 이렇게 빨리 가?"하고 물었다. "당신과 딸아이 잠들었을 때 일해야 깨어 있을 때 더 많이 함께할 수 있잖아". 집을 나서는 남편에게 무슨 말이라도 해 주고 싶었지만 아무것도 떠오르지 않았다. 미안하다는 말도 못했다. 문이 닫히고 나는 주저앉았다[15].

이 이야기는 우리에게 가슴 뭉클한 감동을 준다. 그러면 가슴 뭉클한 이 감동의 정체는 무엇일까? 이 뭉클함은 가슴 안에 살아 있는 사랑으로 이 사랑은 다음과 같은 특성을 지니고 있다.

(1) **비가시성**: 분명하게 우리 가슴으로 뭉클한 느낌을 받았지만, 이 뭉클함은 가시적으로 확인되지 않는다. 병원에 가서 우리 가슴을 해부해도 어디에서 어떻게 느꼈는지 물리적으로 알아낼 수 없다. 즉, 가슴 뭉클한 사랑은 비가시적인 특성을 지니는 것이다.

(2) **비물질성**: 이 이야기는 2012년에 발행된 『좋은 생각』 7월호에 게재된 글로, 인쇄된 이 글을 보고 우리는 감동을 받았다. 그러나 인쇄된 글 안에 담겨 있는 이 감동은 이 잡지를 국립 수사 과학 연구소에 가져가서 검사를 해도 과학적으로 검출되지 않는다. 또 이 이야기가 실린 부분을 누군가 찢거나 태워도 종이는 찢어지고 타버릴망정 가슴 뭉클한 사랑은 찢어지지도 타없어지지도 않는다. 이렇게 가슴 뭉클한 사랑은 인쇄된 잡지 안에 분명히 들어 있음에도 불구하고 '잡지'라는 물질 안에 갇혀 있지 않다. 즉, 가슴 뭉클한 사랑은 비물질적인 것이다.

(3) **비범주성**: 물리적인 사물들은 질량, 크기, 부피, 모양, 색깔과 같은 범주들을 지니고 있어 범주에 따라 분류를 할 수 있다. 그러나

---

[15] 권수경(가명), 「남편의 자격」, 『좋은 생각』(2012, 7), 20-21.

가슴 뭉클한 사랑은 이러한 범주들을 지니고 있지 않기 때문에, 100 g짜리 사랑, 1m짜리 사랑, 1,000 cc 사랑, 사각형 사랑, 옥색 사랑 등으로 구분하거나 나눌 수 없다. 즉, 가슴 뭉클한 사랑은 비가시적이고 비물질적이기 때문에 물리적인 범주 또한 지니고 있지 않다. 가슴 뭉클한 사랑은 비범주적인 것이다.

(4) **초월성**: 가슴 뭉클한 사랑은 그 사랑을 실천한 사람과 더불어 늙지도 않으며, 그 사람과 함께 죽지도 않는다. 가슴 뭉클한 사랑을 실천한 많은 사람들이 물리적으로 죽어 없어졌지만, 그 사랑은 여전히 살아 남아 많은 사람들에게 변함없이 감동을 준다. 즉, 가슴 뭉클한 사랑은 시간을 초월하여 늙지도 죽지도 않는 실재인 것이다. 뿐만 아니라 가슴 뭉클한 사랑은 비물질적이고 비범주적이기 때문에 장소에도 갇히지 않는다. 가슴 뭉클한 사랑은 실천한 사람을 초월하여 누구든지 어느 곳에서든지 체험할 수 있다. 즉, 가슴 뭉클한 사랑은 공간 또한 초월하는 실재인 것이다. 가슴 뭉클한 사랑이 시간과 공간을 초월한다는 사실은 동시에 역사를 초월한다는 의미이기도 하다. 역사는 시간과 공간이 만나서 이루어진 것이기 때문이다. 따라서 가슴 뭉클한 사랑은 시간과 공간과 역사를 초월하는 특성을 지니고 있다 하겠다.

(5) **초자연성**: 남편의 자격에 나오는 부부도, 「좋은 생각」이란 잡지도, 이 이야기를 보고 들으면서 감동을 받는 우리도 모두 자연적 존재들이다. 그러나 이 자연적 사물 안에 들어 있는 가슴 뭉클한 사랑은 비가시적이고, 비물질적이며, 시간과 공간과 역사를 초월하는 비범주적인 초월적 실재이기에 이 사랑은 동시에 자연을 초월하는 초자연적인 실재이기도 하다. 가슴 뭉클한 사랑은 자연적이면서 동시에 초자연적인 특성을 지니는 것이다.

(6) **비주제성**: 영화나 드라마 소설이나 대화에 있어서 주제가 분명하게 있지 않으면, 그 내용을 파악하기 어렵고 무슨 의미인지 이해하기가 힘들어진다. 이런 경우 내용과 의미가 비주제적이라

말할 수 있다. 가슴 뭉클한 사랑은 분명하게 느껴지고 체험된다는 면에서 주제적이라 할 수 있으나, 비가시적이고 비물질적이고 초월적이고 초자연적이기 때문에 과학적으로 증명할 수 없고 말을 통하여 명료하게 표현할 수 없으므로, 이런 의미에서 가슴 뭉클한 사랑은 비주제적이라 할 수 있다.

(7) **익명성**: 가슴 뭉클한 사랑은 비가시적이고 비물질적이며 비범주적이고 초자연적이며 비주제적이기 때문에 육체적 감각들로는 포착할 수 없기 때문에 육체적 감각들에게는 숨겨져 있다고 말할 수 있다. 가슴 뭉클한 사랑은 이렇게 익명적인 특성을 지니고 있는 것이다.

(8) **존재론적 보편성**: 인간은 선험적으로 가슴 뭉클한 사랑을 느끼면서 지향하도록 존재론적으로 창조되어 있다. 이 존재론적인 구조로 말미암아 인간은 누구나 보편적으로 가슴 뭉클한 사랑을 느끼고 체험한다. 따라서 가슴 뭉클한 사랑은 존재론적인 보편성을 지니고 있다 하겠다.

가슴 뭉클한 사랑은 이상과 같이 비가시적이고 비물질적이며 비범주적이고 초자연적이며 초월적이고 비주제적이며 익명적이기에, 육체적 감각들을 통하여 확인할 수도 없고 과학적 차원이나 의학적 차원에서 그 물리적 존재를 증명할 수도 없으나 체험적으로는 확실하게 존재하는 실재임을 부인할 수 없다. 이렇게 비주제적으로 존재하는 비가시적 실재를 "영"(spiritus)이라고 한다. 따라서 가슴 뭉클한 사랑은 영이라 규정할 수 있다.

가슴 뭉클함은 또한 '거룩하다'[성(聖)]고 할 수 있다. '거룩함'은 일부 신학자들에게 정의할 수 없는 개념이라 여겨질 정도로 신학적으로 설명하기가 쉽지 않은 용어이다. 그러나 가슴 뭉클한 사랑은 존재, 일성(一性), 진성(眞性), 선성(善性), 미성(美性)과 같은 초월적 특성들과 불가분리적 관계에 있으며, 형이상학적 질서 안에서 언제나 일성, 진성,

선성, 미성과 일치해 있다. 이와 같이 일성, 진성, 선성, 미성이 내적인 통일을 이루는 가운데 동시적으로 참되고, 좋고, 아름다운 상태를 '거룩함'[성(聖)]이라고 이해할 수 있다.

구약에서는 '거룩하다'는 말을 히브리말로 "카도쉬"(qādôš)라고 하는데, 이 형용사는 많은 경우 하느님의 거룩함을 지칭할 때 사용된다. 즉, 하느님은 거룩하신 분이고, 거룩함은 하느님의 이름이라는 것이다. 그런데 "카도쉬"(qādôš)라는 형용사는 어원적으로 속된 것으로부터 분리되었다는 의미를 지니고 있다. 따라서 '카도쉬'는 속된 것, 즉 죄와 악과 어둠과 더러움과 추함과 거짓, 위선, 미움, 시기, 질투 등과 같은 부정적인 것들로부터 분리되어, 깨끗하고, 참되고, 좋고, 아름답고, 옳고, 바른 것으로 가득찬 실재를 뜻한다고 말할 수 있다. 이런 관점에서 바라보면 가슴 뭉클함은 참되고 좋고 아름다운 사랑으로서 거룩하다고 규정할 수 있다.

뿐만 아니라 가슴 뭉클함은 물질과 사물로부터도 분리되어 있으며, 동시에 시간과 공간, 즉 역사로부터도 분리되어 있고, 범주들로부터도 분리되어 있다. 이렇게 가슴 뭉클함은 자연 안에 현존하면서도 자연으로부터 완벽하게 분리되어 있기 때문에, 이런 차원에서도 가슴 뭉클함은 '카도쉬'적인 속성을 지닌다고 말할 수 있다.

남편의 자격 이야기를 통해 우리가 받은 가슴 뭉클한 감동의 정체는 참되고 좋고 아름다운 사랑으로, 이는 영이면서 동시에 거룩하기 때문에 거룩한[聖] 영(靈), 즉 성령(聖靈)이라 말할 수 있다. 그리고 이 가슴 뭉클한 사랑을 성령으로서의 하느님이라고 규정할 수 있다. 이는 하느님을 사랑이라 규정하는 1요한 4,16이나 하느님을 영으로 규정하는 요한 4,24과 일치하는 것이다.

지금까지 사례를 통해 살펴본 것을 간략하게 정리하면 다음과 같다: (1) 가슴 뭉클함은 비가시적이고 비물질적이며 비범주적이고 초자연적이며 초월적이고 비주제적이며 익명적이고 보편적인 특성을 지니고 있다; (2) 가슴 뭉클함은 사랑이며, 사랑은 하느님이다; (3) 가슴 뭉클함은 영이며, 영은 하느님이다; (4) 가슴 뭉클함은 거룩함이며, 거룩함은 하느님이다; (5) 가슴 뭉클함은 거룩한 영으로서 성령이다; (6) 가슴 뭉클함과 사랑과 영과 거룩함과 성령과 하느님은 동시적인 것이고 동일한 것이다; (7) 결론적으로 뭉클함은 하느님이고 하느님은 뭉클이시다.

이상과 같이 불가분리적으로 일치되어 있는 가슴 뭉클함과 사랑과 영과 거룩함과 성령과 하느님은 한마디로 신비라고 바꾸어 표현할 수 있다. 이 신비는 다음과 같이 요약할 수 있다: (1) 신비는 하나의 명제로 정의할 수 없다; (2) 신비는 수많은 하느님의 이름들 가운데 하느님의 본질을 가장 잘 드러내주는 하느님의 이름이다; (3) 신비는 하나이다; (4) 신비는 비가시적, 비물질적, 비범주적, 초월적, 초자연적, 비주제적, 익명적, 존재론적, 보편적 실재이다; (5) 신비는 무한한 실재로 머물면서 동시에 우주 안에, 즉 모든 피조물 안에 현존한다; (6) 신비는 유일하게 명백한 실재, 가장 확실한 실재이다.

3. 기초 신학적 관점에서 바라본 관상과 신비 체험

관상은 보이지 않는 하느님의 신비를 영적 감각으로 바라보는 것이기에, 관상을 하면, 그 필연적 결과로 신비 체험을 하지 않을 수 없게 된다. 관상과 신비 체험의 이러한 불가분리적 관계 때문에 이 두 개념은 역사적으로 오랫동안 같은 개념으로 사용되어 오기도 했다. 그러나 신비체험은 하느님의 신비를 관상함으로써 그 신비와 이루는 사랑의 일치라고 정의할 수 있고, 이 정의는 신비체험의 세 가지 본질적인 요소들, 즉 '신비'라는 대상, '관상'이라는 방법, '사랑의 일치'라는 목적으로 규정되어 있기 때문에, 관상은 신비체험의 세 가지 본질적인 요소들 가운데 하나라고 말할 수 있다. 그리고 신비체험의 목적인 '사랑의 일치'는 관상의 필연적인 결과이기 때문에, 관상과 신비적 일치는 불가분리적 관계에 놓이게 된다.

신비체험의 방법으로서, 신비적 일치를 필연적으로 귀결시키는, 관상은 기초신학적인 관점에서 바라보면 다음과 같이 크리스천 체험의 핵심에 자리하는 차원들을 본질적으로 지니고 있다.

(1) 하느님의 자기 양여 체험: '남편의 자격'과 같은 감동적인 이야기를 통해서 가슴 뭉클한 사랑을 체험할 때, '가슴 뭉클한 사랑'이라는 체험 대상과 이를 체험하는 주체 사이에는 대상과 주체라는 거리 내지 간격이 사라져 대상과 주체가 하나가 된다. 다시 말하면 '가슴 뭉클함'(대상)과 '체험하는 나'(주체) 사이에 불가분리적인 일치가 이루어진다는 뜻이다. 이는 체험 주체인 '나'의 밖에서 제3자적으로 발생한 익명의 한 부부가 주고받은 가슴 뭉클한 사랑이 이를 체험하는 '나'에게 양여(전달)되었다는 것을 뜻하고, 자기 양여된 이 사랑이 곧 하느님이기에 가슴 뭉클한 사랑을 통하여 하느님이 자기 양여[16]되었다는 것이다. 이렇게 신비이신 하느님을 관상하면, 하느님이 자기 양여되는 체험이 발생하게 된다.

(2) 하느님의 자기 양여로서의 성령 체험: 가슴 뭉클한 사랑이 거룩한 영으로서 성령이라는 사실은 이미 앞에서 언급하였다. 이런 관점에서 가슴 뭉클한 사랑에 대한 관상은 곧 성령에 대한 체험에로 귀결된다. 뿐만 아니라 가슴 뭉클한 사랑에 대한 관상은 또 다른 방식으로도 성령 체험이라 풀이할 수 있다. 칼 라너는 초월 체험을 전개하면서 인간 주체에게 양여된 하느님을 성령이라 규정한다. 그런데 가슴 뭉클한 사랑을 관상하면, 관상 주체에게 가슴 뭉클한 사랑이 전달되고 이 사랑이 자기 양여된 하느님이기에, 라너의 초월 신학 안에서 비추어보면, 전달된 가슴 뭉클한 사랑은 자기 양여된 하느님으로서의 성

---

[16] 가슴 뭉클한 사랑은 체험하는 주체쪽에서 바라보면, 언제나 수동적으로 수용되는 특성을 지닌다. 따라서 가슴 뭉클한 사랑은 그 스스로 자신을 체험 주체에게 양여해 주는 것이라 말할 수 있고, 이런 관점에서 사랑 체험은 언제나 자기 양여 사건이라고 말할 수 있다. 이는 신비이신 하느님의 체험에 있어서도 동일하게 적용된다.

령 체험이 된다.

(3) 하느님의 자기 양여로서의 은총과 구원 체험: 칼 라너는 초월 체험을 통하여 자기 양여된 하느님, 즉 인간 주체에게 전달된 성령을 은총이라 규정한다. 이런 관점에서 바라보면, 가슴 뭉클한 사랑을 관상하면서 체험한 성령은 곧 은총 체험이 된다. 그런데 은총 체험이 발생하면 구원 체험도 동시에 발생하게 된다. 이는 신학적으로 볼 때 당연한 논리적 귀결이다. 가슴 뭉클한 사랑을 체험할 때에는 '가슴 뭉클한 사랑'이라는 체험 대상과 이를 체험하는 주체가 불가분리적으로 일치하게 되는데, 이 사랑 체험이 곧 성령 체험이고 은총 체험이기 때문에, 이 은총 체험을 통하여 가슴 뭉클한 사랑 체험의 주체가 성령과 불가분리적인 일치 관계에 들어서게 되고, 성령과의 이러한 일치 상태가 구원의 상태에 들어선 것이라고 말할 수 있다. 따라서 가슴 뭉클한 사랑을 관상하면, 자기 양여로서의 하느님 체험과 자기 양여로서의 성령 체험을 통하여 은총 체험과 구원 체험을 필연적으로 하게 되어 있는 것이다. 칼 라너는 이러한 자기 양여로서의 하느님 체험과 성령 체험, 은총 체험, 구원 체험이 본질적으로 신비 체험과 다르지 않다고 풀이한다.

(4) 하느님의 자기 양여로서의 계시와 믿음 체험: 성령과 은총과 구원으로 해석되는 하느님의 자기 양여는 계시와 믿음이라는 이중적인 양식을 또한 지니고 있다. 가슴 뭉클한 사랑을 통한 하느님의 자기 양여가 곧 사랑이신 하느님, 성령이신 하느님, 신비이신 하느님의 현현이고, 하느님의 이 현현이 곧 하느님의 자기 계시이며, 이 계시에 대한 동의와 수용이 믿음이기 때문이다[17]. 가슴 뭉클한 사랑의 경우, 체험 주체 쪽에 전달된 사랑, 즉 자기 양여된 신비, 자기 양여된 성령, 자기 양여된 하느님이 바로 계시에 대한 동의와 수용으로서의 믿음이라는 말이다. 이와 같이 계시와 믿음은 가슴 뭉클한 사랑을 관상하는

---

[17] 참조: K. RAHNER – H. VORGRIMLER, 「Fede」, 『Dictionario di Teologia』, edizione italiana a cura di Giuseppe Ghiberti – Giovanni Ferretti dal tedesco, Morcelliana, 1968, 255.

경우 필연적으로 발생하는 하느님의 자기 양여의 이중적 양식이다.

이상과 같이 기초 신학적인 관점에서 관상을 비추어보면, 가슴 뭉클한 사랑에 대한 관상을 통하여 관상의 주체가 필연적으로 관상의 대상인 사랑과 일치하게 되므로, 사랑에 대한 관상은 하느님의 자기 양여 체험, 하느님의 자기 양여로서의 성령 체험, 은총 체험, 구원 체험, 계시 체험, 믿음 체험, 즉 신비 체험과 불가분리적으로 통합되고, 이러한 체험들은 동시적으로 실현되는 가운데 그 경계마저 사라지게 된다. 따라서 관상은 크리스천 체험의 중심에 자리하고 있다고 결론지을 수 있다.

4. 관상과 믿음의 필연적 인과성

관상은 크리스천 체험의 중심에 자리하고 있기 때문에 관상은 믿음 및 구원과 필연적인 관계에 있게 된다. 구원론적인 관점에서 바라보면, 관상은 하면 좋고 안해도 괜찮은 그저 좋고 유익한 것이 아니라, 구원을 위해서 반드시 요청되는 구원의 필수적인 요소라는 것이다. 이는 프란치스코의 관상 안에서 확인해 볼 수 있다.

프란치스코의 글에는 "보다"(videre) 동사가 59번 나타나는데, 이 가운데 40번은 육체적 바라봄의 의미로, 19번은 영적인 바라봄의 의미로 사용되는바, 영적인 바라봄을 의미하는 "보다"(videre)는 "관상하다"(contemplari) 동사와 그 의미가 같다. 그런데 프란치스코는 「권고」 1에서 "보다"(videre) 동사를 몇 번에 걸쳐 "믿다"(credere) 동사와 함께 사용하는데, 이 경우 "본다"는 행위와 "믿는다"는 행위는 인과적인 관계를 지니게 된다. 그 예는 다음과 같다.

"[8] 그래서 주 예수를 영과 신성으로 보지 않고, 인성으로만 보아 그분이 하느님의 참 아드님이시라는 것을 **보고 믿지** 않았던 모든 사람들은 단죄 받았습니다. [9] 이와 마찬가지로 주님의 말씀을 통하여 제대 위에서 사제의 손으로 빵과 포도주의 형상으로 축성되는 성사를 보면서, 영과 신성에 따라 이것이 참으로 우리 주 예수 그리스도의 지극히 거룩하신 몸과 피라는 것을 **보고 믿지** 않는 모든 사람들도 단죄 받습니다"[18].

"[20] 그리고 그들은 육신의 눈으로 그분의 육신만을 보았지만, 영신의 눈으로 관상하면서 그분이 하느님이심을 믿었습니다. [21] 이와 같이 우리들도 육신의 눈으로 빵과 포도주를 볼 때, 그것이 참되고 살아 있는 그분의 지극히 거룩하신 몸과 피라는 것을 **보고 믿도록** 합시다"[19].

인용된 이 구절들에는 "보고 믿다"(videre et credere) 동사가 세 번 나타나는데, 하느님의 신비를 바라보게 되면, 그 순간 신비가 관상 주체 안으로 들어오게 되고 그 신비를 믿지 않을 수 없게 되기에, 보고(videre) 믿는(credere) 행위 사이에는 인과 관계가 있다고 이해할 수 있다. 즉, 관상 주체는 신비를 바라봄으로써 신비 안에 있게 되고, 신비 안에 머무름은 신비에 대한 동의와 수용으로서의 믿음이 되기에, 관상하는 이는 신비에 대한 관상을 통하여 필연적으로 믿음 안에 있게 되는 것이다. 이와 같이 믿음은 바라봄, 즉 관상으로부터 비롯되는 필연적인 결과이다. 그런데 구원은 믿음의 필연적인 결과이기에, 구원 또한 믿음과 마찬가지로 관상의 필연적인 결과라고 할 수 있다. 관상은 믿음을, 믿음은 구원을 가져오기 때문이다. 한마디로 요약하면, 관상하면 믿지 않을 수 없고, 믿으면 구원받지 않을 수 없는 것이다.

믿음이 없을 때 의지적으로 믿는다는 것은 대단히 어려운 일이다. 믿으려고 하면 할수록 의문이 꼬리를 물고 일어나기 마련이다. 그럴

---

[18] "[8] Unde omnes qui viderunt Dominum Jesum secundum humanitatem et ***non viderunt et crediderunt*** secundum spiritum et divinitatem, ipsum esse verum Filium Dei, damnati sunt; [9] ita et modo omnes qui vident sacramentum, quod sanctificatur per verba Domini super altare per manum sacerdotis in forma panis et vini, et ***non vident et credunt*** secundum spiritum et divinitatem, quod sit veraciter sanctissimum corpus et sanguis Domini nostri Jesu Christi, damnati sunt".

[19] "[20] Et sicut ipsi intuitu carnis suae tantum eius carnem videbant, sed ipsum Deum esse credebant oculis spiritualibus contemplantes, [21] sic et nos videntes panem et vinum oculis corporeis ***videamus et credamus*** firmiter, eius sanctissimum corpus et sanguinem vivum esse et verum".

경우에 관상을 하는 것이다. 관상을 하면 믿음은 저절로 따라오기 때문이다. 믿음을 통하여 구원을 얻으려면, 먼저 관상을 해야 한다.

5. 프란치스코의 관상

1182년부터 1226년까지 약 44년간 이 지상에 머물렀던 프란치스코는 그리스도교 역사 안에서 가장 탁월한 관상가들 중 한 사람이지만, 그는 자신의 관상 세계를 논리적인 하나의 작품으로 체계화 해 놓지 않았다. 그러나 그가 남겨 놓은 영적인 글들과 전기들을 분석하여 종합하면, 그의 관상 세계를 어렵지 않게 가늠해 볼 수 있다[20]. 예민하고 시적이며 신비적인 영혼의 소유자인 그는 빛나는 태양을 바라보면서, 푸른 하늘을 바라보면서, 밤하늘의 달과 별들을 바라보면서, 시냇물에 발을 씻으면서, 계곡의 물소리를 들으면서, 시원한 물을 마시면서, 들판을 거닐며 시원하고 부드러운 바람을 쐬면서, 추운 겨울 따뜻한 불을 쬐면서, 광활한 대지와 산들을 바라보면서, 바위 위에 앉아 쉬면서, 들판에서 일하면서, 나무와 풀들을 바라보면서, 이름 모를 들꽃을 바라보면서, 꽃의 향기를 맡으면서, 과일과 야채를 먹으면서, 아름다운 새들의 소리를 들으면서, 동물들을 바라보면서, 곤충들을 바라보면서, 시내와 바다의 물고기를 바라보면서, 배를 타고 바다를 항해하면서, 사막을 걸어가면서, 고요 중에 기도하면서, 등등, 피조물 안에 숨겨진 하느님 신비를 놀라우리만큼 깊게 관상하였고 우주적 형제성 안에서 그들과 탁월하게 일치하였다. 프란치스코의 생애를 처음으로 작성한 토마스 첼라노는 이와 관련하여 다음과 같이 묘사한다:

---

[20] 프란치스코의 글에 나타난 관상의 개념은 다음 논문에 상세히 설명되어 있다: 고계영, 「칼 라너의 신비 신학을 통해 비추어 본 아씨시 프란치스코의 신비 체험의 본질. 제4장 신비 체험의 방법으로서의 관상」, 『프란치스칸 삶과 사상』 37(2011), 프란치스칸 사상 연구소, 서울, 111-211.

"그와 함께 살아본 형제들은 그가 매일 얼마나 끊임없이 예수님에 관한 이야기를 입에 올렸고, 성인의 말씀이 얼마나 감미롭고 부드러웠으며, 형제들과의 이야기가 얼마나 친절과 사랑이 담겨져 있었는지를 알고 있었다. 그의 마음에 가득 찬 것이 입으로 나왔고 그의 온 존재를 채우고 있는 빛을 받은 사랑의 샘이 밖으로 넘쳐 흘렀다. 어디에서나 그는 늘 예수께 사로잡혀 있었다. 마음에 예수를 품고 있었고, 입에도 예수, 귀에도 예수, 눈에도 예수, 손에도 예수, 나머지 다른 지체에도 늘 예수를 모시고 다녔다. 그는 앉아서 음식을 먹을 때에도 예수님에 관해서 듣고 말하고 생각하느라고 음식을 잊는 일이 얼마나 자주 있었는지 모르겠다"[21].

이 증언을 통하여 우리는 프란치스코가 예수에게 온전히 사로잡혀 마음뿐만 아니라, 입, 귀, 눈, 손과 나머지 다른 모든 지체 등 온몸과 온 마음에 예수를 모시고 살았음을 알 수 있다. 입, 귀, 눈, 코, 손, 발 등에 예수를 모시고 다녔다는 표현의 의미는 그가 육체의 모든 감각을 통해 그리스도를 바라보았고 그리스도의 신비를 느끼고 깨달았으며 체험적으로 인식하였다는 것이다. 이는 프란치스코가 온몸과 온 마음으로 그리스도의 신비를 관상하였다는 사실을 암시해준다. 프란치스코의 관상은 모든 육체적 감각과 영적 감각들, 즉 온 몸과 온 마음, 다시 말해서 전 존재로 생생하고 구체적으로 관상을 하였다는 특성을 지닌다.

토마스 첼라노는 프란치스코가 일상적인 사물들 안에서 관상에 몰두했음을 같은 전기의 또 다른 곳에서 다음과 같이 증언한다:

"삼라만상에서 창조주이신 하느님의 지혜와 힘과 선을 명상할 때에 그가 즐긴 그 감미로운 느낌을 누가 말로 할 수 있으리오? 진정 그는 창조주의 지혜와 힘과 선을 관조하면서 해를 쳐다볼 때, 달을 바라볼 때, 그리고 별과 창공을 응시할 때, 이루 말로 다할 수 없는

---

[21] 「1첼라노」 115.

경이로운 기쁨에 자주자주 도취되곤 하였다. … 벌이나 다른 피조물
을 찬탄하며 하루를 온통 보내곤 하였다"[22].

이 구절에서 토마스 첼라노는 프란치스코가 일상 안에서 쉽게 대할 수 있는 피조물들을 바라보면서 하느님의 신비를 관상하였음을 묘사하고 있다. 프란치스코 관상의 특징은 그의 주변에 있는 일상적인 사물들을 통해 관상을 하고, 피조물의 신비에 깊이 매료된다는 점이다. 뿐만 아니라 토마스 첼라노는 프란치스코가 일상적인 사건들 안에서도 늘 관상했음을 다음과 같이 전해주고 있다:

"그의 가장 포근한 안식처는 기도였다. 그 기도는 잠시 하는 기도
라든가 헛되거나 외람된 기도가 아니라 장시간에 걸쳐 심혈을 기울
여 겸허하게 고요히 드리는 기도였다. 저녁에 시작한 기도라면 아침
이 되기 전에는 끝내는 법이 거의 없었다. 걸을 때나, 앉아 있을 때
나, 먹을 때나, 마실 때나, 그는 늘 기도에 몰두하였다"[23].

이 증언에서 토마스 첼라노는 프란치스코가 걷거나 앉는 일상적인 행위들, 그리고 먹거나 마시는 것과 같이 매일 하루에도 여러 차례 반복되는 일상적인 사건들을 통해서도 관상하였음을 증언하고 있다. 프란치스코의 이러한 일상적인 사건을 통한 관상은 남녀노소, 지위고하, 신분이나 계층을 구별하지 않고 누구나 어렵지 않게 관상할 수 있음을 의미한다. 프란치스코의 관상은 간단하고 쉬우며, 실천적이고 일상적이어서 누구나 배울 수 있고 누구나 할 수 있다. 그런 의미에서 프란치스코의 관상은 민주적이고 대중적이라 할 수 있다. 프란치스코는 이미 800여 년 전에 단순하고 자연스러우면서 대단히 깊고 보편적인 신비 체험의 대중적인 길을 사람들에게 활짝 열어주었다.

---

[22] 「1첼라노」 80.
[23] 「1첼라노」 71.

6. 범주적 관상과 비범주적 관상

탁월한 관상가였던 프란치스코는 하느님의 신비를 피조물과 같은 범주적인 대상들을 통해서도 관상하였지만, 이러한 구체적인 범주적 대상을 중개하지 않고도 관상하였다. 예를 들면, 최고선과 형언할 수 없는 사랑과 거룩한 빛을 찬미하거나, 평화와 완전한 기쁨과 자유 등을 즐기는 경우이다. 범주적 대상을 통한 프란치스코의 관상은 범주적 중개 없는 관상에서 더 아름답게 꽃핀다. 이러한 까닭으로 프란치스코의 관상은 '범주적 대상을 통한 관상'(혹은 '범주적 매개를 통한 관상')과 '범주적 대상을 통하지 않는 관상'(혹은 '범주적 매개 없는 관상')으로 구분하여 살펴볼 수 있다.

6.1. 범주적 관상

지금까지는 주로 피조물 안에 현존하는 하느님의 신비를 바라보는 관상에 대하여 고찰하였다. 이러한 바라봄은 '범주적 대상을 통한 관상'(이를 간략히 '범주적 관상'이라 부르겠다)이라 규정할 수 있다. 이러한 '범주적 관상'에서는 영적인 바라봄뿐만 아니라 육체적인 바라봄도 관상의 필수적인 요소가 된다[24]. 다시 말하면, 범주적 대상을 통한 관상은 물질적이고 시공간적이며 가시적인 대상을 육체적 시각으로 바라보면서 이러한 대상 안에 숨겨져 있는 하느님의 비범주적이고 비주제적이며 비가시적인 신비를 영적인 눈으로 바라보는 것을 가리키는 것이다.

프란치스코는 모든 피조물이 말씀을 통하여 창조되었고 성부로부터 비롯되는 의미(significatione)를 지니고 있음을 신학적으로 통찰하고 있었다. 이런 의미에서 온 세상은 모든 피조물을 관통하고 있는 하느

---

[24] 참조: C. Vaiani, 『Vedere e Credere. L'esperienza cristiana di Francesco d'Assisi』, Ed. Glossa, Milano, 2000, 84-85.

님의 공현적 신비를 통하여 축성되었다고 말할 수 있다. 따라서 온 우주에는 한편으로 보면 그리스도의 역사적인 몸, 즉 육화하신 말씀과 동일한 차원이 있고, 다른 편으로 보면, 축성된 빵과 동일한 차원이 있다 하겠다. 아씨시의 관상가는 축성된 빵을 매개로 이루어지는 관상을, 육화하신 말씀의 또 다른 형상이자 축성된 빵의 또 다른 형상인, 우주 전체에로 확장하면서, 창조물 안에 있는 부분적이고 제한된 제이차적 선 안에서 제일차적 선, 즉 무한하고 절대적이며 완전한 최고 선을 관상하였다. 이는 "통하여"(per) 관상과 "안에서"(in) 관상 두 가지 형태로 검토해 볼 수 있다[25].

토마스 첼라노는 「2첼라노」 165에서 프란치스코의 이러한 두 가지 관상을 다음과 같이 묘사한다:

> "[1]이 세상은 우리가 순례하는 유배지이기에 여기를 바삐 떠나려 했던 이 복된 나그네는 이 세상에 있는 사물들로부터 적지 않은 도움을 벌써 받고 있었다. [2]프란치스코는 암흑세계의 지배자인 마귀와의 관계에서는 이 세상을 전쟁터로 보았지만, 하느님과의 관계에서는 하느님 선성(善性)의 매우 밝은 거울로 보았다. [3]그는 어디에서든 모든 작품들 안에서 창작가이신 그분을 찬미하였다. 창조물들에게서 무엇을 발견하든 그는 그것을 창조주와 관련시켰다. [4]그는 주님의 손에서 빚어진 모든 작품 안에서 즐거워하였고, 유쾌한 사물들을 통

---

[25] 보나벤투라는 하느님께 대한 인간의 관상 여정을 (1) "인간 밖에서"(extra nos), (2) "인간 안에서"(intra nos), (3) "인간 위에서"(supra nos)와 같이 세 단계로 구분하고, 각 단계를 다시 "통하여"(per) 단계와 "안에서"(in) 단계로 구분하여 6단계로 체계화해 놓았는데, 이는 다음과 같다: (1) "흔적을 통하여"(per vestigia), (2) "흔적 안에서"(in vestigiis), (3) "모상을 통하여"(per imaginem), (4) "모상 안에서"(in imagine), (5) "하느님 빛의 유사함을 통하여"(per divinae lucis similitudinem), (6) "빛 자체 안에서"(in ipsa luce)(참조: BONAVENTURA DA BAGNOREGIO, 「Itinerarium mentis in Deum」, 『Sancti Bonaventurae opera V-1』, VII, 1, edizione latino – italiano a cura di Jacques Guy Bougerol – Cornelio Del Zotto – Leonardo Sileo, traduzione di Silvana Martignoni ed altri, Città Nuova Ed., Roma, 1993, 564). 이러한 관상 여정의 여섯 단계에서 "통하여"(per) 단계는 하느님의 신비를 유비적으로 관상하는 것을 의미하고, "안에서"(in) 단계는 하느님의 신비를 일의적으로 관상하는 것을 의미한다.

하여 그 사물들에게 생명을 부여하는 이성과 원인을 보았다. ⁵그는 아름다운 사물들 안에서 아름다움 자체를 보았다. 모든 사물들이 그에게는 선이었다. 그들은 "우리를 만드신 분은 가장 좋으신 분입니다"라고 외쳤다. ⁶그는 창조물 안에 찍혀 있는 자취를 통하여 어디서든 사랑하는 분을 따라갔고, 모든 사물에서 사다리를 만들어 그 사다리를 밟고 옥좌로 올라갔다".

인용된 이 단락의 라틴어 원문에는 "안에서" 관상과 관계 있는 "인"(in) 전치사가 다음과 같이 세 차례 나타난다: (가) 모든 작품들 안에서 창작가를 찬미하였다(3절); (나) 주님의 손에서 빚어진 모든 작품 안에서 즐거워하였다(4절); (다) 아름다운 사물들 안에서 아름다움 자체를 보았다(5절). 한편, "페르"(per) 전치사는 두 번 나타난다[26]. "인"(in) 전치사는 '피조물 안에서' 이루어진 프란치스코의 일의적이고 수동적인 관상을 잘 나타내주고, "페르"(per) 전치사는 '피조물을 통하여' 이루어진 그의 능동적이고 유비적인 관상을 잘 보여준다. 이를 도표로 요약하면 다음과 같다:

구절	안에서(in)		통하여(per)	
	신비체험의 매개	신비체험의 대상	신비체험의 매개체	신비체험의 대상
3절	어디에서든 모든 작품들 **안에서**	**창작가를** 찬미하였다	창조물들에게서 무엇을 발견하든	**창조주**와 관련시켰다
4절	모든 작품 **안에서**	즐거워하였다	유쾌한 사물들을 **통하여**	**이성과 원인**을 보았다
5-6절	아름다운 사물들 **안에서**	**아름다움 자체**를 보았다	창조물 안에 찍혀 있는 자취를 **통하여**	**사랑하는 분**을 따라 갔고
			모든 사물에서 사다리를 만들어	**옥좌**로 올라갔다

---

[26] 3절에는 "안"(in) 전치사만 나타나지만, 이 문장의 후반부는 내용적인 면에서 바라보면 "페르" 관상과 관련이 있다. 이런 의미에서 3-5절에는 "안"(in) 전치사와 "페르"(per) 전치사가 짝을 이루면서 세 번 나타난다고 말할 수 있다.

토마스 첼라노는 3-5절에서 특별히 "인"(in) 전치사를 통하여 프란치스코의 관상을 묘사하고 있는데, 이 전치사는 일의적 관상을 표현해 주는 기능을 지닌다. 3절과 5절 두 부분에서 첼라노는 프란치스코가 창조물 안에서 창조자를 찬미하고, 아름다운 사물들 안에서 아름다움 자체를 인식하였다고 설명하고 있는데, 이 전치사 "인"(in)은 피조물의 안을 가리키므로, 첼라노의 표현은 논리적으로 창조물 안에 창조자가 현존하고, 아름다운 사물 안에 아름다움 자체가 현존한다는 사실을 의미한다[27]. 이는 피조물 안에 현존하는 하느님의 신비와 하느님 자체이신 무한한 신비 사이에 일의적 관계가 있다는 사실을 전제하는 것이다. 따라서 3-5절에 나타나는 "인"(in)은 프란치스코가 피조물 안에 현존하는 신비를 일의적으로 관상했음을 암시해 준다. 그런데 여기서 말하는 일의적 관상이란, 마치 칼 라너가 구원 경륜적 삼위일체론과 내재적 삼위일체론을 동일시하듯이[28], 피조물 안에서 바라본 하느님의 신비가 무한하고 형언할 수 없는 신비로 머무시는 하느님 신비와 본질적으로 다르지 않다는 것을 뜻한다. 라너의 관점에서 바라보면, 프란치스코가 「태양의 찬가」에서 피조물을 통하여 하느님의 신비를 찬미할 때, 이 신비가 가까이 다가갈 수 없는 빛 가운데 머무시는 삼위일체 하느님의 신비 자체와 이질적이지 않다는 것이다. 만일 이 신비가 이질적이라면, 「태양의 찬가」에서 프란치스코가 찬미하는 신비는 본질적으로 하느님의 신비가 될 수 없을 것이다.

일의적인 "안에서" 관상은 대단히 수동적으로 이루어진다. 3절의 "창작가이신 그분을 찬미하였다"에서 '찬미하다'는 동사는 창작가의 놀라움에 매료되어 찬미하는 주체 안에 찬미를 위한 어떤 수동적인 상황을 논리적으로 미리 전제하고, 찬미하는 주체는 이를 바탕으로 창작가를 찬미한다. 그리고 5절의 "아름다운 사물들 안에서 아름다움

---

[27] "만물의 아버지이신 하느님도 한 분이십니다. 그분은 만물 위에, 만물을 통하여, 만물 안에 계십니다"(에페 4.6).

[28] K. RAHNER, 「Sul concetto di mistero nella teologia cattolica」, 『Saggi teologici』, 459.

자체를 보았다"에서 "보았다"는 동사는 인식론적인 수동성을 전제한다[29]. 라너의 신비신학에 의하면, 신비 체험이란 '계시되는 하느님의 신비'를 인간 편에서 받아들이는 수용적 행위이며, 따라서 신비에 대한 인식은 근본적으로 수동적 수용 현상이라고 말할 수 있다. 이와 같은 관점 아래 토마스 첼라노는 5절에서 프란치스코가 아름다움 자체를 인식하기 이전에 모든 피조물들이 먼저 그에게 "우리를 만드신 분은 가장 좋으신 분입니다"라며 외치고 있다고 묘사한다. 이는 아름다움 자체가 먼저 피조물들 안에서 반사되고, 이를 프란치스코가 수용하면서 피조물들로부터 흘러나오는 아름다움을 인식하는 것임을 암시한다 하겠다[30]. 따라서 5절의 아름다움 자체에 대한 인식은 수동적 인식이며 이는 수동적 관상과 밀접하게 관계되어 있다. 이와 동일한 선상에서, 4절의 "주님의 손 안에서 빚어진 모든 작품 안에서 즐거워하였고"에서 전치사 "인"(in, 안에서) 또한 프란치스코가 피조물 안에서 하느님의 신비를 일의적으로 관상하였음을 가리키며, "기뻐하다"는 동사는 수용적 차원에서 수동적으로 기뻐하는 것이라 이해할 수 있다. 기쁨은 그 자체로 외부적인 요인에 의해 야기되는 수용적이고 수동적인 반응이기 때문이다. 이와 같이 "안에서" 관상은 본질적으로 일의적이고 수동적이며, 프란치스코는 피조물 "안에서" 하느님의 신비를 이와 같이 일의적이고 수동적으로 관상하였다.

한편, 토마스 첼라노는 위에서 인용한 단락에서 전치사 "페르"(per,

---

[29] 칼 라너에 의하면, 인간의 인식은 근본적으로 수용성을 지니게 되는데, 이는 인간이 선험적으로, 즉 본질적으로, 어떤 인식을 소유하는 것이 아니라, 어떤 대상이 그 스스로 인간에게 드러나게 될 때에 비로소 인식을 얻게 됨을 뜻하는 것이다(참조: K. RAHNER, 『Uditore della parola. Rielaborazione di Johannes Baptist Metz』, traduzione dal tedesco di Aldo Belardinelli, 2ª edizione, Borla, Roma, 1988, 158).

[30] 한스 우르스 폰 발타사르는 하느님께서는 무엇보다 먼저 아름다움 안에서 당신 자신을 드러내시고(참조: H. von BALTHASAR, 『La mia opera ed epilogo』, traduzione dal tedesco di Guido Sommavilla ed altri, Jaca Book, Milano, 1993, 67) 이 세상에 존재하는 모든 존재자는 공현적이라고 주장한다(앞의 책, 123).

통하여)를 통한 유비적이고 능동적인 관상에 대해서도 기술하고 있다. 3절에는 "페르"(per) 전치사가 나타나지 않지만, "레제레"(regere) 동사[31]를 통해 간접적으로 "통하여" 관상이 표현되어 있다. 첼라노는 3절 후반부에서 "피조물들에게서 무엇을 발견하든 그는 그것을 창조주와 관련시켰다"고 묘사하고 있는데, 여기서 "관련시키다" 동사는 관상하는 주체의 능동성을 드러내주는 동사이다. 즉, 프란치스코는 피조물 안에서 발견한 모든 것들을 자신의 능동적 지성과 의지를 통해 창조주와 연결시킨다. 따라서 피조물 안에서 발견한 것들을 '통하여' 능동적이고 의지적으로 하느님의 신비를 관상하는 것이라고 말할 수 있다. 이러한 능동적 관상은 본질적으로 유비적 특성을 지니고 있다. 왜냐하면, 유비적 관상이란 끊임없이 하느님의 신비에로 수렴되는 관상을 의미하는데, 인간의 능동적 의지만으로는 결코 하느님의 신비에 도달할 수 없고, 끊임없이 보다 가까이 다가갈 수 있을 따름이기 때문이다.

프란치스코의 능동적이고 유비적인 관상은 4절의 "유쾌한 사물들을 통하여 그 사물들에게 생명을 부여하는 이성과 원인을 보았다"에서도 볼 수 있다. 이 구절에서 "보다" 동사는 라틴어로 "인투에오르"(intueor)로 이는 주의 깊게 들여다보거나 관찰하는 것을 의미하므로, 이 구절은 프란치스코가 "유쾌한 사물들"을 통하여 모든 피조물들의 "이성과 원인"을 의지적이고 능동적으로 찾아 관상하였다는 것을 암시한다 하겠다.

6절은, 위에서 인용한 단락 중에서, 프란치스코의 능동적이고 유비적인 관상을 가장 분명하게 보여주는 구절이다: "그는 피조물 안에 찍혀 있는 자취를 통하여 어디서든 사랑하는 분을 따라갔고, 모든 사물에서 사다리를 만들어 그 사다리를 밟고 옥좌로 올라갔다". 이 구절에서 "사다리를 만들어"라는 표현은 자연 안에 찍혀진 흔적을 "통하여" 이루어지는 관상의 능동성뿐만 아니라 유비성까지 암시하는 표현이

---

[31] "레제레"(regere) 동사는 '이끌어주다'는 뜻을 지니고 있는데, 여기서는 "관련시켰다"로 번역하였다.

다. 뿐만 아니라, "만들다"는 동사는 의심의 여지 없이 분명하게 관상 주체의 능동성을 나타내고 있으며, "사다리"라는 명사는 "옥좌"를 지향하여 끊임없이 밟고 올라감을 함축하고 있다. 따라서 이러한 표현들은 대단히 유비적인 은유라고 말할 수 있다. 이상과 같이 위에 인용한 구절에는 타동사와 전치사 "페르"(per) 및 은유적인 표현들을 통해 프란치스코의 유비적이고 능동적인 관상에 대해 여러 차례 언급되어 있다.

지금까지 「2첼라노」 165,1-6을 중심으로 범주적 대상을 매개로 이루어지는 프란치스코의 일의적이고 수동적인 "안에서"(in) 관상과 유비적이고 능동적인 "통하여"(per) 관상을 고찰하였다. 그런데 신비신학의 왕자인 보나벤투라는 일의적인 "안에서"(in) 관상이 유비적인 "통하여"(per) 관상보다 더 탁월하다고 주장한다[32]. 그럼에도 불구하고 "안에서"(in) 관상과 "통하여"(per) 관상은 상호 작용을 통하여 더 깊이 심화되고 이러한 심화 작용을 통해 끝없이 펼쳐진다. 프란치스코는 창조물을 통해 전개되는 유비적 및 능동적 관상과 창조물 안에서 전개되는 일의적 및 수동적 관상을 통하여 하느님의 신비를 탁월하게 관상하였고, 이러한 그의 관상은 범주적 대상을 매개로 하지 않는 '비범주적 관상' 안에서 그 정점에 다다르게 된다.

6.2. 비범주적 관상

창조된 실재들을 통하여 하느님의 신비를 탁월하게 관상하였던 프란치스코는 또한 피조물이란 범주적 중개 없이도 하느님의 신비를 놀랍게 꿰뚫어 보았던 관상의 명수로, 그는 인간 존재의 영혼 안에 깊숙이 새겨진 초월적 빛을 통하여, 선과 덕의 형상으로 존재하는, 하느님의 신비 자체를 관상하였다[33]. 그러한 관상의 가장 대표적인 사례 중

---

[32] 참조: BONAVENTURA DA BAGNOREGIO, 「Itinerarium mentis in Deum」, II, 1,514.

[33] 참조: BONAVENTURA DA BAGNOREGIO, 「Itinerarium mentis in Deum」, V, 1, 546.

의 하나는 「하느님 찬미」이며, 이 기도문에서 프란치스코는 실재 사물에 대한 언급 없이 모든 덕들이 조화되어 있는 삼위일체 신비를 관상한다. 이와 같이 범주적인 매개 없이 영적인 눈을 통해 즉각적으로 이루어지는 관상을 '범주적 대상을 통하지 않는 관상'(이를 간략히 '비범주적 관상'이라 부르겠다)이라 규정하고자 한다[34].

'비범주적 관상'의 첫 번째 대상은 존재의 신비이다. 왜냐하면 존재는 다른 것을 통해 이해되는 것이 아니라, 주제적이든 비주제적이든, 항상 지성에 의해 제일 먼저 이해되는 신비이기 때문이며[35], 인간은 본질적으로 존재에 대해서 질문하지 않을 수 없는 형이상학적인 존재이기 때문이다. 이러한 이유로 하느님 신비에 대한 관상의 여정에서는 필연적으로 존재의 신비에 대한 관상이 수반되기 마련이고, 이는 프란치스코의 관상에서도 마찬가지이다. 물론 프란치스코는 학적인 전문가가 아니었기 때문에 존재에 대한 형이상학적 물음에 사변적으로 접근하지는 않았다. 그럼에도 불구하고 그가 남긴 글과 그에 대한 초기 전기들을 통해 우리는 그가 신비적이고 실천적인 그의 생애 전반에 걸쳐 모든 존재자들의 근원과 크리스천 삶의 목표로서의 존재의 신비를 실존적으로 관상하였음을 엿볼 수 있다.

프란치스코가 존재의 신비를 관상하였다는 사례들 가운데 하나는 「프란치스코 행적」 1,21에 나타나는바, 이는 그의 회개 초기까지 거슬러 올라간다. 이 전기 사료에 의하면, 프란치스코의 첫 동료인 퀸타발레의 베르나르도가 자신의 집에 아씨시의 성인을 초대했을 때, 이 관상가는 밤새 "나의 하느님, 전부시여"(Deus meus et omnia)만을 반복하며

---

[34] 이 관상에서는 물질적 대상이 매개되지 않지만, 그럼에도 불구하고 육체의 감각들이 영적인 감각들과 함께 작용한다. 왜냐하면, 형언할 수 없는 천상적 기쁨을 충만하게 맛보는 동안에는 육체의 감각과 영적인 감각들이 조화롭게 용해되고, 이는 이 지상에서 천상적 기쁨을 미리 즐기는 것이기 때문이다(참조: F. TEDOLDI, 『La dottrina dei cinque sensi spirituali in san Bonaventura』. Pontificium Athenaeum Antonianum Facultas Theologiae. Specializatio in Spiritualitate. Dissertatio ad Lauream no. 365, Ed. Antonianum, Roma, 1999, 201).

[35] BONAVENTURA DA BAGNOREGIO, 「Itinerarium mentis in Deum」, V, 3, 548.

기도하였다 한다[36]. 이 간략한 기도문을 전해주는 「프란치스코 행적」은 비록 프란치스칸 원천 가운데에서는 늦은 시기에 속하지만[37], 대중적으로 널리 알려져 이제는 프란치스칸 '화두'(話頭)가 되어버린 이 기도문은 프란치스코가 바쳤던 기도로 받아들일 수 있다[38].

「프란치스코 행적」이 전해주는 "나의 하느님, 전부시여"라는 '화두'는 프란치스코가 회개 초기부터 하느님 신비에 깊이 젖어들었음을 증언해주는 기도이다. 따라서 이 기도를 통해 우리는 프란치스코가 지니고 있었던 존재론적 관점과 체험을 조명해 볼 수 있다. 칼 라너의 신비 신학에 의하면, 존재는 개별적인 체험들을 기초로 하여 후험적으로 추상(抽象)해 낼 수 있는 어떤 개념이 아니라, 각각의 개별적 체험이 자리하는 토대로서 하나의 지평과 같은 것이다[39]. 비명시적이고 비주제적이며 실존적으로 이루어지는 초월적 지평에 대한 형이상학적 체험은 점진적으로 주제화되어 가고, 그런 과정에서 무한한 사랑과 고통과 욕망 등이 체험된다. 이와 같이 초월적 체험을 통하여 '지평으로서의 존재'가 무한하고 포착될 수 없는 존재, 모든 존재자의 근거, 또는 모든 가능한 인식과 모든 개별적 사랑의 원초적인 전체로 체험되는데, 이를 종합하여 표현하면, 존재의 신비, 절대 신비에 대한 체험이라 말할 수 있다[40]. 이러한 라너의 관점에서 바라보면, 지금 논의

---

[36] 「프란치스코 행적」 1,20-22.

[37] 참조: F. URIBE, 『Introduzione alle fonti agiografiche di san Francesco e santa Chiara d'Assisi (secc. XIII-XIV)』. Traduzione dell'edizione spagnola rivista ed ampliata. Medioevo francescano Saggi 7, Ed. Porziuncola, Assisi, 2002, 425-428.

[38] 카를로 파올라찌에 의하면, '나의 하느님, 전부시여!'는 프란치스코의 전형적인 금언들 중 하나이고(참조: C. PAOLAZZI, 『Il Cantico di frate Sole』, 18-21), 반 아셀돈크(Van Asseldonk)에 의하면, '나의 하느님, 전부시여!'의 의미는 의심의 여지 없이 프란치스코의 깊은 내면의 세계를 잘 표현해준다(참조: O. VAN ASSELDONK, 『Lo spirito dà la vita. Chiara, Francesco e i Penitenti』. Coll. Dimensioni spirituali 13, Collegio S. Lorenzo da Brindisi, Roma, 1994, 200-201).

[39] 참조: H. FORGRIMLER, 「Essere – Ente」, 『Nuovo dizionario teologico』, EDB, 2004, 260.

[40] 참조: 앞의 책, 261.

하고 있는 프란치스코의 '화두'는 그가 모든 존재자의 기초가 어디에 있는지, 모든 존재자의 궁극적 목적지는 어디인지에 관해 그 근본적인 해답을 찾을 때까지 끊임없이 질문했음을 전제하는 것으로 이해할 수 있다. 그 이유는 프란치스코가 존재의 신비를 본질적으로 절대 존재로 깨달았기 때문이고, 「십자가 기도」에 나오는 기도의 대상, 즉 "올바른 믿음과 확실한 희망과 완전한 사랑"의 궁극적인 기초이자 "감각과 깨달음"의 궁극적인 기초로 이해했기 때문이다.

이러한 관점에서 비추어보면, 「프란치스코 행적」 1,21의 기도는 프란치스코의 회개가 존재의 신비에 대한 체험을 통해 이루어졌음을 암시하는 것이라 하겠다. 이와 관련하여 페르난도 우리베(F. Uribe)는 프란치스칸 삶의 영적인 구조를 규명하면서, 프란치스코의 회개 안에는 존재의 차원이 포함되어 있으며[41], 이러한 존재 차원은 프란치스코의 삶의 특징일 뿐만 아니라, 초기 전기 작가들이 증언하는 바와 같이, 자기 자신에 대한 발견으로부터 인간 존재와 하느님 존재에 대한 탐구로 차츰차츰 발전되어 가는 것이라고 주장한다.

그런데 프란치스코와 나환자와의 만남은 그의 점진적인 회개의 여정 중에서 존재의 체험과 관련하여 하나의 전환점이 된다. 「유언」 1-3에서 프란치스코는 나환자와의 만남 안에서 이루어진 단맛 체험을 자신의 회개에 있어 결정적인 순간으로 회상하고 있는데, 이를 통해 그는 자기 자신과 그리스도를 동시에 만나게 된다[42]. 나환자들을 만나면서 자신이 내적으로 그들처럼 비참한 상태에 있음을 발견하고 자신이

---

[41] 페르난도 우리베에 의하면, "프란치스코의 정신 안에서 회개는 무엇보다도 근본적인 자세로서 말하자면 항구한 존재 양식이다. 즉, '회개하는 것'이 아니라 '회개자가 되는 것'이다"(F. URIBE ESCOBAR, 『Strutture e specificità della vita religiosa secondo la regola di s. Benedetto e gli opuscoli di s. Francesco d'Assisi』. Studia Antoniana cura Pontificii Athenaei Antoniani edita n. 24, Pontificium Athenaeum Antonianum, Roma, 1979, 242).

[42] 피에트로 마라네시는 "나환자들과 함께 자비를 체험함은 프란치스코를 프란치스코가 되게 해준다"고 주장한다(P. MARANESI, 『Facere misericordiam. La conversione di Francesco d'Assisi: confronto critico tra il Testamento e le Biografie』, Ed. Porziuncola, Assisi, 2008, 98).

바로 나환자임을 깨달은 것이다. 그리고 자신의 비참한 인간적 처지를 깨달으면서 그는 동시에 나환자 안에서 그리스도를 알아보고 그를 연민에 가득차 끌어안는다. 이와 같이 프란치스코는 나환자들에게 자비를 베푸는 가운데 나환자인 자기 자신을 포옹하고 "나환자이신 그리스도"[43]를 포옹함으로써 그의 삶에 있어서 결정적인 순간을 맞게 되고, 그 순간 나환자와 자기 자신과 그리스도가 하나되는 체험을 하게 된다[44]. 이렇게 해서 그에게는 형언할 수 없이 썼던 역겨움이 형언할 수 없는 단맛으로 변화되는데, 이러한 단맛은, 그가 온몸으로 찾았던, 모든 존재의 근거가 되는 존재 자체, 즉 존재의 신비, 하느님이신 신비로부터 비롯되는 것이라 할 수 있다[45]. 프란치스코는 이렇게 회개의 원천으로서의 '신비의 감미로움'을 발견한 후 세속을 떠나게 되었으며, 일생 이 감미로움의 신비를 관상하며 살아갔다.

신비적 감미로움의 여정은 끊임없이 지속적으로 이루어지는 존재의 신비 안에서의 순례이다. 프란치스코는 존재의 신비 안을 순례할수록 그만큼 더 감미로움의 신비에 매료되었고, 감미로움의 신비에 매료될수록 그의 전 존재는 그만큼 더 이 신비에 사로잡혀, 형언할 수 없는 존재의 신비를 더욱더 깊이 관상하게 되었다. 끝없이 무한하게 펼쳐지는 이 놀라운 신비 앞에서 프란치스코는 압도당하지 않을 수 없었고, 이 신비를 찬미하지 않을 수 없었다. 그러한 탁월한 사례들 가운데 하나가 바로 「프란치스코 행적」 9,40과 55에 나타나는 프란치스코의 또 다른 '화두'이다.

이 구절들에 의하면, 프란치스코는 1224년 라 베르나에서 깊은 침

---

[43] J. de SCHAMPHELEER, 「Fino alla croce」, 『La spiritualità di Francesco d'Assisi』. Presenza di San Francesco 38, traduzione dal francese di Maria Vimercati ed altri, a cura dei redattori di Evangile Aujourd'hui. Rivista di Spiritualità Francescana, Ed. Biblioteca Francescana, Milano, 1993, 67.

[44] 참조: J. S. LEE, 『Francis the mystic. A guide to the mysticism of Francis』. Dissertatio ad licentiam. Pontificium Athenaeum Antonianum. Facultas Theologiae Specializatio in Spiritualitate, Roma, 2000, 92.

[45] 참조: 앞의 책, 37.

묵 중에 사십일을 보내는 가운데, "지극히 감미로우신 나의 하느님, 당신은 누구시오며, 미미한 벌레요 당신의 하찮은 종인 저는 누구옵니까"라고 물으며 존재의 신비에 대해 참구(參究)하였고, 이에 대한 해답으로 "관상의 빛 안에서" "하느님의 무한한 선의 심연과" 자신의 "비천함에서 흘러나오는 한없는 눈물"을 보았다[46]. 이러한 구절들은 프란치스코가 그의 생애 끝무렵까지 존재의 신비에 대해 부단히 탐구하였음을 증언해주는 것이라 하겠으며, 이를 바탕으로, 프란치스코가 라 베르나에서 오상을 체험할 때까지, 다시 말하면 그의 생애의 끝무렵까지, 존재 문제에 몰두하였고, 존재의 신비를 관상하면서 이 신비 안에 깊이 잠겨들어 간 것으로 추론할 수 있겠다[47]. 그런데 여기서 유의해야 할 점은 「프란치스코 행적」 9,40에 나타나는 존재론적인 물음이 인식론적인 무지에서 비롯된 단순한 질문이 아니라, 무한하게 펼쳐지는 형언할 수 없는 존재의 신비 앞에서 이 신비를 관상하고 이러한 관상으로부터 자연스럽게 흘러나오는 놀라움에 찬 감탄의 질문이라는 사실이다. 이는 프란치스코가 그의 일생 전체를 통해 추구했던 바를 증언해주는 자료이기도 하다.

지금까지 「프란치스코 행적」 1,21과 9,40.55에 나타난 존재의 신비에 대해 살펴보았는데, 이로부터 우리는 프란치스코가 자신의 나환자성과 벌레성을 깊이 통찰하면서, 존재의 신비, 특히 인간 존재와 신 존재를 비대상적으로 끊임없이 관상하였음을 추론해 볼 수 있다. 이러한 프란치스코의 관상은 범주적인 대상 없이 이루어지는 비대상적 관상을 통하여 탁월하게 꽃피어난다. 존재는 초월적 속성인 선과 분리

---

[46] 「프란치스코 행적」 9,39-40.53-55(이 글에서 「프란치스코 행적」은 「복되신 프란치스코와 그의 동료들의 행적」을 가리킨다. 참조: 『Fontes franciscani』. Medioevo Francescano. Coll. Diretta da Enrico Menestò. Testi 2, a cura di E. Menestò - S. Brufani e. A., Apparati di G. Boccali, Ed. Porziuncola, S. Maria degli Angeli – Assisi, 1995, 2581).

[47] 참조: G. BOURDEAU, 「Dallo specchio alla finestra: Questioni d'esperienza contemplativa」, 『Vita Minorum』 65 (1994), 7.

될 수 없고 선은 그 자체로 자기 확산적이기에, 최고선은 최고로 자기 확산적이다[48]. 이와 같은 원리 아래 존재에 대한 프란치스코의 관상은 자연히 최고선, 즉 순수하고 절대적인 존재에 대한 관상에로 펼쳐지며, 이를 통하여 프란치스코는 자연스럽게 삼위일체 신비를 관상하게 된다. 이러한 프란치스코의 관상을 잘 보여주는 글들 가운데 하나가 「하느님 찬미」로, 여기에서 아씨시의 관상가는 삼위일체 신비를 구체적이고 범주적인 대상을 통하지 않고 직접적으로 찬미한다.

범주적인 중개 없이 이루어지는 비범주적인 관상은 하느님의 신적 본성을 온전하게 관상하는 지복직관의 상태에서 완전하게 실현되고, 프란치스코는 이러한 지복직관의 관상을 관상의 궁극적 목적지로 끊임없이 지향하였다[49]. 지복직관의 상태에서, 구원된 인간은 삼위일체 하느님의 세 위격 간의 상호 "영광"(claritas), 즉 삼위일체 하느님의 서로간의 완전하고 영원한 관상을 관상한다. 하느님은 완전하게 살아계시고 역동적인 사랑이기 때문에, 부성적인 이 사랑(사랑하는 자)으로부터 자녀적인 사랑(사랑받는 자)이 영원히 출산되고, 사랑하는 자와 사랑 받는 자 사이로부터 동일한 사랑이 영원히 기출(氣出)된다[50]. 그리고 사랑의 세 위격은 영원한 출산과 영원한 기출 안에서 자신들의 완전한 사랑을 영원히 서로 관상한다. 이것이 바로 삼위 상호간에 서로의 사랑을 관상하는 삼위일체의 관상이며, 따라서 삼위 하느님은 "관상의 하느님"(Deus contemplativus)이라 말할 수 있다[51]. 이러한 관상은 요한 17,23-26의 '성자를 향한 성부의 사랑'에 반영되어 있고, 요한

---

[48] 참조: BONAVENTURA DA BAGNOREGIO, 「Itinerarium mentis in Deum」, VI,2, 556.

[49] 참조: W. VIVIANI, 『L'ermeneutica di Francesco d'Assisi』, 231.

[50] 참조: F. LAMBIASI – D. VITALI, 『Lo Spirito Santo: Mistero e presenza. Per una sintesi di pneumatologia』. Corso di teologia sistematica 5, EDB, Bologna, 2005, 136.138.

[51] 참조: H. von BALTHASAR, 『Nella preghiera di Dio. La preghiera contemplativa. Il rosario. Primo sguardo su Adrienne von Speyr』. Hans Urs von Balthasar. Opere. Sezione settima. Preghiera e mistica. Vol. XXVIII, traduzione dal tedesco di Guido Sommavilla, Jaca Book, Milano, 1997, 126-127.

14,31과 15,10의 '성부를 향한 성자의 사랑'에도 반영되어 있다. 프란치스코는「1신자 편지」1,18,「2신자 편지」58-60,「비인준 규칙」22,53-55에서 이러한 상호 관상적 사랑에 대해 언급하고 있으며, 여기에는 삼위일체의 영광을 바라보는 것으로서의 지복직관, 즉 '하느님의 관상'에 참여함을 뜻하는 지복직관도 동시에 표현되어 있다. 인간 존재는 이러한 '하느님의 관상'에 참여함으로써 영원히 관상하는 존재, 즉 "호모 콘템플라티부스"(homo contemplativus, 관상하는 인간), 관상인(觀想人)이 된다. 이것이 범주적 중개 없는 관상의 최고 절정이지 않을까 싶다.

7. 살아 있는 렉시오 디비나

관상을 보이지 않는 하느님의 신비를 보는 것이라고 규정할 때 '본다'는 동사는 칼 라너의 경우처럼 '듣는다'로 이해할 수도 있고 렉시오 디비나에서처럼 '읽는다'로 이해할 수도 있다. 사실 프란치스코가 피조물을 통하여 그 안에 현존하는 하느님의 신비를 관상할 때, 이는 그가 피조물 안에 쓰여져 있는 하느님의 신비를 영의 눈으로 읽어낸 것이다. 레오 13세가 신비신학의 왕자라 불렀던 보나벤투라는 하느님의 책을 두 가지로 구분하였다. 하나는 하느님의 영감을 받아 인간의 손으로 쓴 하느님의 말씀, 곧 성경이고, 다른 하나는 하느님께서 당신 손으로 직접 쓰신 말씀의 책, 즉 우주이다[52]. 요한 복음 1,3에 의하면, 만물은 말씀, 즉 성자를 통하여 생겨났고, 이 성자를 통하지 않고 창조된 것은 하나도 없다. 그러기에 하느님은 만물 위에 계시고, 만물 안에 계시며, 만물을 꿰뚫어 계신다(에페 4,6). 말하자면, 하느님의 신비는 우주 만물 안에 보편적으로 현존하신다. 프란치스코는 이렇게 만물 안에 현

---

[52] 보나벤투라는 다음과 같이 주장한다: "하느님의 창조물인 세상은 작가이신 삼위일체를 반사하고, 나타내고, 묘사하는 하나의 책과 같다고 결론 내릴 수 있다"(보나벤투라,『신학요강』II,12,1).

존하시는 하느님의 신비를 온몸으로 '렉시오 디비나' 하였다.

렉시오 디비나는 하느님의 말씀이 우리 영혼 안에 생생하게 되살아나 현존하도록 하느님 말씀을 읽는 것으로, 이는 악보의 곡을 연주하는 음악에 비유할 수 있다. 교향곡이든, 합주곡이든, 독주곡이든, 연주자가 악보대로 연주할 때 악보의 음악이 생생한 음악으로 살아나 감상할 수 있게 된다. 글로 쓰여진 성경도 악보와 같아서, 생생한 음악을 연주해 내듯이, 성경의 말씀이 우리의 가슴과 마음 안에 살아 현존하도록 읽을 수 있고, 그렇게 성경을 읽는 것이 렉시오 디비나라 하겠다.

그런데 성경은 사랑하는 이의 편지와 같아서, 아무리 읽고 또 읽어도 지루하지 않을 뿐만 아니라 읽으면 읽을수록 더 좋아지고 더 감미롭게 느껴진다. 이러한 읽기가 렉시오 디비나의 첫 단계로서의 "읽기"(lectio)이다. 그렇게 성경을 읽다 보면, 눈을 감고 있어도 사랑하는 이의 편지 구절들이 늘 마음 안에 떠올라 저절로 되새겨지듯이, 하느님의 말씀 또한 기억과 마음 안에서 늘 반추되지 않을 수 없게 되는데, 이러한 상태가 렉시오 디비나의 "묵상"(meditatio) 단계이다. 그렇게 성경을 묵상하다 보면, 사랑하는 이의 편지 안에 담겨 있는 깊은 사랑과 심오한 뜻이 새삼스럽게 깨달아지고 저절로 감탄하며 기뻐하게 되듯, 하느님의 말씀을 읽는 이 또한 그 놀라운 신비에 탄성을 올리지 않을 수 없게 되고 찬미와 감사를 드리지 않을 수 없게 되는데, 이러한 찬미와 감사가 렉시오 디비나에서 말하는 "기도"(oratio)[53]라 하겠다. 그렇게 되면, 사랑하는 이의 편지를 보기만 해도 또는 사랑하는 이의 편지가 떠오르기만 해도 형언할 수 없는 행복과 기쁨에 젖게 되듯이, 성경을 통하여 하느님의 신비에 젖게 되고 하느님의 신비를 즐기게 되는데,

---

[53] 귀고 2세는 『수도승들의 사다리와 12 묵상』에서 '렉시오 디비나'를 '읽기', '묵상', '기도', '관상' 네 단계로 구분하여 설명하는데, 여기서 말하는 '기도'는 단순히 청원의 기도만을 의미하는 것이 아니라, 감탄 속에서 하느님께 감사와 찬미와 찬양과 영광을 드리는 것으로 이해해야 할 것이다(참조: 엘리자베스 스미스 – 요셉 칼메로스, 『향심 기도 입문. 내 안에 살아 계신 하느님』, 차덕희 옮김, 가톨릭출판사, 서울, 2006, 33-50).

이렇게 신비를 즐기고 누리는 것이 렉시오 디비나의 "관상"(contemplatio)[54]이라 하겠다.

이미 앞에서 살펴보았듯이 프란치스코는 이 세상을 하느님의 작품으로 바라보면서 하느님과 우주를 작가와 작품의 관계로 이해하였다. 그러나 그의 이러한 이해는 하느님의 작품 안에 숨겨져 있는 신비를 생생하게 읽어내는 렉시오 디비나로 이루어졌고, 이 렉시오 디비나는 대단히 강렬해서, 이 우주는 그 어느 책보다 하느님의 신비를 생생하게 현현해주는 하느님의 살아 있는 말씀과 책이 되어, 그는 늘 살아 있는 렉시오 디비나 속에서 이 지상의 여정을 순례하였다고 추측할 수 있다.

프란치스코의 살아 있는 렉시오 디비나는 일의적 관상을 통하여 더 탁월하게 빛난다. 일의적 관상은 신학적으로 '신비는 본질적으로 하나'라는 사실에 기초를 두고 있기에 그러하다. 즉, 삼위일체 하느님의 신비든, 피조물 안에 있는 신비든, 신비는 하나이기 때문에, 우주를 통한 렉시오 디비나는, 일의적 관상의 관점에서 비추어 보면, 곧 하느님 신비에 대한 관상이 된다.

감자를 예로 들면, 우리가 감자를 먹을 때, 감자를 먹는 행위를 통해서 생명의 신비와 죽음의 신비, 즉 십자가의 신비와 부활의 신비를 동시에 관상할 수 있다. 우선 밭에 심어진 감자는 썩으면서 그리고 썩어 죽으면서 감자의 싹을 살린다. 이렇게 감자의 싹은 감자의 희생과 죽음을 통하여 산다. 감자밭에 악취나는 퇴비를 주면 감자는 그 퇴비를 양분으로 무럭무럭 자라난다. 뿐만 아니라 감자는 뿌리를 통하여 악취나는 거름으로부터 깨끗한 양분만 뽑아내어 감자 알맹이에 차곡차곡 쌓아놓는다. 그러면 감자 안의 깨끗한 양분과 감자 밖의 흙은 얇디얇은 껍질을 경계로 완벽하게 분리된다. 얇은 감자 껍질이 지니고 있는 힘은 참으로 놀랍다. 또한 우리가 감자를 먹으면, 감자는 우리 입

---

[54] 귀고 2세는 '렉시오 디비나'를 네 단계로 정리하면서 '관상'의 단계를 렉시오 디비나의 한 과정으로 이해하고 있으나, 이 논문에서는 렉시오 디비나와 관상을 같은 개념으로 이해하고 있다. 따라서 이 논문에서 규정하는 관상은 귀고 2세가 설명하는 관상보다 더 넓은 개념이라 하겠다.

안에서 바수어지고 으깨져 위장과 장을 거쳐 우리 몸 안으로 흡수된다. 감자는 우리 몸 안에서 완벽하게 분해되고 죽어 없어짐으로써 우리의 생명을 살린다. 감자가 썩어 없어짐으로써 다른 생명을 살리는 데에는 죽음의 신비와 생명의 신비가 감추어져 있다. 그리고 자신을 희생시킴으로써 다른 생명을 살리는 감자의 희생에는 그리스도의 십자가 신비가 숨겨져 있고, 썩음과 죽음을 통해 살아나는 생명에는 부활의 신비가 숨겨져 있다. 더욱이 우리에게 먹힘으로써 우리의 생명을 살리는 양식으로서의 감자 안에는 성체의 신비까지도 스며 있다. 이와 같이 감자를 먹으면서 감자 안에 현존하는 죽음과 생명의 신비, 십자가와 부활의 신비, 성체의 신비를 읽어내고 관상할 수 있는데, 이러한 읽음과 관상이 곧 살아 있는 렉시오 디비나인 것이다.

프란치스코 본인과 그의 생애를 집필한 13-4 세기 작가들은 프란치스코가 어떻게 렉시오 디비나를 했는지, 또는 그의 렉시오 디비나와 관상과의 관계가 어떠한지에 대해서 명시적으로는 아무것도 남겨놓지 않았다. 그러나 프란치스칸 초기 원천들을 통해서, 특히 전기 작가들의 증언을 통해서 프란치스코가 자주 잠겼던 살아 있는 렉시오 디비나를 추론해 볼 수는 있다. 앞에서 인용한 첼라노의 기록들, 예를 들면, 「1첼라노」 71, 80, 91, 115나 「2첼라노」 165에는 프란치스코가 어떤 방법으로 생생하게 렉시오 디비나를 했는지 간접적으로 묘사되어 있고, 그 이론적 바탕은 우주를 하느님의 책으로 규정하는 보나벤투라 신학 안에서 찾을 수 있다.

8. 관상의 결과

보이지 않는 하느님의 신비를 관상하면, 그 신비가 관상의 주체 안으로 흘러 들어오지 않을 수 없고, 그렇게 되면, 보이지 않는 하느님의 신비와 관상의 주체가 사랑 안에서 불가분리적으로 일치하지 않을 수 없게 된다. 그래서 관상을 하면, 필연적으로 사랑의 일치가 관상의 결실로 뒤따른다.

프란치스코는 하느님의 사랑에 사로잡혀 그 신비의 불꽃에 타오른 사랑의 관상가였다. 토마스 첼라노는 이와 관련하여 다음과 같이 증언한다:

"그는 대화에서 일상 쓰는 말에 어쩌다 하느님의 사랑이라는 말이 들어가면 마음속으로 어떤 변화를 느끼지 않고 들어 본 적이 결코 없었다. 하느님의 사랑이라는 말을 듣자마자 그는 마치 밖에서 말하는 사람의 소리의 채가 마음 안에 있는 현(弦)을 긁은 듯이 곧 자극을 받아 꿈틀거렸으며 불이 붙었다"[55].

보나벤투라 또한 사랑의 신비에 타오르는 프란치스코를 다음과 같이 묘사한다:

"뉘라서 신랑의 친구인 프란치스코를 불태운 저 뜨거운 사랑을 묘사할 수 있으리오? 사실 그는 불붙은 숯덩이처럼 하느님 사랑의 불꽃에 타올라 완전히 사라지는 것 같았다"[56]. 하느님 사랑의 신비로 가득 채워졌던 프란치스코는 결코 꺼지지 않는 화염으로 끝없이 팽창되는 사랑의 불꽃에 휘감기도록 자신을 내맡겼으며[57], 그 결과 하느님 사랑 안에 온전히 녹아버리게 되었다[58]. 비슷한 관점에서 우베

---

[55] 「2첼라노」 196.

[56] 「대전기」 IX,1(이 글에서 「대전기」는 보나벤투라가 작성한 「아씨시 성 프란치스코의 생애. 대전기」를 가리킨다(참조: 『Fontes franciscani』).

[57] Excreverat quidem in eo insuperabile amoris incendium boni Iesu in lampades ignis atque flammarum, ut aquae multae caritatem eius tam validam extinguere non valerent (「대전기」 XIII,2,5).

[58] "Absorptus totus in amore Dei, beatus Franciscus non solum in anima sua, iam omni virtutum perfectione ornata, sed in qualibet creatura bonitatem Dei perfecte cernebat"(「완덕의 거울」, XII,113,1; 「완덕의 거울」의 라틴어 원문은 다음 작품을 참조할 수 있다: Anonimo della Porziuncola, 『Speculum perfectionis status fratris minoris. Edizione critica e studio storico-letterario』. Edizione nazionale dei testi mediolatini 16. Serie I-9, a cura di Daniele Solvi, Sismel – Ed. Del Galluzzo, Firenze, 2006, cccxi-132).

르티노 카살레는 프란치스코의 생애를 다음과 같이 요약한다: "회개 초기부터 생애 끝까지 그는 사랑의 열기 안에서 불꽃처럼 뜨겁게 늘 성장해 갔다"[59].

하느님의 사랑에 황홀히 매료되었던 프란치스코는 관상을 통하여 하느님의 사랑과 더할 나위 없이 깊이 일치되어 갔고, 그 사랑은 궁극적으로 신비이신 삼위일체 하느님과 일의적인 관계를 지니고 있기 때문에, 그의 관상 여정은 자연히 삼위 하느님과의 일치에로 귀결되었다. 먼저, 프란치스코는 하느님의 신비를 관상하면서 끊임없이 새롭게 심화되는 회개의 여정을 걸어갔고, 이를 통하여 거룩한 존재로 다시 태어나며 변화되어 갔다. 프란치스코는 자신의 글에서 이를 "거룩하게-됨"(sanctificatio)이라고 표현하였으며, 이는 성령과의 일치와 밀접한 관계가 있다. 둘째, 프란치스코는 신비 체험의 여정을 통하여 늘 그리스도의 신비를 바라보는 가운데 이 지상을 순례하였다. 그 결과 그의 몸과 마음은 그리스도를 닮아가며(imitari) 그리스도와 일치하게 되었고(conformare), 마침내는 이 일치를 넘어 그리스도로 변화되어 갔다(transformare). 프란치스코는 '그리스도가 되어 가는'(christificatio) 이러한 여정을 그의 글에서 "그리스도를 따름"(sequela Christi)이라는 표현을 통하여 암시하였다. 셋째, 프란치스코는 "거룩하게 됨"(sanctificatio), 즉 '성령과의 일치'와 "그리스도가-됨"(christificatio), 즉 '그리스도와의 일치'를 통하여 성부 하느님과도 일치할 수 있었다. 이는 전통적으로 "하느님이-됨"(deificatio)라는 용어를 통해 표현해 왔는데, 프란치스코의 글이나 전기에는 이러한 용어가 나타나지 않는다[60]. 그러나 "하느님이-됨"(deificatio)을 뜻하는 표현들, 예를 들면, '거룩하게-됨' '그리스도를 따름', '영광스럽게-됨'(clarificatio),

---

[59] UBERTINO DA CASALE, 「L'Albero della vita」, 『Fontes Franciscani』, 1355.
[60] 프란치스칸 원천 가운데에 "하느님이-됨"(deificatio)과 관련된 낱말은 "하느님이 되게 하다"(deificare)는 동사에서 파생된 '하느님이-되게하는'(deificus) 형용사가 보나벤투라의 「대전기」 IX, 3에 한 번 나타날 따름이다(참조: 「대전기」 IX, 3).

'성부와 성자와 하나이듯이 믿는이들이 성부 및 성자와 하나가 됨', '주님의 영의 거룩한 활동', '주 하느님의 거처와 집', '하느님의 아들이 됨'이라는 구절들은 여러번 나타난다. 따라서 프란치스코가 성부와의 일치를 영적으로 지향했음은 의심의 여지가 없다 하겠다[61].

관상의 탁월한 전문가였던 프란치스코는 회개 이후 인간을 포함하여 만물 안에 현존하는 하느님의 신비를 바라보는 가운데 삼위일체 하느님과의 신비적 일치를 끊임없이 지향했으며, 이는 삼위일체적 가족성 안에서 모든 피조물들과 신비적으로 일치하는 보편적이고 우주적인 형제성에로 나아갔다. 즉, 프란치스코는 피조물들과의 신비적 일치 안에서 형제 자매 관계뿐만 부자 관계, 모자 관계, 정배 관계까지 나아갔으며, 이러한 신비적 부성, 모성, 자성, 형제성, 정배성을 통하여 삼위일체 하느님과도 부자 관계, 모자 관계, 형제 관계, 정배 관계를 맺으면서 모든 만물과 모든 사람과 삼위 하느님과 우주적으로 일치하는 삼위일체적이고 우주적인 형제성을 꽃피웠다.

9. 그리스도와의 일치와 벌레 신비

프란치스코는 대부분의 사람들이 글을 모르던 중세에, 귀족이든 평민이든, 성직자든 평신도든, 남자든 여자든, 젊은이든 노인이든, 누구든지 일상적인 삶 안에서 실천적으로 삼위 일체 하느님과 일치할 수 있는 대중적이고 보편적인 관상의 길을 열어 주었다. 이 자리에서는 지면 관계로 그리스도와의 일치에로 제한하여 살펴보겠다.

프란치스코는 나환자와 입맞추는 동안 십자가에 못 박히신 분을 신

---

[61] 성령과의 일치로서의 '거룩하게-됨', 그리스도와의 일치로서의 '그리스도가-됨', 성부와의 일치로서의 '하느님이-됨'은 인식론적 차원에서 개념적으로 구별될 수 있으나, 실제로는 주님의 영의 활동을 통하여 동시적으로 실현된다(참조: Y. SPITERIS, 『Francesco e l'oriente cristiano un confronto』. Bibliotheca ascetico-mystica 8, Istituto Storico dei Cappuccini, Roma, 1999, 164-165.195.200-202). 사랑의 신비 안에서 성령과의 일치, 성자와의 일치, 성부와의 일치는 하나의 사건인 것이다.

비적으로 만나게 되며, 이를 계기로 결정적으로 회개 생활을 시작하였다. 그리고 동냥, 발을 씻어줌, 벌레가 됨, 약함과 고통을 견디어냄 같은 신비적 행위들과 작음의 실천을 통하여 점차 "또 다른 그리스도"(alter Christus)로 변해갔다. 프란치스코는 관상의 명수로서 일상적인 삶의 "평범한"(ordinario) 사건들 안에 숨겨져 있는 십자가에 못 박히신 그리스도의 "비범한"(straordinario) 신비를 바라보면서, 형언할 수 없는 방법으로 십자가의 그리스도와 일치하였고, 그렇게 온전히 또 다른 '그리스도가-되어갔다'[62]. 프란치스코의 글이나 전기에 나타나는 '그리스도가-되는' 길은 참으로 다양하다. 그 가운데 '벌레가 됨'은 '그리스도가-되는' 신비 가운데 가장 빼어난 꽃이요 프란치스코 영성의 백미 아닐까 싶다. '벌레 신비' 안에서는 육에 걸려 넘어지더라도, 다시 말해 죄악에 떨어진 비참한 상태에서도 놀라운 신비 체험을 할 수 있는 길이 열리게 되니 말이다.

프란치스코가 그의 글에서 제시하는 '벌레 신비'란 무엇인가? 육에 걸려 넘어지면, 누구나 비참함을 느끼게 될 것이고, 그 비참함을 받아들이기란 누구에게나 쓰라린 일일 것이다. 그럴 경우 누구나 그 비참함으로부터 벗어나고 싶은 심정 간절하겠으나, 자신의 비참한 처지를 있는 그대로 받아들이면서 비참한 처지 그대로 머무르면, 바로 그것이 벌레가 되는 것이다. 그런데 이 벌레됨은 십자가에서 자신의 비참함을 묵묵히 받아들이며 벌레로 죽어간 그리스도의 벌레됨과 일의적 관계에 있기 때문에, 누구든 육에 걸려 넘어지더라도 그 비참한 처지를 있는 그대로 받아들이며 벌레로 머무르기만 하면, 이 벌레됨을 통하여 십자가에서 벌레로 돌아가신 그리스도와 신비적으로 일치하게 된다. 이를 간단하게 '벌레 신비'라 하는 것이다.

---

[62] 이와 관련하여 보나벤투라는 다음과 같이 묘사한다: "프란치스코는 모든 면에서 십자가에 못 박히신 그리스도와 일치하기를 원했다. … 확실히 그는 가장 그리스도인다운 사람이었다"(「대전기」 XIV, 4); "프란치스코는 열렬한 세라핌적 갈망으로 하느님께로 들어올려졌으며, … 십자가에 달리길 원하셨던 그리스도로 변화되었다"(「대전기」 XIII,3).

'벌레 신비'를 깨닫고 있으면, 육에 걸려 넘어지든, 넘어지지 않든, 모든 육을 통하여 신비 체험을 할 수 있게 된다. 즉, 육에 걸려 넘어지지 않으면 넘어지지 않는 대로 신비 체험을 하게 되고, 걸려 넘어지면 넘어지는 대로 신비 체험을 하게 되는 것이다. 단, 육을 바라본다는 전제 아래 그러하다. 프란치스코의 글과 전기를 면밀히 검토해 보면, 프란치스코가 '벌레 신비'를 분명하게 깨닫고 있었고, 이를 통하여 십자가의 그리스도를 따라가며 그리스도로 변화되었음을 분명하게 직관할 수 있다.

9.1. 그리스도의 벌레성

그리스도가 벌레가 되었다는 명시적인 표현은 성경에 나타나지 않으나, 그리스도께서 십자가 위에서 돌아가시기 전 시편 22,2를 읊으면서 "저의 하느님, 저의 하느님, 어찌하여 저를 버리셨습니까?"(마태 27,46; 마르 15,34)라고 부르짖었다는 복음서 저자들의 증언은 그리스도가 십자가의 수난과 고통을 겪으면서 벌레가 되어 죽어갔다는 해석을 가능하게 해준다.

성경 학자들은 그리스도가 십자가 위에서 고통과 씨름하는 가운데 부르짖은 "저의 하느님, 저의 하느님, 어찌하여 저를 버리셨습니까?"라는 쓰라린 신음이 비통의 부르짖음이기는 하지만 절망의 절규는 아니라고 해석한다. 그러면서 복음서 저자들은 시편 22장의 첫머리만 인용하지만, "이 시편 전체가 예수님께서 겪으시는 십자가 죽음의 배경을 이룬다는 점을 함께 고려해야 한다"고 주장한다[63]. 사실 네 복음서 저자들은 모두 그리스도께서 십자가에 못 박혀 달리신 후 시편 22,19대로 "그들이 제 옷을 저희끼리 나누어 가지고 제 속옷을 놓고서는 제비를 뽑았다"며 이 구절을 직접 혹은 간접적으로 인용하고 있어 (마태 27,35; 마르 15,24; 루카 23,34; 요한 19,24), 복음서 저자들, 특히

---

[63] 『주석 성경. 신약』, 마태오 복음서 주석 37, 142.

마태오 복음과 마르코 복음 저자는 그리스도의 십자가에서의 수난과 죽음을 시편 22 전체 안에서 비추어본다고 추론할 수 있다. 이 시편에서는 전체적으로 "하느님에 대한 흔들림 없는 신뢰가 고백되고, 또 후반부에서는 전혀 다른 분위기로 기도자의 정당성과 하느님의 구원이 노래된다. 그리하여 이 비통한 절규는 결국 신뢰의 외침, 현재의 지극한 고통에 상응하여 표현되는 확고부동한 신앙의 외침"이 된다[64].

이러한 관점에서 복음서에 인용된 "저의 하느님, 저의 하느님, 어찌하여 저를 버리셨습니까?"라는 시편 구절을 이해하면, 이 구절에는 시편 22장의 의미가 전체적으로 은유되어 있다 할 수 있겠고, 그런 전망에서 시편 22,7에 나타나는 "저는 인간이 아닌 구더기[65], 사람들의 우셋거리, 백성의 조롱거리"라는 구절도 십자가 위에서 고통을 겪으시는 그리스도께서 읊으셨다고 이해할 수 있다. 그리스도는 십자가의 수난과 고통을 겪으면서 사실 벌레가 발에 짓밟혀 으스러지는 것보다 더 비참하게 죽어가셨다. 그리스도는 십자가형을 통하여 온갖 멸시와 조롱, 극도의 망신과 치욕, 쓰라린 모멸과 비참을 겪으셨으며, 이는 육체적인 고통과 아픔보다 더 잔혹했을 것이다. 그리스도가 겪었던 이 혹독한 수치와 처절한 모욕 앞에서 '벌레'라는 표현이 오히려 무색하다는 느낌이다. 십자가의 수난과 고통을 겪으면서 그리스도는 짓밟혀 으스러지는 벌레보다 더 처참하게 돌아가셨다.

9.2. 프란치스코의 벌레 체험

프란치스코는 「2신자 편지」 46에서 다음과 같이 권고한다: "우리는 우리 탓으로 비참하고 썩었으며 악취나고 벌레들이기에 우리의 육신을 수치와 멸시를 받아 마땅한 것으로 여깁시다". 육신에 대한 프란치

---

[64] 「주석 성경. 신약」, 마태오 복음서 주석 37, 142.
[65] "구더기"라는 말은 불가타 성경에 "vermis", 즉 '벌레'라는 말로 표현되어 있고, 프란치스코는 그가 남겨 놓은 글에서 불가타 성경에 따라 이 말을 그대로 사용한다.

스코의 이러한 표현은 지나치게 부정적이고 가혹하다는 느낌이다. 프란치스코의 다른 글들, 이를 테면, 「비인준 규칙」 22,42-55나 「권고」 1에 나타나는 프란치스코의 사상에 비추어 보면, 믿는이들은 그리스도의 몸과 피를 받아모심으로써 그리스도와 일치하게 되고, 이 일치를 통하여 인간의 육신은 그리스도의 몸처럼 거룩해진다. 이러한 영성은 믿는이들의 몸이 곧 "하느님의 성전"(1코린 3,16-17; 2코린 6,16)이요 "성령의 성전"(1코린 6,19)이라는 사도 바울로의 사상과도 일치하는 것이다. 뿐만 아니라 프란치스코는 「권고」 5,1에서 인간의 육신은 그리스도의 모상에 따라 더할나위없이 존귀하게 창조되었다는 사실에 우리의 시선을 주목시키고 있다. 그런데 왜 프란치스코는 자신의 이러한 관점과 달리 「2신자 편지」 46에서 인간의 육신을 그토록 부정적으로 묘사하는 것일까? 그 이유에 대해서는 저마다 다른 관점을 지닐 수 있겠지만, '벌레'라는 지점까지 자기 비허 체험이 극단적으로 이루어질 때, 그만큼 그리스도의 신비 체험, 좀더 구체적으로 말하면, 부활 신비 체험이 극대화되기 때문이 아닐까, 그리고 그런 프란치스코의 깨달음은 자신의 벌레 체험으로부터 비롯되지 않았을까? 프란치스코의 벌레 체험은 근본적으로 그의 죄 체험과 깊이 관련되어 있을 것이다.

프란치스코는 「유언」에서 자신의 회개는 나환자들과의 만남을 통해서 이루어졌다고 그 스스로 밝히고 있다. 아씨시의 이 신비가는 나환자들을 보살피면서 결정적으로 회개 체험을 하게 되는데, 그는 살이 썩고 악취를 풍기는 그들을 보면서 자신이 곧 내적인 나환자이며, 내적인 나병이 육체적인 나병보다 더 추악하고 더 더럽다는 사실을 뼈저리게 깨달았을 것이다. 프란치스코는 회개의 은총 안에서 자신이 저지른 무거운 죄들이 그를 나환자보다 더 비참한 상태로 추락시켰음을 깊이 발견한 것으로 보인다. 그의 그런 깨달음이 「2신자 편지」 46의 "우리는 우리 탓으로 비참하고 썩었으며 악취나고 벌레들이기에 우리의 육신을 수치와 멸시를 받아 마땅한 것으로 여깁시다"라는 구절에 반영된 것이리라. 여기에서 놀라운 것은 이 구절 바로 다음에 프란치스코가 덧붙여 놓은 "주님께서 예언자를 통하여 말씀하십니다: '저는 인간이 아닌 벌레, 사람들의 우셋거리, 백성의 조롱거리'"라는 표현이다. 이 구절에서 프란치스코는 불가타 시편 21,7(새 성경으로는 22,7)을 인용하면서 이를 재해석하고 있는데, 프란치스코의 이 해석에는 그의 탁월한 신비적 감각이 놀랍게 번뜩이고 있다. 우선 프란치스코는 시편 21,7의 "저는 인간이 아닌 벌레, 사람들의 우셋거리, 백성의 조롱거리"라는 구절을 이 편지에서 그리스도가 구약의 시편 저자를 통해 그리스도 자신이 읊는 것으로 해석해 놓았다. 이 해석에는 대단히 중요하고 놀라운 의미가 숨겨져 있다. 왜냐하면 이 해석에는 그리스도가 자신을 벌레라고 고백했다는 명백한 선언이 함축되어 있기 때문이다. 따라서 이 구절을 통해 우리는 프란치스코가 십자가의 그리스도를 벌레로 관상하였다는 사실을 분명하게 인식할 수 있다. 그 다음에 이 구절에서 볼 수 있는 프란치스코의 더 놀라운 신비적 감각은 그가 인간의 처지를 벌레의 처지라고 처절하게 부르짖은 뒤 바로 그리스도도 벌레가 되었다고 묘사하면서 인간의 벌레성과 그리스도의 벌레성을 병행시키는데 있다. 이는 인간이 벌레 처지에 놓여 가만히 머무르기만 하면, 십자가에서 벌레로 돌아가신 그리스도와 일치할 수 있다는 희망의 '복음'으로 들리기 때문이다.

경험적으로 우리는 육을 바라보며 신비 체험의 길로 들어서기보다 육에 걸려 넘어지기가 다반사임을 잘 알고 있다. 이런 상황에서 어느 세월에 우리의 몸과 마음을 깨끗하게 정화하여 아빌라의 테레사가 말하는 『영혼의 성』 제7궁방에 들어서겠는가? 육의 덫에 걸려 죄악의 어둠 속에서 몸부림치는 우리에게는 너무도 요원한 이야기이다. 그런데 프란치스코는 죄악에 뒹구는 더럽고 추악한 상태에서도 벌레 신비를 통하여 『영혼의 성』 제7궁방에 들어갈 수 있음을 너무도 탁월하게 제시해 준다. 몸과 마음을 깨끗하게 정화하면서 제1궁방부터 제7궁방까지 들어가는 방법도 훌륭하고 탁월한 하나의 길이며, 그렇게 깨끗한 존재로 제7궁방에서 부활하신 그리스도와 일치할 수 있다. 그렇게 그리스도와 일치하나, 이와 달리, 육에 걸려 넘어져 죄악으로 뒤범벅이 된 상태에서 벌레로 머물면서 벌레가 되신 십자가의 그리스도와 일치하나, 그리스도와 일치만 하면 되지 않는가? 그리스도와 일치한다는 면에서 두 방법 모두 똑같다 하겠다. 벌레이신 그리스도와 일치하는 것도 신비적 일치로서, 『영혼의 성』의 제7궁방에서 이루어지는 신비적 일치와 동일한 의미를 지닌다. 육에 걸려 넘어져 죄악에 뒤범벅이 된 상태에서도 벌레 신비를 통해 신비 체험을 하며 제7궁방에 들어설 수 있다는 것이 그저 놀랍기만 하다.

'벌레 신비' 안에서 프란치스코는 육에 걸려 넘어지지 않으면 부활하신 그리스도와 일치함으로써 삼위일체 신비에로 들어갔고, 카로에 걸려 넘어지면 벌레이신 그리스도, 즉 십자가의 그리스도와 일치함으로써 삼위일체 신비에로 들어갔다. '벌레 신비' 안에서 프란치스코는 육을 완전하게 장악하게 되고 완벽하게 승리를 거두게 되었다. 프란치스코는 육을 통해서라면 이렇게든 저렇게든, 즉 육에 걸려 넘어지든 넘어지지 않든, 모든 경우에 신비 체험을 하게 된 것이다.

9.3. 「수난 성무」에 나타난 벌레 신비

프란치스코가 개인적으로 바치기 위해 작성한 「주님의 수난 성무일도」, 특히 1편부터 7편 역시 프란치스코가 벌레이신 그리스도의 신비를 어떻게 관상했는지 잘 보여준다.

먼저, 「수난 성무」의 구성을 보면, 제1편부터 제7편까지는 성 목요일 끝기도부터 성 금요일 저녁기도까지로 짜여져 있다. 이 첫 일곱 편의 시편들은 그리스도께서 만찬 후에 겟세마니 동산에서 기도를 바치다 체포되는 시간부터 시작해서(성 목요일 끝기도), 밤새 심문 당하고(성 금요일 밤기도, '밤기도'는 오늘날 '독서의 기도'에 해당), 다음날 새벽 기진맥진하여 하느님께 애원하다(성 금요일 일시경), 아침 9시즈음 십자가 형을 받고 온갖 모욕과 멸시, 조롱과 채찍질, 수모와 수난을 겪으며(성 금요일 삼시경), 12시경에는 십자가에 못 박히는 고통을 견디다 못해 하느님께 울부짖고(성 금요일 육시경), 십자가에 매달려 오후 3시경 돌아가시기까지 온갖 치욕과 단말마의 고통을 겪은 다음(성 금요일 구시경), 무덤에 묻히시기까지(성 금요일 저녁 기도) 그리스도께서 겪으신 수난과 고통과 죽음과 부활을 그 내용으로 하고 있다.

「수난 성무」, 특히 제1편부터 제7편에 나타나는 '나'는 그리스도이다. 프란치스코는 이 시편들을 그리스도가 직접 성부 하느님께 탄원하는 기도로 편집하였다. 프란치스코는 2천 년전 그리스도의 시대로 거슬러 올라가 그리스도가 직접 겪으셨던 수난을 관상하며 그 그리스도가 실제로 수난을 겪으면서 성부께 드렸던 기도를 「수난 성무」로 만들어 놓은 것이다. 그리고 성부께 애원하는 그리스도의 자리에 놀랍게도 자신이 들어가, 마치 그리스도가 프란치스코의 입을 빌려 기도를 바치는 양, 그렇게 「수난 성무」를 바쳤다. 프란치스코는 이와 같이 「수난 성무」를 바치면서 십자가의 그리스도를 닮아갔고 그리스도와 일치해 갔으며 그리스도로 바뀌어 갔다. 즉, 「수난 성무」는 프란치스코가 그리스도의 자리에 들어가 「수난 성무」를 바치면서 '그리스도가 되어 가는'(christificatio) 놀라운 한 방법이었다.

「수난 성무」 4,7에는 시편 22,7에서 인용한 "저는 인간이 아닌 구더기, 사람들의 우셋거리, 백성의 조롱거리"가 나타나는데, 이 「수난 성무」는 성 금요일 삼시경에 바치는 시편으로, 이 시간은 그리스도가 십자가형을 선고 받고 사람들로부터 온갖 모욕과 조롱을 받았던 시간과 일치한다. 따라서 이 시편은 프란치스코가 '수난 당하는 그리스도'를 '벌레로 짓밟히는 그리스도'로 관상하고 있음을 보여주는 증거라 하겠다. 프란치스코는 「수난 성무」 4를 성삼일과 연중 평일의 삼시경 때에 바쳤다. 이는 프란치스코가 「수난 성무」를 작성한 이후 늘 벌레이신 그리스도의 신비를 관상하였음을 말해주는 것이라 하겠다.

10. 맺음말

하느님의 신비를 관상하면 이 신비가 빛으로 작용하며 관상가의 마음 안에 들어와 마음의 어둠들, 즉 죄와 악들 그리고 이 죄악들이 빚어놓은 고통과 아픔 등 온갖 상처들이 씻어지고 치유된다. 이와 관련하여 토마스 첼라노는 다음과 같이 증언한다: "조용하고 호젓한 비밀스런 장소를 찾아서 하느님과의 시간을 보내려 하였고, 사람들과 사귀는 데서 낀 속진을 깨끗이 털려 하였다. 은총을 얻기 위하여 자기에게 차례가 온 시간을 쪼개어 그 중에서 필요한 일이라고 여겨지는 일부 시간은 가까운 이웃에게 선행을 하고, 나머지는 들어앉아 복된 관상에 바치곤 하는 것이 그의 습관이었다"[66]. 이 구절에서 "조용하고 호젓한 비밀스런 장소"는 '고요한 장소'를 말하고, "하느님과의 시간"은 '관상의 시간'과 깊이 관련되어 있다 할 것이다. 그리고 "사람들과 사귀는 데서 낀 속진"은 '온갖 마음의 어둠들'이라 해석할 수 있다. 이런 관점에서 인용된 구절을 바라보면, 토마스 첼라노의 이 기록은 프란치스코가 관상 안에서 자신의 존재를 순수하게 단련시켜 나아갔고 그것이 '습관'이라고 표현할 정도로 단단하게 이루어졌음을 증언해 주는 것이라 하겠다.

하느님의 신비는 인간 존재를 맑고 투명하며 아름다운 보석처럼 순수하게 닦아주는 힘을 지니고 있다. 따라서 관상을 하면 인간 존재가 순수한 영혼으로 단련되지 않을 수 없다. 이렇게 프란치스코는 우주에 가득 차 있는 신비를 관상하면서 유리알처럼 순수한 보석으로 변해갔으며, 그렇게 다듬어져 가는 여정 안에서 '신비'라는 보석을 놀이하며 하느님께서 선물로 내려주신 삶을 즐겼다. 그는 정녕 신비의 보석을 바라보며 유희할 줄 알았던 신비의 유희가요 관상의 유희가였다.

---

[66] 「1첼라노」 91.

제8주제: 프란치스칸 관상 2

아씨시의 성녀 클라라의 관상
(부제: 내 영혼이 주님을 찬송하며)
이 졸고(拙稿)를 한국에 있는 모든 클라라 관상 수녀회 수녀님들께 드립니다.

이재성 형제, 작은 형제회(프란치스코회)

1. 들어가기
2. 클라라의 배경
3. 수도회의 출발
4. 인간 예수에 대한 연민(憐憫)의 정(情)
5. 소통
6. 나환자, 프란치스코, 중세 교회, 예수 그리스도
7. 예수 마음
8. 그리스도와의 일치
9. 클라라와 거울
10. "거울의 맨 끝"(거울의 한 중심)에 위치한 십자가에 못 박히신 예수 그리스도
11. 클라라의 네 편의 편지들
12. 가난과 겸손과 사랑의 상호관계
13. 클라라의 관상법
14. 삼위일체(三位一體)를 관상하는 클라라
15. 거울이 되라는 부르심
16. 나가기

1. 들어가기

인간에게 가장 무거운 짐은 뭐니 뭐니 해도 욕망이다. 이 욕망은 어린 시절을 지나고 학창 시절을 거쳐 청년기에 이르기까지 숨어서 조금씩 활동하기에 겉으로는 잘 나타나 보이지 않지만, 사회에 진출하고 결혼을 하면서부터 밖으로 노출되기 시작한다. 오욕(五慾)[1]이 활동하기 시작한다. 학교에서 배우는 학과목이 오욕(五慾)의 절제와는 무관한 과목들이라서 그런지, 차츰 더 강하게 고개를 쳐드는 오욕 앞에서 대체로 어찌할 바를 모른다. 실제로 기성 세대나 부모님들은 우리의 행복과 불행을 좌우하는 것은 금전이 아니라 오욕의 절제와 무절제에 달려 있음을 경험적으로 잘 알고 있을 터임에도, 이 점에서 자녀들에게 관심과 조언을 주지 않는 듯하다. 부모님들은 오욕에 초연한 모습들이다. 그러나 사회에서 벌어지는 일들을 보면 이들이 사실은 오욕에 이끌려 살아가고 있음을 어렵지 않게 확인할 수 있다.

아무 문제도 없어 보이는 사회 인사가 비리와 추문에 연루되어 하루아침에 수갑을 차고 수난을 겪고 창피를 당하고 이슬처럼 사라진다. 이런 일들을 앞서 보았을 터인데도 여지없이 반복된다. 해마다 반복해서 일어나는 일들이다. 늠름해 보이고 의젓한 운동 선수가 씻을 수 없는 불명예를 뒤집어쓴다. 불 속으로 돌진하는 불나비들이다. 가엾다. "너까지 욕망의 희생자란 말이냐?" 그 사람이나 그 선수가 수갑을 차야 할 것이 아니라, 사실은 욕망이 수갑을 차야 한다.

인간이 사회를 떠나서 어떤 조용한 특정 집단에 들어갔다고 해서 욕망 문제가 해결되는 것은 아니다. 또 다른 모습으로 고개를 쳐든다. 또 다른 모습으로 많은 문제를 야기한다. 조용한 집단에서 일어나는 갈등이나 불화란 서로의 욕망이 또 다른 모습으로 충돌해서 생기는 현상들이다. 유명한 종교인이 손가락질을 받는 일은 이제 다반사가

---

[1] "재물욕, 명예욕, 식욕, 수면욕, 색욕"(『동아 새 국어 사전』, 1993, 1723).

되었다. 성직자들이나 수도자들이 개인적으로 은밀하게 겪는 오욕(五慾)의 갈등을 하늘이 과연 얼마큼 헤아릴 수 있을까! 그 무게를 무엇으로 달 수 있을까! 장래가 촉망되어 보이는 젊은 성직자가 조용히 옷을 벗는다. 늘 명랑하고 멀쩡하던 수도자가 갑자기 수도원을 떠난다. "그동안 많은 고뇌가 뒤에 있었구나!" 가슴 아프다. 그 사람보다는 뒤에서 조종하는 욕망이 비난을 받아야 한다.

과거로 거슬러 올라가 13세기 아씨시의 성 다미아노 수녀원에서 관상 생활을 하던 가난한 부인들은 욕망이 다른 형태로 분출된다. 이 수녀들은 굶기를 밥 먹듯이 하여, 욕망이란 음식의 섭생과 밀접한 관계가 있어서인지, 현대인들의 문제를 그대로 노출시키지는 않지만, 이들에게 큰 문제는 다름 아닌 불화(不和)였다. 욕망이 다른 형태로 분출된 것이다. 좁은 공간에 갇혀 있던 욕망들이 불화로 분출된 것이다. 「클라라 규칙」의 많은 부분이 병든 자매들과의 관계에 대해서 그 내용을 할애한다. 자매들 간에 그리스도의 사랑으로 서로 참아줄 것을 당부한다[2].

현대인들의 문제들은 그 본질에서 고대나 중세 그리고 근대인들의 문제와 동일하다. 이는 문화가 바뀌고 사회가 더 편리해져도 변함없을 것이다. 모든 인류의 문제다. 프란치스코도 예외 없이 이 문제로

---

[2] "그렇지만 원장과 그의 자매들은 남의 죄 때문에 화내거나 흥분하지 않도록 조심할 것입니다. 분노와 흥분은 자신과 다른 사람들에게 애덕을 방해하기 때문입니다. 그런 일이 없기를 바라지만, 자매와 자매간에 말이나 어떤 표시로 분노와 추문이 되는 일이 혹시라도 생긴다면, 분노를 불러일으킨 자매는 곧바로, 주님 앞에서 자신의 기도 예물을 드리기 전에 상대 자매의 용서를 구하며, 그 자매의 발 앞에 겸손하게 엎드릴 뿐만 아니라, 또한 주님이 자신을 용서해 주시도록 그 자매에게 자기를 위해 주님께 간구해 달라고 단순하게 청할 것입니다. 한편 상대 자매는 "너희가 진심으로 서로 용서하지 않으면 하늘에 계신 너희 아버지께서도 너희를 용서하시지 않을 것이다"라고 하신 주님의 말씀을 기억하면서, 자기가 받은 모든 상처에 대해 자기 자매를 기꺼이 용서할 것입니다"(「클라라 규칙」 9,5-11); "그리고 그리스도의 사랑으로 서로 사랑하면서, 여러분이 안에 지니고 있는 서로 간의 사랑을 행동을 통해 겉으로 드러내어, 자매들이 이러한 표양으로 자극을 받아서 하느님 사랑과 상호 사랑 안에서 늘 성장하도록 하십시오"(「클라라 유언」 59-60).

고뇌하였음을 전기에서 어렵지 않게 확인할 수 있다. 또한 프란치스코를 따르던 초기 형제들도 예외가 아니었다. 헌데 이러한 와중에도 유독 클라라만은 초연하여 조금도 어려움이 없었다[3]. 클라라만의 특별한 비결이 있음에 틀림없다.

2. 클라라의 배경[4]

이름이 "영롱함을 발산하는"을 뜻하는 클라라가 1193년이나 1194년 말에 아씨시의 귀족 가문에서 태어났다. 파바로네(Favarone)의 장녀로 태어나, 바로 밑으로는 카타리나(Catharina)가 있었고, 그 밑으로는 베아트리체(Beatrice)가 있었다. 오프레두쵸(Offreduccio) 가문의 다섯 명의 기사 중의 하나였던 그녀의 아버지는 집에 붙어 있을 날이 거의 없었다[5]. 클라라의 어머니인 오르톨라나(Ortolana)는 대단히 열심하고 진취적인 여성으로서, 예루살렘 성지(聖地)를 순례하였고, 로마에 있는 사도들의 무덤을 순례하였으며, 아풀리아(Apulia)에 있는 성 미카엘 대천사 성지를 방문하였다.

클라라의 어린 시절에 관해서는 알려진 바가 거의 없다. 집안에서 귀족의 부인이 되기 위한 교육을 받으면서 컸을 것이다. 대저택의 가사를 돌보는 일도 배웠을 것이다. 그녀는 길쌈하는 기술이 있었고, 수를 놓을 줄 알았으며, 책을 읽고 글을 쓸 줄 알았다. 그녀의 글을 읽어 보면 그녀가 라틴어를 통달했음을 쉽게 알아볼 수 있다. 그녀는 상류

---

[3] "괴롭고 쓴 것이 그들의 거룩한 생활로 말미암아 그에게 감미로움으로 변하게 될 것입니다"(「클라라 유언」 70).

[4] Edith A. Van den GOORBERGH, O.S.C., 『Light Shining Through a Veil』, Peeters, 2000, 11-14.

[5] 「시성 증언록」 I,4; XII,1. 참조: A. FORTINI, 「New Information about Saint Clare of Assisi」, 『Greyfriars Review』 7(1993), 27-70; 45; 「시성 증언록」 XIX,1 mentions seven knights. Probably, two cousins of Clare were among them. In his genealogy Fortini mentions five sons of Offreduccio(참조: A. FORTINI, 앞의 책, 30; 35-7).

계층 사람들과 별 어려움 없이 어울렸다. 보헤미아의 공주 아녜스와의 친교만이 아니라, 주교들이나 교황과도 스스럼없이 지냈다.

그녀의 집에서 함께 거처했던 사람들은 그녀를 매우 봉사적인 사람으로 묘사한다. 그리고 그녀는 하인들에게 친절했으며, 그녀가 환자들이나 가난한 사람들을 대하는 모습을 보고 많은 남녀들이 그녀를 좋아하였다. 그녀는 그들과 먹을 것을 나누었다. 물론 기도를 열심히 하였고, 단식에 아주 열성적이었다. 그녀는 이미 마음을 그리스도께 바쳤고, 그리스도를 위하여 그녀의 좋은 가문의 명성을 가슴에 묻었다[6]. 아직 어리고 젊었을 때에 벌써 당시에 유행했던 움집 체험과 봉쇄 체험을 하였다. 프란치스코에게 합세하기 전에 이미 그녀는 회개 생활을 했던 것이다[7]. 여하튼 그녀는 결혼에는 결정적으로 관심이 없었고, 오히려 하느님께 자신을 봉헌하고자 했다.

2.1. 클라라의 주변 환경

클라라의 어린 시절은 아씨시의 귀족들과, 그 숫자와 힘이 급속도로 증가하던 평민들과의 갈등이 고조되었던 시기였다. 서로간의 긴장관계가 최고조에 달했던 1202년에 이들 간의 전쟁이 일어나 가족이 모두 페루지아(Perugia)로 피신을 갔다. 이때 그녀의 나이는 8살이었다. 전쟁이 귀족편인 페루지아의 승리로 돌아가고 이어서 클라라 가족도 1205년에 아씨시로 다시 돌아온다. 이때가 프란치스코가 회개하기 1년 전이다. 이 어린 시절의 기억이 말할 나위 없이 심리적으로 그 후의 클라라의 생애에 깊은 영향을 주었을 것이다.

상업적으로 북쪽과 남쪽을 이어주는 중요한 요충지였던 아씨시는 매우 번창하는 도시였고, 그래서 시골 출신의 많은 사람들이 아씨시에 거

---

[6] 참조: R. MANSELLI, 『St. Francis of Assisi』, Chicago, 1988, 26-7.

[7] 참조: P. Van LEEUWEN, 「Clare: Abbess of Penitents」, 『Greyfriars Review』 4(1990), 73-81; A. ROTZETTER, 『Klara von Assisi, Die erst franziskanische Frau』, freiburg - Basel - Wien, 1993, 46-56; M. CARNEY, 『The First Franciscan Woman. Clare of Assisi and her Form of Life』, Quincy, 1992, 32.

주하려 하였다. 그들에게 일자리가 충분치 않았기 때문에 아씨시에서 무산계급이 운동을 일으키기 시작했다. 무산계급과 부유한 상인계급 사이에 깊은 계곡이 있었으며, 게다가 귀족들은 자신들의 지배력이 약화되어 가는 현실에 늘 불안감을 가지고 있었다. 이때 그녀는 거리에 넘치는 거지들을 보았을 것이고, 권력과 부와 명예의 허무함을 느꼈을 것이다.

교회 역시 폭풍 전야의 밤을 지나고 있었다. 고위 성직자들은 금전에만 신경을 썼고, 영적인 일보다는 세력을 불리는 데에만 관심을 두었다. 예수의 복음은 완전히 가려졌다. 이러한 반작용으로 많은 종교운동이 일어났다. 초기 그리스도교로 돌아가자는 운동이 일각에서 일었다. 그들은 그리스도와 사도들을 따르는 회개와 순례의 생활을 원했다. 그들은 손노동으로 살아가기를 원했다. 그러한 단체들이 빈번하게 교회의 권위와 마찰을 빚었다. 이러한 사회와 종교적 환경이 클라라로 하여금 후에 극단적인 선택을 하도록 만들었을 것이다.

2.2. 프란치스코와의 만남

「유언」에서 클라라는 그녀의 성소를 하느님과 프란치스코에게 돌린다. 그녀는 형제들이 프란치스코에게 몰려들기 이전에 프란치스코가 자신에게 교회 안에서의 선교를 언급하였음을 말한다. 프란치스코가 회개하고 나서 성 다미아노 성당을 수리할 때, 그는 열성에 넘쳐 프랑스말로 사람들에게 다가가 말하였다.

> "그때 그분께서는 위에 말한 성당의 벽 위로 올라가시어 그 근처에 머물고 있던 어떤 가난한 사람들에게 프랑스어로 이렇게 큰 소리로 외치셨습니다. '와서 성 다미아노 수도원을 짓는 일에 나를 도와주십시오 왜냐하면 이곳에서 이제 귀부인들이 살게 될 터인데, 그들의 훌륭한 생활과 거룩한 삶의 태도로 하늘의 우리 아버지께서 당신의 거룩한 온 교회 안에서 영광을 받게 되실 것이기 때문입니다"[8].

---

[8] 「클라라 유언」 12-14.

클라라와 프란치스코와의 만남은 프란치스코와 그의 동료들이 교황 인노첸시오 3세로부터 구두로 규칙을 인준받고 로마에서 돌아온 직후가 된다. 해당 교구 주교의 허락만 있으면 형제들이 설교를 할 수 있는 허락을 구두로 받은 인준이었다.

복음적 생활에 대한 프란치스코의 정확한 이해와 그의 말과 모범적인 행동, 그리고 모든 반대 세력과 비웃음을 그리스도의 구원을 위하여 프란치스코가 견딜 준비가 되어 있다는 사실이, 그녀의 가슴에 신뢰심을 일으켰을 것이다. 프란치스코의 가난과 겸손으로 그리스도를 따르기로 마음을 먹는다. 프란치스코가 클라라의 소문을 듣고 클라라를 만나려고 하였는데, 앞서 다른 형제들에 의하여 작업이 이루어졌다. 클라라는 그녀의 친구 보나 궬푸쵸(Bona Guelfuccio)를 대동하였고, 프란치스코는 필립보 롱고(Filippo Longo)를 대동하였다[9]. 프란치스코는 클라라를 자신을 따를 가능성이 있는 여성 지도자로 보았음에 틀림없다. 왜냐하면 몇 년 동안을 그녀를 위한 집 마련에 보냈기 때문이다.

그녀의 나이 거의 18세에 이르렀을 무렵에, 그녀의 아버지가 혼사를 주선한다. 그래서 프란치스코와 클라라는 결정에 다급하게 다가가야 했다. 아직 성 다미아노 성당의 수리가 끝나기도 전에, 그녀를 받아들이지 않을 수 없었다. 때는 1212년 3월 19일 성지 주일 날 밤이었고, 그녀가 최초의 여성 회원이 되었다. 그리고 아씨시의 귀도 주교가 이를 확인해 주었다[10]. 클라라가 굳게 잠겨 있던 뒷문을 뚫고 야반도주(夜半逃走)하였다[11]. 형제들은 당시에 새로 보수된 모이아노(Moiano)

---

[9] 「시성 증언록」 XII,2-3; XVII,3 XX,6; 「클라라 규칙」 V; 「클라라 운문 전기」 230-26. 참조: M. BARTOLI, 『Clare of Assisi』, O.S.C., London, 1993, 39-43; A. ROTZETTER, 『Klara von Assisi. Die erste franziskanische Frau』, Freiburg, 1993, 67-73; I. PETERSON, 『Clare of Assisi. A biographical Study』, Quincy, 1993, 105ff; 110.

[10] 당시의 교도권은 많은 배려를 뒤에서 하기도 했지만, 사실은 클라라와 프란치스코에게 교도권은 늘 큰 걸림돌이었다.

[11] 「시성 증언록」 XIII,1; 「클라라 전기」 VII; 「클라라 전기」 279. 이 문이 시신을 내보내던 소위 "시신의 문"(Porta dei morti)인지는 확실치 않다 하겠으나, 늘 사용하는 문이 아니었

성벽 문에서 그녀를 기다리고 있었다. 모두가 계획적으로 이루어진 일들이었다. 사전에 프란치스코와 클라라 사이에 면밀주도한 계획이 있지 않고는 일어날 수 없는 일들이다. 그녀를 받아들이는 간단한 예식이 포르치운콜라(Portiuncola) 성당에서 치러졌다. 프란치스칸 운동의 요람이었던 이곳에서 프란치스코가 클라라의 머리를 잘랐고, 그녀에게 가난의 수도복을 입혔다[12].

3. 수도회의 출발[13]

그날 밤 형제들은 그녀를 바스티아(Bastia)에 있는 압다데세(Abbadesse)의 성 바오로 베네딕토회 수도회로 데려갔다. 클라라는 자신을 가난한 부인으로 소개하였다. 그녀는 이 대수도원의 시종들에 섞여서 일을 하였다[14]. 그녀의 도주에 놀란 친척들이 그녀를 그렇게 놔두지 않았다. 그들이 그녀를 끌어내려고 왔을 때, 그녀는 성당에서 숨을 곳을 찾았다. 그녀는 제대보를 부여잡고 매달렸고, 자신의 머리를 스스로 벗어 보였다. 이는 자신이 하느님께 봉헌되었음을 보이려는 것이었다. 그들은 교도권에 복종해야만 했다. 가족은 이제 더 이상 그녀에게 자신들의 권리를 주장할 수가 없게 되었다. 이제 안심하고 프란치스코는 그

음은 확실하다 하겠다. 참조: I. PETERSON, 『Clare of Assisi』, 113; 116-8; in note 4,384. 이 문은 신부가 결혼식장에 가는 날에 이용하는 문이기도 하였다. 참조: Frances TERESA, O.S.C., 『Living the Incarnation. Praying with Francis and Clare of Assisi』, London, 1993, 17.

[12] 참조:「클라라 규칙」2,12;「시성 증언록」XVII,5; XVIII,3; XX,6; 수도회로 받아들인다는 뜻으로 머리를 잘랐다. 참조: I. PADOVESE, 『Clare's Tonsure: Act of Consecration or Sign of Penance?』, 『Greyfriars Review』 6(1992), 67-80; M. CARNEY, 『The First Franciscan Woman. Clare of Assisi and her Form of Life』, 37.

[13] Edith A. Van den GOORBERGH O.S.C., 『Light Shining Through a Veil』, Peeters, 2000, 14-18.

[14] 참조:「시성 증언록」VII,3-4: 이 베네딕토 수도원은 교황청으로부터 많은 특전을 가지고 있었다. 이 수도회에 입회하지 않고도 회개 생활을 하고 싶은 여인들은 이곳에 거주할 수 있었다. 참조: M. BARTOLI, 『Clare of Assisi』, 46-52; I. Peterson, 『Clare of Assisi』, 114.

녀를 판쬬(Panzo)의 성 안젤로의 가난한 부인들에게 데리고 갔다[15]. 16일이 지난 뒤 클라라의 동생 카타리나가 그녀에 합세하였다. 가문의 명예가 위험에 처했다. 그들이 보기에 딸 둘이 진구렁텅이에 빠진 것이다. 구걸하는 생활이란 여인들에게 맞지 않을 뿐만 아니라, 귀족 출신의 여인들에게는 말할 나위도 없었다. 이번에는 카타리나를 강제로 끌고 가려고 하였다. 당시의 증언에 의하면 클라라의 기도의 힘으로, 카타리나가 천근만근 나갈 만큼 무거워져서 그들이 도저히 끌고 갈 수가 없었다고 한다. 그들은 맨손으로 돌아갈 수밖에 없었다. 이러한 일이 있은 후 프란치스코가 그녀를 수도회에 받아들여, 그녀에게 수도명 아녜스(Agnes)를 주었다[16]. 2개월 후 자매들은 성 다미아노 성당으로 거처를 완전히 옮겼다. 프란치스코의 작은 묘목이 심어진 것이다[17].

곧 더 많은 자매들이 합세했다[18]. 얼마 후 클라라는 자매들과 함께 프란치스코에게 순종 서원을 하고[19], 프란치스코가 이들의 초기 공동체를 돌본다. 복음을 철저하게 지키도록 훈련을 시켜도 이들이 조금도 몸을 뒤로 빼지 않는 것을 보고, 짧은 수도규칙을 준다.

"복된 사부님은 우리가 가난도 수고도 고생도 모욕도 세속의 멸시도 두려워하지 않고 오히려 이런 것들을 더없는 즐거움으로 여기게 될 것을 알고, 연민으로 마음이 움직여 다음과 같이 우리에게 생활 양식을 써주었습니다. '여러분은 하느님의 영감으로 지극히 높으

---

[15] 「시성 증언록」 XII,5; 「클라라 전기」 X; 참조: A. FORTINI, 「New Information about Saint Clare of Assisi」, 59; M. BARTOLI, 『Clare of Assisi』, 54-5; I. PETERSON, 『Clare of Assisi』, 115.

[16] 「클라라 전기」 XXIV-XXVI. 아녜스가 정신을 잃었을 수도 있다. 여하튼 거의 실신한 소녀를 아씨시로 데려간다는 것이 당시의 기사도 정신에는 어긋났다.

[17] 「클라라 유언」 37.48-49; 「클라라 규칙」 1,3. 클라라 자신이 "묘목"이라는 표현을 쓰고 있는데, 이는 "곁가지", "연결고리", "움이 튼 가지" 등등으로 곧 튼튼한 나무로 성장할 어린 나무들이다. 이 은유는 프란치스코나 형제들과의 생생한 연계 관계를 나타낸다.

[18] 참조: A. ROTZETTER, 『Klara von Assisi. Die erste franziskanische Frau』, 86-92, 89; 1219년에 들어온 11명의 자매들의 이름까지 밝혀져 있다.

[19] 참조: 「클라라 규칙」 6,1; 「클라라 유언」 25-30.

시고 지존하신 임금님, 천상 성부의 딸과 여종들이 되셨고, 거룩한 복음의 완덕을 따라 사는 것을 택함으로써 성령의 정배들이 되셨기에, 나는 직접 그리고 나의 형제들을 통하여 나의 형제들에게 가지고 있는 만큼 여러분에 대해서도 애정 어린 보살핌과 특별한 관심을 늘 가질 것을 바라고 약속합니다"[20].

이 수도규칙은 세 가지 기본 요소로 되어 있다.
가) 성모 마리아의 모범을 따라 삼위일체이신 하느님과의 관계 안에서 어떤 고생도 멸시도 마다하지 않는다.
나) 예수를 따름에 있어서 어떤 소유물도 없는 생활을 하여 복음을 완성한다.
다) 프란치스코와 형제들이 자매들을 돌본다.

프란치스코가 자신의 보살핌을 이렇게 써서 주었노라고 밝힌다. 특히 거룩한 가난 안에 늘 항구하도록 글로 써 주었음을 밝힌다[21].

3.1. 성 다미아노에서의 생활

자매들의 일과는 단순하였다. 하루의 리듬을 성무일도가 잡아주었다. 3시경(오전 9시) 후에 그들은 침묵 안에서 일을 시작하였다. 어떤 일들이었는지를 정확히 알 수는 없지만, 아마도 방적(紡績)일이었을 것이고, 전례용 도구를 위한 손뜨개질이었을 것이다. 물론 텃밭에서도 일을 했을 것이다. 프란치스코가 입던 아름다운 장백의 하나가 지금도 아씨시에 남아 있는데, 클라라가 방적(紡績)하여 자수(刺繡)한 것이라고 한다. 병상에서도 그녀는 아마포와 비단을 길쌈하였고, 다른 자매들은 그것으로 성체포(聖體布)와 비단 상자를 만들었다. 그러나 이

---

[20] 「클라라 규칙」 6,2-4.
[21] 「클라라 유언」 33.

런 것들이 돈벌이를 위한 것이 아니었음이 확실하다. 아마도 이러한 물품들은 자선을 위한 것이었을 것이다. 성체포(聖體布)는 아씨시 근교에 있는 성당들에 보내졌다[22].

수도원 밖에서 봉사하는 자매들도 있었다. 이들이 하는 일이 어떤 일이었는지는 알려져 있지 않다. 추측컨대 아무래도 밖의 사람들과 용무가 있었을 것이지만, 동냥을 위한 것은 아니었다. 동냥이란 여인들에게는 적합한 일이 아니었고, 오직 형제들에게만 요구되는 일이었다[23]. 사람들이 자주 병자들을 데리고 문간에 왔고, 어떤 이들은 클라라의 기도로 치유되었다. 프란치스코와 그의 형제들 그리고 후에 교황 그레고리오 9세가 된 우골리노(Ugolino) 추기경까지도 클라라의 조언을 듣고자 방문하였다.

클라라의 수도규칙에 의거하여 미루어보면, 사회적 배경이 다양한 자매들 간의 좁은 봉쇄 공간에서의 공동생활이란 결코 쉽지 않았다. 클라라는 작은 형제회의 규칙을 바탕으로 해서 그 위에 격리된 생활이라는 뚜렷한 선을 긋는다. 봉쇄는 피할 수 없는 긴장을 야기했다. 게다가 병중에 있는 자매들이 늘 있었다. 클라라 자신도 또한 1224년부터 계속해서 몸이 아팠다. 수도규칙의 대부분이 병중에 있는 자매들과의 관계에 관한 것이었고, 수도규칙에 반대를 하는 자매들에 관한 내용이었고, 자매들과의 불화에 관한 내용이었다. 그녀는 그리스도의 사랑으로 서로서로 품어줄 것을 독려한다[24]. 이런 상황에서 원장직을 수행하기란 클라라도 언급하였듯이 고통의 연속이었지만, 그녀에게는 고통으로 끝나지 않고 오히려 감미로왔다[25].

---

[22] 「시성 증언록」 I,11; VI,14; BC 11; 방적과 자수 참조: M. BARTOLI, 『Clare of Assisi』, 61-4; I. PETERSON, 『Clare of Assisi』, 195-201.

[23] 참조: 「클라라 규칙」 8,2; 7,5-6; BC 14; 「클라라 전기」 XXXVII; C. Walker BYNUM, 「Fast Feast and Flesh: The Religious Significance of Food to Medieval Women」, 『Representations』 11(1985), Washington - S. S., 1-25,3.

[24] 「클라라 규칙」 9,5f.f; 10,7; 참조: 「클라라 유언」 59-60.

[25] "그리하여 어머니가 그들이 서로 지니고 있는 사랑과 겸손과 일치를 보면서 직책에서

자매들에게 어려운 시기도 있었다. 예를 들면 1240년 사라센인들이 수도원에 난입하였는데, 클라라의 기도로 자매들이 무사했고, 아씨시가 구조되는 일이 있었다. 그 다음 해에는 붕괴될 뻔했던 아씨시가 그녀의 중재로 무사했다[26]. 격리된 곳에서 성(城) 안으로 수녀원을 옮기게 된 이유가 이러한 불안한 요소들 때문이 아니었을까 추측된다. 그녀가 유언에서 이러한 수도원 이전 가능성을 내비친다[27]. 클라라는 이러한 모든 어려움과 역경들을 그리스도의 사랑의 힘 안에서 인내한다. 그녀는 공동체를 기도의 길로 인도하였고 그리스도와 밀접한 관계가 되도록 인도하였다. 얼마 지나지 않아 곧 나타났지만, 프란치스코의 전통을 고수하여 자기 자매들을 그리스도로 이끌기 위하여, 길이 다른 교회의 권위와 한판 씨름을 벌린다. 이 씨름은 클라라가 죽을 때까지 계속된다.

3.2. 교회와의 갈등

클라라가 1215년에 다미아노에서의 생활을 어렵게 시작했을 때, 이미 제4차 라테라노 공의회가 새 수도 단체는 기존 수도 단체의 규칙을 받아들일 것을 선포하였다. 새로운 규칙을 만들 수 없었기에 클라라와 자매들은 프란치스코의 수도규칙을 받아들였다. 가난 특전도[28]

오는 모든 짐을 좀더 가볍게 지게 되고, 또 괴롭고 쓴 것이 그들의 거룩한 생활로 말미암아 어머니에게 감미로운 것으로 변하게 될 것입니다"(「클라라 유언」 69-70).

[26] 「시성 증언록」 III,18-19; IX,3.

[27] "그런데 수도원의 품위와 적당한 거리 유지를 위해 밭 울타리 밖에 어느 정도 땅을 더 가질 필요가 있다고 어느 때 생각되면 꼭 필요한 땅 외에는 더 이상 구입하지도 말고 받아들이지도 말 것입니다. 또한 이 땅은 갈지도 씨를 심지도 말며, 반대로 늘 가꾸지 않은 채 묵정밭으로 남아 있어야 합니다"(「클라라 유언」 54-55). 클라라가 죽고 얼마 안 있어 수도원을 성 안으로 옮긴다. 참조: C. O'BRIEN, 「Clare of Assisi In her Writing」, Limerick, 1991, 23-25.

[28] 인노첸시오 4세의 가난 특전: "이미 알려진 바와 같이, 당신을 오로지 주님께만 봉헌하려는 원의 안에서 당신은 현세적인 모든 욕망을 내려놓았습니다; 이 때문에 그대는 모

자매들의 초기 생활의 바탕으로 함께 받아들였다[29].

클라라의 이러한 작업은 공의회의 결정을 피하려는 의도가 숨겨져 있었다. 클라라와 자매들의 생활이 교회로부터 이해를 받지 못했다. 클라라를 깊이 존경했던 우골리노 추기경이 1218년 '봉쇄 수녀원' 자매들의 생활을 돌보는 임무를 맡게 되었고, 이에 다미아노 수녀원도 포함되었다. 그는 이러한 임무를 맡자마자 그들에게 베네딕토회의 규칙을 제시하였다. 그러나 이 규칙은 클라라와 자매들이 바라는 생활에 맞지 않았다[30]. 이 규칙에는 무소유에 대한 언급이 없었고, 작은 형제회와의 관계에 대해서도 언급이 없었다. 자매들은 베네딕토회 규칙을 받았지만 생활은 프란치스코로부터 받은 수도규칙을 따랐다. 이들의 극단적인 가난한 생활과 작은 형제회와의 연결고리는 계속해서 교회에 문제거리로 등장하였다. 클라라는 일생동안 교회의 고위 성직자

든 것들을 처분하였고 그것들을 가난한 사람들에게 주었고, 아무것도 소유하지 않기를 바랐습니다. 모든 것에서 그대는 길이요 진리요 생명이신 주님의 발자취를 찾아 혼신을 다하십시오. 가진 것이 없다 하여 그대의 이러한 원의를 꺾지는 못할 것입니다. 당신이 당신의 마음의 법에 몸을 숙이고 들어가 거기에 복종하려 하였지만, 이를 따르기 힘겨워하는 당신 몸의 연약함을 하늘에 계신 신랑의 왼손이 떠받치려, 당신의 머리를 손 위에 얹고 계십니다. 공중의 새와 들판의 백합을 기르시는 그분께서 당신께 음식과 의복을 장만하시어, 마침내 그분께서 당신께 오시어 영원 안에서 손수 당신을 시중들 것이니, 주님의 오른손이 그대를 주님의 모습으로 꽉 껴안을 것입니다. 그대가 우리에게 애원하신 바, 우리가 그대의 지극히 높은 가난의 청을 사도적 권위로 인준하는 바입니다".

[29] 인노첸시오 4세의 가난 특전은 실제로 클라라와 그 자매들의 가난한 생활을 인증하는 것이 된다.

[30] 우골리노 추기경이 베네딕토회 규칙을 바탕으로 한 규칙을 클라라에게 강요하였으나, 클라라는 이를 거절하였다. 첫째 이유는 치열한 가난을 실천할 수 없어서였고, 두 번째는 그렇게 되면 작은 형제회와의 결속에 문제가 있어서였다. 이 투쟁은 클라라의 일생을 통하여 지속되었다. 성녀는 작은 형제회의 수도규칙을 토대로 하여 복음적 완덕과 가난을 추구하고 싶었던 것이다. 우골리노 추기경이 교황 그레고리오 9세로 교황직에 오르고 나서, 클라라에게 가난의 특권 「시쿹 마니 페스툼 에스트」(Sicut manifestum est)를 내려 특권을 주어 높은 가난을 추구하도록 허락을 하여, 이때가 1228년 9월 17일이니, 교황 인노첸시오 3세의 가난 특전(1216년)이 내린 지 12년이 지난 후다.

들에게 자신의 생활을 주지시키느라 혼신을 다했다. 고위 성직자들과의 많은 논쟁을 거쳐 마침내 클라라가 규칙을 쓰기에 이른다. 지금까지 문제가 되었던 가난과 형제들과의 관계가 두드러지게 다루어진 규칙이었다. 이 규칙의 바탕은 프란치스코의 1223년 규칙이었다. 프란치스코의 수도규칙과 프란치스코가 "가난한 부인들에게 보낸 마지막 원의"가 부인들의 수도규칙의 주축을 이뤘다[31].

병상 생활만 28년을 하고, 임종이 얼마 남지 않은 그녀의 병상을 가난한 부인들의 보호자요 오스티아의 추기경이었던 라이날도(Cardinal Raynaldus)가 방문하여 그녀의 규칙을 구두로 인준한다. 그러나 그녀는 이 구두 인준에 만족하지 않고 11개월을 더 버티며 고집하여 직접 교황 인노첸시오 4세의 「솔렡 안누에레」(Solet annuere) 문헌으로 1253년 8월 9일에 인준을 받아냈고, 8월 10일에 손에 넣고, 8월 11일에 세상을 떠난다. 그녀의 일생의 작업이 성취된 다음날 세상을 하직한 것이다. 클라라가 수도회의 규칙을 써서 교황으로부터 인준을 받은 최초의 여성이 되었다.

임종을 앞둔 클라라에게 그녀의 마지막 소원을 들어주자는 교황청의 배려에 의해서 인준이 이루어진 듯하며[32], 그녀가 그토록 공들여 만든 수도규칙은 그녀의 서거(逝去) 10년 후에 우르바노 4세의 규칙으

---

[31] 참조: 「클라라 규칙」 6,6-9: "그리고 우리는 물론 우리 뒤에 들어올 자매들도 우리가 받아들인 지극히 거룩한 가난에서 벗어나지 않도록 하기 위해, 세상을 떠나기 조금 전에 당신의 마지막 뜻을 다음과 같이 말씀하며 다시금 우리에게 글로 남겼습니다. '보잘것없는 나 프란치스코 형제는 지극히 높으신 우리 주 예수 그리스도와 그분의 지극히 거룩하신 어머니의 생활과 가난을 따르기를 원하며, 끝까지 그 생활 안에 항구하기를 원합니다. 그리고 나의 자매 여러분, 나는 여러분에게 간청하고 또 권고하니, 늘 지극히 거룩한 이 생활과 가난 안에 살아가십시오 그리고 누구의 가르침이나 권고로 이 생활을 결코 떠나지 않도록 영원토록 온갖 조심을 다하십시오'".

[32] 앞에서도 밝혔지만, 클라라는 1253년 8월 11일에 사망하였고, 교황 인노첸시오 4세의 규칙 인준을 불과 사망 이틀 전인 9일에 받았다. 그리고 규칙의 원본은 1982년에 클라라 시신(屍身)의 수도복에서 발견되었다. 간절히 원하고 원했던 규칙 인준이었으니, 인준 받은 규칙을 망자(亡者)의 품에 안겨 보낸 가난한 부인들의 뜻이 헤아려 진다.

로 대체되었는데, 현재는 대부분의 클라라 수녀원들이 각 수녀원들마다 자신들의 다양하고 고유한 규칙서들을 가지고 있다.

4. 인간 예수에 대한 연민(憐憫)의 정(情, compassion)

4.1. 연민(憐憫)의 정(情) I

연민의 정이란 결점이 있는 상대방을 있는 그대로 받아들일 때 일어나는 감정이다. 상대방을 그대로 받아들이지 못하면, "사람이 뭐 저래? 뭐 저런 사람이 다 있어? 왜 저러지?"하고 미움의 감정이 일지만, 그 사람을 부족함이 있는 그대로 받아들이면 연민의 정이 인다. 이것이 사랑이다. 프란치스코가 형제들에게 말한다.

> "그들에게서 다른 것을 바라지 마시오. 그리고 이러한 상황에서 그들을 사랑하고, 그들이 더 훌륭한 그리스도인들이었으면 하고 바라지 마십시오. 그러면 이것이 그대에게는 은수 생활보다 더 좋은 것이 될 것입니다"[33].

미움이나 불만 불평이란 사람이나 상황을 받아들이지 않을 때 일어나는 감정이다. 사람이나 상황을 있는 그대로 받아들일 때 살(肉, caro)[34]이 사라지고, 받아들이지 않을 때, 살(肉, caro)이 기승을 부리는데, 이 기승을 부리는 상태를 '미움'이나 '불만 불평'이라고 하는 것이다.

프란치스코가 늑대를 회개시킨 일화는 매우 유명하다. 굽비오(Gubbio) 주민들은 아이를 잡아먹는 늑대에게 공포감을 가지고 늑대를 죽이려고 법석을 피우고 있는데, 프란치스코는 늑대를 있는 그대로 받아들인다.

---

[33] 「봉사자 편지」 6-8.
[34] 『성 프란치스코와 성녀 클라라의 글』, 프란치스코회 한국관구, 1985, 91. 주석 참조: "육(肉, caro)과 육체(肉體, corpus)는 프란치스코에 있어 인간의 몸이란 뜻만이 아니고 인간 자체를 가리키는데 특히 이기적이고 악에 기울어진, 즉 영과 반대되는 타락된 인간을 가리킨다. '육적으로'(carnaliter)란 영의 인도가 아닌 자기 중심으로 사는 생활을 뜻한다".

"내 형제 늑대야, 나는 너에게 이런 약속을 하마. 네가 다시는 굶주리지 않도록 동네 사람들을 시켜 생전에 네가 먹을 음식을 매일 대주도록 하겠다. 네가 나쁜 짓을 하게 된 것이 배고픈 탓임을 나도 잘 알고 있다"[35].

이후 늑대는 회개하여 매우 유순해졌다 한다. 연민의 정이란 이처럼 감상적인 것이 아니라, 있는 그대로 보고, 있는 그대로 받아들이는 데서 나오는 정이다. 이것을 프란치스코는 애정(amor)이라고 하는데[36], 한국적 정서의 애정은 분명 아니다. 우리말의 애정은 애정이 있어도 상대방의 결점을 받아들이지 못하는 경우가 빈번하기 때문이다.

예수님께서 십자가에서 처형을 당한 후, 제자들은 유다인들이 무서워 문을 잠그고 벌벌 떨고 있는데, 그들에게 다가가 "무섭긴 뭐가 무서워!"하고 말하시지 않으시고, 떨고 있는 제자들을 있는 그대로 받아들이신다.

"그날 곧 주간 첫날 저녁이 되자, 제자들은 유다인들이 두려워 문을 모두 잠가 놓고 있었다. 그런데 예수께서 오시어 가운데에 서시며, '평화가 너희와 함께!' 하고 그들에게 말씀하셨다"[37].

어느 시인이 수녀원의 서원식에 참석하고 쓴 연민의 정이 듬뿍 들어 있는 시 한 구절을 소개하겠다.

가없이 크고 깊고 의로운
그대 사랑의 기쁨 되기 위해선
살에 이는 바람은 무진 꺼야 하리[38].

---

[35] 『성 프란치스코의 잔 꽃송이』, 프란치스코회 한국관구, 분도출판사, 1987, 81.
[36] 「지극히 높으신 하느님께 드리는 찬미」 6: "Tu es amor et caritas"(당신은 애정이시며 사랑이시나이다).
[37] 요한 20,19.
[38] 성찬경의 시 "서원식"(성찬경, 『황홀한 초록빛』, 프란치스코출판사, 2007, 25).

연민의 정은 원수까지 사랑한다. 그대로 받아들이기 때문이다. 모든 사람을 내 몸같이 사랑한다. 마땅치 않은 사람도, 나에게 상처를 준 사람도, 나에게 사기를 친 사람도, 나를 무시하는 사람도, 나에게 수억의 돈을 떼먹은 사람도 사랑한다. 더 나아가서 만인(萬人), 만물(萬物), 만사(萬事)를 사랑한다. 그대로 받아들이기 때문이다.

"저희가 완전히 용서하지 못하는 것을, 주님, 저희가 완전히 용서하게 해 주소서. 당신 때문에 원수를 참으로 사랑하게 하시고, 저희가 아무에게도 악을 악으로 갚는 일이 없이 원수를 위하여 당신 앞에서 열심히 전구하게 하시며, 당신 안에서 모든 것에 도움이 되도록 힘쓰게 하기 위함이니이다"[39].

누구를 미워하고 피하고 용서하지 못한다면 이는 연민의 정, 곧 애정이 없는 허물어진 교회일 것이나, 연민의 정을 가지면 이는 교회가 고쳐진 것이다.

4.2. 프란치스코의 시각

"모든 형제들이여, 우리 모두 당신 양들을 속량하기 위해 십자가의 수난을 견디어 내신 착한 목자를(참조: 요한 10,11) **주의 깊게 바라봅시다.** 주님의 양들은 고난과 박해, 수치와 굶주림(참조: 로마 8,35), **연약함과 유혹** 등 모든 점에서 주님을 따랐습니다. 그리하여 주님한테서 영원한 생명을 얻었습니다"[40].

프란치스코는 여러 차례에 걸쳐 우리들에게 주님을 바라보라고 한다. 무엇을 어떻게 바라보라는 말인가? 분명 그저 눈만 뜨고 멀뚱히 바라보기만 하는 육신적인 바라봄은 아닐 것이다. 프란치스코는 어떤

---

[39] 「주님 기도」 8.
[40] 「권고」 6,1-2.

눈으로 그리스도를 바라보았는가? 교황 바오로 6세께서 말씀하신다. "예수 그리스도를 성 프란치스코의 눈으로 관찰해 보십시오. 보이십니까? 혹시 이 사실을 받아들이기를 망설이고 있습니까? 누구를 보셨습니까? 우리 솔직히 말합시다. 그리고 매우 약하고 인간적인 예수님의 참 모습을 보았음을 인정하기로 합시다"[41].

프란치스코의 눈이란 있는 그대로 보는 눈일 것이다. 예수 그리스도의 십자가에 어떤 해석을 가하지 않고 있는 그대로 보는 눈일 것이다. 약한 인간의 모습을 그대로 보는 것이다. "십자가에서 하느님의 사랑이 비쳐온다"든가 "하느님께서 십자가에서 우리를 부르신다" 등등 이런 해석들은 십자가의 예수 그리스도를 있는 그대로 보고 나서, 거기에서 수반되어 흘러나오는 말이어야 할 것이다. 사실 죽음을 앞에 둔 예수도 자신의 인간적인 모습을 겟세마니 동산에서 숨김없이 보였기에, 프란치스코가 인간 예수에게서 연약함을 보았다면 이는 정확히 본 것이다.

"그분께서는 근심과 번민에 휩싸이기 시작하셨다. 그때에 그들에게 '내 마음이 너무 **괴로워 죽을 지경이다**'하셨다"[42].

"땅에 엎드리시어, 하실 수만 있으면 그 시간이 당신을 비켜 가게 해 주십사 기도하시며, 이렇게 말씀하셨다. '아빠! 아버지! 아버지께서는 무엇이든 하실 수 있으시니, **이 잔을 저에게서 거두어 주십시오**. 그러나 제가 원하는 것을 하지 마시고 아버지께서 원하시는 것을 하십시오'"[43].

십자가상에서의 모습도 어김없이 절망하는 인간이다.

"저의 하느님, 저의 하느님, **어찌하여 저를 버리셨습니까?**".

---

[41] 교황 바울로 6세의 강론, 「착하고 충실한 종」, 『프란치스칸 전례서』, 2000, 67.
[42] 마태 26,37-38.
[43] 마르 14,35-36.

'있는 그대로' 자신의 연약함을 노출시키는 십자가상의 예수 그리스도이시기에, '있는 그대로' 바라본 프란치스코는 예수 그리스도에게서 '있는 그대로'의 한없는 연약함을 보아 당연하다. 다른 것을 보았다면, 이는 있는 그대로 본 것이 아니다.

연약함을 바라보는 데서 연민의 정이 인다.

4.3. 연민(憐憫)의 정(情) II

자신이 약하다는 것을 인정하면서도 손을 써보려고 하고 내치고 거부하고 저항하고 불평하는 경우가 대부분이다. 이럴 때 내치는 것은 무엇을 내치는 것일까? 상대방의 결점에서 오는 그의 어두움이 나의 마음에 들어오는 것이 싫어서, 그 어두움을 내치는 것이 아닐까? 이것을 주변 상황에 적용시켜도 된다. 사실은 어떤 상황에서 오는 어두움이 싫어서 불평하는 것이다.

예를 들어 보자. 어떤 사람이 주변 사람의 의견을 아랑곳하지 않고 모든 일을 자기 마음대로 처리한다고 하자. 충고를 하고 또 해도 변함이 없어서, 참다 참다 이쪽에서 벌컥 화를 내도 안색하나 변하지 않는다고 하자. 단절 속에서 편안함을 찾는 사람이라고 하자. 대화나 소통을 원천적으로 봉쇄하고 그 안에 안주하는 사람이라고 하자. 이때 나에게 다가오는 어두움은 그 사람의 어두움이다. 그 사람의 고통이다. 이러한 경우 그 사람을 '있는 그대로' 받아들인다는 뜻은 이 어두움마저 받아들인다는 뜻이 된다. 이 받아들임에는 약간의 능동적 의지가 필요하다.

상대방의 고통을 내가 지는 것이다[44]. 이것이 바로 예수 그리스도의 십자가다. 예수 그리스도의 십자가를 서로 지지 않으려고 하는 데서 불화가 생긴다. 상대방의 부족함에서 오는 어두움까지 전격적으로 수

---

[44] "compassion"은 'com'(함께 함) + 'passion'(고통)의 합성어로서, 우리말로는 "동정심, 애처로움" 등으로 번역되지만, 어원적으로는 "상대방의 고통에 함께 함"을 뜻한다.

용(受容)하는 예수 그리스도의 십자가를 지면 놀라운 일이 발생한다. 사랑이 발생한다. 놀랍다. 상대방의 어두움과 고통까지 수용하는 연민의 정을 사랑(caritas)이라고 하는 것이다.[45]

상대방의 어두움을 내가 지지 않으려고 하는데서 불화가 생긴다는 말은 엄격히 말해서 잘못된 말이다. 이미 어두움은 들어와 있다. 좀더 정확하게 표현하면 이미 내 안에 들어온 상대방의 어두움이 싫어서 이를 내쫓으려다 불화가 생기는 것이라고 해야 옳을 것이다. 나도 모르는 사이에 인간의 선천적인 연약함의 문을 거쳐서 벌써 들어와 있다. 이미 들어온 것을 수용하기가 어렵다면, 이 어두움을 받아들여본 적이 거의 없었다는 뜻이 될 것이다. 한 번만이라도 받아들이면 신비롭고 놀라운 세계가 마음속에서 펼쳐진다. 누구나 가능하다. 이 가능성에서 제외된 사람은 아무도 없다. 미약하나마 약간의 의지만 있으면 그것으로 충분하다. 원래 받아들임이 우리에게는 자연스러운 일이기 때문이다.

나의 연약함이 상대방의 연약함을 받아들이는 것이다. 이런 의미에서 인간의 연약함을 '천성적(天性的) 수용성(受容性)'으로 보는 것이 좋을 것이다. 연약함이란 내 안에 있는 하느님의 모습이며, 동시에 이 모습이 하느님께서 내 안에 들어올 수 있는 터전이다. 그래서 그리스도께서도 당신의 연약함을 주저 없이 내보인 것일 것이다! 연약함을 통하여 빛이 들어온다.

---

[45] 「지극히 높으신 하느님께 드리는 찬미」 6: "Tu es amor et caritas"(당신은 애정이시며 사랑이시나이다).

"그러나 주님께서는, '너는 내 은총을 넉넉히 받았다. 나의 힘은 약한 데에서 완전히 드러난다'하고 말씀하셨습니다. 그렇기 때문에 나는 그리스도의 힘이 나에게 머무를 수 있도록 더없이 기쁘게 나의 약점을[46] 자랑하렵니다"[47].

받아들이는 행위로 살(肉, caro)이 소멸되면서 신세계(新世界)가 펼쳐진다. 낙원(樂園, paradise)이 펼쳐진다. 지금까지 나의 감정을 흔들어놓았던 상대방의 말이나 어두움이 이제는 일혹의 점도 남기지 않고 나의 마음을 통과한다. 오히려 지금까지 나의 감정을 흔들어놓았던 상대방의 말이나 어두움이 나에게 기쁨을 가져다준다. 쓴맛이 단맛으로 변한다. 이를 프란치스코의 회개라 한다.

"주님께서 나 프란치스코 형제에게 이렇게 회개를 시작하도록 해 주셨습니다. **죄 중에 있었기에** 나에게는 나병환자들을 보는 것이 너무나 역겨운 일이었습니다. 그런데 주님 친히 나를 그들 가운데로 이끄셨고 나는 그들에게 자비를 행하였습니다. 그리고 내가 그들한테서 떠나올 무렵에는 나에게 **역겨웠던 바로 그것이 도리어 몸과 마음의 단맛으로 변했습니다.** 그리고 그 후 얼마 있다가 나는 세속을 떠났습니다"[48].

프란치스코가 말하는 "죄 중에 있었기에"는 상대방의 어두움을 받아들이지 않으려고 하는 마음의 상태를 뜻할 것이다.

"사실 그는 나환자들과 마주치면 비위가 상해서 **아예 쳐다보지를 않으려고 하였을 뿐만 아니라,** 그들의 집 근처는 얼씬 조차 하지 않았다고 말했다. 그래서 그가 어떤 때에 그들의 집을 스쳐 지나가게 되거나 그들과 어쩔 수 없이 마주치게 되는 경우에는 비록 동정

---

[46] 한국어 성서는 '약점'으로 번역되어 있으나, 그리스어에서는 '약함, 연약함'이 일차적 의미이고, '약점'은 후속적 의미이다.
[47] 2코린 12,9.
[48] 「유언」 1-3.

심이 생겨서 다른 사람을 통해서 그들에게 간접적으로 애긍을 해야 겠다는 생각은 했을지언정, 그들에게 **얼굴을 돌리고 손으로 코를 막아 버리곤 하였었다**"[49].

4.4. 그리스도를 닮음

어느덧 프란치스코도 그리스도를 닮아, 있는 그대로의 자신의 모습을 받아들이고 아무 꾸밈없이 자신을 우리에게 보인다. 있는 그대로 자신을 내보이시는 예수 그리스도를 보았고, 상대방을 있는 그대로 받아들이시는 예수 그리스도를 본 소이연(所以然)일 것이다. 예수 그리스도의 십자가상의 인간적인 모습은 우리 마음을 깨끗하게 한다. 뿐만 아니라 프란치스코의 행위까지도 우리에게 결정적으로 작용하여 우리 마음을 깨끗하게 녹인다. 우리의 오욕(五慾)을 녹인다. 예를 들면 눈 치료를 받기 위하여 불로 눈에 뜸을 뜰 때에 겁에 질려서 불에 취한 그의 태도가 그러하다.

> "모든 피조물 가운데서도 아주 소중하고 유용한 불 형제여, 이 시간 나를 유순하게 대하여라. 내가 언제나 너를 사랑하였으며 또 너를 창조하신 주님의 사랑을 위해 언제나 유순하여라. 나는 내가 견디어 낼 수 있을 정도로 네 마음이 부드러워지기를 우리 창조주 하느님께 기도드린다"[50].

있는 그대로의 프란치스코의 연약한 모습이다. 우리의 마음이 깨끗해진다. 프란치스코의 이 모습은 십자가상의 예수의 모습 그대로다. 두려움과 불안을 감추려고 한다면 이는 두려움과 불안을 눌러 오히려 폭발하게 만든다. 두려움과 불안을 있는 그대로 받아들인 것이다. 두려움과 불안에 대한 조금의 저항도 없는 태도다.

두려움과 불안을 내보일 때는 두려움과 불안을 내보여서 어떤 해결

---

[49] 「세 동료」 11.
[50] 「완덕의 거울」, 꼰벤뚜알 성 프란치스코 수도회, 1981, 188.

점을 찾아 두려움과 불안을 해소하려는 잠재적 동기(動機)가 없어야 한다. 두려움과 불안이 스스로를 내보이는 모습이어야 한다. 거기에는 "나"(ego, caro)가 없어야 한다. 예수나 프란치스코의 내보임이어야 한다. 만약 두려움과 불안을 그대로 받아들이고 내보이기는 하지만 마음 한구석에 그것이 없어지기를 바라면서 받아들이고 내보인다면, 이는 순수한 마음이 아니다. 어린이의 마음이 아니다[51]. 이어지는 눈병 치료 이야기를 보자.

"의사가 놀라워하였다. '성인께서는 겁을 내거나 약간의 고통의 빛도 보이지 않으셨습니다'"[52].

프란치스코는 이를 예수 그리스도의 십자가를 바라보고 알아차렸을 것이다. 오욕(五慾)문제로 돌아가 보자. 오욕도 같은 문제다. 죄나 결점이나 부족함에서 오는 고통과 고뇌는 근본적으로 오욕(五慾)에서 오는 것이라서, 자신에게만 있는 것이 아니라, 예수에게도 그대로 있으며[53], 그래서 그것은 곧 예수의 것이기도 하다. 예수에게도 오욕(五慾)이 그대로 있다. 그런데 예수는 그저 저항 없이 '다만 그대로 있었을 뿐이다'. 오욕이 있어서 어떻다는 말인가? 그렇게 해서 인류의 어두움을 없애셨다. 십자가에 사지(四肢)를 박고 미동(微動)도 하지 않은 채 꼼짝도 하지 않음으로써 인류의 어두움을 없애셨다.

사실 고통이 우리에게서 동아리를 틀고 앉아 있을 자리가 원천적으로 없지만, 우리 인간은 오욕에 본능적으로 저항하여 '이러면 안되는

---

[51] "내가 진실로 너희에게 말한다. 너희가 회개하여 어린이처럼 되지 않으면, 결코 하늘 나라에 들어가지 못한다"(마태 18,3).

[52] 『완덕의 거울』, 189.

[53] 주세페 조반니 감바(Giuseppe Giovanni Gamba)는 예수의 광야 유혹을 육체적 욕망의 유혹, 교만의 유혹, 눈의 유혹으로 여기며, 리날도 파브리스(Rinaldo Fabris)는 세 번째는 눈의 유혹이 아니라 권력에 대한 유혹으로 본다. 반면에 앙드레 마리 제라르(Andre Marie Gerard)는 본능과 교만과 권력의 요구로 본다. 참조: 『Dizionario della Bibbia』, Milano, 1994, 1270.1565.

데!' 하기 마련이다. 그런데 조그마한 저항에도 오욕은 고통을 일으킨다. 저항을 하지 말았어야 하는데 늦었다. 연약해서 늦은 것이다. 어쩔 수 없이 늦었지만, 늦었어도 오욕이 일으킨 고통을 받아들이면 원상회복이 금방 이루어진다.

오욕 앞에서 추호의 미동도 없었던 예수 그리스도처럼 오욕과 고통과 고뇌가 더 이상 문제가 되지 않고, 편안한 인내의 강(江)만이 보인다. "내가 인내를 가지고 마음의 평정을 잃지 않는다면, 바로 여기에 참된 기쁨이 있고 또한 참된 덕도 영혼의 구원도 있다"[54].

상대방의 어려움과 고통이 나의 어려움과 고통에 더해진 나의 십자가는 나의 십자가가 아니라 그대로 예수의 십자가다. 상대방의 십자가가 나에게 오는 것은 나의 연약함 때문이다. 연약함이란 버려야 할 것이 아니다. 좋은 것이다. '선천적(先天的) 수용성(受容性)'이다.

> "오히려 우리는 우리의 **연약함**과(참조: 2코린 12,5) **우리 주 예수 그리스도의 거룩한 십자가를 매일 지는**(참조: 루카 14,27; 갈라 6,14) 일을 자랑할 수 있습니다"[55].

4.5. 감미로운 십자가

상대방을 모자란 그대로 받아들일 뿐만 아니라 상대방의 어둠까지 받아들이고, 나의 부족함만이 아니라 나의 어두움까지 그대로 받아들임을 나의 십자가 아닌 예수 그리스도의 거룩한 십자가라고 한다. 새롭게 펼쳐진 신세계가 너무도 거룩하기 때문이다.

프란치스코의 십자가가 예수 그리스도의 십자가가 되고, 이어서 예수 그리스도의 십자가가 프란치스코의 십자가가 되어 프란치스코가 더 어려워진 것이 아니라, 놀랍게도 천상의 감미로움이 예수 그리스도의 십자가의 배관(配管)을 타고 내려온다. 마치 어머니 뱃속에 있는

---

[54] 「참기쁨」 15.
[55] 「권고」 5,8.

아기가 탯줄로 이어진 어머니로부터 피와 물과 양분을 빨아들이듯이, 예수 그리스도의 십자가를 통하여 천상의 감미로움을 빨아들인다. 좁은 배관이 터져 폭포가 되어 감미로움이 쏟아진다. 예수 그리스도의 십자가는 우리를 끈질기게 따라다니는 오욕(五慾)을 끊어버리기 위한 것이기도 하지만, 그보다는 한없는 천상 세계의 감미로움을 맛보기 위한 것이다.

이 감미로움을 맛보면 맛볼수록, 즐기면 즐길수록 다시 한 번 인간 예수에 시선이 가지 않을 수 없다. 천상의 감미로움을 인간에게 전달하기 위하여 십자가에 매달려 있어야 하는 이 사람은 도대체 무슨 운명인가? 한 인간으로서 기구한 운명이다. 어떻게 그런 운명을 타고났을까?! 어떤 사람이기에 그런 순종을 하는가? 틀림없이 종의 종으로 태어난 누더기 옷의 거지가 아니고서는 그런 순종을 할 수 없다. 오히려 이쪽에서 저쪽의 운명을 한탄하게 된다. 그분의 인내를 알아듣고 놀라고 경외한다.

> "주님께서 저희에게 가지셨던 사랑과, 저희를 위하여 **말씀하시고 행하시고 견디어 내신 것을** 저희가 기억하고 알아듣고 경외할 수 있도록 **일용할 양식인 주님을 주소서**"[56].

프란치스코가 만난 고독(孤獨)한 예수 그리스도의 모습은 누더기 옷의 가난한 모습일 수밖에 없고, 그를 보자마자 너무도 가련하여 그에게 달려가지 않을 수 없고, 사랑하지 않을 수 없고, 나도 그를 따라 세상을 하직하지 않을 수 없고, 나를 근원에서 흔들어 놓는 모습일 수밖에 없지 않겠는가? 자신이 한번 본 그분의 모습을 프란치스코가 외모(外貌)로나마 그려내고 싶었을 것이다. 프란치스코의 거지 모습이 바로 그가 만난 예수 그리스도의 모습이었을 것이다.

---

[56] 「주님 기도」 6.

<프란치스코의 옷>

사랑의 소통 관계가 형성된 프란치스코의 마음은 예수 그리스도의 수난에 대한 사랑과 열정으로 녹아들어 깊은 감동으로 새겨졌다. 그리고 그의 나머지 전 생애에 그는 마음 안에 주 예수 그리스도의 상처를 지고 다녔다. 첼라노가 많은 이야기를 전한다.

> "그리고 그 때부터 그는 자기 눈앞에 언제나 어른거리는 듯 그리스도의 수난을 큰 소리로 외치고 슬퍼하며 울음을 그칠 날이 없었다. 그는 그리스도의 상처를 기억하느라 길거리를 한숨으로 채웠고, 어떤 위로도 마다하였다"[57].

> "나는 더 이상 필요한 것이 없습니다. 나는 불쌍하게(pauper) 십자가에 달리신 가난하신 그리스도를 알고 있습니다"[58].

4.6. 클라라의 연민의 정

프란치스코와 클라라는 의좋은 남매 같다. 열두 살 차이의 클라라는 흡사 큰 오빠를 졸졸 따라다니는 막내 여동생이다. 프란치스코와 클라라의 차이점은 사실 남성과 여성의 차이이지 체질적으로 속속들이 닮았다. 더구나 클라라의 정신 세계는 말할 나위 없다. 프란치스코의 이야기는 곧 클라라의 이야기가 된다. 특히 정신 세계에서 그러하

---

[57] 「2첼라노」 11.
[58] 「2첼라노」 105.

다. 그래서 그런지 클라라와 개인적인 친분이 두터웠던 성 보나벤투라는 프란치스코의 참다운 제자는 클라라 한 사람뿐이라고 일갈한다. 십자가를 바라보고 느끼는 감정도 서로 흡사하다.

"십자가에 달리신 분의 기쁨 위에서 그녀의 마음이 아무 방해도 받지 않고 생기를 얻기 위하여, 그녀는 주님의 **오상기도를**[59] 더 빨리 외웠다. 그녀는 십자가를 사랑하는 프란치스코가 만든 수난 성무일도를 배웠고, 또 그것을 **프란치스코와 흡사한 감정**(simili quoque more, with similar affection)으로 암송했다"[60].

'프란치스코와 흡사한 감정'이라면 클라라도 프란치스코처럼 애처로운(compassion) 연민의 정으로 그리스도의 십자가를 받아들였고, 프란치스코처럼 주님의 영(靈)을 체험했다는 뜻이 될 것이다. 첼라노는 이를 클라라 전기에서 이렇게 전한다.

"주님의 수난을 비통해 함은 그녀에게 익숙한 일이다. 그녀는 자주 자주 성흔(聖痕)에서 쓰디 쓴 몰약을 끝까지 마셨다. 그리스도의 수난의 눈물에 완전히 도취되어 사랑이 그녀의 마음에 깊이 박아주신 그리스도를 그녀는 쉽없이 생생이 모셨다"[61].

그녀는 수련자들에게 십자가에 달리신 그리스도께 눈물을 흘리라고 가르쳤고[62] 동시에 말로 그렇게 가르친 것을 행동으로 보였다. 종종 그들에게 사적으로도 눈물을 흘리라고 권고하고서는 말이 채 끝나기도 전에 눈물을 쏟았다. 하루의 일과 중에 육시경과 구시경에 그녀는 늘 큰 비탄에 빠졌고, 제물이 되신 주님과 함께 제물이 되었다[63].

---

[59] 참조: 부록.
[60] 「클라라 전기」 30.
[61] 참조: 「1아녜스 편지」 13-14.18; 「2아녜스 편지」 19-21; 「4아녜스 편지」 23-27..
[62] 「시성 증언록」 11,2.
[63] 「시성 증언록」 10,3; 「클라라 전기」 30.

클라라의 경우도 감정에 북받쳐서 나온 행위들이 아니다. 자신이 그리스도의 고통이 되어 나온 행위임을 알 수 있다.

5. 소통

소통이란 상대방과의 대화로 이루어지는 것이 아니다. 애정(amor)과 사랑(caritas)이 없이도 얼마든지 대화는 가능하다. 애정과 사랑이 없는 대화는 소통이 아니라 타협이다. 비록 상대방과 대화가 이루어지지 않았다고 해도 애정과 사랑이 있으면 이것이 소통[64]이다. 애정과 사랑 안에서만 서로가 하나가 되기 때문이다.

6. 나환자, 프란치스코, 중세 교회, 예수 그리스도

회개의 과정에서 나환자의 처참한 외모가 프란치스코에게 한 몫을 크게 했다[65]. 오욕을 진지하게 바라본 사람이라면, 나환자의 처참한 모습이 그대로 우리 오욕(五慾)의 모습임을 어렵지 않게 볼 수 있을 것이다. 예수 그리스도의 처참한 모습 또한 오욕의 모습이라서, 우리의 오욕이 스르르 녹는다. "그는 죄인들 가운데 하나로 헤아려졌다"[66].

예수 그리스도께서 지금 나환자로 그렇게 오욕의 고통이시며 고뇌이시고, 그렇게 지금도 인간 안에서 고통과 고뇌로 존재하고 계시며, 따라서 오욕만이 아니라 오욕에서 오는 고통과 고뇌도 그렇게 예수 그리스도임을 프란치스코가 알게 된 것이다[67]. 이는 당시 중세 교회의 상황이기도 하다.

중세 교회는 그 정신이 많이 변질되어 있어서, 가톨릭 본래의 정신

---

[64] "communication"(소통)은 어원적으로 'com'(같은) + 'unicus'(하나의)이다. 그러므로 '소통'의 어원적 의미는 '하나'가 되었음을 뜻하는 것이지 '이해'하였음이 아니다.

[65] 참조: 「유언」 1-3.

[66] 마르 15,28.

[67] G.P. FREEMAN–H. SEVENHOVEN, 「The Legacy of a Poor Man」, 『Franciscan Digest』 3(1993), No. 1, 12.

에서 멀리 떨어져 있었다. 전기(傳記)에서는 "십자가에 달리신 그리스도의 그려진 고상이 입술을 움직이면서 말을 하였다. 고상이 그의 이름을 부르며 말하였다. '프란치스코야, 보다시피 다 허물어져 가는 나의 집을 가서 수리하여라'"[68] 하고 신화적(神話的)으로 묘사하지만, 가톨릭의 본래의 정신과 현실과의 괴리(乖離)에서 허물어져가는 교회를 피부로 느꼈을 프란치스코이고 보면, 그리스도와 교회의 현실과의 간격이 멀고 먼 만큼이나, 십자가에 달리시기까지 하여 죽음으로 모든 것을 말씀하신 예수 그리스도의 헛수고가 오히려 더 가엾고, 또한 연민(憐憫)의 정(情)까지 느꼈을 것이다.

그러나 자신은 뜻하지 않게 하느님의 은총으로 나환자를 만나서 예수 그리스도와 자신이 하나인 관계를 알아듣고 운 좋게도 회개를 하게 된 것이지, 프란치스코도 무너져가는 교회와 다를 바가 하나도 없었다. 나환자가 아니었더라면 그도 중세 교회처럼 여전히 죄에서 벗어나려고 허우적거리기만 하였을 뿐, 결코 죄에서 벗어나지를 못했을 것이다. 그도 중세의 교회처럼 허물어져 가는 집으로 남아 있었을 것이다. 자신은 허물어져가는 집이었다가 겨우 은총으로 수리가 되었다. 사실 그때까지 프란치스코가 살아왔던 어두움과 갈등과 고뇌는 한 치도 다르지 않게 그대로 당시의 중세 교회의 고통과 고뇌였지 않았겠는가? 그래서 그는 당시의 이단자들처럼 교회를 비방하고 헐뜯으며 교회를 박차고 떠나지 못하고, 교회에 그대로 남아 있을 수밖에 없었을 것이다. 싫어서 떠남은 나와 너의 다름을 뜻하는 것이라서 프란치스코는 떠남을 몹시 경계한다[69].

오욕(五慾)의 고통과 고뇌에 허우적거리는 프란치스코와 나환자 그리고 중세 교회와 예수 그리스도는 하나다. 모두가 다 가엾은 존재들임을 예수 그리스도께서 십자가에서 보여주시는 것이다. 하나임을 보여 우리를 오욕에서 벗어나게 하려는 것이니, 여기서 사랑이 흘러나

---

[68] 「2첼라노」 10.
[69] 참조:「권고」 3,9.

온다. 나의 고통이 예수 그리스도의 십자가를 거쳐 사랑으로 변하여 내려온다.

나는 너다. 나는 옳고 너는 틀렸다가 아니다. 너는 나다. 그래서 나는 너의 종이 될 수 있다. 우리는 모두가 똑같이 허우적대는 죄인이다. 그래서 희망 없이 허우적대는 인간의 모습을 애써 죄인이 되어 보여주신 그리스도를 통해서 우리 모두가 구원을 받는다.

"그분은 당신의 양들을 위해 목숨을 바치셨습니다"[70].

6.1. 고통의 교환

젊은 시절을 방향을 잡지 못하고 오욕(五慾)에서 벗어나려고 발버둥만 치며 살아온 프란치스코다[71]. 자신의 그 모습을 그대로 보여주는 십자가상의 고통과 고뇌가 프란치스코에게 피부로 다가왔을 것이다. 그것을 극렬하게 보여주어 프란치스코의 정신을 일깨워 준 사건이 나환자와의 만남이었을 것이다. 일깨워진 정신은 어두움에서 벗어난 정신이다. 자신의 고통은 나환자의 고통이었고, 교회의 고통이었고, 그리스도의 고통임을 확연히 깨달은 벗어남이다.

이 일을 성취하려는 성부의 뜻에 맞추어, 십자가의 사형을 각오해야 하는 그리스도는 무슨 운명인가? 이런 운명도 있는가? 이 운명을 받아들이는 종이 있다면, 그 종은 헐벗고 굶주린 보잘것없는 죽은 송장이나 다름없는 종이다. "저 사람은 누군가?"하고 시선이 예수에게 갈 수밖에 없다. "이 사람을 보십시오(Ecce homo)!".

인간 예수에 대한 프란치스코의 헌신적인 애정은 당시까지 내려오는 예수 그리스도에 대한 종교적 태도와는 판이하게 다른 모습이다. 당시까지는 십자가란 대상적(對象的)으로 앞에 걸려 있을 뿐이고, 예

---

[70] 「1신자 편지」 1,3.
[71] 참조: 「십자가 기도」.

수 그리스도를 관상한다고 해도 예수 그리스도의 생애에서 어떤 한 부분을 떼어 그 부분을 상상하거나 청원기도를 바치는 것이 고작이었다.[72] 그러나 프란치스코의 경우는 자신의 고통이 예수 그리스도의 십자가의 사랑으로 사라지고, 그 자리에 예수 그리스도의 고통이 들어왔다.

> "그는 끊임없는 묵상을 통하여 그리스도의 말씀을 되새겼고, 예리한 사고력으로 그리스도의 행적을 되새겼다. **육화의 겸손과 수난의 사랑**이 특히 그를 사로잡았으므로 그는 다른 것은 생각하고 싶지도 않았다".[73]

7. 예수 마음

앞서 살펴본 바와 같이 그리스도에 대한 프란치스코의 연민의 정이란 단순히 감상에 젖어듦을 뜻하지 않는다. 연민의 정이란 고뇌하는 인간이 서로 소통하는 본연의 모습이기 때문에 이는 외적인 행동으로 발휘(發揮)되게끔 되어 있다. 연민의 정이 싹처럼 솟아올라온 내면(內面)의 그 자리에서 행동으로 발휘(發揮)된다.

대표적인 경우가 예수 그리스도의 마음이다. 예수 그리스도의 마음도 프란치스코처럼 연민의 정이다. 아니 예수의 마음이 연민의 정이기에 프란치스코가 그 마음을 가진 것이다. 예수의 이 마음이 당신으로 하여금 사람이 되게 하였다.

> "**그리스도 예수님께서 지니셨던 바로 그 마음을 여러분 안에 간직하십시오.** 그분께서는 하느님의 모습을 지니셨지만 하느님과 같음을 당연한 것으로 여기지 않으시고 오히려 당신 자신을 비우시어

---

[72] E. Brien PURFIELD, O.F.M., 「The images of Christ in the spiritual life of S. Clare of Assisi」, Canterbury, 1989, 19.
[73] 「1첼라노」 84.

종의 모습을 취하시고 사람들과 같이 되셨습니다. 이렇게 여느 사람처럼 나타나 당신 자신을 낮추시어 죽음에 이르기까지, 십자가 죽음에 이르기까지 순종하셨습니다"[74].

프란치스코와 클라라가 바로 예수의 마음을 지닌 것이다. 예수의 이 마음이 무리를 이루어 이리저리 돌아다니는 사람들을 늘 가엾게 보았다.

"예수님께서는 배에서 내리시어 많은 군중을 보시고 **가엾은** 마음이 드셨다. 그들이 목자 없는 양들 같았기 때문이다. 그래서 그들에게 많은 것을 가르쳐 주기 시작하셨다"[75].

특히 배고픈 사람이나 가난한 과부들에게 그러하였다.

"저 군중이 **가엾구나.** 벌써 사흘 동안이나 내 곁에 머물렀는데 먹을 것이 없으니 말이다. 내가 저들을 굶겨서 집으로 돌려보내면 길에서 쓰러질 것이다. 더구나 저들 가운데에는 먼 데서 온 사람들도 있다"[76].

"주님께서는 그 과부를 보시고 **가엾은** 마음이 드시어 그에게, '울지 마라'하고 이르시고는, 앞으로 나아가 관에 손을 대시자 메고 가던 이들이 멈추어 섰다. 예수님께서 이르셨다. '젊은이야, 내가 너에게 말한다. 일어나라'"[77].

또한 예수님 시대에는 모든 병들의 원인을 죄로 여겼다[78]. 피부병이나 나병은 말할 나위가 없었다. 예수님도 병을 낫게 하시고는 죄를 짓지 말라고 타이르신다.

---

[74] 필립 4,5-8.
[75] 마르 6,34.
[76] 마르 8,2-3.
[77] 루카 7,13-14.
[78] 『마르코 복음서』, 정양모 역주, 분도출판사, 1981, 41.

"나병환자가 예수님께 와서 도움을 청하였다. 그가 무릎을 꿇고 이렇게 말하였다. '스승님께서는 하고자 하시면 저를 깨끗하게 하실 수 있습니다'. 예수님께서 **가엾은 마음이 드셔서** 손을 내밀어 그에게 대시며 말씀하셨다. '내가 하고자 하니 깨끗하게 되어라'. 그러자 바로 나병이 가시고 그가 깨끗하게 되었다"[79].

"그 뒤에 예수님께서 그 사람을 성전에서 만나시자 그에게 이르셨다. '자, 너는 건강하게 되었다. 더 나쁜 일이 너에게 일어나지 않도록 **다시는 죄를 짓지 마라**'"[80].

특히 예수님은 죄인에게 자비로웠고, 대표적인 죄인인 세리와 창녀에게 그러하였다.

"예수님께서 그곳을 떠나 길을 가시다가 마태오라는 사람이 세관에 앉아 있는 것을 보시고 말씀하셨다. '나를 따라라'. 그러자 마태오는 일어나 그분을 따랐다. 예수님께서 집에서 식탁에 앉게 되셨는데, 마침 많은 **세리와 죄인**도 와서 예수님과 그분의 제자들과 **자리를 함께하였다**. 그것을 본 바리사이들이 그분의 제자들에게 말하였다. '당신네 스승은 어째서 **세리와 죄인들과 함께 음식을** 먹는 것이오?'. 예수님께서 이 말을 들으시고 그들에게 말씀하셨다. '튼튼한 이들에게는 의사가 필요하지 않으나 병든 이들에게는 필요하다. 너희는 가서 '내가 바라는 것은 희생 제물이 아니라 **자비다**' 하신 말씀이 무슨 뜻인지 배워라. 사실 나는 의인이 아니라 **죄인을 부르러 왔다**'"[81].

가난한 이들, 소외받는 이들의 고통을 그대로 느끼고, 특히 죄인들의 고통을 그대로 느꼈던 예수 그리스도였지만, 이를 감상적으로만 표출하지 않았다. 십자가 위에서의 고통은 이것의 연속이었고, 그럴 수밖에 없는 그의 운명이었다.

---

[79] 마르 1,41-42.
[80] 요한 5,14.
[81] 마태 9,9-13.

어머니가 아기에게 젖을 물리고 싶어 하듯이, 죄인들의 고통을 그대로 느꼈기에, 우리의 구원자이신 예수 그리스도는 우리가 늘 당신에게 붙어서 천상의 감미로움을 빨아들이기를 바라신다.

> "내 안에 머물러라. 나도 너희 안에 머무르겠다. 가지가 포도나무에 붙어 있지 않으면 스스로 열매를 맺을 수 없는 것처럼, 너희도 내 안에 머무르지 않으면 열매를 맺지 못한다. 나는 포도나무요 너희는 가지다. 내 안에 머무르고 나도 그 안에 머무르는 사람은 많은 열매를 맺는다. 너희는 나 없이 아무것도 하지 못한다."[82]

8. 그리스도와의 일치

앞서도 말했지만, 인간의 연약함과 죄 앞에서 예수 그리스도가 인간에게 보일 수 있는 가장 진실한 최후의 모습은 말없는 십자가상의 죽음이다. 이 죽음 앞에서 이번에는 프란치스코가 인간이 보일 수 있는 최후의 모습을 보인 것이다. 서로 연민의 정으로 소통한 것이다. 예수 그리스도의 마음과 프란치스코의 마음이 같아진 것이다. 하나가 된 것이다. 그리스도와 하나가 된 프란치스코는 이제 그리스도의 입을 빌려서 자신의 기도를 한다. 그는 자신이 그리스도와 일치하였노라고 말하지 않지만, 프란치스코는 예수가 되어 겟세마니의 기도를 바친다.

> "거룩하신 아버지, 본래 아버지의 사람들이었지만 나에게 맡겨주신 이 사람들을 아버지의 이름으로 지켜주십시오 그리고 나는 나에게 주신 말씀을 이 사람들에게 전하였습니다. 그들은 그 말씀을 받아들였고, 내가 아버지께로부터 왔다는 것을 참으로 믿었으며, 아버지께서 나를 보내신 것을 깨달았습니다. 나는 세상을 위하여 간구하는 것이 아니라, 이 사람들을 위하여 간구합니다. 그들을 축복하시

---

[82] 요한 15,4-5.

며 거룩하게 하시고, 그들을 위하여 나도 나 자신을 거룩하게 합니다. 나는 이 사람들만을 위하여 간구하는 것이 아니라, 이 사람들의 말을 듣고 나를 믿는 사람들을 위하여도 간구합니다. 아버지와 내가 하나인 것처럼 이들도 거룩해져 하나가 되게 하소서. 그리고 아버지, 그들도 내가 있는 곳에 함께 있게 하시고, 당신의 나라에서 나의 사랑을 그들이 볼 수 있게 하소서. 아멘"[83].

프란치스코가 쓴 「주님의 수난 성무일도」의[84] 주인공은 예수다. 고통 당하는 예수다. 즉, 예수가 아버지 하느님께 고통의 노래를 드리는 시편 기도이지만 사실은 프란치스코의 기도다. 프란치스코가 성자의 입을 빌어 성부께 기도드리면서 그리스도와 일치를 이룬 것이다. 그리스도를 닮은 프란치스코처럼 죄인이나 부족한 사람들이 그리스도를 모른 채, 자신들도 인식하지 못하는 어두움에 싸여 살아가는 모습을 가엾이 여기고 이것을 마음속 깊이 품으면 그는 그 자리에서 그리스도다.

죄인의 고통은 크다. 밖으로 보이지 않는 경우가 많지만 어마어마하게 크다. 부족한 사람이 겪어야 하는 고통도 크다. 밖으로 드러나지는 않지만 아주 크다. 본인들이 이 실상을 느끼지 못하고 살아가는 경우가 대부분이어서 이를 바라보는 입장은 더 고통스럽다. 이것이 그리스도의 고통이어서, 이를 우리도 프란치스코처럼 느끼고 살아가면 우리도 그리스도와 이미 하나다. 사람들의 말 못하는 고통에, 그리고 본인들도 느끼지 못하는 어두움에 측은한 마음을 가졌다면 그는 그리스도다. 비난이나 불평이 아닌 측은한 마음을 가지는 순간 그는 그리스도다. 그리고 그리스도와 하나가 되는 순간 성부를 만나고 성령을 만난다. 측은한 마음을 가지고도 그 자리에서 성부와 성령을 만나지 못했다면, 이 측은한 마음은 또 하나의 우월감일 것이다.

반면에 클라라는 프란치스코 이상으로 예수 그리스도의 십자가를

---

[83] 참조: 「1신자 편지」 1,14-19; 「2신자 편지」 56-60.
[84] 참조: 「수난 성무」 서문.

거울로 여겨, 끊임없이 이 십자가와 하나가 되는 작업을 그녀의 온 생애에 걸쳐 펼친다. 그리고 그 일치를 신랑과 신부의 이미지를 이용하여 표현한다. 본 논문은 클라라의 이 여정을 따라가려고 노력한 글이라 여기면 될 것이다.

9. 클라라와 거울

9.1. 프란치스코와 거울

"프란치스코는 암흑 세계의 지배자인 마귀와의 관계에서는 이 세상을 전쟁터로 보았지만, 하느님과의 관계에서는 선하신 하느님의 매우 밝은 거울로 보았다"[85]. "그가 돌 위를 조심스럽게 걸은 것은 그분이 바위로 불리신 때문이었다. '바위 위에 이 몸을 올려 주소서'[86]하고 시편을 욀 때, 그는 더 큰 존경심으로 '바위의 발치에까지 이 몸을 올려 주소서'하고 말하곤 하였다"[87]. 또한 프란치스코는 가난한 사람의 가난과 병고를 우리를 위한 예수 그리스도의 가난과 병고를 비추어주는 거울로 보았다.

> "가난한 사람을 보게 되면 그대는 그의 이름을, 그리스도의 이름으로 오시는 분, 즉 우리의 가난과 병고를 다시 입으시려 오신 그리스도로 여겨야 합니다. 그 사람의 가난과 병고는 우리에겐 우리 주 예수 그리스도께서 인류 구원을 위해 당신 몸에 지니셨던 그 가난과 병고를 비추어주는 **거울**로 여겨야 합니다"[88].

---

[85] 「2첼라노」 124.
[86] 시편 61,3.
[87] 「2첼라노」 124.
[88] 「아씨시 모음집」 89.

그렇다면 이는 그가 십자가에 주제적으로 거울이라는 명사(名詞)를 클라라처럼 붙이지는 않았지만, 인류를 위한 가난과 병고의 그리스도의 십자가가 이미 인류를 위한 거울임을 암시하는 것이다. 죄를 짓는 인간을 향하여 질책을 하지 않고, 죄 앞에서 고뇌하는 인간에게 초점을 맞춘 십자가상의 그리스도의 고통에서 하느님의 사랑과 자비를 깨달은 프란치스코에게 이제 십자가는 천국을 그대로 반사하는 거울이 되었음에 틀림없다. 프란치스코는 가난한 사람만이 아니라, 심지어 바위까지 그리스도로 보았다. 프란치스코는 모든 사물들을 그리스도를 재현하는 현재의 그리스도로 보았다. 이는 그가 그리스도를 통하여 지상의 모든 사물과도 소통을 이루었다는 뜻이 된다. 지상의 모든 사물도 프란치스코에게 이제는 빛이 되었다. 그가 지은 「태양 형제의 노래」가 그 대표적인 경우다.

이것을 알아차린 클라라가 다미아노 수녀원으로 숨어들어 십자가를 거울로 파고들은 것이다. 프란치스코가 주제적으로 언급하지 않은 십자가의 거울을 미리 알아채고 클라라가 이것을 손에 쥐고 숨은 것이다. 그리고 그것을 다미아노 수녀원에서 살았다. 어린 맹수 새끼들이 어미가 물어다 준 고기 한 점을 물고 멀리 도망가서 조용히 맛있게 먹는 격이다. 이는 클라라 고유의 성실성이고, 정확성이며 클라라 고유의 집중력이기도 하다. 프란치스코의 핵심이 무엇인지를 클라라가 정확하게 짚어서 간접적으로 우리에게 가르쳐주기에 클라라에게 대단히 감사해야 할 일이다. 클라라는 봉쇄 수녀원에서 숙성시키는 과정을 철저히 거쳤다.

9.2. 클라라의 거울

클라라처럼 예수 그리스도의 십자가를 "거울"(speculum)이라고 명시(明示)하는 것과, 프란치스코처럼 비주제적으로 언급하는 것과는 큰 차이가 있다. 명시적으로 언급하면 십자가가 우리에게 거울의 역할을 적극적으로 하기 시작한다. 클라라의 말대로 예수 그리스도의 십자가를 거울로 여기며 살아온 사람은 클라라에게 이루 말로 다할 수 없는 감사를 드리고 있을 것이다. 왜냐하면 우선 거울의 십자가가 나의 어두움을 소멸시켜서 "이제야 살 것 같다!" 하는 말이 저절로 입에서 나올 것이기 때문이다. 예를 들어, 우리는 누구나 예외 없이 '지금'의 어떤 상황 안에 놓여 있다. 지금 어떤 상황에 놓여 있지 않은 사람은 아무도 없다. 이때 거의 대부분이 '지금'을 변경시키려고 한다. '지금' 피곤하다고 하자. 그러면 빨리 '지금'의 상황을 벗어나서 쉴 생각을 한다. '지금'이 빨리 끝나기를 기다린다. 이처럼 '지금' 앞에서 늘 '나'(ego)가 쉴 새 없이 꿈틀댄다. 예수 그리스도처럼 가난하게 '지금'에 나를 던질 줄을 모른다. '지금'에 나를 던진다 함은 '지금' 나의 내적(內的) 외적(外的) 상황을 겸허히 그대로 받아들임이다. 이 가난과 겸손의 거울로 '지금'에 나를 던지지 못하는 나를 비춘다. 예수 그리스도의 가난과 겸손의 십자가로 나를 비추면 '지금'의 상황을 견디지 못하고 변경하려고 불편해 하고 주장하던 '나'가 사라진다. 사라지면 늘 행복하다. "이제야 살 것 같다!" 하는 말이 저절로 입에서 나올 것이다. 둘째로, '지금' 깨끗한 사람은 마음의 작은 움직임까지 깨끗한 거울에 포착된다. 눈에 들어온다. 특히 소죄에 해당하는 어두운 잡념이 여지없이 탐조등(探照燈, search light)에 걸려든다. 어두운 잡념이나 나의 소죄까지 속속들이 끄집어내어 없애줘서 깨끗해지는 자신을 느낄 것이다. 내 힘으로 어떻게 해서든지 이런 저런 수를 다 써서 분심 잡념을 없애려고 발버둥 쳐봐도 모두가 헛수고요, 또 다시 분심 잡념에 빠져 허우적댔던 경험이 있는 사람은 클라라를 붙들고 울 것이다. 셋째로, 이 십자가의 거울이 나의 무의식의 어두움까지 들춰내어 대청소를 하고 있는 모습을 보노라면 놀랄 것이다.

인류 역사 이래 지금까지 프란치스코를 포함하여 종교가, 철학가, 과학자, 예술가 등 인류에게 공헌한 많은 사람들이 있지만, 단연 클라라를 우뚝 솟은 최고의 공헌자로 여기지 않을 수 없다. 십자가를 거울이라고 한 말 한마디 때문이다. 십자가는 지금까지 내 방에 걸려 있었다. 그러나 거울로 걸려 있지는 않았다. 클라라가 십자가를 거울이라고 하면서부터 십자가가 나를 비추기 시작했다. 예수 그리스도의 십자가를 지금 이 자리에서 유효화시킨 사람은 클라라다. 프란치스코가 아니다. 그리스도도 아니다. 다른 인류의 공헌자들의 공헌이 많지만, 그 공헌을 지금 이 자리에서 느끼며 살아가는 경우는 드물다. 그러나 클라라의 경우는 그렇지가 않다. 십자가의 거울이 지금 효과를 내어, 우리들을 구중궁궐(九重宮闕)의 비원(秘苑, secret garden)으로 금새 끌고 들어가, 그곳에서 하느님만을 즐기어 그곳에서 나오고 싶지 않도록 만든다. 이 비원(秘苑)이 우리들의 모든 욕망을 잠재우고 오욕(五慾)을 흔적도 없이 사라지게 한다. 클라라가 신랑 신부의 신방(新房)을 하느님과의 만남의 밀실(密室)로 비유한 것은 매우 타당하고 적절함을 느낄 것이다. 우리에게 지금 이 자리에서 직접적으로 영향을 주는 클라라에게 프란치스코보다도 더 고마움을 느끼고, 그녀를 더 사랑하지 않을 수 없을 것이다. "아, 나는 클라라 때문에 살았다!"는 말을 고백하지 않을 수 없을 것이다. 클라라 덕분에 거울을 늘 품에 안고 살게 되고, 이 세상도 거울로 빛나고, 밤이나 낮이나 더 바랄 것이 없게 되니, 언제 어디서나 늘 별이 빛나는 별 헤는 밤이다. 프란치스코도 이루지 못한 일을 클라라가 이룬 것이다. 클라라는 자신을 작은 형제회의 '작은 묘목'이라고 여기지만 사실은 그 이상이다. 클라라가 있어서 작은 형제회가 빛난다. 프란치스코와 클라라는 하느님의 오묘한 작품이다.

  당시의 거울 문학이나 거울 신학은 우리를 반성하라는 차원에서 거울을 비유로 들지만, 이와 다르게 클라라는 거울이신 그분이 되기 위하여 거울을 들여다보라고 한다. 많은 수도자들도 문학가들처럼 하나의 반성의 시작으로 거울의 비유를 들었지만, 클라라의 경우는 그렇지가 않다. 물론 반성의 차원도 있지만, 그 차원을 넘어서 거울이 되라고 하는 것이다. 사실 거울에 비추어 반성을 하고 나면, 반성거리가 사라지면서 빛만 남기 때문에 저절로 빛이 된다. 그래서 그녀는 우리에게 매일매일 드리는 기도의 방법을 매우 깊은 통찰력으로 다음과 같이 제시한다.

9.3. 놓으십시오(pone)

클라라는 아녜스에게 정신과 영혼과 마음을 우선 거울에 놓기를 바란다. 이제 나의 정신 상태와 영혼 상태와 마음 상태가 환한 거울에 비쳐서, 그 모습이 드러났다가, 빛의 거울에 우리들의 문제가 속속들이 드러나고, 드러난 문제들이 빛에 녹는다.

> "그대의 정신을 영원의 거울 안에 놓으십시오
> 그대의 영혼을 영광의 광채 안에 두십시오
> 그대의 마음을 하느님 본질의 형상 안에 두고
> 관상(觀想)을 통하여 그대 자신 전부를
> 그분 **신성(神性)의 모습**으로 변화시키십시오"[89].

이 녹아 없어진 상태가 **신성의 모습(imagina divinitatis)**이다. 이 신성의 모습을 맛보고 싶으면 서둘러서 정신과 영혼과 마음을 십자가의 거울 앞에 놓아야 할 것이다. 거울 앞에 놓는 이 작업이 그녀의 기도요 관상 생활이다. 거울 앞에 놓기만 하면 그 다음엔 저절로 진행이 된다. 클라라가 무엇을 능동적으로 해야 하는 것이 아니다. 클라라는 거울에서 어떤 주제를 설정하지 않는다. 이는 다른 성인 성녀들의 관상법과의 큰 차이다. 거울 앞에 놓기만 하면 저절로 그리스도로 변화되는 것이다[90]. 자신의 상태를 거울 앞에 놓기만 하면 되는 것이다.

이는 그리스도를 모방하는 것이 아니다. 그리스도로 변화되는 과정에 놓는 것이다. 그리스도께서도 "그러므로 하늘의 너희 아버지께서 완전하신 것처럼 너희도 완전한 사람이 되어야 한다"[91]고 말씀하시고, "내가 너희에게 한 것처럼 너희도 하라고, 내가 본을 보여 준 것이

---

[89] 「3아녜스 편지」 12-13.
[90] 이 점이 걱정과 염려를 한켠으로 치워놓고 기다리는 타종교와 클라라와의 큰 차이점일 것이다.
[91] 마태 5,48.

다"[92]하고 말씀하신다. 이는 프란치스코를 그대로 모방한 단순한 형제 요한이나 바오로 사도와도 다르다. 바오로 사도는 불완전한 일치를 거울로 비유하고, 그때에 가서야 하느님과 서로 완전하게 알게 될 거라고 말한다[93]. 바오로 사도의 말대로 얼굴과 얼굴을 맞대어 보는 이미지를 거울로 사용하는 것은 적절하다 하겠다. 서로 희미하게 바라보는 이 거울의 비유도 클라라의 철(鐵)거울 비유와 동일하다. 그러나 클라라의 희망은 지금 이 자리에서의 변화다. 사도 바오로처럼 먼 훗날이 아니다. 현재를 비추는 빛이다. 이 거울은 현재와 눈(目) 사이에 놓여 있는 매개체가 아니라, 이 거울은 모든 것을 소멸시키고 난 지금 이 자리다. 거울이 잠시 어두운 대상들을 비쳤다가 그것들이 사라지면서, 현재가 된 것이다. 클라라는 아녜스에게 거울 안에서 관상하라고 하지 않고 거울을 관상하라고 한다.

클라라가 관상하는 것은 인간 그리스도다. 사람의 아들 그리스도다. 거울의 그리스도다. 그녀는 속속들이 육화의 신비와 구원의 신비를 넘나들며 이 거울 앞에 자신을 놓는다. 거울 앞에 자신을 놓을수록 '자아(自我, ego)가 노출된다. 그래서 더더욱 거울의 구석구석을 돌며 관상을 한다. 그녀는 아무 서술 없이 거리낌 없이 누구나 이 거울에 초대한다.

> "바로 이 거울 친히 십자 나무에 달리셔서 행인들에게 여기에 생각해 볼 것이 있다고 권하시며 이렇게 말씀하십니다. '오, 길을 지나가는 모든 이들이여, 살펴보고 또 보십시오. 내가 겪는 이 내 아픔 같은 것이 또 있는지'"[94].

---

[92] 요한 13,15.

[93] "우리가 지금은 **거울**에 비친 모습처럼 어렴풋이 보지만 그때에는 얼굴과 얼굴을 마주 볼 것입니다. 내가 지금은 부분적으로 알지만 **그때에는** 하느님께서 나를 온전히 아시듯 나도 온전히 알게 될 것입니다"(1코린 13,12); "우리는 모두 너울을 벗은 얼굴로 주님의 영광을 **거울**로 보듯 어렴풋이 바라보면서, 더욱더 영광스럽게 그분과 같은 모습으로 바뀌어 갑니다. 이는 영이신 주님께서 이루시는 일입니다"(2코린 3,18).

[94] 아가 1,12; 「4아녜스 편지」 24-25.

클라라에게는 그리스도만이 영원한 지혜의 거울이요, "영원한 영광의 광채"[95] 다. 클라라는 위에서 보았듯이 세 번에 걸쳐서 "놓으십시오"(ponere, place) 한다. "그대의 정신을 영원의 거울 안에 놓으십시오. 그대의 영혼을 영광의 광채 안에 두십시오. 그대의 마음을 하느님 본질의 형상 안에 두십시오". 우리들은 흔히 우리의 정신과 영혼과 마음을 세상살이 걱정이나 수도원 걱정에 두기에, 어디에다 놓고 비추어 볼 대상이 없다. 그렇게 되면 정신과 영혼과 마음이 빛을 받지 못하기에 어두운 줄도 모르고 매일 그저 그렇게 살고 만다. 그렇게 되면 아무 영신적 발전이 없으니 정신 상태와 영혼 상태와 마음 상태를 "영원한 거울", "영광의 광채", "본질의 형상" 앞에 두어, 모든 때를 걸러 빼서 정신과 영혼과 마음이 신성의 모습으로 바뀌도록 해야 한다는 것이다.

정신과 영혼과 마음은 중세 신학의 주요 주제였다. 마음이 지성과 지식을 다루는 것으로 보았고, 영혼은 의지와 사랑, 그리고 정신은 기억을 주관하는 것으로 여겼다. 그런데 이 정신과 영혼과 마음이 원죄로 인하여 흐려졌다고 보는 것이다. 클라라가 보는 관점에서 그 회복은 오로지 영원의 거울인 성자 앞에 이것들을 놓을 때 가능하다는 것이다[96].

> "그분은 첫 조상이 범한 죄의 결과로 묶여 있던 우리를 어둠의 우두머리의 군세로부터 구해내시고, 하느님 아버지와 우리를 화해시키려고, 우리 모두를 위해서 십자가의 수난을 감수하셨습니다"[97].

다시 말하면, 마음을 "본질의 형상"이신 성령 앞에 놓으면 지성이 올바르게 작용하고, 영혼을 "영광의 광채"이신 성부(聖父) 앞에 놓으면 영혼이 의지를 올바르게 사용하고, 정신을 "영원의 거울"이신 성자 앞에 놓으면 기억이 옳게 작용한다는 것이다. 십자가 앞에 놓는다 함

---

[95] 「4아녜스 편지」 14.
[96] E. Brien PURFIELD, O.F.M., 「The images of Christ in the spiritual life of S. Clare of Assisi」, Canterbury, 1989, 81-82.
[97] 「1아녜스 편지」 14.

은 성자 앞에만 놓는 것인데, 실제로는 시각에 보이는 십자가에 국한되지 않는다. 삼위일체 안에서 보고 있다. 공간적인 십자가가 거울이 아니다. 삼위 모두가 거울이다.

"오, 여왕이시여, 예수 그리스도의 정배시여, 이 거울을 **매일** 들여다보고 계속해서 그 안에서 당신 얼굴을 살펴보십시오"[98].

얼굴을 한두 번 비춰보고 마는 것이 아니다. 결국 지성(知性)과 의지(意志)와 감성(感性)을 늘 성부와 성자와 성령 앞에 놓아 비추어야 한다는 것이다.

9.4. 지성, 의지, 감성

지성과 의지와 감성을 성부와 성자와 성령 앞에 놓고 비춘다는 말은 막연하기 이를 데 없는 말이다. 지성은 우리의 감각에 들어오지 않기 때문에 성부 앞에 가져다 놓을 수가 없다. 그리고 성부도 감각에 들어오지 않는다. 감각에 들어오지 않는 것을 감각에 들어오지 않는 것 앞에 놓을 수는 없다. 의지와 성자, 감성과 성령도 마찬가지다.

결국 지성과 의지와 감성이 영혼의 작용일진대, 그리고 성부와 성자와 성령이 하느님일진대, 간단하게 축약하여 영혼을 하느님 앞에 놓으라는 말이 될 것이다. 그래도 어려움은 여전히 남는다. 영혼도 감각에서 멀고 하느님도 감각에서 멀다. 다행스러운 것은 영혼을 일깨우는 성령이 있다.

9.4.1. 주님의 영(靈)

프란치스코에게 있어서 성령은 삼위일체 하느님의 제 3위를 칭하나 그가 '주님의 영'이라고 칭할 때는 우리 안에 머무시면서 우리 안에서

---

[98] 「4아녜스 편지」 15.

활동하시고 우리를 영적인 사람으로 변화시켜 주시는 성령의 실재를 의미한다[99]. 따라서 그가 '주님의 영'이라고 할 때는 회개한 자의 영을 칭한다 할 것이다.

주님의 영은 섬기러 오신 분의[100] 영(靈)이기에 누구든지 받든다. 어느 한 사람이라도, 어느 한 생물도, 어느 한 무생물도 받들기 싫은 것이 이 세상에 있다면, 그에게는 주님의 영이 없다.

> "하느님의 종이 **주님의 영**을 지니고 있는지는 이렇게 알 수 있습니다. 육(肉)은 항상 모든 선을 거스르기에, 주님께서 그 사람을 통하여 어떤 선을 행하실 때, 그의 육이 그 때문에 자신을 높이지 않고, 오히려 자신을 더 비천한 자로 여기며 다른 모든 사람들보다도 자신을 더 작은 자로 평가할 때 알 수 있습니다"[101].

그러므로 무의식적 우월감이라고 해도 우월감이 있는 사람에게는 주님의 영이 없다. 주님의 영은 늘 뒤에서 역할을 하기를 좋아하고(몸을 사리는 것이 아님), 늘 밑에 머무는 자에게 있다. 주님의 영은 겉으로 드러나려 하지 않고, 주님의 영을 모시고 사는 사람은 삼위일체 안에서 산다.

> "저는 인간이 아닌 구더기, 사람들의 우셋거리, 백성의 조롱거리(참조: 시편 21,7). 우리는 절대로 다른 사람들 위에 있기를 바라서는 아니 되며, 오히려 하느님 때문에 모든 인간 피조물의 종이요 아랫사람이 되어야 합니다(참조: 1베드 2,13). 그리고 이런 일을 실천하고 끝까지 이런 일에 항구한 모든 남녀들에게 **주님의 영**이 그들 위에 머물고(이사 11,2) 그들 안에 당신 거처와 집을 지으실 것입니다(참조: 요한 14,23). 그러면 그들은 아버지의 일을 실천하

---

[99] 라자로 이리아르떼, 『프란치스칸 소명』, 프란치스코회 한국관구 옮김, 분도출판사, 1997, 108.
[100] "사실 사람의 아들은 섬김을 받으러 온 것이 아니라 섬기러 왔다"(마르 10,45).
[101] 「권고」 12.

는 천상 아버지의 아들들이 될 것입니다(참조: 마태 5,45). 그리고 그들은 우리 주 예수 그리스도의 정배들이요 형제들이요 어머니들이 됩니다(참조: 마태 12,50)"[102].

칭찬을 받기보다 멸시 받기를 원하며, 멸시를 찾아다닌다. 대우가 좋지 않다고 불평하지 않는다. 대우가 좋다고 좋아하지 않는다. 육신 수련을 좋아하고 조용히 인내한다. 시끄럽지 않다. 인내가 무엇인지를 알고 단순함이 무엇인지를 안다.

"주님의 영은 육이 혹독한 단련과(죽기를 원하고) 모욕을 당하기를 원하며, 천한 것으로 여겨지고 멸시받고 수치당하기를 원합니다. 그리고 겸손과 인내, 그리고 순수하고 단순하고 참된, 영의 평화를 얻도록 힘씁니다. 그리고 무엇보다도 항상 성부와 성자와 성령의 신성한 두려움과 신성한 지혜와 신성한 사랑을 얻기를 갈망합니다"[103].

주님의 영을 모신 사람은 나를 싫어하는 사람을 싫어하지 않고, 오히려 좋아한다. 나를 모해하는 사람 앞에서 억울하다고 변명하지 않고 배신 앞에서 행복하다. 이 영을 모시고 사는 사람은 늘 구원감(救援感)이 있고, 만인(萬人)과 하나가 되고 만물(萬物)과 하나 되고 만사(萬事)와 하나가 된다.

"주님의 영과 그 영의 거룩한 활동을 마음에 간직하고, [9]주님께 깨끗한 마음으로 항상 기도하고 박해와 병고에 겸허하고 인내하며, [10]또한 우리를 박해하고 책망하고 중상하는 사람들을 사랑하는 일입니다. 왜냐하면 주님께서 이렇게 말씀하시기 때문입니다. 너희는 원수를 사랑하여라. 그리고 너희를 박해하고 중상하는 자들을 위하여 기도하여라(참조: 마태 5,44). [11]행복하여라, 의

---

[102] 「2신자 편지」 46-50.
[103] 「비인준 규칙」 17,14-16.

로움 때문에 박해를 받는 사람들! 하늘 나라가 그들의 것이다(마태 5,10). [12]끝까지 견디는 이는 구원을 받을 것이다"(마태 10,22)[104].

주님을 믿는 이는 주님의 영을 모시며, 주님의 영을 모신 사람은 온 힘을 다 하여 하느님을 사랑하고, 이웃을 자신처럼 사랑하며, 육신을 미워하고, 성체를 영하고, 회개의 열매를 맺고 실천에 항구하다.

"그리고 내 살을 먹고 내 피를 마시는 사람은 영원한 생명을 얻을 것이다(요한 6,54). 그러므로 당신을 믿는 이들 안에서 머무르시는 주님의 영이 주님의 지극히 거룩하신 몸과 피를 받아 모시는 것입니다. 바로 이 영을 지니지 않은 채 감히 주님을 받아 모시는 모든 사람들은 자신에 대한 심판을 먹고 마시는 것입니다(참조: 1코린 11,29)"[105].

"주님의 이름으로! 마음을 다하고 목숨을 다하고 정신을 다하고 힘[106]을 다하여(참조: 마르 12,30) 주님을 사랑하고, 자기 이웃을 자기 자신처럼 사랑하며(참조: 마태 22,39), 자신들의 육신을 그 악습과 죄와 더불어 미워하고, 우리 주 예수 그리스도의 몸과 피를 받아 모시며, 회개의 합당한 열매를 맺는 모든 사람들(참조: 루카 3,8), 오, 그런 일을 실천하고 그런 일에 항구하는 남녀들은 얼마나 복되고 얼마나 축복받은 사람들인지! 주님의 영이 그들 위에 머물고(참조: 이사 11,2), 그들을 거처와 집으로 삼으실 것이며(참조: 요한 14,23), 그들은 아버지의 일을 하는 천상 아버지의 아들들이고(참조: 마태 5,45) 우리 주 예수 그리스도의 정배들이요 형제들이며 어머니들이기 때문입니다(참조: 마태 12,50)"107.

---

[104] 「인준 규칙」 10,7-12.
[105] 「권고」 1,11-13.
[106] "마음", "목숨", "정신", "힘" 앞의 "너의"가 생략되었다.
[107] 「1신자 편지」 1,6.

9.4.2. 주님의 영과 영혼

왜곡된 줄도 모르게 왜곡되어 있는 영혼을 주님의 영으로 일깨워 고치려면, 즉 왜곡된 영혼을 비추어 곧고 바르게 펴려면, 영(靈)과 영혼과의 관계를 알아야 할 것이다.

프란치스코의 「"주님의 기도" 묵상」 3절에 **"당신의 지식이** 우리 안에서 밝게 빛나"(Clarificetur in nobis **notitia tua**, …) 하는 구절이 있다[108]. 여기서 "당신의 지식"(notitia tua)[109]이란 나의 지식이 아닌 하느님의 지식이다. 곧, 성령이다. 프란치스코에게는 주님의 영이다. "성령이 너희에게 모든 것을 가르치시고, 내가 너희에게 말한 모든 것을 기억하게 해 주시리라"[110]. 성령 중에도 회개의 영인 주님의 영이 우리의 영혼을 일깨우고, 일깨워 바로 고쳐준다. 주님의 영과 영혼과의 관계를 이해하는 데는 우리의 오감(五感)을 비유적으로 예로 들으면 이해하기가 쉬울 것이다.

> 악기의 소리가 잠자고 있던 청각을 깨운다.
> 꽃의 향기가 잠자고 있던 후각을 깨운다.
> 김치의 맛이 잠자고 있던 미각을 깨운다.
> 자연의 사물이 잠자고 있던 시각을 깨운다.
> 날씨의 온도가 잠자고 있던 촉각을 깨운다.
> 하느님의 성령이 잠자고 있던 영혼을 깨운다.
> 영원의 시간이 잠자고 있던 공간을 깨운다.

여기서 꽃, 악기, 김치, 자연, 날씨, 영원을 **성부**에 비유할 수 있겠고, 향기, 소리, 맛, 사물, 온도, 시간을 **성령**에 비유할 수 있겠고, 후각, 청각, 미각, 시각, 촉각, 공간을 **영혼**에 비유할 수 있을 것이다. 오감(五感)

---

[108] "**당신의 지식**이 우리 안에서 밝게 빛나, 당신의 은혜가 얼마나 넓고, 당신의 약속이 얼마나 길며, 위엄은 얼마나 높고, 판단은 얼마나 깊은지 우리가 깨닫게 하소서". 「주님 기도」 3.
[109] 「notitia」: "알게 됨, 지식, 알림, 통보"(허창덕, 『라틴 한글 사전』, 1995, 559).
[110] 요한 14,26.

중에서 청각과 후각의 예를 들고 공간의 예를 들어서 영혼과 주님의 영과의 관계 이해를 도울 수 있을 것이다.

악기 - 소리 - 청각	꽃 - 향기 - 후각	하느님 - 성령 - 영혼	영원 - 시간 - 공간
악기가 없으면 소리가 없다.	꽃이 없으면 향기가 없다.	성령이 없으면 하느님이 없다.	영원이 없으면 시간이 없다.
소리가 없으면 청각은 늘 잠잔다.	향기가 없으면 후각은 늘 잠잔다.	성령이 없으면 영혼은 늘 잠잔다.	시간이 없으면 공간은 늘 잠잔다.
청각이 없으면 소리는 무의미하다.	후각이 없으면 향기는 무의미하다.	영혼이 없으면 성령은 무의미하다.	공간이 없으면 시간은 무의미하다.
청각이 없으면 소리로서의 악기는 없다.	후각이 없으면 향기로서의 꽃은 없다.	영혼이 없으면 성령으로서의 하느님은 없다.	공간이 없으면 시간으로서의 영원은 없다.
청각과 소리가 서로 만나야 "좋다"고 말한다. 청각이 악기가 좋은 줄 안다.	후각과 향기가 서로 만나야 "좋다"고 말한다. 후각이 꽃이 좋은 줄 안다.	성령과 영혼이 서로 만나야 "좋다"고 말한다. 영혼이 하느님이 좋은 줄 안다.	시간과 공간이 서로 만나야 "좋다"고 말한다. 공간이 영원이 좋은 줄 안다.
이 좋음을 선이라고 한다.	이 좋음을 선이라고 한다.	이 좋음을 선이라고 한다.	이 좋음을 선이라고 한다.
청각과 소리가 서로 만나야 선이 발생한다.	후각과 향기가 서로 만나야 선이 발생한다.	성령과 영혼이 서로 만나야 선이 발생한다.	시간과 공간이 서로 만나야 선이 발생한다.
청각이 깨어 있는 상태란 청각이 소리와 함께 있어서 선을 노래할 때다.	후각이 깨어 있는 상태란 후각이 향기와 함께 있어서 선을 노래할 때다.	영혼이 깨어 있는 상태란 영혼이 성령과 함께 있어서 선을 노래할 때다.	공간이 깨어 있는 상태란 공간이 시간과 함께 있어 선을 노래할 때다.

이 성령은 예수 그리스도를 통해서 온다. 예수 그리스도의 주님의 영을 만났다는 자체가 영혼이 깨어 있는 상태이고, 성부를 만난 상태다. 내 영혼이 주님을 찬송한다. 원죄(原罪)에 의하여 왜곡된 영혼이 예수 그리스도의 영으로 곧고 바르게 펴진다. 주님의 영으로 고쳐진

영혼이 주님을 찬송한다.

꽃, 악기, 김치, 자연, 날씨 등 만물을 하느님께서 창조하셨다. 그러므로 주님이 만물의 중심이다. 주님의 영으로 고쳐진 내 영혼이 주님만 찬미하면 만물, 만사, 만인을 찬미하는 것이다. **영혼이 주님의 영으로 곧고 바르게 펴지면, 그 영혼은 있는 그 자체로 주님께 찬미가를 읊는다. 빛이 대기해 있다가 비친다.** 늘 찬미가를 읊는다. 잠을 잘 때도 읊는다. 우주가 온통 찬미의 소리로 가득하다. "당신의 지식이 우리 안에서 밝게 빛나"에 이어지는 구절이 "당신의 은혜가 얼마나 넓고, 당신의 약속이 얼마나 길며, 위엄은 얼마나 높고, 판단은 얼마나 깊은지 우리가 깨닫게 하소서"(ut cognoscamus, quae sit latitudo beneficiorum tuorum, longitudo promissorum tuorum, sublimitas maiestatis et profundum iudiciorum)이다. 그 깊이와 높이는 알 수 없이 깊고 높다. 이는 관상의 가장 높은 단계다. 여기서 당신의 지식(notitia tua)을 주님의 영으로 국한하지 않고, 삼위일체로 본다면 프란치스코와 클라라는 삼위일체를 뛰어넘는 생활을 했다고 아니할 수 없다. 사실 "당신의 약속이 얼마나 길며, 위엄은 얼마나 높고, 판단은 얼마나 깊은지 우리가 깨닫게 하소서"는 삼위일체를 훌쩍 뛰어넘은 모습이다.

9.4.3. 클라라 시대의 거울

클라라 시대의 거울은 쇠를 윤기나게 문질러서 만든 볼록한 철(鐵) 거울이라서 지금의 거울과는 사뭇 다르게 흐리다. 뿐만 아니라 녹이 슬어서 이물질이 많이 끼어 거울을 자주 닦아주어야 하고, 계속해서 사용하려면 매일 닦아주어야 한다. 비록 이러한 거울일지라도 손거울은 당시 여성들의 필수품이었다[111]. 클라라도 이처럼 가운데가 볼록하게 나온 볼록 철(鐵) 거울을 사용했기 때문에 이 거울은 한 물체를 평면적으로 투사하지를 않고, 한 물체의 많은 부분들을 둥글게 투사하

---

[111] 『Mirror: Medieval and Modern』, Encyclopedia Britannica, 1926, ed.

였다[112]. 그래서 클라라는 신비들을 각각 다르게 조명한다.

"나는 말합니다. 이 거울의 **첫 부분**을 보면서 … 그 다음, 거울의 **가운데**를 보시고 … 이 거울의 **맨 끝**을 보시고…"[113].

그래서 거울의 **첫 부분**이라고 말하는 변두리는 사물을 흐릿하게 비추고, 한 **가운데**는 면적을 가장 많이 차지하는 넓은 부분을 뜻하는 것이지, 위치적으로 가운데가 아니다. 사물을 오늘날의 거울처럼 거의 평면으로 반사할 수 있는 부분은 정중앙뿐이지만, 그마저도 면적이 얼마 되지 않고 볼록하게 튀어나와서 클라라가 이를 **거울의 끝**이라고 부르는 것이다. 오늘날 거울의 가장자리가 아니다. 다시 말하면 23절에서 "이 거울의 맨 끝을 보시고 말할 수 없는 사랑을 관상하십시오" 하는 "거울의 맨 끝"은 거울의 볼록하게 나온 맨 끝을 뜻하는 것이라서, 지금의 우리 거울로 말하면 사실은 거울의 정중앙이다. 우리가 평면에서 생각하는 맨 끝이 아니다.

클라라는 19절에서부터 21절에 걸쳐 이렇게 말한다: "이 거울의 **첫 부분**을 보면서, 포대기에 싸여 구유에 누워 계신 그분의 가난을 주의 깊게 바라보십시오. 오, 감탄하올 겸손이여, 오, 놀라운 가난이여! 천사들의 임금이시고 하늘과 땅의 주님께서 구유에 누여 있습니다". 여기서 거울의 첫 부분이란 볼록거울의 가장자리를 가리킨다.

22절에서 거울의 **가운데 부분**을 보라고 하면서, 여기서도 겸손과 가난을 동시에 다시 언급하는데, 면적이 가장 넓어서 가운데라고 하는 것이지, 지금 우리 거울의 정중앙이 아니다. 그림으로 그려보면 다음과 같다.

---

[112] E. Brien PURFIELD, O.F.M., 『The images of Christ in the spiritual life of S. Clare of Assisi』, Canterbury, 1989, 75.
[113] 「4아녜스 편지」 19-23.

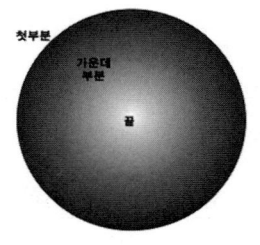

〈정면에서 본 거울〉   〈측면에서 본 거울〉

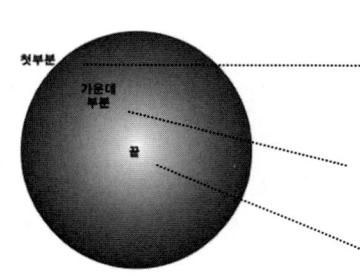

"**거울의 첫 부분**"으로서 가장자리가 모두 뒤쪽으로 둥그렇게 구부러져 있기 때문에 "포대기에 싸여 구유에 누워 계신 그분"을 관상하기 안성맞춤이었을 것이고, 여기는 보잘 것이 없어서 물체를 희미하게 반사하기에 가난과 겸손을 관상하기에 더욱 적격이었으리라 여겨진다. 가난과 겸손은 모든 덕(德)의 기본으로 뒤에서 보이지 않게 다른 덕(德)들을 받쳐준다.

면적에서 볼 때 가장 넓은 "**거울의 가운데**"로서 "무수한 수고와 고생을 깊이 생각하십시오"라고 하기에 알맞다. 오늘날 거울의 한가운데가 아니다.

"**거울의 맨 끝**"으로서 볼록하게 나온 끝이다. 거울의 한 중심이다. 물체를 확실하고 정확하게 비추는 거울의 들어간 중앙의 "맨 끝" 가장 밝은 부분이기 때문에 자연스럽게 "십자 나무"와 "사랑"을 관상하기에 좋았을 것이다.

10. "거울의 맨 끝"(거울의 한중심)에 위치한 십자가에 못 박히신 예수 그리스도

클라라가 아녜스에게 쓴다.

"이 거울의 맨 끝을 보시고 말할 수 없는 사랑을 관상하십시오. 그분은 이 사랑 때문에 십자 나무 위에서 고통당하시고 거기서 가장 수치스런 죽음을 맞이하기를 원하셨습니다"[114].

가난과 겸손 안에서 죽어가는 그리스도, 이 그리스도가 그리스도의 생애 중에 어떤 사건보다도 그녀의 삶을 지배하였다. 죽음을 맞이하

---

[114] 「4아녜스 편지」 23.

는 그리스도를 거울의 중심(당시의 거울로는 거울의 맨 끝)에 놓는다. 예수 그리스도는 십자가에 달리어, 십자가로 자신을 무화(無化)하시어 텅 빈 세계를 우리에게 제공하신다[115]. 이 텅 빈 세계를 사랑이라 한다. 그런데 이 텅 빈 세계는 십자가에 달리신 그리스도를 바라보면서 상상으로 도달하는 세계가 아니라, 직관(直觀)을 통하여 들어가는 세계다. 십자가상의 예수 그리스도가 우리와 같이 연약한 분임을 보고 직관을 통하여 들어가는 세계다. 십자가에 달린 사람의 모습으로 당신을 내보이신 하느님은 이제 클라라 편에서의 응답만을 기다리신다.

> "나는 말합니다. 이 거울의 첫 부분을 보면서, 포대기에 싸여 구유에 누워 계신 그분의 **가난을 주의 깊게 바라보십시오**. 오, 감탄하올 겸손이여, 오, 놀라운 가난이여! 천사들의 임금이시고 하늘과 땅의 주님께서 구유에 누여 있습니다. 그 다음, 거울의 가운데를 보시고 **겸손**과 적어도 복된 가난을, 인류 구원을 위하여 그분이 겪으신 무수한 **수고와 고생**을 깊이 생각하십시오. 이 거울의 맨 끝을 보시고 말할 수 없는 **사랑**을 관상하십시오. 그분은 이 사랑 때문에 십자 나무 위에서 고통당하시고 거기서 가장 **수치스런 죽음**을 맞이하기를 원하셨습니다"[116].

추위에 자신을 내맡기는 가난, 이 세상에 자신을 내던지는 가난은 이 세상을 그대로 받아들이는 겸손이 이미 내포되어 있다. 사회나 회사 아니면 집안이나 수도원이 마음에 들지 않는다면 이는 아직 나를 그곳에 내던지지를 못해서다. 내던지는 가난은 필연적으로 품고 받아들이는 겸손으로 이어진다. 천대받고 멸시당하는 것이 조금도 문제가 되지 않는다. 오히려 이것들이 나를 넓은 세계로 이끈다. 사랑으로 이끈다.

---

[115] "오히려 당신 자신을 **비우시어** 종의 모습을 취하시고 사람들과 같이 되셨습니다"(필립 2,7).
[116] 「4아녜스 편지」 19-23.

"그대를 위해 천대받으신 그분을 바라보며 그대도 이 세상에서 그분을 위해 천대받는 자 되어 그분을 따르십시오. 지극히 고귀하신 여왕이여, 인간의 아들네 가운데 가장 아름다우신 분이 그대의 구원을 위해 인간들 가운데 **가장 비천한 자가 되시어 멸시받고 얻어맞고 온몸에 갖가지 방법으로 매질 당하여 십자가의 참혹한 고뇌 가운데 죽어 가시는** 그대의 정배를 닮기를 갈망하면서, 그분을 응시하고, 그분을 깊이 생각하고, 그분을 관상하십시오"[117].

클라라는 내맡김을 언급하자마자 본능적으로 곧바로 가난을 언급한다.

"작은 형제회와 우리를 위해 임명되실 추기경님께 지금 있는 그리고 앞으로 들어올 나의 모든 자매들을 **맡기오니, 가난하게** 구유에 누어 계셨고…"[118].

"지극히 복되신 우리 사부 프란치스코와 후계자와 온 수도회에 지금 있는 그리고 앞으로 들어올 나의 모든 자매들을 **내맡기며** 부탁드리오니, 우리가 하느님을 더 잘 섬기고 특별히 지극히 거룩한 **가난**을 더 잘 지키도록…"[119].

프란치스코의 영적인 딸답게 클라라도 그리스도의 수난의 신비에 깊이 빠져들었다. 프란치스코처럼 클라라에게 있어서도 사랑이란 그리스도를 따라 상대방의 고통이 되는 것이다. 이때 나의 고통도 사라지면서 텅 빈 신세계가 열린다. 직관(直觀)의 통로로 신세계가 현실로 내려온다. 주님의 영의 세계가 열린다. 프란치스코는 사람이 당하는 고통이나 그리스도께서 받는 고통이나, 이 고통을 그대로 받고자 하는 열망이 매우 강했다[120]. 부족한 사람 앞에서 자신도 부족한 사람이 되고자 하였다. 부족한 사람 위에 앉으려고 하지 않았다. 지적하고 지시하려고 하지 않았다. 우리는 우리와 동일한 사람의 아들 예수 그리스도의 십자가를 보고서도 자꾸 남을 지적하려 든다.

---

[117] 「2아녜스 편지」 18-20.
[118] 「클라라 유언」 44-45.
[119] 「클라라 유언」 50-51.
[120] 참조: 「1첼라노」 94-95.

그 사람의 부족함 앞에 나를 내던지어, 그 사람의 부족함에서 오는 그 사람의 어두운 고통에 나의 어깨를 내미는 가난과, 등으로 지는 겸손이 있으면, 이것이 사랑으로 넘어간다. 습관적으로 다른 사람들과 나를 쉽게 구분하고 나를 남다른 사람으로 여겨 "저걸 어떻게 하면 고쳐주지? 윗사람에게 말을 할까? 어떻게 생각이 저렇게 짧을까?" 한다면 사랑으로 가기란 요원하다. 이런 생각을 하는 자체가 악취를 풍기는 것이며, 비참한 마음의 상태이어서 수치와 멸시를 받아야 수리된다.

> "우리는 우리 탓으로 비참하고 썩었으며 악취나고 구더기들이기에 우리의 육신을 **수치와 멸시를 받아** 마땅한 것으로 여깁시다"[121].

상대방의 고통을 나의 고통으로 삼는 자만이 그리스도의 고통으로 달려갈 수 있다. 그녀는 그리스도에게는 조금도 필요가 없는 그리스도의 고통을 자신의 몸과 마음에 가능한 한 그대로 느끼기를 바랐으며, 끊임없이 나와 남을 구별하는 죄 많은 인간을 위하여 죽어가는 하느님의 아들의 극단적인 사랑의 표시인 고통을 자신이 그대로 느끼기를 바랐다[122]. 시성 증언자 중의 하나는 클라라가 그리스도의 고통을 관상하다가 탈혼에 든 이야기를 전한다.

> "증인은 또한 클라라 자매가 관상에 자주 빠져 들어가 성 금요일 동안에는 주님의 수난에 대해 관상하느라 종일 그리고 다음날까지 거의 무감각한 상태로 있곤 했다고 말하였다"[123].

아녜스에게 하는 그녀의 권유도 같은 맥락이다.

> "그대가 그분과 함께 고통을 겪으면 그분과 함께 다스릴 것이고,
> 그분과 함께 슬퍼 울면 그분과 함께 즐거워하게 될 것이고,
> 수난의 십자가 안에서 그분과 함께 죽으면
> 성인들의 광채 안에서 그분과 함께 천상 거처를 얻게 될 것입니다"[124].

---

[121] 「2신자 편지」 46.
[122] 참조: 「잔꽃송이」, 프란치스코회 한국 관구, 분도출판사, 1975, 179.
[123] 「시성 증언록」 III,25.
[124] 「2아녜스 편지」 21.

프란치스코에 있어서 그리스도를 따른다 함은 일차적으로 그리스도의 고통을 따르는 것이다. 그리스도의 고통에 마음을 바치는 프란치스코의 모습이 클라라의 수도 생활에 도장처럼 찍혀 반영되어 나타난다.

> "누구도 손상시킬 수 없는 동정성과 지극히 거룩하신 가난의 깃발로 지극히 영롱하게 꾸며진 이여, **십자가에 못 박힌 가난하신 분께 대한 불타는 열망**으로 당신이 시작한 거룩한 일에 매진하십시오"[125].

클라라가 그리스도를 따르자고 하는 말도 곧 십자가를 따르자는 말이다. 그리스도를 사랑한다고 말을 한다면, 십자가에서 드러난 것처럼, 이는 자신을 희생해서 봉사하겠다는 온전한 자기 비움 이외의 아무것도 아니다. 클라라도 이를 반복해서 말하고 또 말한다[126].

그분의 탄생과 수난의 고통에서 가장 극명하게 드러난 것이 바로 당신의 가난과 겸손이기 때문이다. 가난과 겸손의 주님의 영 때문이다. 그녀의 사상(思想)은 마구간과 골고타를 오가며 중심을 잡아 확장되어 퍼진다. 거울의 한 중심에서 그리스도의 고통이 격렬하게 요동친다[127]. "우리 주 예수 그리스도의 가난과 겸손"을 철저히 따름이 클라라의 모든 글들의 중심을 이룬다. 그리스도와 그분의 어머니께서 우리를 위하여 가난하셨기 때문에 그분을 사랑한다면, 당연히 그분을 닮아 가난해져야 할 것이기 때문이다. 클라라에게 있어서도 프란치스코처럼 어김없이 가난과 그리스도의 십자가가 직접적으로 관련을 맺고 있다는 사실이 매우 보기 좋고 자연스럽다.

이 세상을 구원하실 분이 이 세상에 자신을 내던지는 가난으로 태어났고, 십자가에서는 죄를 물어야 하는 입장임에도 자신을 극단적으로 지워버리는 가난을 통하여 나신(裸身)으로 모든 이를 통째로 끌어

---

[125] 「1아녜스 편지」 13.
[126] 「1아녜스 편지」 2; 「3아녜스 편지」 2; 「4아녜스 편지」 2; 「클라라 규칙」 1,3; 「클라라 유언」 37; 「클라라 축복」 6; 「1아녜스 편지」 32; 「클라라 유언」 39; 「클라라 규칙」 10,4-5; 「2아녜스 편지」 1; 「1아녜스 편지」 4.13.31-32; 「클라라 유언」 48.51.
[127] 참조: 「1아녜스 편지」 13-14; 「2아녜스 편지」 19-21; 「4아녜스 편지」 23-27.

안고 죽어갔다. 그러니 그리스도의 고통에 자신을 내던지는 클라라의 **봉헌의 영(靈)**[128]은 당연히 그녀의 영성의 줄기를 이룬다.

> "가장 완벽한 가난을 수단으로 그녀는 십자가에 달리신 가난하신 분과 같은 모습이 되려고 **애태웠다.** 그러한 나머지 사랑하는 자와 사랑받는 자를 덧없는 것들이 갈라놓을 수 없었고, 주님과 함께하는 그녀를 방해할 수 없었다"[129].

클라라의 관상의 중심도 프란치스코처럼 여일하게 그리스도의 고통에 머무는 것이었다. 그녀의 모든 글에서 그리스도의 수난의 고통이 강물처럼 흐른다. 그녀의 생애에도 마찬가지다. 관상을 더 길게 하고 싶다든가, "십자가에 달리신 분의 기쁨 위에서 그녀의 마음이 아무 방해도 받지 않고 생기를 얻고 싶으면" 그녀는 그리스도의 수난의 고통으로 달려가서 오상기도를 바쳤다[130]. 그녀는 주님의 수난의 고통에 빠져들어 관상에 깊이 들어갔다[131]. 그녀와 29년을 함께 했던 벤베누타(Benvenuta) 자매가 증언하기를 세 가지 방법으로 하느님께 봉헌할 것을 클라라가 자신에게 가르쳤다고 한다.

> 무엇보다도 먼저 하느님을 사랑하라고 가르쳤고, 둘째로는 자주 완전하게 죄를 고백하라고 가르쳤으며, 셋째로 주님의 수난을 늘 **마음속에 간직하라고** 가르쳤다고 하였다[132].

프란치스코의 진정한 딸이며 자매였던 클라라는 십자가에 달리신 그리스도를 열정적으로 사랑하여 그리스도의 고통이 클라라의 영혼 깊숙이 침투하였다. 주님의 수난을 늘 마음에 품고 살았기 때문이다. 십자가에 달리신 분이 그녀의 생활이었고, 그녀는 십자가 밑에서 자

---

[128] "봉헌의 영"(Spiritus Devotionis)이 지금까지는 "신심의 정신"으로 번역되어 사용되었다.
[129] 「클라라 전기」 14.
[130] 참조: 부록.
[131] 「시성 증언록」 III,25.
[132] 「시성 증언록」 XI,2.

양분을 흡수하며 커갔다. 자신의 영적 스승처럼 "나는 더 이상 필요한 것이 없습니다. 나는 불쌍하게 십자가에 달리신 가난하신 그리스도를 알고 있습니다"[133]하고 말할 수 있을 지경이 되었다. 불쌍하게 고통당하신 그리스도는 그 불쌍함으로 그녀에게 구원자가 되었다.

> "그분은 첫 조상이 범한 죄의 결과로 사슬로 묶여 있던 우리를 어둠의 우두머리의 권세로부터 구해내시고, 하느님 아버지와 우리를 **애써 화해시키려고**, 우리 모두를 위해서 십자가의 수난을 감수하셨습니다"[134].

클라라에게 만물을 창조하신 사람의 아들이란, 당신이 하늘과 땅을 영원히 지배하시는 분이면서도 십자가에서 고개를 떨구시며 모든 것을 포기하신 가난하신, 사람의 아들이다.

> "오, 경건한 가난이여, 하늘과 땅을 다스렸고 또 다스리시며 말씀으로 만물을 지어내신 주 예수 그리스도께서 무엇보다도 먼저 그대를 품으실 만하였으니! 사실 그분은 여우들도 굴이 있고 하늘의 새들도 보금자리가 있지만, 사람의 아들, 곧 그리스도께서는 머리를 기댈 곳조차 없다고[135] 하시고는, 고개를 숙이며 숨을 거두셨습니다"[136].

십자가에 달리신 그리스도에 대한 클라라의 극단적인 사랑은 하느님의 특별한 은총을 불러들여, 그 보상을 받았노라고 첼라노가 전한다.

> "십자가에 달리심으로써 사랑을 받으신 그리스도께서는 당신을 사랑하는 클라라를 소유하였다. 그리고 그녀는 십자가의 신비를 사랑함으로 인해 불꽃에 휩싸였고, 그 십자가의 힘은 성호와 기적에서 나타났다"[137].

---

[133] 「2첼라노」 105.
[134] 「1아녜스 편지」 14. 참조: 히브 12,2; 콜로 1,13; 2코린 5,18; 「대전기」 I,5.
[135] 참조: 마태 8,20; 루카 9,58.
[136] 요한 19,30.
[137] 「클라라 전기」 32.

10.1. 그리스도의 십자가: 영광의 반사[138]

다미아노 수녀원의 다미아노 십자가는 눈을 크게 뜨고 있는 부활하신 그리스도를 여실히 보여주는 십자가다. 하늘을 향하고 있는 구세주다. 단지 슬프고 괴롭기만 한 십자가가 아니다. 십자가에서 고통을 겪으시는 그분은 영광의 화신이었다[139]. 그녀는 "예수"라는 이름을 단독으로 사용하는 경우가 거의 없다. 늘 "예수 그리스도"다. 이는 클라라 영성의 중요한 부분으로서 그리스도는 늘 영광의 그리스도를 암시한다 할 것이다. 「아녜스 편지」에 드러나는 그리스도의 모습은 대단히 화려하다. 영광의 비유도 대단히 과감하고 파격적이다. 이는 그녀가 영광의 하느님을 그렇게 체험하였기 때문일 것이다. "이 완덕은, 뭇 별들의 어좌에 영광스럽게 앉아 계신 임금님께서 몸소 천상 신방에서 그대와 하나가 되게 하는 그 완덕입니다"[140]. 하느님과 신방을 차린 클라라는 기쁨과 사랑을 노래한다.

"그렇지만 재빠르고 가벼운 발걸음으로
발이 돌에 걸려 넘어지지 않도록 하여
그대의 발걸음이 먼지조차 일으키지 않도록 하십시오"[141].

"안전하면서도 즐겁고 활기차게
행복의 오솔길로 조심스레 나아가십시오"[142].

하느님의 아들이 우리의 길이 되었기 때문에 그 길은 안전하고, 그분은 우리의 안내자이며 또 동시에 목적지다. 그분께 다다를 것이라는 확신은 그녀의 발걸음을 가볍게 한다. 안내도(案內圖인)인 십자가를 바라보는 그녀의 관상은 그녀의 삶을 통해서 드러나고, 특별히 고

---

[138] E. Brien PURFIELD, O.F.M., 『The images of Christ in the spiritual life of S. Clare of Assisi』, Canterbury, 1989, 98.
[139] Optato van ASSELDONK, O.F.M.Cap., 「Il Crocifisso di San Damiano. Visto e Vissuto da S. Francesco」, 『Laurentianum』 22 (1981), 453-76.
[140] 「2아녜스 편지」 5.
[141] 참조: 「1첼라노」 71.
[142] 「2아녜스 편지」 12-13.

통을 겪으시는 그리스도와의 일치가 잘 나타난다. 첼라노가 병상에서 마지막을 준비하고 있는 클라라에 관하여 이렇게 전한다.

> "좋은 사람인 라이날도(Raynaldo) 형제가 그녀에게 갖가지 병고의 기나긴 형극의 길에서 마지막으로 인내하라고 격려하였다. 그러자 그녀가 매우 편안한 어조로 반응을 보였다. '나의 주 예수 그리스도의 은총을 그의 종 프란치스코를 통하여 한번 알게 된 다음부터는, 어떠한 고통도 나를 **괴롭히지 못했고**, 어떠한 고행도 **격렬하다 할 것이 못 되었으며**, 아무리 병이 들었어도 **힘들지 않았습니다.** 사랑하는 나의 형제여!'"[143]

이것이 그녀의 믿음 가득한 순례 여행의 마지막 모습이다. 영광의 모습이다. 프란치스코의 말을 그대로 실천하여 그 결과를 본 모습이다. "평화 안에서 견디는 이들은 복되오니, 지극히 높으신 이여, 당신께 화관을 받으리로소이다"[144]. 프란치스코의 이러한 믿음을 바탕으로 그녀도 아녜스를 격려하며 "주님의 영께서 불러주신 완덕"[145]을 향하여 매진하도록 자매들의 수도 생활에 힘을 실어 준다.

클라라 자신도 자신이 이 세상에서 살고 있는 동안에 하느님과 일치한 생활을 하고 있음을 알고 있었고, 영원한 생명과 행복과 영광을 누리고 있음도 알고 있었다. 낙원에서 복을 누리고 있었기에 죽음을 기쁘게 받아들인다.

> "지극히 거룩한 동정녀는 조용히 자기 영혼에게 말했다. '불안스러워 말고 떠나거라. 너의 여행길에 좋은 호위원이 있다'. 이어서 타일렀다. '떠나거라. 너를 만드신 분이 너를 거룩하게 하셨다. 어머니가 자기 아이에게 늘 그러하듯이 그분은 너를 감싸시면서 너를 온화하게 사랑해주셨다'. 그리고 말했다. '오! 주여, 당신께 축복이 있으소서!

---

[143] 「클라라 전기」 44.
[144] 「태양 형제의 노래」 11.
[145] 「2아녜스 편지」 14.

저에게 생명을 주신 당신이여!'. 자매들 중의 하나가 그녀에게 누구에게 하는 말씀이냐고 묻자 그녀가 대답하였다. '나의 복된 영혼에게 말을 하는 중입니다'. 그 영화로운 호위원이 멀리 있지 않았다. 그러자 그녀는 다른 자매에게 머리를 돌려 말했다. "오, 자매님, 내가 지금 바라보고 있는 영광의 임금님이 자매님의 눈에도 보이십니까?"[146].

십자가는 십자가의 영광과 분리될 수가 없다. 그녀의 기쁨의 원천은 십자가였다. 그렇기 때문에 존재의 근원에서부터 그녀의 기쁨이 솟아올랐다. 지나가는 기쁨이 아니었다. 뒤에 남은 그녀의 자매들이 가지는 그녀에 대한 인상은 오직 기쁨뿐이었다. 그녀는 주님 안에서 늘 기뻐했다. 자매들에게 뿜어대는 그녀의 영적인 기쁨은 무엇으로도 방해를 받지 않았고, 언제나 불타올랐다[147].

그녀가 교회와는 갈등 속에서 살았지만 다미아노 수녀원의 자매들은 결코 우울하지 않았다. 오히려 즐거움이 그들을 지배하였다. 자매들의 큰 기쁨에 가려 교회와의 갈등은 미미하여 있으나마나한 것이었다.

> "그대가 그분과 함께 고통을 겪으면 그분과 함께 다스릴 것이고,
> 그분과 함께 슬퍼 울면 그분과 함께 즐거워하게 될 것이고,
> 수난의 십자가 안에서 그분과 함께 죽으면
> 성인들의 광채 안에서 그분과 함께 천상 거처를 얻게 될 것입니다"[148].

그녀는 이 지상에서 이미 천상의 기쁨을 앞당겨 누렸다. 이 기쁨은 주님의 사랑을 위하여 가난하게 된 사람은 누구나 누리는 기쁨이다. 가난이란 하느님의 자유와 기쁨과 사랑에 이르는 문이다. 클라라의 영적인 기쁨의 원천은 믿음을 가지고 그리스도의 가난을 그대로 따르는 일이었다. 고행 중에 있었던 그녀에 대하여 첼라노가 전한다: "고행의 순간마다 축제와 기쁨에 넘치는 모습을 보였으니…"[149].

---

[146] 「클라라 전기」 46; 「시성 증언록」 III,20-22; XI,3; XIV,7.
[147] 「시성 증언록」 III,6; IX,5; 「클라라 전기」 14; 18; 26.
[148] 「2아녜스 편지」 21; 참조: 로마 8,17; 2티모 2,12.
[149] 「클라라 전기」 18.

11. 클라라의 네 편의 편지들[150]

클라라의 관상을 알아내는 일은 또한 클라라의 끈질긴 인내를 알아내는 일이기도 하다. 인내를 바탕으로 하는 그녀의 오랜 삶의 경험을 통해서 얻어낸 하느님과의 깊은 관계는 그녀의 네 편의 편지에서 가장 많이 드러난다. 각각 다른 시기에 쓰인 편지들은 클라라의 힘겨웠으나 행복했던 시절을 잘 전해주고 있고, 그녀가 걸었던 그리스도의 가난과 겸손과 사랑의 여정을 잘 보여준다 하겠다. 그녀는 하느님의 은총에 의하여 그녀의 마음이 빛을 받으며 살았던 행복한 생활을 걸음걸음마다에 수(繡)놓았다. 이 점이 유언에서도 나타나고 규칙에서도 나타난다.

> "지극히 높으신 하늘의 아버지께서 지극히 복되신 우리 사부 프란치스코의 모범과 가르침으로 내가 회개 생활을 하도록 당신의 자비와 은총을 통해 황공하게도 나의 마음을 비추어 주신 후…"[151].

그녀가 행복할 수 있었던 것은 그녀의 성실성에 기인한다. 누구의 말도 결코 흘려듣지 않는 그녀의 성실함이 있었기 때문이다. 전기에서 이렇게 말한다.

> "비록 그녀는 지적인 교육을 받지는 못했으나, 그럼에도 불구하고 지적인 설교자의 설교를 듣기를 좋아 했다. 왜냐하면 그녀는 설교에 핵심적인 내용이 숨어 있음을 믿었고, 또 그것을 놓치지 않았으며 그 핵심의 진미를 즐겼기 때문이었다. 그녀는 설교자의 설교에서 자기 영혼에 유익한 것을 택할 줄 알았다. 귀한 나무의 열매를 먹는 것만큼이나 야생 가시나무의 꽃을 꺾는 것도 바람직한 일임을 알기 때문이었다"[152].

---

[150] Edith A. Van den GOORBERGH, O.S.C., 『Light Shining Through a Veil』, Peeters, 2000, 263-268.
[151] 「클라라 유언」 24; 「클라라 규칙」 6,1.
[152] 「클라라 전기」 37.

그녀는 자신에게 가장 중요한 것이 무엇인지를 알고 그것을 정확하게 택하였다. 어줍지 않은 설교가의 말에서조차 진주를 캘 줄 알았던 그녀는 정곡(正鵠)만을 살았다. 빛의 씨앗을 품에 안고 여명을 기다린 여인이었다. 반짝이는 진주를 곧 토해낼 조개였다. 핵심만을 살다간 성녀의 핵심을 캐보자. 진주를 캐보자. 그녀의 관상의 내용을 좀더 캐보자.

11.1. 첫째 편지의 중심

문장 구성에서도 핵심을 정중앙에 숨겨, 샌드위치 구성을 하는 첫째 편지에서 가난의 삼중 구조를 편지의 한중심에서 여실히 볼 수 있다.

> [15] 오, 복된 가난이여,
> **가난**을 사랑하고 받아들이는 이들에게
> 영원한 **부(富)**를 주리니!
>
> [16] 오, 거룩한 가난이여,
> 가난을 지니고 **열망하는 이들에게**
> 하느님께서 하늘나라를 약속하시고
> 의심할 여지없이 영원한 **영광과 복된 생명을** 베푸시리니!
>
> [17] 오, 경건한 가난이여,
> 하늘과 땅을 다스렸고 또 다스리시며
> 말씀으로 만물을 지어내신
> 주 예수 그리스도께서
> 무엇보다도 먼저 그대를 품으실 만하였으니!
>
> [18] 사실 그분은 여우들도 굴이 있고 하늘의 새들도 보금자리가 있지만, 사람의 아들, 곧 그리스도께서는 머리를 기댈 곳조차 없다고[153] 하시고는, 고개를 숙이며 숨을 거두셨습니다[154].

---

[153] 참조: 마태 8,20; 루카 9,58.
[154] 요한 19,30.

이 편지의 중심에 생명을 주는 **교환**이 있다. 가난과 부(富), 열망과 복된 생명이 맞교환된다. 가난하면 오히려 풍요로워지는 가난의 모순적인 소유를 원하는 사람에게 하느님께서 하늘나라를 약속하신다(16절). 그런데 하느님의 약속을 소유하고 나면 약속 때문에 갈증은 더 심해진다. 이는 큰 풍요가 곧 도래할 징조다. 이제 가난 안에서 현재와 미래가, 시간과 영원이 서로 놀라운 교환을 시작한다. 갈증과 해갈이 하느님의 전능 안에서, 그리고 하느님의 힘을 통해서 그 자리를 서로 바꾼다. 15절과 16절에서 프란치스코가 그들에게 준 권고를 다시 노래한다. 이 권고에서도 평화 중에 인내하여 하늘나라에서 왕관을 받아 여왕이 되는 교환이 이루어짐을 노래한다.

> "병고에 시달리는 자매들, 그리고 이들을 돌보느라 지친 자매들, 다 함께 **평화 중에 인내하십시오**. 그대들은 여러분의 수고를 높은 값으로 팔아 동정 마리아와 함께 모두 **하늘 나라에서 왕관을 받아 여왕이 되리이다**"[155].

클라라의 영성은 어리석고 위험스럽기 짝이 없을 만치 자신을 비우는 행위다. 그리스도의 자기 비움의 가난을 통하여 당신 자신을 내보이시는 하느님께 대한 응답으로, 극단적인 선택을 서슴없이 할 수 있는 용기가 클라라에게 있었다. 그리스도를 통해서 하늘에서 빛을 내리시는 하느님을 환영하기 위하여 땅에서 출발하는 클라라의 영성이다. 먼저 하늘에서 그리스도를 통하여 가난의 빛을 내리시고, 이에 땅에서 가난을 타고 올라가는 그녀의 영성이다. 가난을 향하여 전진하면 전진할수록 그녀의 극한적인 행위는 날로 커진다. 일생을 거의 단식으로 보냈다고 해도 과언이 아니다.

이 가난이 궁핍의 모습을 띠운다고 해서 궁핍으로 이해해서는 절대로 안될 것이다. 여기서 가난은 궁핍과는 외면적으로만 관련이 있다. 이 가난은 가난을 사랑하고 가난을 지닌 사람에게는 영원한 부(富)를

---

[155] 프란치스코가 가난한 부인들에게 준 「노래 권고」 5-6.

보증하는 거룩한 가난이다. 거룩한 가난이신 하느님은 약속하고 후하게 주시는 하느님이시다. 가난에서 그녀가 우리에게 전하고 싶은 말은 하느님의 후하심과 풍요로우심이다. 그녀가 말하고자 하는 하느님은 순수하게 쏟아부어 주시기만 하는 하느님이시다. 순수하게 주시기만 하시는 하느님의 후하심과 풍요로우심에 그녀는 빠져들지 않을 수 없었던 것이다. 가난과 맞교환을 하고나서 후함과 풍요에 잠기는 일이 그녀의 관상이다.

11.2. 둘째 편지의 중심

둘째 편지는 다음이 중심이다.

> [15] 그런데 이 점에 있어서 **주님의 계명 길**을 더 안전하게 걸을 수 있도록, 공경하올 우리 아버지이신 총봉사자, 우리 엘리아[156] 형제의 조언을 따르십시오.
>
> [16] 그분의 조언을 다른 이들의 조언보다 더 존중하고 그것을 최고의 선물로 소중하게 여기십시오.
>
> [17] 만일 누가 그대의 **완덕**에 장애가 되고 거룩한 부르심에 반대되는 것으로 보이는 다른 것을 그대에게 말하고 다른 것을 제시하면, 그를 공경은 해야겠지만 그 조언을 따르지 마십시오.
>
> [18] 오히려, 가난한 동정녀여,
>   가난하신 그리스도를 포옹하십시오.

명백히 15절의 **주님의 계명 길**이 주제다. 그래서 클라라가 그 배치를 편지의 한중심에 두는 것이다. 17절의 완덕은 이미 편지의 시작부터(3-4절)[157] 언급되었지만, 완덕은 복음에서 자발적인 가난을 요구한

---

[156] 프란치스코의 후임자로 형제회를 이끌던 2대 총장이다. 클라라가 이 편지를 쓸 당시에 총장의 임무를 수행하였다.

[157] "온갖 훌륭한 은혜와 모든 완전한 선물이 그분께로부터 흘러나온다고 우리가 믿는, 은

다. 예수가 바로 부자 청년에게 이 자발적인 가난으로 당신을 따를 것을 요구하셨다[158].

이는 포기의 길을 걸어서 그리스도인이 되게 하려는 초대장으로서, 이 가난의 초대장이 클라라와 편지의 수취인인 아녜스의 가슴을 설레게 하였다. 클라라는 이 주제(主題)와 동기(動機)를 한데 모아 편지의 앞자리에 배치해 놓고 마지막 절에서(18절) 가난한 그리스도를 포옹한다. 신랑 신부의 이미지를 이용하여 가난한 동정녀에게 그분을 포옹할 것을 권한다. 신랑 신부의 이미지는 편지 서두부터 나온다. 자석처럼 서로 끌고 당기는 가난한 그리스도와 가난한 동정녀의 포옹은 자발적인 가난에 수시로 등장한다. 자발적인 가난에 그리스도는 자석처럼 끌려오신다. 하늘과 땅이 만나는 순간과 하느님과 인간이 만나 서로를 관상하는 장면을 신랑 신부의 포옹으로 이미지화한다. 이 중심의 5중 구조는[159] 오상(五傷)을 상징하여, 깃발을 들고 앞장서서 자발적인 가난을 독려하는 그리스도를 보여준다 하겠다.

앞장서서 가난에 자신을 온전히 내맡긴 텅 빈 그분은 말씀을 다 이루셨다. 계명 길을 다 달렸다: "하늘의 너희 아버지께서 완전하신 것처럼 너희도 완전한 사람이 되어야 한다"[160]. 최고의 비움에 따라오는 최고의 완성, 최고의 완성에 따라오는 최고의 순수가 바로 최고이면서 모두인 하느님께서 우리에게 주시는 선물이고, 이 안에서 클라라와 아녜스가 하느님이 부르시는 거룩한 가난의 성소를 더욱 절감한다(17절).

총을 베푸시는 분께 나는 감사를 드립니다. 그분께서 그대를 수많은 덕으로 꾸며 주시고 수많은 완덕의 표지들로 빛나게 해 주셨기 때문입니다. 그리하여 그대가 완전하신 아버지를 충실히 닮는 사람이 되고 마땅히 완전하게 되어, 그분이 당신 눈으로 그대 안에서 그 어떠한 불완전함도 발견하실 수가 없게 되었습니다"(「2아녜스 편지」 3-4).

[158] 마태 19,16-26; 마르 10,17-27; 루카 18,18-27.
[159] 본문: 3-23절; ① 감사: 3-9절, ② 권유: 10-14절, ③ 충고: 15-18절, ④ 권유: 19-20절, ⑤ 그리스도와의 관계: 21-23절.
[160] 마태 5,48.

11.3. 셋째 편지의 중심

이 편지에서 말하고자 하는 바는 중심부인 10-19절 사이에 있는 14-15절에 중점적으로 배치되어 있다.

> ¹⁴ 그리하면 그대도 하느님께서 몸소 당신을 사랑하는 사람들을 위해서 처음부터 마련해두신 **숨겨진 감미로움을 맛보면서** 그분의 벗들이 느끼는 것을 느끼게 될 것입니다.

> ¹⁵ 또한 그대는 이 거짓되고 혼란스러운 세상에서 세상을 사랑하는 눈먼 자들에게 올가미를 씌우는 모든 것들을 완전히 떨쳐버리고, 그대에 대한 사랑 때문에 당신 자신 전부를 내어주신 그분을 온전히 사랑하십시오.

단식에 대한 질문에 답장하는 이 편지에서 **"숨겨진 감미로움을 맛보기"** 가 특별한 뜻을 지닌다 하겠다. "숨겨진 감미로움을 맛보기"란 "하느님의 벗들"과 "하느님을 사랑하는 사람"에게 필연적으로 따라오는 것이다. 이 기쁨은 홀로 떨어져 외로이 숨어 있는 그리스도를 알아본 사람들에게 환상적으로 일어난다[161]. 이 점을 15절에서 확인하는데, 그리스도와의 인격적인 사랑의 관계가 강조된다. 사랑에 실패한 자를 15절 전반부에서 먼저 다루고, 이어서 무게를 실어서 15절 후반부에서 "그대에 대한 사랑 때문에 당신 자신 전부를 내어주신 그분을 온전히 사랑하십시오"하고 말한다.

클라라는 「1아녜스 편지」에서나 「2아녜스 편지」에서나 모든 것을 아낌없이 후하게 내어주시는 그리스도의 사랑을 강조한다. 클라라는 지금도 살아서 활동하시는 가난의 육화와, 예수와 예수의 어머니의 겸손을, 본인들에게는 아무 필요가 없으나, 우리에게 따르라고 우리를 위하여 보여주신 아낌없이 나누어 주는 사랑의 선물로 본다. 그리스도의 육화와 그리스도의 십자가가 그리스도에게 필요하겠는가? 마리

---

[161] 참조: 본 논문의 "4.5. 감미로운 십자가".

아에게 가난한 생활이 필요하겠는가? 그럼에도 불구하고 그 엄청난 고난을 이분들이 왜 겪어야만 하는가? 큰 사랑이다. 크게 다가오는 이 것이 사랑이다. 이분이 하느님이시다.

가난의 육화가 우리들의 실생활에서는 구체적으로 다른 사람의 약점을 보완해 주는 실천으로 나타나기 마련이다. 육화(肉化)란 그 자체로 인간의 잘못을 거론하지 않으시는 하느님의 모습이기 때문이다.

> "가난하고 겸손하신 예수 그리스도의 발자취를 닮음에 있어, 나와 다른 자매들의 약점을 그대가 놀라울 만큼 보충해주고 있음을 알고 또 그렇게 여기면서 주님 안에서 몹시 즐거워하고 있습니다"[162].

예수 그리스도의 가난과 겸손이 몸에 들어온 사람은 다른 사람의 약점을 탓하지 않고 거기에 빛을 비추며, 오히려 감싸서 품어 보완한다. 상대방을 내 품에 안고, 거기서 평화를 느낀다. 이 평화를 관상한다. 그녀는 성모님의 겸손을 우리를 위한 선물로 보고, 성모님을 따르면 그분의 아드님을 잉태할 것이라고 권면한다.

> "동정녀들 중에 **영화로우신 동정녀**께서 육신으로 그분을 품으셨듯이, 그대도 그분의 발자취, 특히 그분의 겸손과 가난의 발자취를 따른다면 의심할 여지없이 그대의 순결한 동정의 몸 안에서 영적으로 그분을 항상 품을 수 있습니다"[163].

누구든지 가난과 겸손 안에서 마리아를 닮아 하느님의 가난에 자신을 내맡기는 자는 모든 것을 품고 모든 사람을 품으시는 그분을 품는다. 숨겨진 감미로움을 품는다. 내맡김(가난)과 품음(겸손)의 두 덕(德)이 중심 부분(10-19절)의 근간을 이루며, 깊은 감미로움에 도달하기 위하여 아녜스에게 권고하는 마당에서, 또다시 가난과 겸손의 두 덕(德)이 등장하는 것은 이 둘의 중요성이 얼마나 큰 가를 알 수 있으며, 그

---

[162] 「3아녜스 편지」 4.
[163] 「3아녜스 편지」 24-25.

것은 클라라의 말대로 오직 "자기 변화"(transformation)를 위한 것이다. "숨겨진 감미로움"에 가난과 겸손이 절대적으로 필요한 덕(德)이다. 숨겨진 감미로움이 클라라 관상의 내용일 것이다.

11.4. 넷째 편지의 중심

이 편지에서도 언어로는 표현이 불가능한 신비 체험의 주변을 맴돈다. 갈망에 의하여 도달한 예수 그리스도를 언급함에, 정작 표현에서는 그 주변만을 맴돈다. 22절에서 말하는 그리스도이신 "거울의 가운데"를 맴돈다. 공간적으로 거울의 가운데이지만, 넓은 면적을 차지하기 때문에 가운데라고 하는 것이지 거울의 가운데가 아니다[164].

> [22] 그 다음, 거울의 가운데를 보시고 겸손과 적어도 복된 가난을, 그리고 인류 구원을 위하여 그분이 스스로 겪으신 무수한 수고와 고생을 깊이 생각하십시오.

전후 문장을 살펴보자. 15-17절에서 아녜스에게 매일 거울을 들여다볼 것을 권하는데, 그녀는 "예수 그리스도의 정배"로서 신랑인 거울을 들여다보아야 한다. 클라라는 여기에서 두 번에 걸쳐서 아녜스에게 정배로서의 위엄과 아름다움을 노래한다.

> "오, 여왕이시여, 예수 그리스도의 정배시여, 이 거울을 매일 들여다보고 계속해서 그 안에서 당신 얼굴을 살펴보십시오. 그리하여 **갖가지 장식으로 휘감고 차려 입어 안팎으로 속속들이 단장하고**, 지극히 높으신 임금님의 딸이요 사랑스런 정배에게 어울리는 **온갖 덕행의 꽃과 옷으로도 치장하십시오.** 사실, 하느님의 은총으로 그대가 거울 전체에서 관상할 수 있는 것처럼, 이 거울 안에는 **복된 가난과 거룩한 겸손과 형언할 수 없는 사랑이** 찬란히 빛납니다"[165].

---

[164] 참조: 본 논문의 "9.4.3. 클라라 시대의 거울".
[165] 「4아녜스 편지」 15-18.

아녜스는 지속적으로 거울에서 자신의 참다운 얼굴을 찾아야 한다. 자신의 정체성을 찾아야 한다. 단순히 습관적인 바라봄이 아니라 "그리하여, 오 천상 임금의 왕후시여, 그대 안에 이 사랑의 불이 날로 더 활활 타올랐으면 합니다!"(27절)를 위한 바라봄이다.

이 거울은 바로 18절의 **"복된 가난과 거룩한 겸손과 형언할 수 없는 사랑"**이신 그리스도다. 그녀는 이 거울을 들여다보며 자신의 참 모습을 알았다. "나는 누구인가?"를 알게 해준 거울이며[166], "내가 앞으로 더 무엇이 될 수 있을까?"를 알게 해준 거울이다[167]. 내가 시녀임을 알게 해준 거울이지만, 천상 임금의 황후가 될 시녀.

최초이며 최후인 가난, 겸손 그리고 사랑이 그녀의 삶에서 나날이 꽃피워야 할 덕들이다. 클라라가 거울 전체로서의 삶을 이것으로 완성한다.

거울의 첫 부분(예수님의 베틀레헴 탄생)과 거울의 맨 끝(십자가에 달리신 그분의 고통)이 같은 특징인데, 그분은 그저 놓여 있는, 힘없이 놓여 있는 분으로 나타난다. 구유에서도 힘없이 연약하게 뉘여 있었고, 십자가상에서도 힘없이 연약하게 걸려 있는 상태다. 힘없이 연약하게 놓여 있는 분이 그것으로 우리에게 천국 예루살렘을 전한다. 그분의 삶은 구유와 골고타의 두 극단적인 상태 사이를 오가는 삶이다. 그 오가는 삶이 22절의 중심에 무수한 고생으로 펼쳐진다.

이 무수한 고생을 클라라가 일생을 마음에 품고 거울로 삼아 힘차고 밝게 살았다는 뜻일 게다. 그러면서도 예수의 삶을 힘찬 삶으로 묘사하지 않은 점이 탁월하다 하겠다. 하느님의 어린 양의 보이지 않는 조용한 인내가 그 안에 살아 있다. 이 인내가 바로 프란치스코 영성의 중심이다. 인내는 모든 것의 바탕이기에 프란치스코 영성의 중심을 이룬다.

이 힘없이 연약한 인내의 힘을 가장 잘 드러내는 것이 형언할 수 없는 사랑(23절)이다. 이 형언할 수 없는 사랑은 십자가 형극(荊棘)의 끝에서 나오는 사랑이며, 이것이 거울의 첫 부분과 맨 끝을 거쳐서 빛을 발한다.

---

[166] 거울을 통하여 자신은 여종이요, 정배요 어머니임을 알게 되었다.
[167] 자신은 그리스도를 온 세계에 비추는 거울이어야 함을 알게 되었다.

성부는 자기 자신을 완전히 내어주시고, 당신의 것 전부를 성자를 통하여 우리에게 주셨다. 당신 전부를 내어 주시는 성부를 닮아 프란치스코도 그 응답으로 모든 좋은 것을 돌려드리고, 그리고 성자 예수 그리스도를 닮아, 예수 그리스도께서 순종하셨듯이, 프란치스코도 항상 순종한다[168].

"전능하시고 지극히 거룩하시고 지극히 높으시며 으뜸이신 하느님, 모든 선이시고 으뜸선이시고 온전한 선이시며, 홀로 선하신 당신께, 모든 찬미와 모든 영광과 모든 감사와 모든 영예와 모든 찬양과, 그리고 **모든 좋은 것을 돌려드리나이다.** 그대로 이루어지소서. 그대로 이루어지소서. 아멘"[169].

자신은 다시 빈 쭉정이가 되어 자신의 본래의 자리로 돌아간다. 참으로 현명하다 할 것이다. 우리가 있어야 할 자리다. 더 큰 것이 온다. 우리가 좋은 영적 체험을 하고 나서 그것을 놓지 않으려고 하면 더 큰 것은 고사하고 그마저도 빼앗긴다. 움켜쥐려고 하는 그 자리는 내 자리가 아니다.

클라라도 그리스도를 통하여 모든 것을 내어 주시는 성부 하느님께 그 응답으로 가난을 택한다. 프란치스코와 클라라의 영성을 그림으로 요약해보면 다음과 같다.

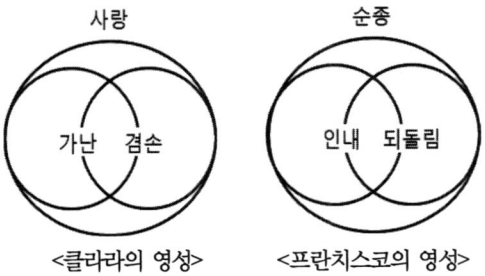

---

[168] 「권고」 7,4; 「권고」 11,4; 「권고」 18,2; 「비인준 규칙」 17,7.
[169] 「시간경 찬미」 11.

가난과 겸손이 합해져 거기에서 사랑이 나온다. 가난과 겸손 안에 인내가 있다. 그러므로 사랑 안에 이미 인내가 있다. 이것이 프란치스코의 영성과 클라라 영성의 접합점이다. 사랑과 인내가 접합점이다. 사랑과 인내가 아래 그림에서는 밖으로 드러나지 않고, 속에 감추어져 있다. 돌려드리면서 그것으로 완성에 이른다. 이 모든 것은 순종 안에서 이루어진다. 두 영성을 합하면 아래 모양이 될 것이다.

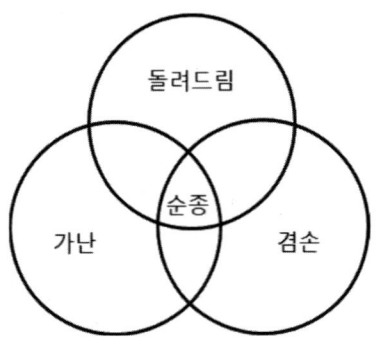

12. 가난과 겸손과 사랑의 상호 관계

지구상에 있는 그 많은 종교들, 그 많은 종교들의 그 많은 경전들, 그 많은 경전들의 내용을 세 마디로 요약하면 가난과 겸손과 사랑이 될 것이다. 클라라에게 감사하지 않을 수 없는 이유는 핵심만을 떠서 우리들의 입에 넣어주기 때문이다. 이제 다른 데에 신경을 쓸 필요가 없어졌다. 지금까지 이 세 덕(德)의 상호 관계가 그런대로 조금씩 드러났다. 조금 더 자세히 알아보자.

12.1. 클라라와 예수의 어머니 마리아

클라라가 규칙에서 자매들에게 값싼 옷으로 만족하라고 할 때, 특별히 말구유에 누워 계신 어린 아기를 언급한다. 좋고 비싼 옷을 원하는 마음을 말구유의 아기에 비추어본 것이다.

> "그리고 아주 보잘것없는 포대기에 싸여 구유에 누워 계신[170] 지극히 거룩하고 지극히 사랑하올 아기와 그분의 지극히 거룩한 어머니의 사랑으로, 항상 값싼 옷을 입으라고 나는 나의 자매들에게 권하고 간청하며 충고합니다"[171].

여기에서 주목할 점은 클라라가 그리스도의 가난만을 언급하는 것이 아니라, 그의 어머니 마리아도 함께 언급한다는 점이다. 프란치스코도 누누이 마리아를 언급한다[172]. 그러나 클라라가 프란치스코보다 더 빈번히 마리아를 언급한다. 클라라에게 마리아도 그리스도처럼 가난의 좋은 모범이었던 것이다. 클라라는 마리아에 대한 깊은 사랑을 프란치스코와 공유한다. 프란치스코에게 마리아는 먼저 하늘의 여왕, 위대한 임금님의 어머니, 그리고 하녀로 부각되나, 클라라에게는 완전한 여인과 거룩한 모범으로 더 부각된다. 그녀가 이 세상을 하직하면서 하는 말이 마리아의 찬송(Magnificat)을[173] 연상시킨다[174].

> "떠나거라. 너를 만드신 분이 **너를 거룩하게 하셨다.** 어머니가 자기 아이에게 늘 그랬듯이 **그분은 너를 감싸시면서 너를 온화하게 사랑해 주셨다**"[175].

전기(傳記)는 죽음의 문턱에서 클라라를 위로한 이는 다름 아닌 마리아였음을 기록한다. 흰 옷을 입은 동정녀들 중에서 하늘의 여왕이 그녀를 위로한다.

---

[170] 참조: 루카 2,7.12.
[171] 「클라라 규칙」 2,25.
[172] 「클라라와 그의 자매들에게 써 보낸 마지막 원의」 1; 「2신자 편지」 5; 「비인준 규칙」 IX,5.
[173] "내 영혼이 주를 찬송하며 … 당신 종의 비천함을 **돌보셨도다.** … 나를 **복되다 일컬으리니**…".
[174] E. Brien PURFIELD, O.F.M., 『The images of Christ in the spiritual life of S. Clare of Assisi』, Canterbury, 1989, 115.
[175] 「클라라 전기」 46.

"그러자, 보라, 흰옷을 입은 수많은 동정녀들이 문으로 들어왔고, 그들 모두가 머리 위에 금빛 화관을 쓰고 있었다. **다른 동정녀들보다 더 밝아 싶은 동정녀**가 그들 사이를 걸어 나왔다. 그 동정녀의 향로 모양의 관 꼭대기에서 광채가 쏟아져 나와 집안을 대낮같이 밝혔다. 그 동정녀는 아드님의 정배가 누워 있는 침대로 발걸음을 옮겨, 사랑스런 자태로 몸을 구부려서 부드럽게 그녀를 껴안았다. 화사한 아름다운 외투를 동정녀들이 들고 왔고, 그들은 민첩히 손을 움직여서 클라라의 몸을 그것으로 덮었고 이어서 신부(新婦)의 침대를 장식하였다"[176].

클라라는 프란치스코의 복사판이라고 해도 크게 틀린 말이 아니다. 그리스도를 따름에 있어서 마리아가 했던 바대로 프란치스코가 하였고, 마리아가 했던 바대로 클라라도 그대로 하여 그녀는 복음적 완덕을 성취하였다. 마리아가 했던 대로 가난과 겸손과 사랑을 살았다. "하느님의 어머님의 발자취"를 따라 "새로운 여성 지도자"가 된 것이다[177].

12.2. 마음의 가난인 겸손

클라라는 「4아녜스 편지」에서 아녜스에게 가난과 겸손과 사랑으로 그리스도와 하나가 되어 하느님과 일치할 수 있는 길을 보여주기 위해서 십자가의 거울을 이용한다[178]. 이 편지는 클라라가 얼마큼 깊이 가난의 신비에 접했는지, 가난과 겸손이 얼마큼 밀접하게 사랑과 연결되어 있는지를 보여준다.

거울의 "맨 끝", "첫 부분", "가운데"의 위치를 각각 지정하면서 그녀는 상승법(上昇法)을 취한다. 겸손과 함께 하는 가난, 가난과 함께 하는 겸손, 그리고 사랑으로 발전한다. 가난은 늘 겸손과 함께 나타난다.

---

[176] 「클라라 전기」.
[177] 참조: 「클라라 전기」 서언.
[178] 「4아녜스 편지」 9-26.

가난한 생활을 하면서도 가난한 생활을 하지 않는 사람을 비난한다든가, 아니면 자신의 가난한 생활을 애써 힘주어 내세우면, 이는 또 하나의 소유다. 가난은 반드시 겸손을 동반해야 한다. 이와 비슷하게 겸손은 가난 없이 나타나지 않는다. 여러 면에서 겸손해 보이는 사람이 있다 하자. 그런데 이것저것 소유하려 하는 것이 많다면, 그 겸손은 또 하나의 자기 과시다. 겸손은 가난과 손을 잡아야 한다. 가난과 겸손으로 장애물을 제거만하면 나타나는 것이 사랑이다. 이렇게 가난이 겸손과 함께 가고, 겸손이 가난과 함께 갈 때 이를 사랑이라 한다. 완벽한 삼위일체다. 이 사랑은 순결한 꽃잎을 닮았다. 동정(童貞)어린 사랑이다. 그녀가 선언한다.

"오, 복된 가난이여,
가난을 사랑하고 받아들이는 이들에게
영원한 부(富)를 주리니!".

"오, 거룩한 가난이여,
가난을 지니고 열망하는 이들에게
하느님께서 하늘나라를 약속하시고
의심할 여지없이 **영원한 영광과 복된 생명**을 베푸시리니!"[179].

여기서 일컫는 영원한 부(富)나 영원한 영광과 복된 생명이란 다름 아닌 사랑이다. 클라라는 진정 모든 것을 떠났다. 가정의 안락한 울타리, 귀족 사회의 풍요와 특권, 높은 신분의 혼인, 아버지의 상속 재산, 곤궁한 사람들을 언제든지 도울 수 있는 자유까지 떠났다[180]. 1212년 성지주일 날 밤, 야반도주(夜半逃走)하여 포르치운콜라에서 프란치스코로부터 회개의 옷을 입던 날, 그녀는 세속에 이혼장을 작성하여 건넨 날이다. 세상을 하직한 상실감에서 오는 추호의 슬픈 기색도 없이,

---

[179] 「1아녜스 편지」 15-16.
[180] 「클라라 전기」 3.

오히려 새로운 풍요와 기쁨과 행복에 젖어 들었다. 그녀는 프란치스코가 하라는 대로 하여 알거지가 되었다. 그녀는 겁 없이 복음과 프란치스코를 따랐다. 이미 하늘에서 예수 그리스도의 가난과 겸손으로 먼저 초대장을 받았기 때문이다.

"네가 완전한 사람이 되려거든, 가서 너의 재산을 팔아 가난한 이들에게 주어라. 그러면 네가 하늘에서 보물을 차지하게 될 것이다. 그리고 와서 나를 따라라"[181].

그녀는 예수 그리스도께서 지상에 사시는 동안 가난하셨기 때문에 가난을 원했다. 그녀에게 가난은 그리스도를 따름에 가장 기본적인 요소였다.

"사실 그분은 여우들도 굴이 있고 하늘의 새들도 보금자리가 있지만, 사람의 아들, 곧 그리스도께서는 머리를 기댈 곳조차 없다[182]고 하시고는, 고개를 숙이며 숨을 거두셨습니다"[183].

그녀는 가난이란 기도 생활을 저절로 심화시키고 기도 생활을 돕는 과정임을 그리스도의 신비를 관상하면서 어렵지 않게 알아들었다[184]. 클라라는 자신의 가난을 이렇게 이야기한다.

"오, 경건한 가난이여,
하늘과 땅을 다스렸고 또 다스리시며
말씀으로 만물을 지어내신
주 예수 그리스도께서
무엇보다도 먼저 그대를 품으실 만하였으니!"[185].

---

[181] 마태 19,21.
[182] 참조: 마태 8,20; 루카 9,58.
[183] 요한 19,30.
[184] 참조:「클라라 유언」45.
[185]「1아녜스 편지」17; 시편 32,9; 148,5.

그리스도께서 가난을 품으시고 가난하게 적신(赤身)으로 돌아가셨고, 말구유에서 가난하게 적신(赤身)으로 탄생하셨다[186]. 그리고 그리스도의 전 생애가 자신을 비우는 삶이었고, 종 생활이었다[187]. 이 점이 클라라의 폐부에 깊이 파고들었다.

> "가난하게 구유에 누워 계셨고(참조: 루카 2,12) 이 세상에서 가난하게 사셨으며 십자가에 알몸으로 매달리신 그 하느님의 사랑으로 아버지이신 주님께서 지극히 복되신 우리 사부 프란치스코의 말씀과 모범으로 당신의 거룩한 교회 안에서 낳아주신 당신의 작은 양떼가 (참조: 루카 12,32) **항상 당신의 사랑하시는 아드님과 그분의 영광스러운 동정 어머니의 가난과 겸손을 따르면서,** 주님과 지극히 복되신 우리 사부 프란치스코께 우리가 약속한 거룩한 가난을 지키게 하시고, 이 가난 안에 늘 머물도록 그들을 도와주시고 지켜 주십시오"[188].

내적인 가난인 겸손 없는 외적인 가난은 또 하나의 소유가 된다[189]. 마음까지 가난해야 사랑을 충분히 음미할 수 있다. 외적인 가난과 내적인 가난의 상호 관련성을 통찰한 프란치스코는 겸손을 가난을 보호해주는 자매라 일컫는다[190]. 프란치스코에게서 가난과 겸손은 서로 분리할 수 없는 관계로 등장한다[191]. 그리고 그는 아담의 원죄를 마음의 가난의 부족으로 본다[192]. 뿐만 아니라 가난과 겸손을 우리가 현재의

---

[186] 「1아녜스 편지」 19; 「3아녜스 편지」 17-19.24; 「4아녜스 편지」 19.21; 「클라라 규칙」 2,24; 「클라라 유언」 35.45; 「시성 증언록」 IX,4; 10; X,8; 「클라라 전기」 5; 13; 37.

[187] 참조: 필립 2,7.

[188] 「클라라 유언」 45-47.

[189] 마태 5,3.

[190] 「덕 인사」 2: "귀부인이신 거룩한 **가난이여**, 주님께서 당신의 자매인 **거룩한 겸손과 함께 당신을 지켜주시기를!**".

[191] 「비인준 규칙」 9,1; 「인준 규칙」 5,4; 6,2.

[192] "그런데 자기 의지를 자기의 것으로 삼고 자기 안에서 **주님께서 말씀하시고 이루시는 선**을 자랑하는 바로 그 사람은 선을 알게 하는 나무에서 열매를 따 먹는 것입니다"(「권

교회 안에서 살아야 할 모든 덕들의 기반으로 여긴다[193].

같은 이유로 클라라도 이 두 덕들을 한 묶음으로 묶으며, 그래야 완전한 가난을 실천할 수 있다고 본다. 내적으로 허(虛)한 겸손이 있어야, 그 겸손이 외적으로는 가난으로 나타난다. 클라라의 전기를 쓴 첼라노도 클라라의 외적인 가난과 내적인 가난을 이렇게 말한다.

> "모든 것에 대한 가난이
> 참다운 겸손인
> 마음의 가난과
> 조화를 이루었다"[194].

마음의 가난으로부터 모든 가난이 흘러나온다. 마음의 가난이 클라라의 가난의 핵심일진대, 분명 겸손이다. 마음에 도무지 아무것도 없어서, 마음을 들끓게 하는 것이 없어서, 이것이 외적으로 가난으로 나타난다.

> "자매들은 집이나 거처, 그 어떤 것도 자기 소유로 하지 말 것입니다. 그리고 이 세상에서 순례자와 나그네처럼[195] 가난과 겸손 안에서 주님을 섬기면서 신뢰심을 가지고 동냥을 할 것입니다"[196].

그래도 후손들이 염려스럽기만 한 클라라는 「수도 규칙」의 마지막에 다시 언급한다. 프란치스코의 「인준 규칙」을 그대로 인용하면서, 마리아의 예를 첨가하여 다시 말한다.

고」 2,3).
[193] "그리하여 형제들은 거룩한 교회의 발아래 항상 매여 순종하고, 가톨릭 믿음의 기초 위에 굳건히 서서 우리가 굳게 서약한 **가난과 겸손**과 우리 주 예수 그리스도의 거룩한 복음을 실행할 것입니다"(「인준 규칙」 12,4).
[194] 「클라라 전기」 13.
[195] 참조: 시편 38,13; 1베드 2,11.
[196] 「클라라 규칙」 8,1-2.

"그리하여 자매들은 거룩한 교회의 발아래 항상 매여 순종하고, 가톨릭 믿음의 기초 위에 서서[197] 우리 주 예수 그리스도와 그분의 지극히 거룩한 **어머니의 가난과 겸손**과 우리가 굳게 서약한 거룩한 복음을 영원히 실행할 것입니다. 아멘"[198].

12.3. 가난과 의지

클라라는 이것으로도 충분치가 않았다. 우리는 하느님 앞에서 원래 가난한 존재다. 아무것도 가지지 않고 태어난 존재로서, 가난을 이야기한다는 자체가 어불성설(語不成說)이다. 하느님께서 원래 가난하신 것처럼 우리도 원래 가난하다. 그러므로 이렇게 그저 있음으로 하느님과 일치한다. 하느님께서 가난하시기 때문에 하느님께서 창조하신 나도 가난하다. 그러므로 가난한 나는 그저 이렇게 아무렇지 않게 있음으로써 거기서 하느님을 만난다. 이것을 깨닫는 것이 깊은 겸손일 것이다. 원래 아무것도 없는 가난과 겸손을 프란치스코도 누차 강조하여 말한다.

"사람들로부터 천하고 무식하며 멸시받을 자로 취급받을 때와 마찬가지로, 칭찬과 높임을 받을 때도 자기 자신을 더 나은 사람으로 여기지 않는 좋은 복됩니다. 사실 인간은 **하느님 앞에 있는 그대로 이지** 그 이상이 아니기 때문입니다"[199].

"**그대는 무엇을 자랑할 수 있겠습니까?** 실상 그대가 모든 지식을 가지고 있고(참조: 1코린 13,2), 모든 언어를(참조: 1코린 12,28) 해석할 수도 있고, 또 천상 일을 날카롭게 꿰뚫어 볼 정도로 예리하고 명석하다 할지라도, 그대는 이 모든 것을 자랑할 수 없습니다. 왜냐하면

---

[197] 참조: 콜로 1,23.
[198] 「클라라 규칙」 12,13.
[199] 「권고」 19,1-2.

주님으로부터 가장 높은 지혜에 대한 특별한 인식을 받은 사람이 있다 해도, 한 마리의 마귀는 그 모든 사람들보다 천상 일에 대해 더 많이 알고 있었고, 지금은 지상 일에 대해 더 많이 알고 있기 때문입니다. 이와 마찬가지로 그대가 모든 사람들보다 더 잘 생겼고 더 부유하고, 또한 기적들을 행하여 악령들이 달아난다 해도, 이 모든 것은 그대에게 해(害)가 되고 **그대의 것은 아무것도 없으며** 이 모든 것 안에서 아무것도 그대는 자랑할 수 없습니다"[200].

그리스도께서도 말씀하신다.

"이와 같이 너희도 분부를 받은 대로 다 하고 나서, '**저희는 쓸모 없는 종입니다.** 해야 할 일을 하였을 뿐입니다' 하고 말하여라"[201].

그런데 우리가 쉽게 빠질 수 있는 유혹 중의 하나는, 어떤 좋은 일을 하면서도 나의 판단력과 나의 능력을 앞세워 마음속으로 은근히 교만해지는 일이다. 사실 좋은 일을 하는 나의 의지가 하느님의 의지임을 알면 겸손해진다. 사실 겸손할 것도 없다. 겸손하자고 말할것도 없다.

"그런데 자기 **의지를 자기의 것으로 삼고** 자기 안에서 주님께서 말씀하시고 이루시는 선을 자랑하는 바로 그 사람은 선을 알게 하는 나무에서 열매를 따 먹는 것입니다. 결국 악마의 꾐에 빠져 계명을 거슬렀기 때문에, 먹은 것이 악을 알게 하는 열매가 되어 버렸습니다. 그래서 그런 사람은 벌 받아야 마땅합니다"[202].

하느님께서 하느님의 의지를 나에게만 넣어주신 것이 아니다. 다른 사람도 하느님의 의지가 있어서 선행을 할 수 있다. 나의 의지를 나의 것으로 하지 않는 사람이라면, 다른 사람이 선행을 할 때, 그 선행에서 하느님의 의지를 읽을 수 있어서, 나로서는 그 사람을 통하여 하느

---

[200] 「권고」 5,4-8.
[201] 루카 17,10.
[202] 「권고」 2,3-4.

님을 찬미할 수 있고 그 사람을 시기하지 않을 수 있다. 비록 그 사람이 자기 의지를 자기의 것으로 삼고 있다손 치더라도 말이다.

"주님께서 다른 사람을 통하여 말씀하시고 이루시는 선보다 자기를 통하여 말씀하시고 이루시는 선으로 자신을 더 높이려 하지 않는 그런 종은 복됩니다(마태 24,46)"[203].

"따라서 누구든지 주님께서 자기 형제 안에서 말씀하시고 이루시는 선을 보고 그 형제를 시기하면, 모든 선을 말씀하시고 이루어 주시는 지극히 높으신 분 자신을 시기하는 것이기에(참조: 마태 20,15) 하느님을 모독하는 죄를 범하는 것입니다(참조: 1코린 6,12)"[204].

"하느님의 종이 주님의 영을 지니고 있는지는 이렇게 알 수 있습니다. 육(肉)은 항상 모든 선을 거스르기에, 주님께서 그 사람을 통하여 어떤 선을 행하실 때, 그의 육이 그 때문에 자신을 높이지 않고, 오히려 자신을 더 비천한 자로 여기며 다른 모든 사람들보다도 자신을 더 작은 자로 평가할 때 알 수 있습니다"[205].

12.4. 가난과 돌려드림

이렇게 하여 좋은 일을 잘 마치고 나면 흐뭇하다. 대체로 사람들은 이 흐뭇함을 오래 동안 간직하려고 한다. 이렇게 되면 이미 좋은 것을 자기의 것으로 하는 것이다. 흐뭇함이 사라질 때 잡으려 하지 말고 놓아줄 때, 흐뭇함을 하느님께 돌려드리는 것이다. 흐뭇함을 돌려드릴 때 나는 가난해져서, 흐뭇함을 나의 것으로 했을 때보다 더 흐뭇하다. 이것이 참 흐뭇함이다. 흐뭇함을 나의 것으로 하면 그 흐뭇함까지 빼앗긴다.

"온갖 좋은 것을 주 하느님께 돌려드리는 종은 복됩니다. 실상 어떤 것이라도 자신을 위해 묻어두는 사람은 자기 주 하느님의 돈을

---

[203] 「권고」 17,1.
[204] 「권고」 8,3.
[205] 「권고」 12,2-3.

자기 안에 숨겨 두는(마태 25,18) 사람이 되며, 가진 줄로 여기고 있는 것마저 빼앗길 것이기(루카 8,18) 때문입니다"[206].

가난의 평온함에 머무는 사람은 모든 것을 하느님께 돌려드리기 때문에, 돌려드릴수록 더 평온하다. 이 자리가 내가 원래 있어야 할 자리이기에 평온한 것이다. 돌려드리고 난 그 자리가 내 자리다.

12.5. 선(善)과 사랑

이 시점(時點)에서 주님의 거룩한 말씀과 업적을 관상하면, 그 평온함은 그 무엇과도 바꿀 수 없음을 알게 된다. 주님의 거룩한 말씀과 업적에서 오는 평온함이 사랑임을 알게 된다. 이 사랑을 선(善)이라한다. 이 선(善)을 노래하는 프란치스코는 지칠 줄을 모른다.

"주님의 지극히 거룩한 말씀과 업적 말고 다른 데서는 흐뭇함과 즐거움을 느끼지 못하며, 또한 그것들로써 기쁨과 즐거움 가운데(참조: 시편 50,10) 사람들을 하느님의 사랑에 인도하는 그런 수도자는 복됩니다"[207].

"우리를 위하여 이처럼 견디셨고 이처럼 온갖 좋은 것을 주셨으며 앞으로도 주실 하느님께 하늘과 땅, 바다와 심연에 있는 모든 피조물들은 찬미와 영광과 영예와 찬양을 돌려드려야 하겠습니다(참조: 묵시 5,13). 그분은 홀로 선하시고(참조: 루카 18,19), 홀로 지존하시고, 홀로 전능하시고, 감탄할 만한 분이시고, 영광스러우시고, 그리고 홀로 거룩하시고, 세세대대 영원히 찬미 받으실 만한 분이시며, 축복받으실 바로 그분은 우리의 힘이시고 굳셈이시기 때문입니다. 아멘"[208].

---

[206] 「권고」 18,2.
[207] 「권고」 20,1-2.
[208] 「2신자 편지」 61-62.

"전능하시고 지극히 거룩하시고 지극히 높으시며 으뜸이신 하느님, 모든 선이시고 으뜸선이시고 온전한 선이시며, 홀로 선하신 당신께(참조: 루카 18,19), 모든 찬미와 모든 영광과 모든 감사와 모든 영예와 모든 찬양과, 그리고 모든 좋은 것을 돌려드리나이다. 그대로 이루어지소서. 그대로 이루어지소서. 아멘"[209].

"주님, 당신은 으뜸선이시고 영원한 선이시며
모든 선이 당신에게서 나오고
당신 없이는 어떤 선도 없기에
그들 안에 머무시며
그들을 복으로 채우시나이다"[210].

"그러므로 우리는, 충만한 선, 모든 선, 완전한 선, 참되시고 으뜸선이신 우리 창조주이시고 구세주이시고 구원자이시며 홀로 진실하신 하느님 외에는 다른 아무것도, 홀로 선하시고(참조: 루카 18,19) 홀로 자비로우시고 홀로 양순하시고 홀로 부드러우시며 홀로 감미로우신 하느님 외에는 다른 아무것도, 홀로 거룩하시고 홀로 정의로우시고 홀로 진실하시고 홀로 거룩하시며 홀로 올바르신 하느님 외에는 다른 아무것도, 홀로 인자하시고 홀로 무죄하시고 홀로 순수하신 하느님 외에는 다른 아무것도, 하늘에서 함께 기뻐하고 회개하는 모든 이들과 의로운 모든 이들과 복된 모든 이들의 모든 용서와 모든 은총과 모든 영광이 그분으로 말미암아 있고 그분을 통하여 있으며 그분 안에 있는(참조: 로마 11,36) 하느님 외에는 다른 아무것도 우리는 원하지도 말고 바라지도 말고, 다른 아무것도 마음에 들어하지도 즐거워하지도 맙시다. 그러므로 아무것도 우리를 방해하지 못하고, 아무것도 우리를 하느님과 떼어 놓지 못하고, 아무것도 우리를 가로막지 못하기를! 우리 모두는 모든 곳에서, 모든 시간과 모든

---

[209] 「시간경 찬미」 11.
[210] 「주님 기도」 2.

때에, 날마다 그리고 계속해서, 지극히 높으시고 지존하시고 영원하신 하느님을, 삼위이시고 일체이신 성부와 성자와 성령을, 만물의 창조자이시고 그분을 믿고 희망하고 사랑하는 모든 이의 구원자를 진실하고 겸손히 믿고, 마음에 모시고, 사랑하고, 공경하고, 흠숭하고, 섬기고, 찬미하고 찬양하며, 영광을 드리고, 드높이고, 찬송하고 감사드립시다. 그분은 시작도 없고 마침도 없이 변함없으신 분, 바라볼 수 없는 분, 형언할 수 없는 분, 이루 말로 다할 수 없는 분, 이루 다 알 수 없는 분, 헤아릴 수 없는 분(참조: 로마 11,33), 칭송과 찬미와 영광과 드높은 찬양을 받으실 분(참조: 다니엘 3,52), 지존하신 분, 높으신 분, 감미로우신 분, 사랑할 만한 분, 좋아할 만한 분, 온전히 모든 것에 앞서 세세 영원히 바랄만한 분이시나이다. 아멘"[211].

이 선(善)이신 사랑이 모든 일을 한다. 도무지 변할 가능성이 보이지 않는 나를 영적으로 변화시키시는 분은 전능하신 분임을 고백하지 않을 수 없고, 그분은 나를 변화시키기 위하여 온갖 애정을 다 쏟고, 인내하심을 알게 된다. 이 사랑을 얻은 자는 절제가 솟아오르며, 마음 깊은 곳에서 모든 명사(名詞)를 쏟아내게 된다.

가난에 겸손이 더해지면 그것이 그렇게 조화를 이루어 그것이 사랑인 것이다. 겸손에 가난이 더해지면 그것이 그렇게 조화를 이루어 사랑인 것이다. 이 두 덕이 성장하면서 얽히고설켜 수많은 선(善)이 우후죽순(雨後竹筍)처럼 피어난다. 프란치스코가 노래한다.

> 당신은 기적을 일으키시는
> 거룩하시고 유일하신 주 하느님이시나이다(참조: 시편 76,15).
> 당신은 힘세시나이다.
> 당신은 위대하시나이다(참조: 시편 85,10).
> 당신은 지극히 높으시나이다.
> 당신은 전능하신 임금님이시나이다.

---

[211] 「비인준 규칙」 23,9-11.

당신은 거룩하신 아버지(참조: 요한 17,11),
하늘과 땅의 임금님이시나이다(참조: 마태 11,25).
당신은 삼위이고 한 분이시오며 신들의 주 하느님이시나이다(참조: 시편 135,2).
당신은 선(善)이시고 모든 선이시며 으뜸선이시고
살아계시며 참되신 주 하느님이시나이다(참조: 1테살 1,9).
당신은 애정이시며 사랑[212]이시나이다.
당신은 지혜이시나이다.
당신은 겸손이시나이다.
당신은 인내이시나이다(참조: 시편 70,5).
당신은 아름다움이시나이다.
당신은 안전함이시나이다.
당신은 고요이시나이다.
당신은 즐거움이시며 기쁨이시나이다(참조: 시편 50,10).
당신은 우리의 희망이시나이다.
당신은 정의(正義)이시나이다.
당신은 절제이시나이다.
당신은 우리의 흡족한 온갖 보화이시나이다.
당신은 아름다움이시나이다.
당신은 온화이시나이다.
당신은 보호자이시나이다(참조: 시편 30,5).
당신은 수호자요 방어자이시나이다.
당신은 힘이시나이다(참조: 시편 42,2).
당신은 피난처이시나이다.
당신은 우리의 희망이시나이다.
당신은 우리의 믿음이시나이다.
당신은 우리의 사랑이시나이다.
당신은 우리의 온 감미로움이시나이다.

---

[212] 'amor'를 애정으로 번역하였고, 'caritas'를 사랑으로 번역하였다. 원문에는 'amor'가 'caritas' 위에 삽입되어 있다.

당신은 우리의 영원한 생명이시나이다.
위대하시고 감탄하올 주님,
전능하신 하느님, 자비로운 구원자이시여!²¹³.

13. 클라라의 관상법

프란치스코를 어떤 이는 사회 사업가로 보고, 어떤 이는 활동가로도 보고, 어떤 이는 관상가나 신비가로 보고, 또 어떤 이는 작가요 시인으로 본다. 프란치스코를 관상가나 신비가로 본다면, 관상가나 신비가로서의 프란치스코가 곧 클라라일 것이다. 사실 관상 없는 사회 사업이나 활동, 아니면 작가의 저작 생활이란 무의미하기 짝이 없다 할 것이다. 프란치스코의 한중심에 클라라가 있는 셈이다.

그러나 프린치스코는 한 번도 쓰지 않은 언어들이 클라라에게서 수두룩하게 등장한다. 'speculum'(거울, 12번), 'conversio'(전환, 7번), 'vocatio'(성소, 6번), 'imitari'(닮다, 5번), 'amator'(연인, 4번), 'amplexari'(품다, 껴안다, 4번), 'intueri'(응시하다, 4번), 'mirari'(경탄하다, 4번), 'consensus'(일치, 3번), 'contemplatio'(관상, 3번)이다. 이것만 보아도 그녀의 관심이 오로지 어디에 있었는지 알 수가 있다²¹⁴. 거의 모두가 다 그녀의 관상과 관계가 있는 어휘들이다.

관상의 내용도 중요하지만 그 내용을 담아내는 형식도 중요하다. 그런대로 지금까지 클라라의 관상의 내용을 살펴보았지만, 클라라의 관상의 내용이란 궁극적으로는 그리스도의 신비이기 때문에 사실은 클라라도 상징으로만 표현하여 그 입구만을 제시할 수 있을 뿐이지, 그 내용 자체를 그대로 언어화 하기란 사실 불가능하다. 가난이란 어휘가 가난의 실체를 전할 수 있는가? 겸손이란 어휘가 겸손의 실체를 전할 수 있는가? 가난을 체험하고 겸손을 체험한 사람만이 가난이나 겸손의 어휘를 통해서 가난과 겸손으로 들어간다.

---

²¹³ 「하느님 찬미」.

²¹⁴ E. Brien PURFIELD, O.F.M., 「The images of Christ in the spiritual life of S. Clare of Assisi」, Canterbury, 1989, 66.

그러나 물을 담는 그릇이 있듯이, 신비를 담는 그릇이 있다. 이 그릇은 전달 가능하다. 그릇에 담겨 있지 않은 물은 우리가 필요할 때 쓸 수가 없다. 클라라 관상의 신비한 내용을 담는 그릇을 알아보자. 그릇의 형식을 알아야 언제든지 관상에 들 수 있기 때문이다. 형식과 내용은 밀접한 관련이 있어서, 형식을 논(論)하다가도 내용으로 들어갈 수 있다. 내용을 논(論)하다가 형식으로 들어갈 수 있다. 이 둘도 서로 분리될 수 없는 관계다.

> "지극히 고귀하신 여왕이여, 인간의 아들네 가운데 가장 아름다우신 분이 그대의 구원을 위해 인간들 가운데 가장 비천한 자가 되시어 멸시받고 얻어맞고 온몸에 갖가지 방법으로 매질 당하여 십자가의 참혹한 고뇌 가운데 죽어 가시는 그대의 정배를 **닮기를 갈망하면서,**
>
> 그분을 **응시하고,**
> 그분을 **깊이 생각하고,**
> 그분을 **관상하십시오**"[215].

18년 후에 쓴 「4아녜스 편지」도 같은 관상 기도 방법을 반복하여 전한다.

> "오, 여왕이시여, 예수 그리스도의 정배시여, 이 거울을 매일 **들여다보고** 계속해서 그 안에서 당신 얼굴을 살펴 보십시오. 그리하여 갖가지 장식으로 휘감고 차려 입어 안팎으로 속속들이 단장하고, 지극히 높으신 임금님의 딸이요 사랑스런 정배에게 어울리는 온갖 덕행의 꽃과 옷으로도 치장하십시오. 사실, 하느님의 은총으로 그대가 거울 전체에서 관상할 수 있는 것처럼, 이 거울 안에는 복된 가난과 거룩한 겸손과 형언할 수 없는 사랑이 찬란히 빛납니다. 나는 말합니다. 이 거울의 첫 부분을 **보면서,** 포대기에 싸여 구유에 누워 계신 그분의 가난을 **주의 깊게 바라보십시오.** 오, 감탄하올 겸손이여, 오,

---

[215] 「2아녜스 편지」 20.

놀라운 가난이여! 천사들의 임금이시고 하늘과 땅의 주님께서 구유에 누여 있습니다. 그 다음, 거울의 가운데를 **보시고** 겸손과 적어도 복된 가난을, 인류 구원을 위하여 그분이 겪으신 무수한 수고와 고생을 **깊이 생각하십시오**. 이 거울의 맨 끝을 보시고 말할 수 없는 사랑을 **관상하십시오**. 그분은 이 사랑 때문에 십자 나무 위에서 고통당하시고 거기서 가장 수치스런 죽음을 맞이하기를 원하셨습니다"[216].

이 관상의 형식은 프란치스코에게도 나타난다.

"주님께서 저희에게 가지셨던 사랑과, 저희를 위하여 **말씀하시고 행하시고 견디어 내신 것을** 저희가 **기억하고 알아듣고 경외할 수 있도록** 일용할 양식인 주님을 주소서"[217].

바라보고 기억하고 깊이 생각하여 알아듣고 경외함이 프란치스코의 관상의 형식일 것이다.

13.1. 첫째 단계: 응시(intueri) 단계

"응시하고"(intueri) "깊이 생각하고"(considerare)하고 "관상하는"(contemplare) 것이 단계적으로 그녀가 제시하는 관상법이다. 첫 단계가 응시의 단계인데, 그저 응시하는 것이 아니다. 찬찬히 바라보는 응시다(intueri)[218]. 이 응시를 통해서 십자가에 달리신 예수 그리스도에게 연민의 정을 가지면, 그리스도의 십자가가 나의 십자가가 된다[219].

우리 주변에는 정신적으로 문제가 있어서 옆 사람들에게 어려움을 주는 사람들이 많다. 이 사람들을 탓하기보다는 그들을 찬찬히 응시

---

[216] 「4아녜스 편지」 15-23.

[217] 「주님 기도」 6.

[218] "intueri"의 'in'은 'tueri'(바라보다)의 접두사로서, 동사의 뜻을 강조한다. 그러므로 "intueri"는 '응시하다', '깊이 바라보다'는 뜻이 된다(참조: 허창덕, 『라틴 한글 사전』, 1995, 414).

[219] 참조: 본 논문의 "4.5. 감미로운 십자가".

하여 예수 그리스도처럼 연민의 정을 가진다. 응시는 그 자체로 사랑이 내포되어 있다. 깊은 응시는 저절로 성부의 시선(視線)이 되게 한다. 그런데 이 응시와 본질적으로 같은 응시를 우리가 선천적으로 가지고 태어났다. 바로 우리의 영혼이다. 하느님의 모상(Imago Dei)인 영혼이다. 이 영혼이 응시하는 것이다.

우리가 몸이 아프면 아프다는 사실을 안다. 누가 가르쳐주지 않아도 안다. 또한 괴롭거나 즐거우면 괴롭거나 즐겁다는 사실을 안다. 나의 의지와 관계없이 안다. 알고 싶어 하지 않아도 안다. 이것은 여타의 동물계에는 없는 인간만이 가지고 있는 나의 지식이다. 이것이 영혼이다. 이것은 늘 비추고 바라보는 응시의 기능을 가지고 있는 지식인데, 이 영혼은 보이지도 않고, 대부분 사람들이 의식조차 못하고 살아간다. 이 영혼이 "당신의 지식"인 주님의 영(靈)으로 깨어난다[220].

13.2. 둘째 단계: 깊은 생각(considerare) 단계

둘째 단계가 깊은 생각(considerare)의 단계다. 여기서 생각이란 어떤 논리적인 전개를 머릿속에서 펼치는 사유(思惟)의 단계가 아니다. 품는 단계다. 클라라가 "깊이 생각하다"라는 "considerare"를 사용했을 때는 하느님 성부와 관련되고 예수님과 관련된 것을 품는 행위다. 품고 있는 것이다.

> "그러므로 사랑하는 자매들, 우리는 **하느님께서** 우리에게 베풀어 주신 한없는 은혜들을 **깊이 생각해야 합니다.** 그런데 그 모든 은혜 중에서도 당신 종인 사랑하올 복되신 우리 사부 프란치스코를 통해서 우리 안에서 하느님께서 황송하게도 이루어 주신 은혜들, 우리가 회심하고 나서는 물론 우리가 아직 세속의 비참한 헛됨 속에 있었을 때에도 이루어 주신 그 은혜들을 **깊이 생각해야 합니다**"[221].

---

[220] 참조: 본 논문의 "9.4.1. 주님의 영".
[221] 「클라라 유언」 6-8.

"그 다음, 거울의 가운데를 보시고 겸손과 적어도 복된 가난을, 인류 구원을 위하여 그분이 겪으신 무수한 수고와 고생을 **깊이 생각하십시오**"[222].

예수의 마음에 머무는 단계라고 할 수 있다. 예수의 마음[223]을 품고 있는 단계다. 품기만 하면 된다. 어미 새가 알을 낳고나서, 그 알을 부화하기 위하여 알을 품는 단계다. 이 단계가 참으로 중요한 과정임을 깊이 깨달아 우리의 생활에서 습관이 되도록 해야 할 것이다. 품는 과정에서 하느님께서 우리에게 베풀어주신 은혜를 품고, 예수 그리스도께서 겪으신 무수한 수고와 고생을 자주자주 품으면 놀라운 세계가 열린다. 무수한 수고와 고생이 그분의 크나큰 업적임을 알게 된다.

"주님의 모든 업적들아, 주님을 찬양하여라. 영원히 그분을 찬미하고 찬송들 하세"[224].

13.3. 셋째 단계: 관상(contemplatio) 단계

품어서 부화한 병아리를 귀여워하며 가지고 놀고 즐기는 단계다. 사랑이다. 이 관상의 단계에서 나는 모든 수고를 내려놓고 쉬게 된다. 햇빛만 누린다. 사랑만 누린다. 나는 없다. 사랑만 있다.

"고생하며 무거운 짐을 진 너희는 모두 나에게 오너라. 내가 너희에게 안식을 주겠다"[225].

"이 거울의 맨 끝을 보시고 말할 수 없는 **사랑을 관상하십시오**. 그분은 이 사랑 때문에 십자 나무 위에서 고통당하시고 거기서 가장 수치스런 죽음을 맞이하기를 원하셨습니다"[226].

---

[222] 「4아녜스 편지」 22.
[223] 참조: 본 논문의 "7. 예수 마음".
[224] 「시간경 찬미」 5.
[225] 마태 11,28.
[226] 「4아녜스 편지」 23.

> "그의 애정은 매료시키고
> **그분의 관상은 생기를 주며**
> 그분의 어지심은 채워줍니다.
> 그분의 감미로움은 가득 채워주며
> 그분의 기억은 동트듯 부드럽게 빛납니다"[227].
> "그분 힘은 더없이 세며, 너그러우심은 드높고,
> 그분 모습은 한없이 아름다우며, **사랑은 끝없이 감미롭고,**
> 모든 자태는 그지없이 우아합니다"[228].

각 단계별로 관상할 수도 있고, 구분 없이 두 단계를 하나로, 아니면 세 단계를 하나로 관상하게 되는 경우가 많다.

14. 삼위일체(三位一體)를 관상하는 클라라

클라라가 궁극적으로 관상한 것은 삼위일체다. 삼위일체를 관상하는 클라라를 알아보기 전에 먼저 교의(敎義)에서 말하는 내재적 삼위일체를 간략하게 소개하고자 한다. 삼위일체 교의 중에서 클라라의 관상과 관련이 있는 내재적 삼위일체와 심리학적 삼위일체만을 언급하겠다.

14.1. 내재적(內在的) 삼위일체(三位一體)[229]

아우구스티누스를 필두로 한 서방 교회의 삼위일체론은 '내재적 삼위일체'(內在的 三位一體, Trinitas immanens)다. 내재적 삼위일체란 "구체적인 인간 역사와의 관계를 고려하지 않고 영원으로부터 존재하는 삼

---

[227] 「4아녜스 편지」 11-12.
[228] 「1아녜스 편지」 9.
[229] 삼위일체를 주제로 학사 논문을 쓰고 있는 신학생의 논문을 옮겼다.

위일체의 실재를 가리키는 것이다"[230]. 다시 말하자면 신앙 체험이 아닌, 본질적인 'una substantia et tres personae'라는 삼위일체 정식을 그 출발점으로 삼아 삼위일체를 설명하려는 시도이다.

삼위일체 논쟁 당시 문제의 발단이 되었던 것은 '유일한 근원인 성부'와 다른 두 위(位)를 설명하는 일이었다. 하지만 아우구스티누스는 하나의 신성, 하나의 신적 실체(實體, una substantia)를 출발점으로 삼는다. 여기에서 말하는 실체(substantia)는 그리스 철학에서 수용한 개념인데, 다른 것에 의존하지 않고 불변(不變)하며 자립(自立)할 수 있는 존재를 뜻한다.

그런데 구체적인 현실 세계에서는 실체가 존재하려면 실체에 대당(對當)하면서 그 필수적인 요소로서 '우연유'(偶然有, accidentia)가 있어야 한다. 우연유란 자립적으로 존재하지 못하고 실체에 덧붙여서 존재하며 가변적인 성질의 것을 일컫는다. 그런데 모든 존재자란 이 실체에 우연유가 더해져서 존재한다[231]. 따라서 삼위일체이신 하느님이라는 존재자의 출발점을 '하나의 실체'(una substantia)에서 시작했다면, '삼위'(tres personae)는 우연유로 이해하는 것이 철학적 사유에서는 당연한 결과이게 된다.

하지만 아우구스티누스는 하느님은 변하지 않는 분이시기에 하느님은 우연유로 파악될 수 없고, 우연유적 규정을 지니고 있지 않다고 말한다. 세 위격의 '구별성'은 우연유적 규정을 의미하는 게 아니라 상호적(相互的)인 '관계'(關係, relatio)를 뜻하는 것이라 주장한다. 즉, "세 위격들은 우연유적으로나 실체적으로가 아니라 관계적으로 구별되는

---

[230] 심상태, 『續・그리스도와 구원-전환기의 신앙이해』, 성바오로출판사, ²1989, 154.
[231] '나'라는 존재자를 예로 들어보면, '나'라는 실체는 눈에 보이지 않지만 여기에 수많은 우연유적 규정들(크기, 모양, 색깔 등)이 붙어 있는 것이다. 우연유적 규정들은 성장 과정에서 인생의 여정 가운데 성장하거나 바뀌는 등 변화할 수 있지만, 그 변하는 가운데에서 나는 여전히 '나'이지 다른 사람이 아닌 것이다. 이 변하지 않는 무언가를 실체라고 한다.

자립자들인 하나의 신적 활동성의 세 주체들"[232]인 것이다. 여기에서 '관계' 역시 신적 실체 외부에서 덧붙여지는 우연유적 규정이 아니고[233], 하느님 내부의 상관성을 바라본 신적 본질에 속한다. 따라서 "각 위격은 그 자체로 볼 때 하나의 참 하느님이고, 상호간의 관련 속에서 성부, 성자, 성령이라는 것이다"[234].

> "아버지, 아들, 성령은 관계 그 자체이다. 즉, 아버지는 아들과 성령을 발출한 신적인 근원 외에 다른 분이 아니고, 아들은 아버지의 아들로서 아버지와 함께 성령을 발출하는 분외에 다른 분이 아니고, 성령은 아버지와 아들로부터 발출된 분으로서 둘을 결합시키는 영(靈)외에는 다른 분이 아니다"[235].

아우구스티누스는 이 '내재적 삼위일체'의 표상을 현실 세계 안에서 찾으려 시도하였다. 무엇보다 성서의 진리에서 취한 '인간은 하느님의 모상이다'라는 명제에 따라 아우구스티누스는 인간의 정신 생활에서 삼위일체의 내재적 삶을 일별할 수 있다고 확신한다. 비록 인간 정신의 실재가 삼위일체 하느님을 완벽히 구현한 것이라 말할 수는 없지만, 이것을 유비적(類比的)으로 이해할 수 있다고 본다. 즉, 하나의 인간 영혼(靈魂, anima) 안에 '기억-존재함, 인식-앎, 사랑-원함'이라는 세 가지 속성이 발견되는데, 본질적으로는 하나이지만 세 개의 현실적 요소들을 위격들로 본 것이다. 따라서 아우구스티누스는 **하느님의 기억이 성부에, 인식이 성자에, 사랑이 성령**에 유비적으로 해당된다고 설명한다. 이렇게 인간의 정신 구조에서 하느님의 내적 생명을 유추한 일련의 시도들을 '심리학적 삼위일체론'(心理學的 三位一體論, De Trinitate psychologica)이라 한다.

---

[232] 심상태, 『續・그리스도와 구원-전환기의 신앙이해』, 156.
[233] "아리스토텔레스에 있어서는 '관계'가 '우유적 속성'(偶有的屬性), 즉 현실을 유지하는 유일한 형식인 본체와 구별되는 존재의 우연적 상태 중의 하나였다"(요셉 라칭어, 앞의 책, 185).
[234] 심상태, 『續・그리스도와 구원-전환기의 신앙이해』, 156.
[235] 손희송, 『신・삼위일체론』, 가톨릭대학교신학과 강의록, 2010, 109.

14.2. 성부를 반사하는 그리스도를 바라보는 클라라

예수 그리스도의 업적을 관상하다 보면, 자연스럽게 내재적 삼위일체 관상으로 넘어가게 된다. 이제 클라라에게 그리스도는 "하늘과 땅을 다스리는 분"[236], "위대하신 주님"[237], "뭇 별의 어좌에 영광스럽게 앉아 계신 분"[238], "모든 세기의 임금"[239], "지극히 높으신 임금님"[240], "인간의 아들네 가운데 가장 아름다우신 분"[241], "그분의 아름다움은 해와 달이 경탄하고, 그분이 주시는 상급과 그 상급의 고귀함과 위대함은 끝이 없는 분"[242], "하늘도 담을 수 없는 분"[243], "그대와 모든 사물들을 담으시는 분"[244], "진리이신 분"[245]이다. 이어서 또 그리스도를 "영원의 거울", "영광의 광채", "하느님 본질의 형상"[246]이라고 한다. 뿐만 아니라 "빛의 눈부신 반사", "티 없는 거울"이라고도 한다.

클라라가 삼위일체론을 체계적으로 배웠을 리가 만무함에도 그녀는 이처럼 그리스도를 실체론적으로 명명(命名)한다. 이는 말할 나위 없이 우연유가 아닌 그리스도로서 실체인 성부를 지칭한다 할 것이다.

클라라에게는 신성의 신비와 인성의 신비가 균형을 이루며 공존한다. 아녜스와 하나가 된 신랑이 더 이상 요람에 누워 있는 아기도 아니요, 슬픔과 괴로움에 싸인 남자도 아니고, 지상의 생활을 하는 동안

---

[236] 「1아녜스 편지」 17.
[237] 「1아녜스 편지」 19.
[238] 「2아녜스 편지」 5.
[239] 「4아녜스 편지」 4.
[240] 「4아녜스 편지」 17.
[241] 「2아녜스 편지」 20.
[242] 「3아녜스 편지」 16.
[243] 「3아녜스 편지」 18.
[244] 「3아녜스 편지」 26.
[245] 「3아녜스 편지」 23.
[246] 「3아녜스 편지」 12-13.

에도 한없는 사랑을 지닌 하늘의 왕이었다. 일위(一位)와 이위(二位)가 균형을 맞추어 있다.

예수 그리스도가 클라라의 영원한 관상의 대상인 것은 예수 그리스도가 끊임없이 성부를 반사하기 때문이다. 그녀가 주님과 한시도 떨어져 본 적이 없었던 것은 예수 그리스도 뒤에 숨어 계신 하느님에게만 정신을 쏟을 수 있었기 때문이다[247].

클라라는 그리스도를 한중심에 놓고 성부로 넘어간다. 육신적으로 그리스도를 품은 마리아와 달리 영적으로 그리스도를 품는 우리도, 그리스도를 품음으로써 클라라처럼 삼위일체에 이른다. 그런데 그리스도를 품는다 함은 추상적으로나 생각으로 품는 것이 아니라, 구체적으로 가난과 겸손을 품는 것이다.

> "그러므로 동정녀들 중에 영화로우신 동정녀께서 **육신으로 그분을 품으셨듯이**, 그대도 그분의 발자취, 특히 **그분의 겸손과 가난의 발자취를 따른다면** 의심할 여지없이 그대의 순결한 동정의 몸 안에서 **영적으로 그분을 항상 품을 수 있습니다.** 그리하여 그대와 모든 사물들을 담으시는 분을 그대가 담을 것이며, 이 세상의 덧없는 다른 어떤 소유물보다 더욱 확실하게 가질 수 있는 것을 갖게 될 것입니다"[248].

또한 클라라는 자신을 성령의 "정배"라고 고백한다. 성령과 늘 함께하기 때문일 것이다. 이는 이미 자신도 내재적 삼위일체 안으로 흡수되었음을 뜻한다. 뿐만 아니라 그녀는 자신을 "딸과 여종"으로 고백함으로써,[249] 자신을 성자성(聖子性)에 위치시켜, 성부의 신비에 들어간다. 특히 죽음에 임박해서는 삼위일체에 완전히 몰입된 모습을 보인다.

---

[247] 「클라라 전기」 36; 「1첼라노」 115.
[248] 「3아녜스 편지」 24-26; 「2신자 편지」 48-53.
[249] 「클라라 규칙」 6,3.

"자신의 죽음 며칠 전날 저녁에 클라라는 **삼위일체**에 대해 말하기 시작하였고, 공부를 많이 한 사람도 알아듣기 어려운 하느님에 관한 다른 말씀도 아주 감미롭게 해 주었다고 하였다"[250].

클라라가 누린 삼위일체의 내용은 앞에서 명명(命名)한 성부와 성령에 해당하는 수식어들이 될 것이다. 아우구스티누스의 이론에 입각한다면 클라라는 형식에서도 심리학적 삼위일체론을 벗어나지 않는다.

14.3. 가난, 겸손, 사랑: 삼위일체의 확고한 틀

아우구스티누스는 인간이 소유하고 있는 기억과 인식과 사랑을 유비적으로 해석하여 **하느님의 기억이 성부에, 인식이 성자에, 사랑이 성령**에 해당된다고 설명한다. 하느님의 기억이 성부라면, 이는 클라라 관상 1단계의 보고 기억하는 바라봄의 단계요[251], 인식이 성자라면 이는 클라라 관상 2단계의 깊은 생각(considerare)의 단계요, 사랑이 성령이라면 이는 클라라 관상 3단계인 관상의 즐기는 단계다. 아우구스티누스의 유비적 해석과 클라라 관상의 삼 단계가 정확하게 일치하는 것은 클라라의 관상의 발판이 그만큼 튼튼하다는 뜻이 되겠다. 구태여 아우구스티누스의 유비적 해석에 클라라의 관상을 접목시키지 않는다고 해도, 인간은 구조상 사물을 제일 먼저 바라본다. 바라보는 것은 모든 인간의 첫 번째 동작이다. 영혼의 동작이다. 문제는 두 번째다. 2단계의 생각의 단계가 문제다. 보고 나서 상대방의 나쁜 점을 마음속에 품느냐, 아니면 좋은 점을 품느냐이다. 설혹 나쁜 점이라 해도, 상대방의 나쁜 점을 품는 것이 아니라 상대방의 나쁜 점에서 오는 어두움을 겸손하고 겸허하게 품느냐에서 길이 갈린다. 상대방의 나쁜 점을 품는 자를 교만하다 하고, 나쁜 점의 어두움을 품는 자를 겸손하다고 한다. 후자의 길을 가면 사랑의 관상에 이를 것이요, 전자의 길

---

[250] 「시성 증언록」 XVI,7
[251] 참조: 본 논문의 "13.1. 첫째 단계: 응시 단계".

을 가면 증오의 길을 걸을 것이다.

  2단계에서 인간 관계만 국한해서 짧게 예를 들었지만, 자연을 품어 관상하는 2단계도 있고, 그리스도의 온갖 업적을 품어 관상하는 2단계도 있다. 2단계는 무한히 넓다. 그러나 이러한 2단계들은 인간 관계를 바탕으로 해야 무한히 넓어진다.

  여기에 프란치스코까지 클라라가 말하는 가난을 성부로, 겸손을 성자로, 사랑을 성령으로 보니[252], 클라라만큼 삼위일체를 확고한 틀 안에서 한 치의 오류도 없이 관상하기도 힘들다. 모두가 다 그녀가 프란치스코를 정확하게 간파한 데서 연유한다고 본다. 위에서 내려오는 빛으로 출발하는 클라라와 프란치스코의 영성은 그 빛 앞에 나를 노출시키기만 하면 모든 문제들이 저절로 풀리기 때문에 오류가 있을 수 없다. 밑에서 출발하는 일반 종교의 영성은 토대가 확실해보이지만 사실은 오류가 가장 무서운 적이다.

  과연 프란치스코가 가난을 성부로, 겸손을 성자로, 사랑을 성령으로 보는지 알아보자.

14.3.1. 프란치스코의 가난

  프란치스코의 가난을 간단하게 살펴보자. 프란치스코의 1223년 「수도 규칙」은 12장으로 되어 있는데, 이 정중앙에 위치하고 있는 제 5장과 제 6장은, 소유물 없이 살아가는 삶을, 유배지에서 함께 살아가는 순례자들의 여정으로 묘사하고 있다. 프란치스코는 여기에서 자신의 삶의 예술에서 중심부를 차지하고 있는 것이 무엇인지 기술하고 있다. 즉 하느님과의 유대와, 하느님께서 그에게 주신 형제 자매들과의 유대이다. 자발적으로 재산과 고정된 집을 소유하지 않는 삶은 새로운 안식처에서 거처를 찾는다. 그의 안식처는 가난이신 성부이시다[253].

---

[252] Theodore ZWEERMAN, 『Yours Respectfully』, The Franciscan Institute, 2001, 340.

[253] 이재성, 『신비가 프란치스코』, 프란치스칸 사상 연구소, 2002, 158.

"형제들은 집이나 거처, 그 어떤 것도 자기 소유로 하지 말 것입니다. 그리고 이 세상에서 순례자와 나그네처럼(참조: 1베드 2,11) **가난과 겸손 안에서** 주님을 섬기면서 신뢰심을 가지고 동냥하러 다닐 것입니다. 그리고 주님께서 우리를 위하여 이 세상에서 스스로 가난해지셨으니(참조: 2코린 8,9) 부끄러워하지 말아야 합니다. 이것이 바로 지극히 사랑하는 나의 형제 여러분을 하늘나라의 상속자요 왕이 되게 하고, 물질에 가난한 사람이 되게 하면서도(참조: 야고 2,5), 덕행에 뛰어나게 하는 **지극히 높은 가난의 극치**입니다. 이것이 살아 있는 이들의 땅으로(참조: 시편 141,6) 인도하는 여러분의 몫이 되었으면 합니다. 지극히 사랑하는 형제들, 이 가난에 완전히 매달려 우리 주 예수 그리스도의 이름을 위하여 하늘 아래서는 평생토록 결코 다른 어떤 것도 가지기를 원치 마십시오."[254]

그리스도께서 이 세상에서 스스로 가난해진 것은 지극히 높은 가난의 극치이신 성부께 우리를 인도하기 위해서다. 성부는 자기 자신을 완전히 내어주시고, 당신의 것 전부를 성자에게 주셨다. 성부는 지금도 주고 계시다.

14.3.2. 프란치스코의 겸손

프란치스코가 말하는 겸손을 살펴보자. 프란치스코는 그의 「권고」 1,16-18에서 "보십시오! 그분은 어좌로부터 동정녀의 태중으로 오신 때와 같이 매일 당신 자신을 낮추십니다. 그분은 겸손한 모습으로 매일 우리에게 오십니다. 매일 사제의 손을 통하여 아버지의 품으로부터 제대 위에 내려오십니다"하고 말한다. 그리스도의 성체만이 아니라 그리스도의 육화까지도 겸손의 시각으로 바라보는 프란치스코다. "어좌로부터 동정녀의 태중으로 오신 때와 같이 당신 자신을 낮추십

---

[254] 「인준 규칙」 6,1-6.

니다"가 그리스도의 겸손이니, 그리스도는 겸손이고, 성체는 더 말할 나위가 없다. 성체에 대한 프란치스코의 태도는 우주를 뒤흔든다.

> "살아 계신 하느님의 아드님, 그리스도께서(요한 11,27)
> 사제의 손 안에서
> 제대 위에 계실 때,
> 모든 사람들은 두려움에 싸이고
> 온 세상은 떨며
> 하늘은 환호할지어다!
> 오, 탄복하올 높음이며
> 경이로운 공손함이여!
> **오, 극치의 겸손이여**
> **오, 겸손의 극치여!**
> 우주의 주인이시며
> 하느님이시고 하느님의 아들이신 분이
> **이토록 겸손하시어**
> 우리의 구원을 위해서
> 하찮은 빵의 형상 안에
> 당신을 숨기시다니!"[255].

14.3.3. 프란치스코의 사랑

프란치스코의 사랑을 알아보자. 성 보나벤투라는 하느님을 "표현되는 선"으로만이 아니라 "사랑의 친교"라고도 말한다. 이 세라핌 박사에 의하면, 사랑은 선(善)의 최고 형상이며, 선은 하느님의 탁월한 속성이다[256]. 그러므로 만일 덕들을 선이 쌓여진 것이라고 한다면, 사랑은 덕들이 쌓여진 것이라고 할 수 있다. 우리는 선과 덕과 사랑 사이에서 이런 관계성을 발견할 수 있다.

---

[255] 「형제회 편지」 26-27.
[256] I. DELIO, 『Crucified Love. Bonaventure's Mysticism of the Crucified』, Quincy, 1998, 98.

하느님은 사랑이시다. 프란치스코가 성 다미아노 성당의 십자가 앞에서 간구하며 주십사하고 청한 완전한 사랑은 하느님 안에서 전격적으로 얻어진다. 「"주님의 기도" 묵상」에서 프란치스코는 사랑과 선의 분리할 수 없는 관계를 노래한다.

> "주님, 당신은 빛이시기에
> 당신을 알아보도록 그들을 비추시나이다.
> **주님, 당신은 사랑**이시기에
> 당신을 사랑하도록 불태우시나이다.
> 주님, 당신은 으뜸선이시고 영원한 선이시며
> 모든 선이 **당신에게서 나오고**
> 당신 없이는 어떤 선도 없기에
> 그들 안에 머무시며
> 그들을 복으로 채우시나이다"[257].

그러므로 프란치스코에게 있어 지상선(至上善)은 덕(德)이며 영원한 선은 사랑이라고 할 수 있다[258]. 그런데 프란치스코는 사랑을 성령이라고 한다.

> "그리고 무엇보다도 항상 성부와 성자와 **성령**의 신성한 두려움과
> 신성한 지혜와 **신성한 사랑**을 얻기를 갈망합니다"[259].

위에서 본 바와 같이 프란치스코는 성부를 신성한 두려움, 성자를 신성한 지혜, 성령을 신성한 사랑으로 본다. 사랑이 성령이다. 그러니 사랑이 덕이 쌓인 것이라면, 사랑이란 가난과 겸손이 쌓인 것이다. 사랑의 성령은 가난이신 성부와 겸손이신 성자에게서 발출(發出)하였다.

---

[257] 「주님 기도」 2.
[258] 이재성, 『신비가 프란치스코』, 프란치스칸 사상 연구소, 2002, 101.
[259] 「비인준 규칙」 17,16.

15. 거울이 되라는 부르심

클라라가 자매들에게 거울을 보고 거울을 닮으라고 독려한다. 사실 이 세상에서 우리가 할 일이란 죄가 가져다주는 어두움으로 차 있는 이 세상을 밝게 비추어 어두움을 씻어내는 일뿐이다. 그러려면 우리가 거울이 되어야 할 것이다. 거울이 되어 그리스도의 빛을 받아 그 빛으로 세상을 비추어야 한다.

15.1. 교회 안에서의 선교

클라라는 교회 안에서의 자신만의 특별한 성소에 신념을 가지고 있었다. 그녀는 "가서 다 허물어져 가는 나의 교회를 수리하여라" 하는 다미아노 십자가의 부르심에 자신만의 특별한 의미를 부여하였다. 그녀는 자기 공동체를 "작은 양떼"[260]라고 불렀다. 이는 성부께서 당신의 이름을 영광스럽게 하기 위하여 교회 안에서 손수 기르시는 작은 무리라는 뜻이다. 클라라는 이 작은 양떼를 자비로우신 하느님으로부터 매일 받는 가장 좋은 선물로 여겼다. 그녀는 자매들에게 하느님의 사랑을 반사하여 이 선물에 보답하자고 격려하였다. 그녀는 이 작은 무리로 하여금 우리에게 그리스도와 성모님의 가난한 허심(虛心)을 마음에 떠오르게 하였다. 그녀에게 가난은 가난의 유연성 안에서 인간을 품으라는 지고하신 분의 초대장이었다[261].

클라라는 다미아노 수녀원에서 41년 동안 자매들과 더불어 하느님의 아드님께서 먼저 걸어가신 이 길을 철저하게 뒤따라갔다. 위에서 내려온 빛을 따라갔다. 길을 잃고 헤매는 어두운 밤, 저 멀리 오두막 집에서 흘러나오는 빛을 향하여 무작정 걸었다. 정신적으로나 물질적

---

[260] 「클라라 유언」 46.

[261] R. J. ARMSTRONG, 「Clare of Assisi. The Poor Ladies and their Ecclesial Mission in the First Life of Thomas of Celano」, 『Greyfriars Review』 5(1991), 389-424.

으로 어려움을 겪을 때 우리들에게 비치는 희망의 빛은 언제나 가난이었다. 우리가 어디에 매어 있을 때 가난의 가치를 알게 된다. 소유 없이 사는 것이 진정한 형제가 되고 자매가 되는 길이다.

정주(定住)하여 사는 다미아노 수녀원의 삶이 가난한 부인들에게는 떠돌이 생활을 하는 형제들보다 훨씬 더 큰 도전이었다. 자매들은 밖에 나갈 수도 없었고, 들판에서 일을 하며 벌이를 할 수도 없었고, 가정집에 나가서 봉사할 수도 없었으며 음식을 얻어먹을 수도 없었다. 자매들은 오로지 수녀원으로 찾아오는 사람들의 적선에만 의지하여 살았다. 집안에서 하는 일조차도 보수가 없는 일들이었다. 클라라와 자매들은 이러한 생활을 영위할 수 있게 하시는 하느님의 돌보심에 대한 큰 믿음이 있었다. 프란치스코가 살아 있을 때 클라라와 자매들에게 프란치스코가 큰 의지처가 되었다. 프란치스코가 살아 있을 때에 내적으로나 외적으로 작은 형제회의 생활 방법이 교회로부터 큰 도전을 받고 있었고, 이러한 상황에서 프란치스코의 보호와 후견이 자매들의 뒤를 받쳐 주었기 때문이다. 1226년에 프란치스코가 세상을 떠난 후, 이 생활을 유지하고 보호하는 일이 고스란히 클라라의 가냘픈 어깨에 떨어졌다. 옛 생활로 절대로 되돌아가지 말라는 애끓는 목소리가 그녀의 유언에서 그녀의 가냘픈 어깨를 타고 노래의 후렴처럼 메아리친다[262].

15.2. 클라라 사랑의 거울

클라라의 영성 생활은 덕을 신학적으로 해석하며 살아가는 생활도 아니었고, 교의(敎義)를 바탕으로 하는 것도 아니었다. 단지 클라라와 그리스도, 이 두 인격(人格) 간의 살아 있는 관계만이 있을 뿐이었다. 그녀는 우리에게 믿음과 사랑으로 그리스도를 바라볼 것을 초대한다. 그리고 그분 안에서 완성의 표본을 발견하여 우리 안에서 그분을 재현하라고 우리를 초대한다.

---

[262] Edith A. Van den GOORBERGH, O.S.C., 『Light Shining Through a Veil』, Peeters, 2000, 19.

클라라에게는 영성 생활과 수도 생활에 관한 잘 짜여진 구조적인 종합적 개념이 없다. 그녀에게 필요했던 것은 프란치스코처럼 단지 매순간 그리스도와의 인격적인 사랑의 관계가 있을 뿐이었다. 프란치스코나 클라라나 매순간 그분께 믿음을 보일 수 있었던 것은 다름 아닌 사랑(compassion) 때문이었다. 연민의 정 때문이었다. 이 점이 『1아녜스 편지』에 잘 나타난다. 클라라는 이 편지에서 자신을 그리스도의 정배로서의 부르심으로 그렸다. 그리고 정배로서의 삶을 어떻게 살아야 하는지도 보여준다[263]. 클라라는 아녜스에게 주님을 사랑할 것을 독려하면서 늘 "그대에 대한 사랑 때문에 당신 자신 전부를 내어주신 그분을 온전히 사랑하십시오"[264]하고 말한다.

클라라가 그리스도께 봉헌한 사랑이란 단순히 이성적(理性的)으로 판단을 내려서 바친 사랑이 아니다. 그녀 안에 있는 모든 사랑의 가능성이 애처로움(compassion)을 매개로 하여 그리스도의 이 사랑에 완전히 흡수된 사랑이었다. 그녀는 온 마음으로 그리스도를 사랑하였다. 온 마음을 다하고, 온 애를 다하여 그리스도를 사랑하였다. 이 열정이 그녀를 불살랐다. 그녀의 유언이나 전기물이나 시성 증언록이나 규칙 등 어디를 봐도 그녀와 그녀의 자매들의 전 생애의 결정체로 그리스도만이 수면 위로 떠오른다. 첼라노도 이 가난한 부인들의 열정과 서로간의 불타는 사랑을 전한다. 그들의 삶을 불사르는 정결을 목격하였다.

> "동정과 정결의 백합은 감탄할 향기를 온 집안에 뿌려, 세상사를 생각에서 떨어버리게 하고, 오직 천상것들만 명상하고 싶어지게 했다. 또 그들의 영원한 정배께 대한 사랑이 마음으로부터 일게 하여, 바로 이 거룩한 사랑의 완전성이 이전의 생활에서 그들이 지녔던 온갖 습관을 그들에게서 몰아냈다"[265].

---

[263] 『1아녜스 편지』 1-15.
[264] 『3아녜스 편지』 15.
[265] 『1첼라노』 19.

첼라노도 그녀의 전기에서 많은 문장을 그리스도가 클라라의 삶이 었음을 전하는데 할애한다. 자매들도 온통 관심사가 자신들을 그리스도께 바치고 그분의 희생 안으로 들어가는 데에만 있었고, 동정을 그분께 바치고 그분을 신랑으로 모시는 데에만 있었다. 첼라노는 이와 같은 말을 몇 줄 되지도 않는 글에서 네 번씩이나 반복한다[266]. 그들은 그리스도만을 소유하기를 바랐다[267]. 그들의 길은 그리스도를 열정적으로 그대로 따르는 것이었고, 클라라도 그들에게 그리스도께 매달리라고 가르쳤다[268].

그녀의 유언은 어떤 기록보다도 클라라의 마음을 잘 드러낸다. 여기에서도 그리스도는 자매들의 마음과 삶을 지배하는 분으로 나타난다. 그들의 성소는 그리스도께로 전향하는 것이고, 그들의 삶은 오로지 그리스도께 영광을 드리는 것이었다[269]. 한마디로 그리스도가 그들의 영성이었다. "하느님의 아드님께서 우리에게 길이 되어 주셨습니다."[270] 규칙에서도 늘 그리스도에 붙어 있으라고 하였다. 클라라와 자매들은 값싼 옷만으로도 늘 그리스도를 입고 있는 것이었다.

> "그리고 아주 보잘것없는 포대기에 싸여 구유에 누워 계신[271] 지극히 거룩하고 지극히 사랑하올 아기와 그분의 지극히 거룩한 어머니의 사랑으로, 항상 값싼 옷을 입으라고 나는 나의 자매들에게 권하고 간청하며 충고합니다."[272]

---

[266] 「클라라 전기」 10: "그리스도를 섬기려 서둘렀다. … 그리스도를 따르라고 하였고 … 그리스도를 따르라 하였다. … 부단히 노력하였다".
[267] 「클라라 전기」 13.
[268] 「클라라 전기」 36.
[269] 「클라라 유언」 14.
[270] 「클라라 유언」 5.
[271] 참조: 루카 2,7.12.
[272] 「클라라 규칙」 2,25.

「시성 증언록」에서도 그녀가 한결같이 사랑에 불타는 생활을 하였음을 증언한다. 클라라가 하느님의 사랑에 불탔으며 하느님 안에 자신을 내던졌음을 이야기한다[273]. 뿐만 아니라 자매들에게 제일 먼저 가르친 것도 이 세상에서 그 무엇보다도 하느님을 사랑하라는 가르침이었다[274]. 타오르는 사랑의 불꽃 안에서 그리스도께 인격적이고도 인간적으로 애착을 가졌던 클라라는 의심할 여지없이 모퉁이의 머릿돌이신 그리스도 위에 세워졌다. 그래서 자매들의 삶도 그리스도 위에 세워질 수 있었다. 그들의 모든 행위는 그리스도의 현존 안에서 이루어졌다. 그들은 그분 때문에 행동을 하였고, 그분을 위해서 행동을 하였다.

자신을 내세울 줄을 모르는 클라라는 자신의 기도에 대해서 말하는 것이 거의 없다. 그래서 우리는 그의 글 곳곳에 숨어 있는 보석을 찾아내야 한다. 그녀의 글은 초기의 글이나 말기의 글이나 기본 틀과 내용에서 큰 차이가 없다. 한결같이 그리스도를 통한 하느님과의 관계 이야기다. 그녀의 그리스도에 대한 사랑의 열정은 그 누구도 따를 수 없는 만큼 가히 열정적이다. 기도에서 어떤 지적(知的)이고 규정적인 형식을 의도적으로 제시한 적이 거의 없다. 모든 계획이나 방법 등등을 그리스도를 사랑하라는 말 한마디로 응축한다. 이와 대조적으로 그리스도의 신비를 반사하는 수많은 어휘들만이 있을 뿐이다. 그녀에게는 기도 생활도 그리스도께 시선만 주면 저절로 발전하는 것이었다.

15.3. 클라라의 성소 완성

하느님의 거울을 관상하여 그 거울이 되는 것이 하느님께서 프란치스코를 통하여 클라라를 부르신 성소다. 그녀와 그녀의 자매들은 그리스도를 그저 멍하니 바라보기만 한 것이 아니라, 서로에게 거울이

---

[273] 「시성 증언록」 XI,5.
[274] 「시성 증언록」 XI,2.

되었고, 세계의 인류에게도 거울이 되었다. 클라라는 그것을 이렇게 표현한다.

> "사실 주님 몸소 우리를 다른 이들에게뿐만 아니라 주님께서 우리 성소로 불러주실 우리 자매들에게도 본보기와 거울이 되는데 있어 표본으로 삼으시어, 이들도 세속에서 생활하는 이들에게 거울과 본보기가 되도록 하셨습니다. 다른 이들에게 본보기와 거울이 될 자매들이 우리 안에서 자신을 거울처럼 바라볼 수 있을 정도의 이러한 위대한 삶에로 주님께서 우리를 불러 주셨으니, 우리는 하느님을 더없이 찬양하고 찬미하며 선(善)을 행하도록 주님 안에서 더욱더 굳세어져야 합니다"[275].

클라라의 바라봄은 사랑하는 사람을 닮으려는 간절한 열망이 담긴 정배의 바라봄이다.

> "그대의 마음을 하느님 본질의 형상 안에 두고 관상(觀想)을 통하여 그대 자신 전부를 그분 신성(神性)의 모습으로 변화시키십시오. … 또한 그대는 이 거짓되고 혼란스러운 세상에서 세상을 사랑하는 눈먼 자들에게 올가미를 씌우는 모든 것들을 완전히 떨쳐버리고, 그대에 대한 사랑 때문에 당신 자신 전부를 내어주신 그분을 온전히 사랑하십시오"[276].

프란치스코가 라베르나 산에서 오상을 받기 직전에 하느님께 드린 질문이 "내 사랑하는 하느님이여, 당신은 누구이십니까? 그리고 당신의 가장 미천한 작은 벌레이며 쓸모없는 작은 종인 저는 무엇입니까?"였다[277]. 이것은 질문이라기보다는 대답이 들어 있는 감탄문이다. 질문 안에 이미 답이 있다. 하느님은 사랑이고, 나는 미천하고 쓸모없는

---

[275] 「클라라 유언」 19-22.
[276] 「3아녜스 편지」 13.15.
[277] 「잔꽃송이」 "성 프란치스코의 오상에 관한 고찰", III.

벌레이며 종이다. 프란치스코가 자신을 미천한 벌레이며 종이라고 하는 것은 이미 사랑이신 빛에 비추어서 빛과 하나가 되고 나서, 자신을 바라보고 하는 말이다. 자신의 몸이 쓸모없는 벌레이며 종으로 조금이나마 남아 있기 때문에 거기에 비친 빛을 볼 수 있는 것이다. 쓸모없는 벌레이며 종이 그만큼 중요한 것이다. 빛과 하나가 되었기 때문에 자신이 벌레이며 종임을 알 수 있었던 것이다. 반면에 클라라는 십자가의 거울을 통해서 프란치스코처럼 빛의 깨달음에 다다른 것이다. 다만 클라라는 그것을 여성적으로 표현하고 있을 뿐이다.

"더 나아가 그분의 표현할 수 없는 즐거움과 부요와 끝없는 영예를 관상하면서, 그리고 마음의 넘치는 갈망과 사랑으로 그리워하면서 이렇게 외치십시오.

천상의 정배이시여,
날 이끌어 당신을 뒤따르게 하소서.
우리는 당신의 향유 내음을 좇아 달려 가리이다!
포도주 방으로 나를 데려가실 때까지
지침 없이 달려가리이다.
당신 왼팔을 내 머리에 베게 하시고,
당신 오른팔로 나를 행복하게 안아 주시고,
당신 입술로 더없이 행복한 입맞춤을 해 주실 때까지!"[278]

그녀의 시성 교서도 빛으로 시작한다. "클라라, 찬란히 비추소서. 하늘에서는 그대의 위대한 광채로. 땅에서는 그대의 고귀한 기적의 광휘로"[279]. 그리고 교서 전체가 클라라라는 이름의 의미를 해석하는 데에 많은 부분을 할애한다. 그럼에도 이 교서에는 클라라의 인간적인 냄새를 풍기게 하는 단순한 문장이 들어 있다.

---

[278] 참조: 「4아녜스 편지」 28-32; 아가 1,3; 2,4. 6; 8,3; 1,1.
[279] 『프란치스칸 삶과 사상』 3(1993), 148.

> "그녀는 겸손의 그릇, 정결의 요새, 사랑의 불꽃, 친절함의 달콤함, 인내의 힘, 평화의 끈, 친밀함의 전달자였다. 즉, 말에 있어서 양순하고 행동은 부드러웠으며 모든 것에 있어서 애정이 넘치고 관대하였다"[280].

사람 냄새가 풍기는 빛의 클라라다. 클라라는 단순히 프란치스코의 "묘목"만은 아니었다. 복음의 빛을 스승으로부터 받아서 그것을 새롭게 소화하여 빛으로 발산했다.

16. 나가기

16.1. 전화위복(轉禍爲福)

클라라는 그리스도 안에서 그리스도가 되어 전화위복(轉禍爲福)을 관상하였다. 그녀에게는 고통도 괴롭지 않았고, 고행도 격렬하다 할 것이 못 되었고, 병(病)도 힘들지 않았다. 모든 고행이 축제의 기쁨이었다. 가난에서는 하느님의 풍요로움과 후하심을 관상하였고, 갈급하면 할수록 영광과 복된 생명을 누렸다. 가난과 겸손을 통하여 숨겨진 감미로움을 즐겼다. 모든 것을 좋은 것과 맞교환하였다.

> "주님의 수난을 비통해 함은 그녀에게 익숙한 일이다. 그녀는 자주자주 성흔에서 쓰디쓴 **몰약**을 끝까지 마셨다. 그녀는 자주자주 달콤한 기쁨의 **희열**을 끝까지 마셨다. 그리스도의 수난의 눈물에 완전히 도취되어, 사랑이 그녀의 마음에 깊이 박아 주신 그리스도를 그녀는 쉼없이 생생이 모셨다"[281].

무엇보다도 예수 그리스도의 수난과 고통을 관상하였고, 그분의 온갖 수고와 어려움과 업적을 품어, 신성한 모습으로 자신을 바꾸어 갔다. 궁극적으로는 삼위일체를 관상하였다.

---

[280] 위의 책, 153.
[281] 「클라라 전기」 30.

16.2. 삼위일체(三位一體)

16.2.1. 성부

성부는 가난이신데, 이 가난은 늘 우리를 바라본다. 우리의 영혼도 성부를 닮아서 늘 바라본다. 우리가 무엇을 바라보는 행위 자체가 하느님을 닮아서 그렇다. 이것이 클라라 관상의 시작의 단계이지만, 사실은 마지막 단계도 성부의 지식(notitia tua)으로 넘어가 **가난의 무극**(無極, illa celsitudo altissimae paupertatis)[282]에 이른다. 내 영혼의 바라봄과 성부의 지식의 바라봄이 일체(一體)가 되어 황홀한 경지에 이르러, 내 영혼이 주님을 찬송하기에 이른다. "가난의 무극"을 언급하는 것을 보면, 프란치스코나 클라라나 사실은 삼위일체(三位一體)를 뛰어넘는 모습을 보인다고 하지 않을 수 없다.

16.2.2. 성자

성자는 겸손이신데, 겸손은 품을 생각을 하는 단계다. 정신이 품는 정신으로 변해야 한다. 다른 사람의 부족함을 보고 나서 그 다음에는 품을 생각을 해야 한다. 정신이 그렇게 되어야 한다. 그러면 그리스도의 무수한 수난을 보고 나서도 그 수난을 품는다. 품는다 함은 고통에 동참함을 뜻하고 때때로 고행을 뜻하기도 한다. 상대방의 말에 귀를 기울이는 것도 품는 행위다.

---

[282] 새번역에서 "가난의 극치"로 번역되어 있다. 「celsitudo」: "높음, 고도"(허창덕, 『라틴 한글 사전』, 가톨릭 대학교 출판부, 1995, 134). "celsitudo"는 어원적으로는 celsus + tudo이다. 'celsus'는 '위로 향해 뻗은'의 뜻이므로 글자 그대로의 뜻은 '지극히 높으신 가난이 위로 향해 뻗음'이니, 이는 '극치'의 한계를 벗어난 상태다. 우리말에서의 '무극'(無極)이 더 적절하다 하겠다.

16.2.3. 성령

성령은 기쁨이요 사랑이다. 품는 모든 행위가 그리스도의 수난과 하나가 되어 기쁨으로 변한다. 나의 모든 희생도 그리스도의 희생과 하나가 되어 큰 기쁨이 된다. 여기서는 고행도 기쁘다. 여기서 갈등은 조금도 문제가 되지 않는다. 갈증이 해갈이요, 시간이 영원이며, 가난이 풍요다. 모든 전화위복(轉禍爲福)이 일어난다.

내맡김(가난)과 품음(겸손)으로 숨겨진 감미로움인 성령의 사랑을 관상한다. 예수 그리스도의 무수한 업적인 고난을 관상함으로써 초월적 기쁨을 맛보게 되고, 이 생명에 감사한다. 프란치스코와 클라라의 노래를 나도 부르게 되어 온갖 명사와 형용사와 감탄사를 쏟아 낸다.

클라라의 삼위일체(三位一體) 관상도(觀想圖)가 다음과 같이 나왔다.

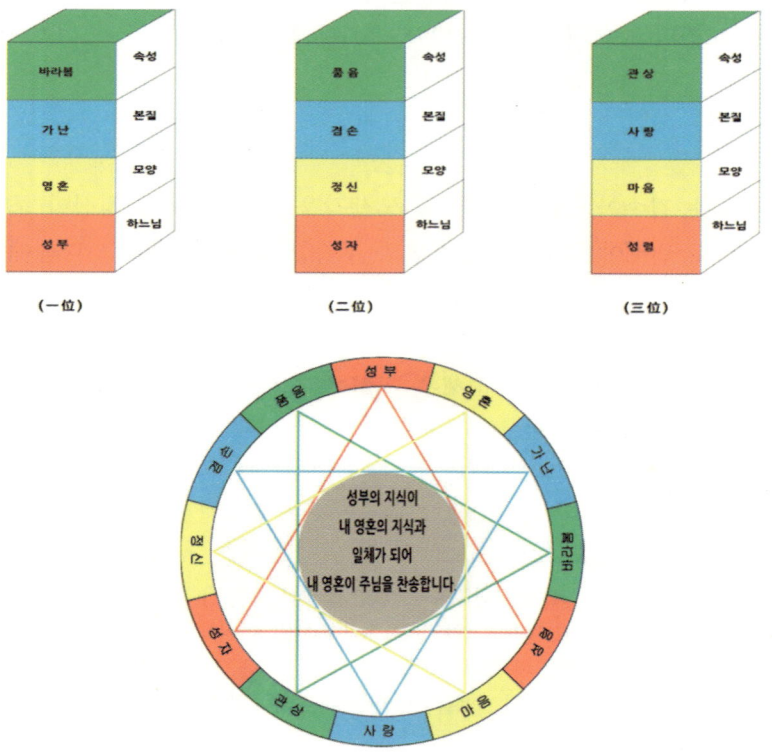

<——體>

성부 안에 있는 **주님의 영**이 영혼을 깨우고,
깨어난 영혼이 성부를 찬송한다.
시간은 공간의 그릇, 영원은 시간의 그릇[283].
영원에 숨어 있던 **주님의 영**이 시간을 깨우고,
깨어난 시간이 공간을 흔든다.

[약어 표시]

클라라 시성 증언: 「클라라 시성 조사 증언」
클라라 규칙: 「클라라의 수도규칙」
클라라 유언: 「클라라의 유언」
클라라 전기: 「아씨시의 성녀 클라라의 전기」
1아녜스 편지: 「프라하의 성녀 아녜스에게 보낸 편지 1」
1아녜스 편지: 「프라하의 성녀 아녜스에게 보낸 편지 2」
3아녜스 편지: 「프라하의 성녀 아녜스에게 보낸 편지 3」
4아녜스 편지: 「프라하의 성녀 아녜스에게 보낸 편지 4」
1첼라노: 첼라노가 쓴 「첼라노에 의한 제1생애」
2첼라노: 첼라노가 쓴 「첼라노에 의한 제2생애」
권고: 「권고들」
2신자 편지: 「신자들에게 보낸 편지 2」
봉사자 편지: 「어느 봉사자에게 보낸 편지」
형제회 편지: 「형제회에 보낸 편지」
주님 기도: 「"주님의 기도" 묵상」
시간경 찬미: 「시간경마다 바치는 찬미」

---

[283] 성찬경, 「四十代의 箴言」, 『時間吟』, 문학예술사, 1982, 152.

하느님 찬미: 「지극히 높으신 하느님께 드리는 찬미」
인준 규칙: 「인준받은 수도규칙」
비인준 규칙: 「인준받지 않은 수도규칙」
덕 인사: 「덕들에게 바치는 인사」
노래 권고: 「들으십시오, 가난한 자매들이여(노래 형식의 권고)」

[참고 문헌]

1. FORTINI A., 「New Information about Saint Clare of Assisi」, 『Greyfriars Review』 7(1993), 27-70.

2. GOORBERGH Edith A. Van den O.S.C., 『Light Shining Through a Veil』, Peeters, 2000.

3. CARNEY M., 『The First Franciscan Woman. Clare of Assisi and her Form of Life』, Quincy, 1992.

4. BARTOLI M., 『Clare of Assisi. Translated』, by Sister Frances Teresa O.S.C. London, 1993.

5. PETERSON I., 「Clare of Assisi's Mysticism of the Poor Crucified」, 『Studies in Spirituality』 4(1994), 51-78.

6. PETERSON I., 『Clare of Assisi. A biographical Study』, Quincy, 1993.

7. ROTZETTER A., 『Klara von Assisi. Die erste franziskanische Frau』, Freiburg - Base - Wien, 1993.

8. PADOVESE L., 「Clare's Tonsure: Act of Consecration or Sign of Penance?」, 『Greyfriars Review』 6(1992), 67-90.

9. WALKER Bynum C, 「Fast, Feast and Flesh: The Religious Significance of Food

to Medieval Women」, 『Representations』 11, Washington – State, Seattle, 1985, 1-25.

10. PURFIELD E. Brien, O.F.M., 『The images of Christ in the spiritual life of S. Clare of Assisi』, anterury, 1989.

11. 『Mirror: Medieval and Modern』, Encyclopedia Britannica, 1926.

12. ASSELDONK O. Van, O.F.M.Cap., 「Il Crocifisso di San Damiano. Visto e Vissuto to da S. Francesco」, 『Laurentianum』 22(1981).

13. ZWEERMAN Theodore, 『Yours Respectfully』, The Franciscan Institute, 2001.

14. 이재성, 『신비가 프란치스코』, 프란치스칸 사상 연구소, 2002.

15. DELIO I, 『Crucified Love. Bonaventura's Mysticism of the Crucified Christ』, Quincy, 1998.

16. ARMSTRONG R. J., 「Clare of Assisi. The Poor Ladies and their Ecclesial Mission in the First Life of Thomas of Celano」, 『Greyfriars Review』 5(1991), 389-424.

17. 심상태, 『續·그리스도와 구원-전환기의 신앙이해』, 성바오로출판사, 1989, 154.

프라하의 성녀 아녜스에게 보낸 첫째 편지

¹ 지극히 위대하고 탁월한 보헤미아 임금님의 따님인 공경하올 지극히 거룩하신 동정녀 아녜스 공주님께, ² 예수 그리스도의 부당한 몸종이자 성 다미아노 봉쇄 수도원 자매들의 쓸모없는 시녀이며, 어디에 있든지 공주님의 하녀요 시녀인 클라라가 당신께 각별한 공경과 더불어 저 자신을 온전히 바치며 공주님이 영원한 행복의 영광을 얻으시게 되기를 기원합니다.

³ 저에게만이 아니라 거의 온 세상에 잘 알려진 공주님의 거룩한 품행과 삶에 대한 지극히 고결한 명성을 듣고, 저는 주님 안에서 몹시 기뻐하며 즐거워합니다. ⁴ 이는 저 혼자만이 아니라 예수 그리스도를 섬기는 이들과 또 섬기려고 하는 모든 이들이 기뻐할 만합니다. ⁵ 그것은 공주님이 당신과 그 유명한 황제의 신분에 어울리게 그 황제와 호화롭게 합법적으로 혼인할 수 있었고 그 누구보다도 영화와 영예 그리고 세속의 위엄을 더 누릴 수 있었지만, ⁶ 이 모든 것을 물리치고 오히려 마음과 몸을 다하여 지극히 거룩한 가난과 육신의 궁핍을 선택하고, ⁷ 당신의 동정성을 흠도 티도 없이 늘 지켜주실 더 고귀한 신분의 정배이신 주 예수 그리스도를 맞아들였기 때문입니다.

⁸ 그분을 사랑할 때 그대는 정결하고,
그분을 만질 때 그대는 더욱 깨끗해지며,
그분을 맞아들일 때 그대는 동정녀입니다.

⁹ 그분 힘은 더없이 세며, 너그러우심은 드높고,
그분 모습은 한없이 아름다우며, 사랑은 끝없이 감미롭고,
모든 자태는 그지없이 우아합니다.

¹⁰ 그대는 이미 그분 품안에 들었으니,
그분은 그대 가슴을 보석으로 꾸미셨고,
그대의 귀에 값진 진주를 걸어주셨습니다.

¹¹ 또한 그분은 그대를 온통
　봄날같이 화려하고 반짝이는 보옥으로 둘러주셨고,
　그대의 머리에 성덕의 표지가 새겨진 금관을 씌워주셨습니다.

¹² 그러니 지극히 사랑하는 자매, 아니, 나의 주 예수 그리스도의 정배요 어머니요 자매이기에 온갖 경의를 받아 마땅한 주인이시며, ¹³ 누구도 손상시킬 수 없는 동정성과 지극히 거룩하신 가난의 깃발로 지극히 영롱하게 꾸며진 이여, 십자가에 못 박힌 가난하신 분께 대한 불타는 열망으로 당신이 시작한 거룩한 일에 매진하십시오. ¹⁴ 그분은 첫 조상이 범한 죄의 결과로 사슬로 묶여 있던 우리를 어둠의 우두머리의 권세로부터 구해내시고, 하느님 아버지와 우리를 화해시키려고, 우리 모두를 위해서 십자가의 수난을 감수하셨습니다.

¹⁵ 오, 복된 가난이여,
　가난을 사랑하고 받아들이는 이들에게
　영원한 부(富)를 주리니!

¹⁶ 오, 거룩한 가난이여,
　가난을 지니고 열망하는 이들에게
　하느님께서 하늘나라를 약속하시고
　의심할 여지없이 영원한 영광과 복된 생명을 베푸시리니!

¹⁷ 오, 경건한 가난이여,
　하늘과 땅을 다스렸고 또 다스리시며
　말씀으로 만물을 지어내신
　주 예수 그리스도께서
　무엇보다도 먼저 그대를 품으실 만하였으니!

¹⁸ 사실 그분은 여우들도 굴이 있고 하늘의 새들도 보금자리가 있지만, 사람의 아들, 곧 그리스도께서는 머리를 기댈 곳조차 없다고 하시고는, 고개를 숙이며 숨을 거두셨습니다.

¹⁹ 그러므로 이토록 위대하신 주님께서 동정녀의 태중에 오시면서 세상에서는 하찮고 궁핍하고 가난하게 보이려 하셨다면, ²⁰ 그것은 천상 양식에 한없이 굶주림을 겪고 있는 지극히 가난하고

궁핍한 사람들이 하늘나라를 얻음으로써 그분 안에서 부요한 사람들이 되게 하시려는 것이었으니, ²¹ 당신은 넘치는 즐거움과 영적인 기쁨으로 충만하여, 기뻐 용약하며 즐거워하십시오. ²² 왜냐하면 당신은 영예보다 이승의 멸시를, 지상의 부(富)보다 가난을 택하셨고, ²³ 땅이 아니라 좀도 녹도 그것을 망가뜨리지 못하고, 도둑들이 뚫고 들어오지도 못하며 훔쳐 가지도 못하는 하늘에다 보물을 쌓기로 하셨으니, 하늘에서 당신이 받으실 상은 클 것이며, ²⁴ 당신은 지극히 높으신 성부의 아드님과 영화로우신 동정녀의 자매요 정배요 어머니라 불릴 만하셨기 때문입니다.

²⁵ 사실 저는 당신이 오직 가난한 이에게만 주님께서 하늘나라를 약속하고 주신다는 것을 알고 계시리라 굳게 믿고 있습니다. 현세적인 것을 사랑하는 사람은 사랑의 열매를 잃게 될 것이기 때문입니다. ²⁶ "아무도 하느님과 재물을 아울러 섬길 수 없습니다". 이는 한쪽은 미워하고 다른 쪽은 사랑하며, 한쪽은 떠받들고 다른 쪽은 업신여기게 되기 때문입니다. ²⁷ 그리고 옷을 입은 사람은 붙잡힐 데가 있어서 더 빨리 땅에 내동댕이쳐지기 때문에 알몸인 사람과는 싸움이 되지 않습니다. 또한 이승에서 영화를 누리고 살다가 저승에서 그리스도와 함께 다스릴 수가 없습니다. ²⁸ 부자가 하늘나라에 올라가기보다 낙타가 먼저 바늘귀로 빠져나가게 될 것이기 때문입니다. ²⁹ 그러므로 싸움을 걸어오는 자에게 절대로 지지 않고 험한 길과 좁은 문으로 하늘나라에 들어갈 수 있기 위해, 공주님은 옷, 즉 현세의 재물들을 내던지신 것입니다.

³⁰ 이 얼마나 크고 찬양할 만한 교환인가!
영원한 것을 위해 현세적인 것을 버리고,
지상의 것 대신에 천상의 것을 받으며,
하나 대신 백배를 받고
복되고 영원한 생명을 얻게 되나니!

³¹ 그래서 저는 그리스도의 사랑 안에서, 제가 할 수 있는 만큼, 보잘것없는 기도로써, 지극히 빼어나고 거룩한 당신께 그분을 거룩히 섬기는 일에 더욱 매진하시어, ³² 선에서 더 나은 선으로, 덕에서 덕으로 더욱 나아감으로써 공주님이 온갖 원의와 마음을 다해 섬기는 그분께서 공주님께 바라시는 상급들을 풍성하게 내려주시도록 간청드려야겠다고 생각하였습니다. ³³ 또한 쓸모없지만 당신의 몸종인 저

와 이 수도원에서 저와 함께 살고 있는 다른 자매들, 곧 우리를 열렬히 따르는 자매들을 당신의 거룩한 기도 중에 간절히 기억해 주시기를 주님 안에서 부탁드립니다. [34] 이 기도의 도움으로 저희들은 예수 그리스도의 자비를 입어 당신과 함께 영원한 복락을 누리게 될 것입니다.

[35] 주님 안에서 안녕히 계십시오. 그리고 저를 위해 기도해 주십시오.

프라하의 성녀 아녜스에게 보낸 둘째 편지

[1] 임금들의 임금이신 분의 따님이고 주님들의 주님이신 분의 시녀이며 예수 그리스도의 지극히 합당한 정배이고, 그 때문에 지극히 고귀한 여왕이신 아녜스 공주님께, [2] 가난한 자매들의 쓸모없고 부당한 시녀인 클라라가 인사하며 지극히 높은 가난 안에 늘 생활하시기를 빕니다.

[3] 온갖 훌륭한 은혜와 모든 완전한 선물이 그분께로부터 흘러나온다고 우리가 믿는, 은총을 베푸시는 분께 나는 감사를 드립니다. 그분께서 그대를 수많은 덕행으로 꾸며 주시고 수많은 완덕의 표지들로 빛나게 해 주셨기 때문입니다. [4] 그리하여 그대가 완전하신 아버지를 충실히 닮는 사람이 되고 마땅히 완전하게 되어, 그분이 당신 눈으로 그대 안에서 그 어떠한 불완전함도 발견하실 수가 없게 되었습니다.

[5] 이 완덕은, 뭇 별들의 어좌에 영광스럽게 앉아 계신 임금님께서 몸소 천상 신방에서 그대와 하나가 되게 하는 그 완덕입니다.
[6] 그것은 그대가 이 세상 나라의 높은 지위를 멸시하고 황제의 청혼을 하찮게 여기며, [7] 크나큰 겸손과 불타는 사랑의 정신으로 지극히 거룩한 가난을 열망하여, 마땅히 혼인으로 일치될, 그분의 발자취에 매달리셨기 때문입니다.

[8] 그러나 나는 그대가 여러 덕으로 꾸며져 있음을 알고 있기에, 장황한 말을 피하여 불필요한 말로 공주님을 부담스럽게 하고 싶지 않습니다. [9] 비록 그대는 불필요한 것에서조차 위안을 끌어

낼 수 있겠지만 말입니다. ¹⁰ 그렇지만 필요한 것은 정작 하나뿐이니, 그대 자신을 거룩하고 마음에 드는 제물로 바쳐 드린 그분께 대한 사랑 때문에, 나도 한가지만을 그대에게 당부하고 권고합니다. ¹¹ 제2의 라헬처럼 그대의 결심을 잊지 말고 그대의 처음 생각을 늘 의식하면서,

  지금 붙잡고 있는 것을 꼭 붙잡으시고,
  하고 있는 일을 놓지 말고 행하십시오.
¹² 그렇지만 재빠르고 가벼운 발걸음으로
  발이 돌에 걸려 넘어지지 않도록 하여
  그대의 발걸음이 먼지조차 일으키지 않도록 하십시오.

¹³ 안전하면서도 즐겁고 활기차게
  행복의 오솔길로 조심스레 나아가십시오.

¹⁴ 주님의 영께서 그대를 불러주신 그 완덕에 따라
  지극히 높으신 분께
  그대의 서원을 바치지 못하도록,
  그대의 결심을 멎게 하고,
  그대의 길에 걸림돌을 놓는,
  그 누구도 믿지 말며,
  그 누구에게도 동의하지 마십시오.

¹⁵ 그런데 이 점에 있어서 주님의 계명 길을 더 안전하게 걸을 수 있도록, 공경하올 우리 아버지이신 총봉사자, 우리 엘리아 형제의 조언을 따르십시오. ¹⁶ 그분의 조언을 다른 이들의 조언보다 더 존중하고 그것을 최고의 선물로 소중하게 여기십시오.

¹⁷ 만일 누가 그대의 완덕에 장애가 되고
  거룩한 부르심에 반대되는 것으로 보이는 다른 것을 그대에게 말하고
  다른 것을 제시하면,
  그를 공경은 해야겠지만
  그 조언을 따르지 마십시오.

¹⁸ 오히려, 가난한 동정녀여,
  가난하신 그리스도를 포옹하십시오.

¹⁹ 그대를 위해 천대받으신 그분을 바라보며 그대도 이 세상에서 그분을 위해 천대받는 자 되어 그분을 따르십시오. ²⁰ 지극히 고귀하신 여왕이여, 인간의 아들네 가운데 가장 아름다우신 분이 그대의 구원을 위해 인간들 가운데 가장 비천한 자가 되시어 멸시받고 얻어맞고 온몸에 갖가지 방법으로 매질 당하여 십자가의 참혹한 고뇌 가운데 죽어 가시는 그대의 정배를 닮기를 갈망하면서,
    그분을 응시하고,
    그분을 깊이 생각하고,
    그분을 관상하십시오.

²¹ 그대가 그분과 함께 고통을 겪으면 그분과 함께 다스릴 것이고,
    그분과 함께 슬퍼 울면 그분과 함께 즐거워하게 될 것이고,
    수난의 십자가 안에서 그분과 함께 죽으면
    성인들의 광채 안에서 그분과 함께 천상 거처를 얻게 될 것입니다.

²² 또한 그대의 이름이 [생명의] 책에 기록되어
    훗날 사람들 가운데서 영광을 누릴 것입니다.

²³ 그리하여 그대는 지상적이고 지나가는 사물 대신에 하늘나라의 영광을, 썩어 없어질 재물 대신에 영원한 보물을 영원히 차지할 것이며, 무궁토록 살게 될 것입니다.

²⁴ 그대의 정배이신 주님 때문에 지극히 사랑하올 자매요 주인이여, 안녕히 계십시오. ²⁵ 그리고 주님이 그대 안에서 당신 은총으로 이루시는 선을 즐거워하는 저와 저의 자매들을 그대의 열심한 기도 안에서 주님께 전구해 주십시오. ²⁶ 그대의 자매들에게도 우리 안부를 많이 전해 주십시오.

프라하의 성녀 아녜스에게 보낸 셋째 편지

¹ 그리스도 안에서 지극히 공경하올 나의 주인이시고, 모든 사람들보다 앞서 사랑하올 자매이시며, 보헤미아의 그 유명한 임금님의 친자매이지만 이제 천상의 지존하신 임금님의 자매요 정배가 되신 아녜스 자매님께,

² 그리스도의 가장 비천하고 부당한 시녀이며 가난한 자매들의 여종인 클라라가 구원을 이루어주신 그분 안에서 구원의 기쁨들을 누리시고 바랄 수 있는 것 이상의 소원이 모두 이루어지기를 빕니다.

³ 나는 그대의 건강과 행복한 상태와 순조로운 진전에 대하여 듣고 그대가 하늘의 상을 얻기 위해 시작한 여정에 힘차게 나아가고 있다고 생각하기에 몹시 기뻐하며, ⁴ 또한 가난하고 겸손하신 예수 그리스도의 발자취를 닮음에 있어 나와 다른 자매들의 약점을 그대가 놀라울 만큼 보충해주고 있음을 알고 또 그렇게 여기면서 주님 안에서 몹시 즐거워하고 있습니다.

⁵ 나는 참으로 기뻐할 수 있으며, 그 누구도 이 큰 기쁨을 나에게서 앗아가지 못할 것입니다. ⁶ 그것은 내가 그토록 하늘 아래서 바랐던 것을 이미 붙잡았고 그대도 하느님 자신의 입에서 흘러나온 놀라운 지혜의 특별한 선물의 도움을 받아 놀랍고도 생각지 못할 방법으로 교활한 원수의 간계, 인간 본성을 허물어뜨리는 교만, 인간 마음을 빼앗아 가는 헛됨을 물리치고 있음을 내가 보고 있기 때문입니다. ⁷ 또한 나는 그대가 겸손과 믿음의 힘과 가난의 팔로, 이 세상과 인간의 마음의 밭에 숨어 있는 보물, 그로써 무(無)에서 모든 것을 만드신 분을 살 수 있는 비할 데 없는 그 보물을 감싸 안고 있음을 보고 있기 때문입니다. ⁸ 또한 사도의 말씀을 빌린다면, 나는 그대를 하느님 자신의 협력자이며, 그분의 형언할 수 없는 몸의 넘어지는 지체들을 떠받치는 이로 여기고 있기 때문입니다.

⁹ 그러니 내가 이토록 크고도 놀라운 기쁨을 누리지 말라고 누가 말할 수 있겠습니까? ¹⁰ 그러니 지극히 사랑하는 자매여, 그대도 주님 안에서 늘 기뻐하십시오. ¹¹ 오, 그리스도 안에서 지극히 사랑하올 주인이요 천사들의 기쁨이요 자매들의 화관이여, 쓰라림도 우울함도 그대를 덮치지 못하게 하십시오.

¹² 그대의 정신을 영원의 거울 안에 놓으십시오.
그대의 영혼을 영광의 광채 안에 두십시오.

¹³ 그대의 마음을 하느님 본질의 형상 안에 두고
관상(觀想)을 통하여 그대 자신 전부를
그분 신성(神性)의 모습으로 변화시키십시오.

¹⁴ 그리하면 그대도 하느님께서 몸소 당신을 사랑하는 사람들을 위해서 처음부터 마련해 두신 숨겨진 감미로움을 맛보면서 그분의 벗들이 느끼는 것을 느끼게 될 것입니다. ¹⁵ 또한 그대는 이 거짓되고 혼란스러운 세상에서 세상을 사랑하는 눈먼 자들에게 올가미를 씌우는 모든 것들을 완전히 떨쳐버리고, 그대에 대한 사랑 때문에 당신 자신 전부를 내어주신 그분을 온전히 사랑하십시오. ¹⁶ 그분의 아름다움은 해와 달이 경탄(敬歎)하고, 그분이 주시는 상급과 그 상급의 고귀함과 위대함은 끝이 없습니다. ¹⁷ 나는 지극히 높으신 분의 아드님을 두고 말합니다. 동정녀께서 그분을 낳으셨고, 낳으신 다음에도 동정녀로 남으셨습니다. ¹⁸ 그대는 하늘도 담을 수 없는 그런 아드님을 낳으신 그분의 지극히 감미로우신 어머니께 매달리십시오. ¹⁹ 동정녀께서는 당신의 거룩한 태중인 작은 봉쇄 안에 그분을 모셨고, 처녀의 품으로 안으셨습니다.

²⁰ 일시적인 것들과 기만적인 영광들의 방자함으로 하늘보다 더 위대한 것을 무화(無化)시키려는, 인간의 원수의 함정을 누가 혐오하지 않겠습니까? ²¹ 그렇습니다. 이제 하느님의 은총으로, 모든 피조물 가운데 가장 고귀한, 믿는 이의 영혼이 하늘보다 더 위대하다는 것은 분명합니다. ²² 하늘들과 모든 피조물을 다 합쳐도 그 창조주를 담을 수 없지만, 오직 믿는 영혼만이 그분의 거처이고 자리이기 때문입니다. 이는 믿지 않는 이들에게는 없는, 사랑만으로 이루어집니다. ²³ 그래서 진리께서 말씀하십니다. "나를 사랑하는 사람은 내 아버지께 사랑을 받을 것이며, 나 또한 그를 사랑하고, 우리가 그에게 가서 그와 함께 살 것이다".

²⁴ 그러므로 동정녀들 중에 영화로우신 동정녀께서 육신으로 그분을 품으셨듯이, ²⁵ 그대도 그분의 발자취, 특히 그분의 겸손과 가난의 발자취를 따른다면 의심할 여지없이 그대의 순결한 동정의 몸 안에서 영적으로 그분을 항상 품을 수 있습니다. ²⁶ 그리하여 그대와 모든 사물들을 담으시는 분을 그대가 담을 것이며, 이 세상의 덧없는 다른 어떤 소유물보다 더욱 확실하게 가질 수 있

는 것을 갖게 될 것입니다. ²⁷ 이 세상의 어떤 임금들과 여왕들이 여기에 속아 넘어 갑니다. ²⁸ 비록 그들의 교만이 하늘까지 이르고 그들의 머리가 구름까지 닿는다 해도, 마침내 그들은 제 오물처럼 영원히 사라져 버릴 것입니다.

²⁹ 그대가 나에게 일전에 의견을 물었던 것에 관하여, ³⁰ 즉 지극히 영화로운 우리 사부 성 프란치스코께서 여러 가지 음식을 들면서 특별히 경축하라고 우리에게 권한 축일들이 어느 축일들인지에 대해 - 그대가 어느 정도 짐작하고 있겠지만 - 사랑하는 그대에게 응답해야겠다고 생각했습니다. ³¹ 슬기로운 그대는 이렇게 알고 있으십시오. 그분께서 우리가 온갖 분별력을 다 발휘하여 어떤 종류의 음식이든지 챙겨 주라고 우리에게 권하고 명하신, 허약하고 앓는 자매들 외에, ³² 건강하고 튼튼한 우리는 누구나 매일 단식하면서 평일에든 축일에든 사순절 음식만 먹어야 합니다. ³³ 주일과 주님의 성탄 날에는 예외로 하루에 두 끼를 먹을 것입니다. ³⁴ 그리고 또한 평상시 목요일에는 각자의 뜻에 맡겨져 있으며, 원하지 않는 사람은 단식할 의무가 없습니다. ³⁵ 그럼에도 건강한 우리들은 주일과 성탄 날을 제외하고 매일 단식을 하고 있습니다. ³⁶ 그렇지만 복되신 프란치스코의 글에 적혀있듯이 모든 파스카와, 성모님 및 거룩한 사도들 축일에는 그 날이 금요일이 아니라면 우리도 단식할 의무가 없습니다. ³⁷ 그리고 위에서 말한 대로, 건강하고 튼튼한 우리는 늘 사순절 음식을 먹고 있습니다.

³⁸ 하지만 우리의 육신이 무쇠로 되어 있지도 않고, 우리 힘이 바위 같지도 않기에, ³⁹ 아니 오히려 우리는 연약하고 온갖 육신적 나약함으로 기울어지기에, ⁴⁰ 사랑하는 자매여, 나는 그대가 무분별하고 불가능하게 재를 지켜왔다고 알고 있는데, 지혜롭고 분별 있게 지나친 엄격함을 피하라고 주님 안에서 그대에게 부탁하고 요청하는 바입니다. ⁴¹ 그리하여 살아서 주님을 찬양하고, 주님께 영적인 예배를 드리며, 그대의 희생 제물을 소금으로 맛을 내어 바치십시오.

⁴² 내가 주님 안에서 잘 지내기를 바라는 듯이, 그대도 늘 주님 안에서 잘 지내십시오. 그리고 나와 나의 자매들을 그대의 거룩한 기도 중에 기억해 주십시오.

프라하의 성녀 아녜스에게 보낸 넷째 편지

¹ 내 영혼의 반쪽(半)이요 내 마음의 특별한 사랑의 보석함이며 빼어난 여왕이고 영원한 임금님이신 어린양의 정배이며 나의 극진히 사랑하는 어머니이고 모든 딸 중에서 특별한 딸인 아녜스 자매님께, ² 그리스도의 부당한 종이며 아씨시 성 다미아노 수도원에서 기거하는 그분의 시녀들 가운데 쓸모없는 시녀인 클라라가, ³ 인사를 드리며, 그대가 다른 지극히 거룩한 동정녀들과 함께 하느님과 어린양의 옥좌 앞에서 새로운 노래를 부르고, 어린양이 가는 곳이면 어디든지 따라 다니기를 기원합니다.

⁴ 오, 어머니며 딸이여, 모든 세기의 임금이신 분의 정배여, 그대와 나의 영혼이 똑같이 원하고 또 간절히 바라고 있듯이, 그만큼 자주 그대에게 편지를 못해드렸지만 너무 이상하게 생각하지 마십시오. ⁵ 그리고 그대를 향한 사랑의 불이 그대의 어머니 가슴 속에서 전보다 달콤하게 타오르지 못한다고 행여 생각하지 마십시오. ⁶ 소식을 전해 줄 사람이 없었다는 것과 길이 너무 위험했다는 것이 바로 장애물이었습니다. ⁷ 그러나 이제 사랑하는 그대에게 편지를 쓰면서 오, 그리스도의 정배여, 나는 그대와 더불어 영의 즐거움으로 기뻐 뛰놀고 있답니다. ⁸ 왜냐하면 또 다른 지극히 거룩한 동정녀인 성녀 아녜스처럼, 그대도 이 세상의 모든 헛된 것을 버리고 세상의 죄를 없애신 흠 없는 어린양과 놀랍게도 혼인하였기 때문입니다.

⁹ 그분께 온 마음을 다 바쳐
  이 거룩한 잔치를 누리게 된 여인은
  정녕 복됩니다.

¹⁰ 그분의 아름다움을
  천상의 모든 복된 무리가 끝없이 경탄하며,

¹¹ 그분의 애정은 매료시키고
  그분의 관상은 생기를 주며
  그분의 어지심은 채워줍니다.

¹² 그분의 감미로움은 가득 채워주며
그분의 기억은 동트듯 부드럽게 빛납니다.

¹³ 그분의 향기에 죽은 이들이 다시 살아나고,
그분의 영광스런 뵈옴은
천상 예루살렘 시민들을 모두 복되게 할 것입니다.

¹⁴ 그분은 영원한 영광의 광채이시고,
영원한 빛의 눈부신 반사이며
티 없는 거울이십니다.

¹⁵ 오, 여왕이시여, 예수 그리스도의 정배시여, 이 거울을 매일 들여다보고 계속해서 그 안에서 당신 얼굴을 살펴 보십시오. ¹⁶ 그리하여 갖가지 장식으로 휘감고 차려 입어 안팎으로 속속들이 단장하고, ¹⁷ 지극히 높으신 임금님의 딸이요 사랑스런 정배에게 어울리는 온갖 덕행의 꽃과 옷으로도 치장하십시오. ¹⁸ 사실, 하느님의 은총으로 그대가 거울 전체에서 관상할 수 있는 것처럼, 이 거울 안에는 복된 가난과 거룩한 겸손과 형언할 수 없는 사랑이 찬란히 빛납니다.

¹⁹ 나는 말합니다. 이 거울의 첫 부분을 보면서, 포대기에 싸여 구유에 누워 계신 그분의 가난을 주의 깊게 바라보십시오. ²⁰ 오, 감탄하올 겸손이여, 오, 놀라운 가난이여! ²¹ 천사들의 임금이시고 하늘과 땅의 주님께서 구유에 누여 있습니다. ²² 그 다음, 거울의 가운데를 보시고 겸손과 적어도 복된 가난을, 인류 구원을 위하여 그분이 겪으신 무수한 수고와 고생을 깊이 생각하십시오. ²³ 이 거울의 맨 끝을 보시고 말할 수 없는 사랑을 관상하십시오. 그분은 이 사랑 때문에 십자 나무 위에서 고통당하시고 거기서 가장 수치스런 죽음을 맞이하기를 원하셨습니다.

²⁴ 바로 이 거울 친히 십자 나무에 달리셔서 행인들에게 여기에 생각해 볼 것이 있다고 권하시며 이렇게 말씀하십니다. ²⁵ "오, 길을 지나가는 모든 이들이여, 살펴보고 또 보십시오. 내가 겪는 이 내 아픔 같은 것이 또 있는지". ²⁶ 그러므로 "이것을 내 마음에 깊이 새기고, 내 영혼은 내 안에서 갈기갈기 찢어지리이다" 하시며 외치시고 울고 계신 그분께 한 목소리, 한 마음으로 응답합시다.

²⁷ 그리하여, 오 천상 임금의 왕후시여, 그대 안에 이 사랑의 불이 날로 더 활활 타오르면 합니다! ²⁸ 더 나아가 그분의 표현할 수 없는 즐거움과 부요와 끝없는 영예를 관상하면서, ²⁹ 그리고 마음의 넘치는 갈망과 사랑으로 그리워하면서 이렇게 외치십시오.

³⁰ 천상의 정배이시여,
 날 이끌어 당신을 뒤따르게 하소서.
 우리는 당신의 향유 내음을 좇아 달려가리이다!

³¹ 포도주 방으로 나를 데려가실 때까지
 지침 없이 달려 가리이다.

³² 당신 왼팔을 내 머리에 베개하시고,
 당신 오른팔로 나를 행복하게 안아 주시고,
 당신 입술로 더없이 행복한 입맞춤을 해 주실 때까지!

³³ 이런 관상에 빠져 있을 때, 이 가련한 그대의 어머니를 기억해 주십시오. ³⁴ 그리고 내가 그대를 다른 누구보다도 더 소중히 생각하면서 그대에 대한 행복한 기억을 내 마음의 판에 굳게 새겨 놓았음을 아십시오.

³⁵ 무엇을 더 말하겠습니까? 그대에 대한 애정 안에서 육신의 혀는 입을 다물고, 오히려 영의 혀가 말하고 이야기합니다. ³⁶ 오, 복된 딸이여, 그대를 향한 나의 애정을 육신의 혀로는 흡족히 표현할 수 없지만, 부족하게나마 이 편지를 통해 말할 수 있기에, ³⁷ 너그럽고 어진 마음으로 이 편지를 받아주시고, 이 글에서 적어도 그대와 그대의 딸들에 대한 사랑의 불길 안에서 날마다 타오르는 어머니의 애정을 생각해 보시기를 바랍니다. 그리고 그대의 딸들에게 그리스도 안에서 나와 나의 딸들을 기억해 주기를 간절히 부탁드립니다.

³⁸ 이 나의 딸들, 특히 나의 친자매인 지극히 지혜로운 동정녀 아녜스가, 할 수 있는 데까지 주님 안에서 그대와 그대의 딸들을 기억하고 있습니다.

³⁹ 지극히 사랑하는 딸이여, 위대하신 하느님의 영광스런 옥좌에서 만날 때까지 그대의 딸들과 함께 안녕히 계시고 우리를 위해서 기도해 주십시오.

⁴⁰ 이 편지로 내가 할 수 있는 데까지, 이 편지를 전해줄 우리의 지극히 사랑하는 형제들, 곧 하느님과 사람들의 사랑을 받는 아마토 형제와 보나구라 형제를 나는 그대의 사랑에 맡깁니다. 아멘.

오상기도(五傷祈禱)

오른손의 상처에 드리는 기도와 찬미:

오 주 예수 그리스도여, 당신 오른손의 가장 거룩한 성흔(聖痕)으로 인하여 당신께 찬미와 영광이 있으소서. 이 성흔이 저의 생각과 말과 행위와 궐(闕)함의 모든 죄를 사(赦) 하기 때문이나이다. 당신의 가장 귀한 죽음과 당신의 이 거룩한 상처들을 마땅히 귀하고 존귀하게 여기는 은총을 저에게 주시옵소서. 그리고 당신의 도움으로 저의 육신(肉身)을 죽여, 이 큰 선물에 당신께 감사할 수 있도록 하소서. 당신은 영원히 살아계시며 다스리시나이다. 아멘.

왼손의 상처에 드리는 기도와 찬미:

오 가장 감미로우신 주 예수 그리스도여, 당신 왼손의 가장 거룩한 성흔(聖痕)으로 인하여 당신께 찬미와 영광이 있으소서. 이 성흔이 저에게 자비를 베푸니, 당신 마음에 합당치 못한 것들이 제 안에 있으면, 무엇이든 그것들을 그만 바꿔놓기 때문이나이다. 당신의 무지막지한 원수들을 대적하는 저에게 승리를 안기소서. 제가 당신의 힘으로 그것들을 이기겠나이다. 엎드려 겸손되이 청하오니, 당신의 가장 거룩한 죽음으로 인하여, 저를 제 생애의 현재와 미래의 모든 위험에서 자유롭게 하소서. 그리고 저를 당신의 천국에서 당신의 영광에 합당한 자(者)되게 하소서.

오른발의 상처에 드리는 기도와 찬미:

오 꿀처럼 감미로우신 주 예수 그리스도여, 당신 오른발의 지극히 거룩한 성흔(聖痕)으로 인하여 당신께 찬미와 영광이 있으소서. 이 거룩한 성흔이 저로 하여금 저의 죄에 적절한 회개를 하도록 하기 때문이나이다. 엎드려 겸손되이 청하오니 당신의 지극히 거룩한 죽음으로 인하여 당신의 종인 저를 낮이나 밤이나 지켜주시고, 당신의 뜻 안에서 저의 영혼과 육신의 모든 어려움으로부터 저를 빼내어주소서. 그리고 두렵기만 한 저의 죽는 날에 저의 영혼을 당신의 성실과 자비 안으로 거두소서. 그리하여 영원한 기쁨으로 저를 인도하소서. 아멘.

왼발의 상처에 드리는 기도와 찬미:

오 지극히 거룩하신 주 예수 그리스도여, 당신 왼발의 지극히 거룩한 성흔(聖痕)으로 인하여 당신께 찬미와 영광이 있으소서. 이 성흔이 저로 하여금 당신의 한없는 애정 어리신 보살핌에 감복하게 하시여, 당신의 도움으로 당신의 심판을 면케 하소서. 지극히 거룩하신 예수 그리스도여, 당신의 지극히 거룩한 죽음으로 인하여 제가 죽기 전에 영원한 구원을 위하여, 저의 죄의 완전한 고백과 완전한 회개로 몸과 마음의 정결 안에서 당신의 지극히 감미로운 몸과 피의 성사(聖事)를 받기에 합당한 자(者) 되게 하시기를 간청하나이다.

옆구리 상처에 드리는 기도와 찬미:

오 지극히 애정 어리신 주 예수 그리스도여, 당신 옆구리의 지극히 거룩한 성흔(聖痕)으로 인하여 당신께 찬미와 영광이 있으소서. 지극히 거룩하신 예수님께 간청하오니, 당신이 병사(兵士) 롱지누스(Longinus)에게 열어 보이셨고, 지금은 저희 모두에게 열어 보이시는 이 성흔과 당신 사랑의 지극히 거룩한 너그러우심으로 인하여, 그리고 세례를 통하여 원죄를 씻어주신 당신께서는 온 세상에 매일매일 뿌리시는 당신의 지극히 보배로운 피로 현재와 미래의 모든 악에서 저를 구하소서; 또한 당신의 쓰디 쓴 죽음으로 저에게 올바른 신앙과 확실한 희망과 완전한 사랑을 주소서. 저를 선행을 통하여 강하게 만드시오면, 몸과 마음과 힘을 다 바쳐 당신을 사랑하리이다. 그리고 당신의 거룩한 돌봄으로 저에게 강한 인내를 주소서. 그리하여 당신을 세세에 영원히 완전하고 기쁘게 해드릴 수 있는 건강한 자(者) 되리이다.

O. 우리를 속량하신 하느님의 오상(五傷)이여, 저의 치료약이 되소서.

O. 우리를 속량하신 당신의 오상(五傷)으로, 오 그리스도여, 저를 죄에 떨어지지 않게 하소서.

O. 우리를 속량하신 오 그리스도여, 당신의 오상(五傷)으로 저에게 평화를 주소서

기도합시다.
전능하시고 영원하신 하느님, 당신 아들 우리 주 예수 그리스도의 오상(五傷) 안에서 인류를 구원하신 당신께서는, 매일매일 오상(五傷)을 경외하는 사람들에게, 그분의 보배로운 피로 갑작스러운 죽음과 끝없는 죽음을 면하게 하소서. 우리 주 예수 그리스도의 이름으로 비나이다. 아멘.

서 원 식

성 찬 경

원죄 이후 육신과 영혼의 두 가지 순색,
흑과 백으로 고이 차린
봉오리 수녀들의 婚禮行.

분향 삼아 사르는 심령의 연기처럼
가늘게 떨리며 올라가는 서원은
영아의 동맥에서 영원으로 흐르는 피.

아아,〈영원〉,〈영원한 존재〉,
지금 나직이들 불러보는가,
그대들 낭군의 이름.

가없이 크고 깊고 의로운
그대 사랑의 기쁨 되기 위해선
살에 이는 바람은 무진 꺼야 하리.

살아서 죽어 있고 죽어서 사는
그 아득한 자유만을 찾아서 날으려는
순화된 의지의 가열함이여.

모든 그리스도인의 보편 성소인 관상
성녀 클라라 수도회 탄생 800주년을 맞이하여

발행일   2013년 4월 12일
펴낸이   기경호(프란치스코)
엮은이   고계영(바오로)
펴낸곳   프란치스칸 사상 연구소
         100-120 서울 중구 정동길 9
         전화: 02) 6364-5640
         e-mail: ofmsasang@hotmail.com
만든곳   프란치스코 출판사(제2-4072호)

정가 13,000원

ISBN 978-89-91809-27-7 93230